新約聖書 II

新共同訳　解説・佐藤 優

文春新書

782

新約聖書 II

新共同訳◉目次

使徒言行録

書簡集

教祖イエスと開祖パウロの物語――序文にかえて

佐藤 優

巻IIには、新約聖書27巻中、巻Iに収録した「マタイによる福音書」「マルコによる福音書」「ルカによる福音書」「ヨハネによる福音書」以外のすべての文書を収録する。巻Iと同じく、イエスの言葉と伝えられる部分については太字にした。

福音書は、イエスの生涯について記した書だ。これに対して、巻IIに収録された「使徒言行録」から「ヨハネの黙示録」までの文書は、イエスの死後について扱っている。

ペトロをはじめとする弟子（使徒）たちは、イエスが官憲に逮捕され、十字架にかけられて処刑されると恐くなって逃げ出してしまった。その弟子たちが、復活したイエスと出会ったことにより、死を恐れない人間に変化していく。人間は、何らかのきっかけで、内側から変化していく。特にここで重要なのは、生前のイエスと会ったことがないパウロの存在だ。ちなみにパウロという名は、彼がイエスを救い主と信じるようになった後、地中海地方を宣教したときに用いたローマ名だ。もともとは、サウロというヘブライ名のユダヤ人で、イエスと敵対していたファリサイ派に属していた。それが、あるとき不思議な体験をする。イエスを信じる奴らを弾圧しようとサウロがダマスカスに向かっているときのことだった。天から不思議な声が聞こえた。「使徒言行録」9章1〜22節にこう書かれている。

〈さて、サウロはなおも主の弟子たちを脅迫し、殺そうと意気込んで、大祭司のところへ行き、ダマスコの諸会堂あての手紙を求めた。それは、この道に従う者を見つけ出したら、男女を問わず縛り上げ、エルサレムに連行するためであった。ところが、サウロが旅をしてダマスコに近づいたとき、突然、天からの光が彼の周りを照らした。サウロは地に倒れ、「サウル、サウル、なぜ、わたしを迫害するのか」と呼びかける声を聞いた。「主よ、あなたはどなたですか」と言うと、答えがあった。「わたしは、あなたが迫害しているイエスである。起きて町に入れ。そうすれば、あなたのなすべきことが知らされる。」同行していた人たちは、声は聞こえても、だれの姿も見えないので、ものも言えず立っていた。サウロは地面から起き上がって、目を開けたが、何も見えなかった。人々は彼の手を引いてダマスコに連れて行った。サウロは三日間、目が見えず、食べも飲みもしなかった。

ところで、ダマスコにアナニアという弟子がいた。幻の中で主が、「アナニア」と呼びかけると、アナニアは、「主よ、ここにおります」と言った。すると、主は言われた。「立って、『直線通り』と呼ばれる通りへ行き、ユダの家にいるサウロという名の、タルソス出身の者を訪ねよ。今、彼は祈っている。アナニアという人が入って来て自分の上に手を置き、元どおり目が見えるようにしてくれるのを、幻で見たのだ。」しかし、アナニアは答えた。「主よ、わたしは、その人がエルサレムで、あなたの聖なる者たちに対してどんな悪事を働いたか、大勢の人から聞きました。ここでも、御名《みな》を呼び求める人をすべて捕らえるため、祭司長たちから権限を受けています。」すると、主は言われた。「行け。あの者は、異邦人や王たち、またイスラエルの子らにわたしの名を伝えるために、わたしが選んだ器である。わたしの名のためにどんなに苦しまなくてはならないかを、わたしは彼に示そう。」そこで、アナニアは出かけて行ってユダの家に入り、サウロの上に手を置いて言った。「兄弟サウル、あなたがここへ来る途中に現れてくださった主イエスは、あなたが元どおり目が見えるようになり、また、聖霊で満たされるようにと、わたしをお遣わしになったのです。」すると、たちまち目からうろこのようなものが落ち、サウロは元どおり見えるようになった。そこで、身を起こして洗礼を受け、食事をして元気を取り戻した。

サウロは数日の間、ダマスコの弟子たちと一緒にいて、すぐあちこちの会堂で、「この人こそ神の子である」と、イエスのことを宣《の》べ伝えた。これを聞いた人々は皆、非常に驚いて言った。「あれは、エルサレムでこの名を呼び求める者たちを滅ぼしていた男ではないか。また、ここへやって来たのも、彼らを縛り上げ、祭司長たちのところへ連行するためではなかったか。」しかし、サウロはますます力を得て、イエスがメシアであることを論証し、ダマスコに住んでいるユダヤ人をう

ろたえさせた。〉

近代の小説にそのままなるような物語だ。「天からの光」は神が現れることを示す。神はあるとき、人間の意思とは関係なく、上から介入してくるのである。この神の介入に対して、人間は服従するか、反抗するか、いずれかの選択しか残されていない。

ギリシア語には、時間を表す2つの表現がある。

第1がクロノスだ。均等に流れていく時間を表す。出来事を起きた順に書きとめていくクロノロジー（時系列表）をつくるときの時間理解である。

これに対してカイロスと呼ばれる第2の時間理解がある。その出来事が起きる前と後で、人間に質的変化が起きる時間である。例えば、1945年8月15日の終戦記念日は日本人にとってカイロスである。その前と後では、歴史の意味が異なってくる。カイロスは英語で言うタイミング（timing）に相当する時間だ。ドイツ人にとって、この日はカイロスでない。ただ普通に流れる一日だ。韓国人、朝鮮人にとってもこの日はカイロスである。ただし、日本人にとって8月15日は敗戦という悲しみをもつのに対し、韓国人、朝鮮人にとっては日本の植民地支配からの解放という喜びをもつ。ちなみに日本でも、沖縄の場合、8月15日がカイロスとしてもつ意味は薄い。沖縄戦で日本軍が組織的抵抗をやめたのは1945年6月23日と伝えられている。それだから沖縄県は6月23日を「慰霊の日」と定めている。それだからこの日がカイロスなのである。

カイロスは、国家とか民族という共同体のみが持つものではない。一人一人が自らのカイロスをもつ。誕生日、結婚記念日、また失恋した日などはいずれもカイロスだ。カイロスは人それぞれなのである。例えば、2002年5月14日は、圧倒的大多数の日本人にとって「普通の一日」だ。しかし、私にとって、この日は重要なカイロスだ。この日の午後、私は勤務先の外務省外交史料館で、東京地方検察庁特別捜査部によって逮捕されたからだ。この前と後で、私の生活は激変した。この出来事がなかったならば、私は職業作家にならなかった。

クロノスとカイロスの関係について、私は次のように考えている。

クロノスという川が地上を流れている。そこに、天からカイロスという雷が落ちてくる。この雷が落ちる前と後では、川の流れや形が変化するのである。

ダマスカスへの途上におけるサウロ＝パウロの体験は、まさにカイロスだったのだ。

キリスト教は、イエスの出現を歴史における最大のカイロスと考えるのである。神のひとり子であるイエス・キリストが現れたことによって、歴史の意味が完全に変化したと考える。すなわち、神によって約束された人間の救済は、イエス・キリストによってすでに開始されているのだ。しかし、それは未だ完成していない。こういう中途半端な状況の中にわれわれは置かれているのである。

パウロは、生前のイエスと出会ったことはない。十字架の死を遂げた後、幻の中でイエスと出会った。実は、これがキリスト教の起源なのである。イエス自身は、自らをキリスト教徒であるという自己意識はもっていなかった。歪んでしまったユダヤ教を正すことをイエスは意図していた。パウロは、イエスの意図がユダヤ教の枠内では実現不可能と考えていた。そこでイエスが救いであるというキリスト教を開いたのだ。キリスト教の教祖はイエスであるが、開祖はパウロなのである。

さて、パウロを含む初期のキリスト教徒は、この世の終わりはかなり近いと考えていた。自らが生きているうちに、雲に乗って再臨するイエスと会うことができると考えた。それだから、イエスの言説や業績について書き残すことよりも、イエスの教えを伝え、一人でも多くの人間を救済に誘《いざな》うことを考えた。そのとき、キリスト教徒の間でさまざまな手紙のやりとりがなされた。巻IIに収録された「ローマの信徒への手紙」から「ユダの手紙」までの21の手紙を読むと、初期のキリスト教徒たちが「どうすれば救われるか」という観点から、悩み、議論をしていたかがわかる。これらの手紙は私信ではない。信者たちの前で読み上げることを前提に書かれた公的な手紙なのである。ここでも、パウロが書いた（と伝えられる）一連の手紙が特に重要な意味を持つ。

パウロは、神が人間を愛しているという現実が救済の根拠であると考えた。神は人間を愛しているから、そのひとり子であるイエスをこの世に派遣したのである。「愛とはこういうことである」と定義できるものではない。愛は実体概念ではなく、神と人間、人間相互に生じる関係のなかで具体化するのである。パウロは、愛についてこう述べる。

〈たとえ、人々の異言《いげん》、天使たちの異言を語ろうとも、愛がなければ、わたしは騒がしいどら、やかましいシンバル。たとえ、預言する賜物を持ち、あらゆる神秘とあらゆる知識に通じていようとも、たとえ、山を動かすほどの完全な信仰を持っていようとも、愛がなければ、無に等しい。全財産を貧しい人々のために使い尽くそうとも、誇ろうとしてわが身を死に引き渡そうとも、愛がなければ、わたしに何の益もない。

愛は忍耐強い。愛は情け深い。ねたまない。愛は自慢せず、高ぶらない。礼を失せず、自分の利益を求めず、いらだたず、恨みを抱かない。不義を喜ばず、真実を喜ぶ。すべてを忍び、すべてを信じ、すべてを望み、すべてに耐える。

愛は決して滅びない。預言は廃れ、異言はやみ、知識は廃れよう、わたしたちの知識は一部分、預言も一部分だから。完全なものが来たときには、部分的なものは廃れよう。幼子だったとき、わたしは幼子のように話し、幼子のように思い、幼子のように考えていた。成人した今、幼子のことを棄てた。わたしたちは、今は、鏡におぼろに映ったものを見ている。だがそのときには、顔と顔とを合わせて見ることになる。わたしは、今は一部しか知らなくとも、そのときには、はっきり知られているようにはっきり知ることになる。それゆえ、信仰と、希望と、愛、この三つは、いつまでも残る。その中で最も大いなるものは、愛である。〉（「コリントの信徒への手紙一」13 1-13）

ところで、ここでいう愛という言葉は、ギリシア語のアガペーの翻訳である。現代の日本語で愛というと、どうしてもセックスが思い浮かぶ。むしろこれは、ギリシア語では「自らが欠けているものに憧れる」というエロースに近い感覚だ。もっともアガペーが、セックスを排除する禁欲的概念ということではない。男と女の関係、性別と関係のない人間と人間の関係の中にアガペーはある。アガペーを想起させるセックスもあれば、そうでないものもある。キリスト教が「愛の宗教」であるというと、どこかしっくりしない感じがする。

この悩みを解決してくださったのが、私に琉球語（沖縄方言）を教えてくださった半田一郎先生だ。半田先生は、東京外国語大学、琉球大学で教鞭をとった応用言語学者だ。英語、ドイツ語、デンマーク語、スウェーデン語、ノルウェー語、ラテン語、古典ギリシア語、新約聖書ギリシア語、中国語などを自由に操る。外務省の研修所では、ノルウェー語を教えていた。残念ながら、２０１０年8月31日、自宅近くの横断歩道を渡っているときに、ダンプカーにはねられて亡くなった（享年85）。半田先生は、「佐藤君に私の頭に入っている琉球語の知識をすべて伝達することが、私の最後の仕事になります」とよくおっしゃっていた。２００９年12月の授業で、半田先生は「クリスマスが近いので、聖書を琉球語に訳してみましょう」と言って、「コリントの信徒への手紙一」13章の一部のギリシア語から琉球語への翻訳を一緒に行った。半田先生は、「アイという言葉は琉球語にないので、カナシャという言葉をあてましょう」と言った。琉球語には、奈良時代、平安時代の日本語のニュアンスが残っている。『広辞苑』で「かなしい」を引くと「悲しい・哀しい・愛しい」という漢字が充てられ、「自分の力ではとても及ばないと感じる切なさをいう語。悲哀にも愛憐にも感情の切ないことをいう」という説明がなされている。
　パウロが愛について述べた部分を半田先生は日本語と琉球語でそれぞれ次のように訳した。

（日本語訳）
愛は、懐が深く、
思いやりが深い。
愛は、羨まず、
傲らず、
高ぶらず、
礼に悖《もと》らず
恩に着せず、
憤らず、
根にもたず、
邪を悦ばず、
真を欣び、
全てを凌ぎ、

（琉球語訳）
愛（かな）しゃや、肝寛（つむびる）さあてぃ、
肝清（つむじゅ）らさん。
愛（かな）しゃや、嫉（うらごー）ささん、
傲（うぐ）いんがーいんさん、
気喬（ちーだか）ささん、
無礼（ぶりー）さん、
胴勝手（どぅーがってぃ）さん、
わじわじーさん、
妬（にーた）さんさん、
愛（かな）しゃや、邪悦（ゆくしゆるく）ばんさーい、
真（まくぅとぅ）どぅ欣（ゆるく）でぃ、
あんし、まぢり凌（しぬ）ぢ、

全てを受け容れ、　むる取（とぅ）い受（う）きてぃ、
希望を掲げ、　ちゃーるばすやてぃん、望（ぬず）み思切（うみち）らん、
全てに耐える。　何事（ぬーぐとぅ）ん怺（くねー）い怺（ぐねー）い耐（にじ）ゆん。
愛は　愛（かな）しゃや
止むことがない。　絶（てー）ぇゆる事（くぅとー）ぉ無（ねー）ぇらん。

愛を、「かなしい」とあわせて理解することが重要だ。人間の力によって、制御することができない、心に働きかける超越的な力が愛なのである。

パウロは、イエスは人間が忘れてしまった愛を取り戻すことを、さまざまなたとえを用いて説いたと考える。イエスをひな形として、もう一度愛を回復することが、人間の救済なのである。「神の国」に入る、「永遠の命」を得る、という表現で、イエスが説いたことは愛のリアリティーを回復することだ。この愛のリアリティーを回復することは、人間の力によってはできない。超越的な、仏教の用語を用いるならば、絶対他力によってのみ可能なのである。キリスト教は他力本願の宗教なのである。

イエスは、「わたしはすぐに来る」と言って、地上から去っていった。初期のキリスト教徒は、文字通りこの世の終わりはすぐに来ると考えた。キリスト教徒にとって、この世の終わりは、決し

て恐ろしい出来事ではない。この世の終わりに人間は救済されるからである。それはこの世の終わりであるとともに、同時に神の計画が成就することで、それが歴史の目的なのである。しかし、いつまで待ってもこの世の終わりは来ない。この状態を神学の業界用語では、「終末遅延」という。終末は来ないのではなく、遅れているだけだ。初期のキリスト教徒たちは、「自分たちが生きているうちに、イエスは再臨しない。それならばイエスについて書き残しておかなくてはならない」と思い、福音書を残したのだ。

イエスは紀元30年頃に刑死した。その後、復活し、しばらくした後、「わたしはすぐに来る」と言い残して、再び天に昇っていった。私がこの文章を書いているのが2010年なので、「すぐに来る」というイエスの言葉を額面通りに受け止めると、復活は約1980年遅れているのである。しかし、この世の終わりも、イエスの再臨も絶対あると信じるのがキリスト教徒なのである。ちなみに私もこの世の終末はかならず来ると信じている。

ここで非キリスト教徒である日本人にとって重要なのは、キリスト教徒につきあって、現代人の常識からすれば荒唐無稽に思える終末やイエスの再臨を信じることではない。欧米人の発想の根底に「いつかこの世の終わりがある。この終わりが同時に歴史の目的と完成である」という刷り込みがなされているという現実を理解することだ。そして、このような終末論をユダヤ教徒もイスラム教徒も自明としている。終末論の特徴は「ヨハネの黙示録」に描かれている。終末論の論理を理解することは、現代世界を動かす目に見えない論理をとらえる上でとても重要だ。

それでは、「使徒言行録」から「ヨハネの黙示録」に至る新約聖書の後半の旅を読者とともに楽しみたい。

反知性主義の宗教としてのキリスト教——「使徒言行録」案内

佐藤 優

「使徒言行録」の著者は「ルカによる福音書」の著者と同じであると伝えられている。巻Iの「ルカによる福音書」案内でも述べたが、実際に誰が著者であったかはよくわからない。ただし、文体や内容から見て、「ルカによる福音書」と「使徒言行録」の著者（集団）が同一であることは間違いない。

「使徒言行録」という書名は、使徒の定義に照らしてみると奇異である。「ルカによる福音書」では、使徒についてこう記されている。

〈そのころ、イエスは祈るために山に行き、神に祈って夜を明かされた。朝になると弟子たちを呼び集め、その中から十二人を選んで使徒と名付けられた。それは、イエスがペトロと名付けられたシモン、その兄弟アンデレ、そして、ヤコブ、ヨハネ、フィリポ、バルトロマイ、マタイ、トマス、アルファイの子ヤコブ、熱心党と呼ばれたシモン、ヤコブの子ユダ、それに後に裏切り者となったイスカリオテのユダである。〉（ルカ6 12-16）

要するに、イエスの教えを直接受けた者が使徒なのである。「使徒言行録」の前半は、ペトロやヨハネが活躍するので、確かに使徒の発言や行動について記した書物と言うことができる。しかし、後半はパウロの物語だ。「ルカによる福音書」の定義によれば、パウロは使徒ではない。しかし、パウロは自らを使徒と称している。例えば、「コリントの信徒への手紙一」において、パウロは次のような自己認識を表明している。

〈兄弟たち、わたしがあなたがたに告げ知らせた福音を、ここでもう一度知らせます。これは、あなたがたが受け入れ、生活のよりどころとしている福音にほかなりません。どんな言葉でわたしが福音を告げ知らせたか、しっかり覚えていれば、あなたがたはこの福音によって救われます。さもないと、あなたがたが信じたこと自体が、無駄になってしまうでしょう。最も大切なこととしてわたしがあなたがたに伝えたのは、わたしも受けたものです。すなわち、キリストが、聖書に書いてあるとおりわたしたちの罪のために死んだこと、葬られたこと、また、聖書に書いてあるとおり三日目に復活したこと、ケファに現れ、その後十二人に現れたことです。次いで、五百人以上もの兄弟たちに同時に現れました。そのうちの何人かは既に眠りについたにしろ、大部分は今なお生き残っています。次いで、ヤコブに現れ、その後すべての使徒に現れ、そして最後に、月足らずで生まれたようなわたしにも現れました。わたしは、神の教会を迫害したのですから、使徒たちの中でもいちばん小さな者であり、使徒と呼ばれる値打ちのない者です。神の恵みによって今日のわたしがあるのです。そして、わたしに与えられた神の恵みは無駄にならず、わたしは他のすべての使徒よりずっと多く働きました。しかし、働いたのは、実はわたしではなく、わたしと共にある神の恵みなのです。とにかく、わたしにしても彼らにしても、このように宣べ伝えているのですし、あなたがたはこのように信じたのでした。〉(「コリントの信徒への手紙一」15 1-11)

パウロにとって、イエスの教えを直接受けたか否かという事実が使徒であることの基準ではない。十二弟子の「お墨付き」によってではなく、イエス・キリストを通じて働く神の力によって使徒になるのだ。「ガラテヤの信徒への手紙」の冒頭で、パウロは「人々からでもなく、人を通してでもなく、イエス・キリストと、キリストを死者の中から復活させた父である神とによって使徒とされたパウロ」(1 1)という自己規定を行っている。このような使徒についての解釈によって、パウロは自らがイエス・キリストの名において宣教する権威を得たのだ。パウロがいなかったならば、イエスの教えは、ユダヤ教の一分派にとどまり、世界的な広がりをもつキリスト教に発展することはなかったであろう。

パウロは、演説の天才で、また他人の琴線に触れる言葉を操る特異な才能がある。これは、学識とは別の能力だ。救われたいと真剣に思っている人間の魂を捉える才能だ。逆にパウロの言葉によって、まったく魂を揺り動かされない人々もいた。知性のみを信頼する人々だ。アテネにおけるパウロの演説とそれに対するギリシア知識人の反応が興味深い。

〈パウロはアテネで二人を待っている間に、この町の至るところに偶像があるのを見て憤慨した。それで、会堂ではユダヤ人や神をあがめる人々と論じ、また、広場では居合わせた人々と毎日論じ合っていた。また、エピクロス派やストア派の幾人かの哲学者もパウロと討論したが、その中には、「このおしゃべりは、何を言いたいのだろうか」と言う者もいれば、「彼は外国の神々の宣伝をする者らしい」と言う者もいた。パウロが、イエスと復活について福音を告げ知らせていたからである。そこで、彼らはパウロをアレオパゴスに連れて行き、こう言った。「あなたが説いているこの新しい教えがどんなものか、知らせてもらえないか。奇妙なことをわたしたちに聞かせているが、それがどんな意味なのか知りたいのだ。」すべてのアテネ人やそこに在留する外国人は、何か新しいことを話したり聞いたりすることだけで、時を過ごしていたのである。

パウロは、アレオパゴスの真ん中に立って言った。「アテネの皆さん、あらゆる点においてあなたがたが信仰のあつい方であることを、わたしは認めます。道を歩きながら、あなたがたが拝むいろいろなものを見ていると、『知られざる神に』と刻まれている祭壇さえ見つけたからです。それで、あなたがたが知らずに拝んでいるもの、それをわたしはお知らせしましょう。世界とその中の万物とを造られた神が、その方です。この神は天地の主ですから、手で造った神殿などにはお住みになりません。また、何か足りないことでもあるかのように、人の手によって仕えてもらう必要もありません。すべての人に命と息と、その他すべてのものを与えてくださるのは、この神だからです。神は、一人の人からすべての民族を造り出して、地上の至るところに住まわせ、季節を決め、彼らの居住地の境界をお決めになりました。これは、人に神を求めさせるためであり、また、彼らが探し求めさえすれば、神を見いだすことができるようにということなのです。実際、神はわたしたち一人一人から遠く離れてはおられません。皆さんのうちのある詩人たちも、

『我らは神の中に生き、動き、存在する』

『我らもその子孫である』と、

言っているとおりです。わたしたちは神の子孫なのですから、神である方を、人間の技や考えで造った金、銀、石などの像と同じものと考えてはなりません。さて、神はこのような無知な時代を、大目に見てくださいましたが、今はどこにいる人でも皆悔い改めるようにと、命じておられます。それは、先にお選びになった一人の方によって、この世を正しく裁く日をお決めになったからです。神はこの方を死者の中から復活させて、すべての人にそのことの確証をお与えになったのです。」

死者の復活ということを聞くと、ある者はあざ笑い、ある者は、「それについては、いずれまた聞かせてもらうことにしよう」と言った。それで、パウロはその場を立ち去った。しかし、彼について行って信仰に入った者も、何人かいた。その中にはアレオパゴスの議員ディオニシオ、またダマリスという婦人やその他の人々もいた。〉（「使徒言行録」**17** 16–34）

アテネでのパウロとストア派やエピクロス派の哲学者のやりとりが、キリスト教の本質をよく表

している。キリスト教の目的は人間の救済だ。そのために役に立つならば、知を尊重する。しかし、知のための知にキリスト教は関心をもたない。

16世紀にカトリシズムが日本に入ってきたとき、それは南蛮の技術をともなっていた。また、明治期にカトリシズムに加え、プロテスタンティズムと正教が日本に入ってきたときも、それは西欧、北米、ロシアの文明と結びついていた。また、日本では教育の分野でキリスト教が活躍した。そのため、日本ではキリスト教が啓蒙的知性と相性が良いという印象をもたれている。しかし、これは大きな誤解だ。キリスト教は、本質において反知性主義の立場をとるのである。

頭の善し悪し、社会的地位などと人間の救済の間には何の関係もないというのが、キリスト教の根本的な教えなのである。ユダヤ教徒サウロが、キリスト教徒パウロに変わる「使徒言行録」の物語を通じ、人間の知性の限界について知ることができる。それによって、社会的地位や知的能力だけで人間を評価することの無意味さが、非キリスト教徒の日本人にも見えてくる。

「使徒言行録」が書かれた時期については、70〜150年の間で様々な説があるが、「ルカによる福音書」が成立した後の90年代という見方が有力だ。書かれた場所については、著者がパレスチナの地理についてよく知らないことが明らかなので、パレスチナ以外のどこかである。エフェソ、マケドニア、アカイア、または小アジアかエーゲ海周辺のどこか、あるいはローマという説もあるが、確定的なことは言えない。

使徒言行録

1

はしがき

1-2テオフィロさま、わたしは先に第一巻
を著して、イエスが行い、また教え始めてか
ら、お選びになった使徒たちに聖霊を通して指図
を与え、天に上げられた日までのすべてのことに
ついて書き記しました。

約束の聖霊

3イエスは苦難を受けた後、御自分が生きてい
ることを、数多くの証拠をもって使徒たちに示し、
四十日にわたって彼らに現れ、神の国について話
された。4そして、彼らと食事を共にしていたと
き、こう命じられた。**「エルサレムを離れず、前**
にわたしから聞いた、父の約束されたものを待ち
なさい。5ヨハネは水で洗礼《バプテスマ》を授けたが、あなた
がたは間もなく聖霊による洗礼を授けられるから
である。」

イエス、天に上げられる

6さて、使徒たちは集まって、「主《しゅ》よ、イスラ
エルのために国を建て直してくださるのは、この
時ですか」と尋ねた。7イエスは言われた。**「父**
が御自分の権威をもってお定めになった時や時期
は、あなたがたの知るところではない。8あなた
がたの上に聖霊が降《くだ》ると、あなたがたは力を受け
る。そして、エルサレムばかりでなく、ユダヤと
サマリアの全土で、また、地の果てに至るまで、
わたしの証人となる。」9こう話し終わると、イ
エスは彼らが見ているうちに天に上げられたが、
雲に覆われて彼らの目から見えなくなった。10イ
エスが離れ去って行かれるとき、彼らは天を見つ
めていた。すると、白い服を着た二人の人がそば
に立って、11言った。「ガリラヤの人たち、なぜ

天を見上げて立っているのか。あなたがたから離
れて天に上げられたイエスは、天に行かれるのを
あなたがたが見たのと同じ有様で、またおいでに
なる。」

マティアの選出

12使徒たちは、「オリーブ畑」と呼ばれる山か
らエルサレムに戻って来た。この山はエルサレム
に近く、安息日《あんそくび》にも歩くことが許される距離の所
にある。13彼らは都に入ると、泊まっていた家の
上の部屋に上がった。それは、ペトロ、ヨハネ、
ヤコブ、アンデレ、フィリポ、トマス、バルトロ
マイ、マタイ、アルファイの子ヤコブ、熱心党の
シモン、ヤコブの子ユダであった。14彼らは皆、
婦人たちやイエスの母マリア、またイエスの兄弟
たちと心を合わせて熱心に祈っていた。
15そのころ、ペトロは兄弟たちの中に立って言
った。百二十人ほどの人々が一つになっていた。
16「兄弟たち、イエスを捕らえた者たちの手引き
をしたあのユダについては、聖霊がダビデの口を
通して預言しています。この聖書の言葉は、実現
しなければならなかったのです。17ユダはわたし
たちの仲間の一人であり、同じ任務を割り当てら
れていました。18ところで、このユダは不正を働
いて得た報酬で土地を買ったのですが、その地面
にまっさかさまに落ちて、体が真ん中から裂け、
はらわたがみな出てしまいました。19このことは
エルサレムに住むすべての人に知れ渡り、その土
地は彼らの言葉で『アケルダマ』、つまり、『血の
土地』と呼ばれるようになりました。20詩編には
こう書いてあります。
『その住まいは荒れ果てよ、
そこに住む者はいなくなれ。』
また、
『その務めは、ほかの人が引き受けるがよい。』
21-22そこで、主イエスがわたしたちと共に生活

されていた間、つまり、ヨハネの洗礼のときから
始まって、わたしたちを離れて天に上げられた日
まで、いつも一緒にいた者の中からだれか一人が、
わたしたちに加わって、主の復活の証人になるべ
きです。」23そこで人々は、バルサバと呼ばれ、
ユストともいうヨセフと、マティアの二人を立て
て、24次のように祈った。「すべての人の心をご
存じである主よ、この二人のうちのどちらをお選
びになったかを、お示しください。25ユダが自分
の行くべき所に行くために離れてしまった、使徒
としてのこの任務を継がせるためです。」26二人
のことでくじを引くと、マティアに当たったので、
この人が十一人の使徒の仲間に加えられることに
なった。

2 聖霊が降る

1五旬祭《ごじゅんさい》の日が来て、一同が一つになって集
まっていると、2突然、激しい風が吹いて来
るような音が天から聞こえ、彼らが座っていた家
中に響いた。3そして、炎のような舌が分かれ分
かれに現れ、一人一人の上にとどまった。4する
と、一同は聖霊に満たされ、〝霊〟が語らせるま
まに、ほかの国々の言葉で話しだした。
5さて、エルサレムには天下のあらゆる国から
帰って来た、信心深いユダヤ人が住んでいたが、
6この物音に大勢の人が集まって来た。そして、
だれもかれも、自分の故郷の言葉が話されている
のを聞いて、あっけにとられてしまった。7人々
は驚き怪しんで言った。「話をしているこの人た
ちは、皆ガリラヤの人ではないか。8どうしてわ
たしたちは、めいめいが生まれた故郷の言葉を聞
くのだろうか。9わたしたちの中には、パルティ
ア、メディア、エラムからの者がおり、また、メ
ソポタミア、ユダヤ、カパドキア、ポントス、ア
ジア、10フリギア、パンフィリア、エジプト、キ
レネに接するリビア地方などに住む者もいる。ま

た、ローマから来て滞在中の者、11ユダヤ人もい
れば、ユダヤ教への改宗者もおり、クレタ、アラ
ビアから来た者もいるのに、彼らがわたしたちの
言葉で神の偉大な業《わざ》を語っているのを聞こうと
は。」12人々は皆驚き、とまどい、「いったい、こ
れはどういうことなのか」と互いに言った。13し
かし、「あの人たちは、新しいぶどう酒に酔って
いるのだ」と言って、あざける者もいた。

ペトロの説教

14すると、ペトロは十一人と共に立って、声を
張り上げ、話し始めた。「ユダヤの方々、またエ
ルサレムに住むすべての人たち、知っていただき
たいことがあります。わたしの言葉に耳を傾けて
ください。15今は朝の九時ですから、この人たち
は、あなたがたが考えているように、酒に酔って
いるのではありません。16そうではなく、これこ
そ預言者ヨエルを通して言われていたことなので
す。
17『神は言われる。
終わりの時に、
わたしの霊をすべての人に注ぐ。
すると、あなたたちの息子と娘は預言し、
若者は幻を見、老人は夢を見る。
18わたしの僕《しもべ》やはしためにも、
そのときには、わたしの霊を注ぐ。
すると、彼らは預言する。
19上では、天に不思議な業を、
下では、地に徴《しるし》を示そう。
血と火と立ちこめる煙が、それだ。
主の偉大な輝かしい日が来る前に、
太陽は暗くなり、
月は血のように赤くなる。
21主の名を呼び求める者は皆、救われる。』
22イスラエルの人たち、これから話すことを聞
いてください。ナザレの人イエスこそ、神から遣

わされた方です。神は、イエスを通してあなたが
たの間で行われた奇跡と、不思議な業と、しるし
とによって、そのことをあなたがたに証明なさい
ました。あなたがた自身が既に知っているとおり
です。23このイエスを神は、お定めになった計画
により、あらかじめご存じのうえで、あなたがた
に引き渡されたのですが、あなたがたは律法を知
らない者たちの手を借りて、十字架につけて殺し
てしまったのです。24しかし、神はこのイエスを
死の苦しみから解放して、復活させられました。
イエスが死に支配されたままでおられるなどとい
うことは、ありえなかったからです。25ダビデは、
イエスについてこう言っています。
『わたしは、いつも目の前に主を見ていた。
主がわたしの右におられるので、
わたしは決して動揺しない。
26だから、わたしの心は楽しみ、
舌は喜びたたえる。
体も希望のうちに生きるであろう。
27あなたは、わたしの魂を陰府《よみ》に捨てておかず、
あなたの聖なる者を
朽ち果てるままにしておかれない。
28あなたは、命に至る道をわたしに示し、
御前《みまえ》にいるわたしを喜びで満たしてくださる。』
29兄弟たち、先祖ダビデについては、彼は死ん
で葬られ、その墓は今でもわたしたちのところに
あると、はっきり言えます。30ダビデは預言者だ
ったので、彼から生まれる子孫の一人をその王座
に着かせると、神がはっきり誓ってくださったこ
とを知っていました。31そして、キリストの復活
について前もって知り、
『彼は陰府に捨てておかれず、
その体は朽ち果てることがない』
と語りました。32神はこのイエスを復活させられ
たのです。わたしたちは皆、そのことの証人です。
33それで、イエスは神の右に上げられ、約束され

た聖霊を御父《おんちち》から受けて注いでくださいました。
あなたがたは、今このことを見聞きしているので
す。34ダビデは天に昇りませんでしたが、彼自身
こう言っています。
『主は、わたしの主にお告げになった。
「わたしの右の座に着け。
35わたしがあなたの敵を
あなたの足台《あしだい》とするときまで。」』
36だから、イスラエルの全家は、はっきり知らな
くてはなりません。あなたがたが十字架につけて
殺したイエスを、神は主とし、またメシアとなさ
ったのです。」
37人々はこれを聞いて大いに心を打たれ、ペト
ロとほかの使徒たちに、「兄弟たち、わたしたち
はどうしたらよいのですか」と言った。38すると、
ペトロは彼らに言った。「悔い改めなさい。めい
めい、イエス・キリストの名によって洗礼を受け、
罪を赦《ゆる》していただきなさい。そうすれば、賜物と
して聖霊を受けます。39この約束は、あなたがた
にも、あなたがたの子供にも、遠くにいるすべて
の人にも、つまり、わたしたちの神である主が招
いてくださる者ならだれにでも、与えられている
ものなのです。」40ペトロは、このほかにもいろ
いろ話をして、力強く証《あか》しをし、「邪悪なこの時
代から救われなさい」と勧めていた。41ペトロの
言葉を受け入れた人々は洗礼を受け、その日に三
千人ほどが仲間に加わった。42彼らは、使徒の教
え、相互の交わり、パンを裂くこと、祈ることに
熱心であった。

信者の生活

43すべての人に恐れが生じた。使徒たちによっ
て多くの不思議な業としるしが行われていたので
ある。44信者たちは皆一つになって、すべての物
を共有にし、45財産や持ち物を売り、おのおの
必要に応じて、皆がそれを分け合った。46そして、

毎日ひたすら心を一つにして神殿に参り、家ごと
に集まってパンを裂き、喜びと真心をもって一緒
に食事をし、47神を賛美していたので、民衆全体
から好意を寄せられた。こうして、主は救われる
人々を日々仲間に加え一つにされたのである。

3

ペトロ、足の不自由な男をいやす

1ペトロとヨハネが、午後三時の祈りの時に
神殿に上って行った。2すると、生まれなが
ら足の不自由な男が運ばれて来た。神殿の境内《けいだい》に
入る人に施しを乞うため、毎日「美しい門」とい
う神殿の門のそばに置いてもらっていたのである。
3彼はペトロとヨハネが境内に入ろうとするのを
見て、施しを乞うた。4ペトロはヨハネと一緒に
彼をじっと見て、「わたしたちを見なさい」と言
った。5その男が、何かもらえると思って二人を
見つめていると、6ペトロは言った。「わたしに
は金や銀はないが、持っているものをあげよう。
ナザレの人イエス・キリストの名によって立ち上
がり、歩きなさい。」7そして、右手を取って彼
を立ち上がらせた。すると、たちまち、その男は
足やくるぶしがしっかりして、8躍り上がって立
ち、歩きだした。そして、歩き回ったり躍ったり
して神を賛美し、二人と一緒に境内に入って行っ
た。9民衆は皆、彼が歩き回り、神を賛美してい
るのを見た。10彼らは、それが神殿の「美しい
門」のそばに座って施しを乞うていた者だと気づ
き、その身に起こったことに我を忘れるほど驚い
た。

ペトロ、神殿で説教する

11さて、その男がペトロとヨハネに付きまとっ
ていると、民衆は皆非常に驚いて、「ソロモンの
回廊」と呼ばれる所にいる彼らの方へ、一斉に集
まって来た。12これを見たペトロは、民衆に言っ
た。「イスラエルの人たち、なぜこのことに驚く

のですか。また、わたしたちがまるで自分の力や
信心によって、この人を歩かせたかのように、な
ぜ、わたしたちを見つめるのですか。13アブラハ
ムの神、イサクの神、ヤコブの神、わたしたちの
先祖の神は、その僕イエスに栄光をお与えになり
ました。ところが、あなたがたはこのイエスを引
き渡し、ピラトが釈放しようと決めていたのに、
その面前でこの方を拒みました。14聖なる正しい
方を拒んで、人殺しの男を赦すように要求したの
です。15あなたがたは、命への導き手である方を
殺してしまいましたが、神はこの方を死者の中か
ら復活させてくださいました。わたしたちは、こ
のことの証人です。16あなたがたの見て知ってい
るこの人を、イエスの名が強くしました。それは、
その名を信じる信仰によるものです。イエスによ
る信仰が、あなたがた一同の前でこの人を完全に
いやしたのです。17ところで、兄弟たち、あなた
がたがあんなことをしてしまったのは、指導者た
ちと同様に無知のためであったと、わたしには分
かっています。18しかし、神はすべての預言者の
口を通して予告しておられたメシアの苦しみを、
このようにして実現なさったのです。19だから、
自分の罪が消し去られるように、悔い改めて立ち
帰りなさい。20こうして、主のもとから慰めの時
が訪れ、主はあなたがたのために前もって決めて
おられた、メシアであるイエスを遣わしてくださ
るのです。21このイエスは、神が聖なる預言者た
ちの口を通して昔から語られた、万物が新しくな
るその時まで、必ず天にとどまることになってい
ます。22モーセは言いました。『あなたがたの神
である主は、あなたがたの同胞の中から、わたし
のような預言者をあなたがたのために立てられる。
彼が語りかけることには、何でも聞き従え。23こ
の預言者に耳を傾けない者は皆、民の中から滅ぼ
し絶やされる。』24預言者は皆、サムエルをはじ
めその後に預言した者も、今の時について告げて

います。25あなたがたは預言者の子孫であり、神
があなたがたの先祖と結ばれた契約の子です。
『地上のすべての民族は、あなたから生まれる者
によって祝福を受ける』と、神はアブラハムに言
われました。26それで、神は御自分の僕を立て、
まず、あなたがたのもとに遣わしてくださったの
です。それは、あなたがた一人一人を悪から離れ
させ、その祝福にあずからせるためでした。」

4

ペトロとヨハネ、議会で取り調べを受ける

1ペトロとヨハネが民衆に話をしていると、
祭司たち、神殿守衛長、サドカイ派の人々が
近づいて来た。2二人が民衆に教え、イエスに起
こった死者の中からの復活を宣《の》べ伝《つた》えているので、
彼らはいらだち、3二人を捕らえて翌日まで牢に
入れた。既に日暮れだったからである。4しかし、
二人の語った言葉を聞いて信じた人は多く、男の
数が五千人ほどになった。
5次の日、議員、長老、律法学者たちがエルサ
レムに集まった。6大祭司アンナスとカイアファ
とヨハネとアレクサンドロと大祭司一族が集まっ
た。7そして、使徒たちを真ん中に立たせて、
「お前たちは何の権威によって、だれの名によっ
てああいうことをしたのか」と尋問した。8その
とき、ペトロは聖霊に満たされて言った。「民の
議員、また長老の方々、9今日わたしたちが取り
調べを受けているのは、病人に対する善い行いと、
その人が何によっていやされたかということにつ
いてであるならば、10あなたがたもイスラエルの
民全体も知っていただきたい。この人が良くなっ
て、皆さんの前に立っているのは、あなたがたが
十字架につけて殺し、神が死者の中から復活させ
られたあのナザレの人、イエス・キリストの名に
よるものです。11この方こそ、
『あなたがた家を建てる者に捨てられたが、

隅の親石《おやいし》となった石』
です。12ほかのだれによっても、救いは得られま
せん。わたしたちが救われるべき名は、天下にこ
の名のほか、人間には与えられていないのです。」
13議員や他の者たちは、ペトロとヨハネの大胆な
態度を見、しかも二人が無学な普通の人であるこ
とを知って驚き、また、イエスと一緒にいた者で
あるということも分かった。14しかし、足をいや
していただいた人がそばに立っているのを見ては、
ひと言も言い返せなかった。15そこで、二人に議
場を去るように命じてから、相談して、16言った。
「あの者たちをどうしたらよいだろう。彼らが行
った目覚ましいしるしは、エルサレムに住むすべ
ての人に知れ渡っており、それを否定することは
できない。17しかし、このことがこれ以上民衆の
間に広まらないように、今後あの名によってだれ
にも話すなと脅《おど》しておこう。」18そして、二人を
呼び戻し、決してイエスの名によって話したり、
教えたりしないようにと命令した。19しかし、ペ
トロとヨハネは答えた。「神に従わないであなた
がたに従うことが、神の前に正しいかどうか、考
えてください。20わたしたちは、見たことや聞い
たことを話さないではいられないのです。」21議
員や他の者たちは、二人を更に脅してから釈放し
た。皆の者がこの出来事について神を賛美してい
たので、民衆を恐れて、どう処罰してよいか分か
らなかったからである。22このしるしによってい
やしていただいた人は、四十歳を過ぎていた。

信者たちの祈り

23さて二人は、釈放されると仲間のところへ行
き、祭司長たちや長老たちの言ったことを残らず
話した。24これを聞いた人たちは心を一つにし、
神に向かって声をあげて言った。「主よ、あなた
は天と地と海と、そして、そこにあるすべてのも
のを造られた方です。25あなたの僕であり、また、

わたしたちの父であるダビデの口を通し、あなた
は聖霊によってこうお告げになりました。
『なぜ、異邦人は騒ぎ立ち、
諸国の民はむなしいことを企てるのか。
26地上の王たちはこぞって立ち上がり、
指導者たちは団結して、
主とそのメシアに逆らう。』
27事実、この都でヘロデとポンティオ・ピラトは、
異邦人やイスラエルの民と一緒になって、あなた
が油を注がれた聖なる僕イエスに逆らいました。
28そして、実現するようにと御手《みて》と御心《みこころ》によって
あらかじめ定められていたことを、すべて行った
のです。29主よ、今こそ彼らの脅しに目を留め、
あなたの僕たちが、思い切って大胆に御言葉《みことば》を語
ることができるようにしてください。30どうか、
御手を伸ばし聖なる僕イエスの名によって、病気
がいやされ、しるしと不思議な業が行われるよう
にしてください。」31祈りが終わると、一同の集
まっていた場所が揺れ動き、皆、聖霊に満たされ
て、大胆に神の言葉を語りだした。

持ち物を共有する

32信じた人々の群れは心も思いも一つにし、一
人として持ち物を自分のものだと言う者はなく、
すべてを共有していた。33使徒たちは、大いなる
力をもって主イエスの復活を証しし、皆、人々か
ら非常に好意を持たれていた。34信者の中には、
一人も貧しい人がいなかった。土地や家を持って
いる人が皆、それを売っては代金を持ち寄り、
35使徒たちの足もとに置き、その金は必要に応じ
て、おのおのに分配されたからである。36たとえ
ば、レビ族の人で、使徒たちからバルナバ――
「慰めの子」という意味――と呼ばれていた、キ
プロス島生まれのヨセフも、37持っていた畑を売
り、その代金を持って来て使徒たちの足もとに置
いた。

5

アナニアとサフィラ

1ところが、アナニアという男は、妻のサフ
ィラと相談して土地を売り、2妻も承知のう
えで、代金をごまかし、その一部を持って来て使
徒たちの足もとに置いた。3すると、ペトロは言
った。「アナニア、なぜ、あなたはサタンに心を
奪われ、聖霊を欺いて、土地の代金をごまかした
のか。4売らないでおけば、あなたのものだった
し、また、売っても、その代金は自分の思いどお
りになったのではないか。どうして、こんなこと
をする気になったのか。あなたは人間を欺いたの
ではなく、神を欺いたのだ。」5この言葉を聞く
と、アナニアは倒れて息が絶えた。そのことを耳
にした人々は皆、非常に恐れた。6若者たちが立
ち上がって死体を包み、運び出して葬った。
7それから三時間ほどたって、アナニアの妻が
この出来事を知らずに入って来た。8ペトロは彼
女に話しかけた。「あなたたちは、あの土地をこ
れこれの値段で売ったのか。言いなさい。」彼女
は、「はい、その値段です」と言った。9ペトロ
は言った。「二人で示し合わせて、主の霊を試す
とは、何としたことか。見なさい。あなたの夫を
葬りに行った人たちが、もう入り口まで来ている。
今度はあなたを担ぎ出すだろう。」10すると、彼
女はたちまちペトロの足もとに倒れ、息が絶えた。
青年たちは入って来て、彼女の死んでいるのを見
ると、運び出し、夫のそばに葬った。11教会全体
とこれを聞いた人は皆、非常に恐れた。

使徒たち、多くの奇跡を行う

12使徒たちの手によって、多くのしるしと不思
議な業とが民衆の間で行われた。一同は心を一つ
にしてソロモンの回廊に集まっていたが、13ほか
の者はだれ一人、あえて仲間に加わろうとはしな
かった。しかし、民衆は彼らを称賛していた。

14そして、多くの男女が主を信じ、その数はます
ます増えていった。15人々は病人を大通りに運び
出し、担架や床《とこ》に寝かせた。ペトロが通りかかる
とき、せめてその影だけでも病人のだれかにかか
るようにした。16また、エルサレム付近の町から
も、群衆が病人や汚《けが》れた霊に悩まされている人々
を連れて集まって来たが、一人残らずいやしても
らった。

使徒たちに対する迫害

17そこで、大祭司とその仲間のサドカイ派の
人々は皆立ち上がり、ねたみに燃えて、18使徒た
ちを捕らえて公の牢に入れた。19ところが、夜中
に主の天使が牢の戸を開け、彼らを外に連れ出し、
20「行って神殿の境内に立ち、この命の言葉を残
らず民衆に告げなさい」と言った。21これを聞い
た使徒たちは、夜明けごろ境内に入って教え始め
た。一方、大祭司とその仲間が集まり、最高法院、
すなわちイスラエルの子らの長老会全体を召集し、
使徒たちを引き出すために、人を牢に差し向けた。
22下役たちが行ってみると、使徒たちは牢にいな
かった。彼らは戻って来て報告した。23「牢には
しっかり鍵がかかっていたうえに、戸の前には番
兵が立っていました。ところが、開けてみると、
中にはだれもいませんでした。」24この報告を聞
いた神殿守衛長と祭司長たちは、どうなることか
と、使徒たちのことで思い惑った。25そのとき、
人が来て、「御覧ください。あなたがたが牢に入
れた者たちが、境内にいて民衆に教えています」
と告げた。26そこで、守衛長は下役を率いて出て
行き、使徒たちを引き立てて来た。しかし、民衆
に石を投げつけられるのを恐れて、手荒なことは
しなかった。

27彼らが使徒たちを引いて来て最高法院の中に
立たせると、大祭司が尋問した。28「あの名によ
って教えてはならないと、厳しく命じておいたで

はないか。それなのに、お前たちはエルサレム中
に自分の教えを広め、あの男の血を流した責任を
我々に負わせようとしている。」29ペトロとほか
の使徒たちは答えた。「人間に従うよりも、神に
従わなくてはなりません。30わたしたちの先祖の
神は、あなたがたが木につけて殺したイエスを復
活させられました。31神はイスラエルを悔い改め
させ、その罪を赦すために、この方を導き手とし、
救い主として、御自分の右に上げられました。
32わたしたちはこの事実の証人であり、また、神
が御自分に従う人々にお与えになった聖霊も、こ
のことを証ししておられます。」
33これを聞いた者たちは激しく怒り、使徒たち
を殺そうと考えた。34ところが、民衆全体から尊
敬されている律法の教師で、ファリサイ派に属す
るガマリエルという人が、議場に立って、使徒た
ちをしばらく外に出すように命じ、35それから、
議員たちにこう言った。「イスラエルの人たち、
あの者たちの取り扱いは慎重にしなさい。36以前
にもテウダが、自分を何か偉い者のように言って
立ち上がり、その数四百人くらいの男が彼に従っ
たことがあった。彼は殺され、従っていた者は皆
散らされて、跡形もなくなった。37その後、住民
登録の時、ガリラヤのユダが立ち上がり、民衆を
率いて反乱を起こしたが、彼も滅び、つき従った
者も皆、ちりぢりにさせられた。38そこで今、申
し上げたい。あの者たちから手を引きなさい。ほ
うっておくがよい。あの計画や行動が人間から出
たものなら、自滅するだろうし、39神から出たも
のであれば、彼らを滅ぼすことはできない。もし
かしたら、諸君は神に逆らう者となるかもしれな
いのだ。」一同はこの意見に従い、40使徒たちを
呼び入れて鞭《むち》で打ち、イエスの名によって話して
はならないと命じたうえ、釈放した。41それで使
徒たちは、イエスの名のために辱《はずかし》めを受けるほど
の者にされたことを喜び、最高法院から出て行き、

42毎日、神殿の境内や家々で絶えず教え、メシ
ア・イエスについて福音を告げ知らせていた。

6

ステファノたち七人の選出

1そのころ、弟子の数が増えてきて、ギリシ
ア語を話すユダヤ人から、ヘブライ語を話す
ユダヤ人に対して苦情が出た。それは、日々の分
配のことで、仲間のやもめたちが軽んじられてい
たからである。2そこで、十二人は弟子をすべて
呼び集めて言った。「わたしたちが、神の言葉を
ないがしろにして、食事の世話をするのは好まし
くない。3それで、兄弟たち、あなたがたの中か
ら、〝霊〟と知恵に満ちた評判の良い人を七人選
びなさい。彼らにその仕事を任せよう。4わたし
たちは、祈りと御言葉の奉仕に専念することにし
ます。」5一同はこの提案に賛成し、信仰と聖霊
に満ちている人ステファノと、ほかにフィリポ、
プロコロ、ニカノル、ティモン、パルメナ、アン
ティオキア出身の改宗者ニコラオを選んで、6使
徒たちの前に立たせた。使徒たちは、祈って彼ら
の上に手を置いた。
7こうして、神の言葉はますます広まり、弟子
の数はエルサレムで非常に増えていき、祭司も大
勢この信仰に入った。

ステファノの逮捕

8さて、ステファノは恵みと力に満ち、すばら
しい不思議な業としるしを民衆の間で行っていた。
9ところが、キレネとアレクサンドリアの出身者
で、いわゆる「解放された奴隷の会堂」に属する
人々、またキリキア州とアジア州出身の人々など
のある者たちが立ち上がり、ステファノと議論し
た。10しかし、彼が知恵と〝霊〟とによって語る
ので、歯が立たなかった。11そこで、彼らは人々
を唆《そそのか》して、「わたしたちは、あの男がモーセと神
を冒瀆する言葉を吐くのを聞いた」と言わせた。

12また、民衆、長老たち、律法学者たちを扇動し
て、ステファノを襲って捕らえ、最高法院に引い
て行った。13そして、偽証人《ぎしょうにん》を立てて、次のよう
に訴えさせた。「この男は、この聖なる場所と律
法をけなして、一向にやめようとしません。14わ
たしたちは、彼がこう言っているのを聞いていま
す。『あのナザレの人イエスは、この場所を破壊
し、モーセが我々に伝えた慣習を変えるだろ
う。』」15最高法院の席に着いていた者は皆、ステ
ファノに注目したが、その顔はさながら天使の顔
のように見えた。

7 ステファノの説教

1大祭司が、「訴えのとおりか」と尋ねた。
2そこで、ステファノは言った。「兄弟であ
り父である皆さん、聞いてください。わたしたち
の父アブラハムがメソポタミアにいて、まだハラ
ンに住んでいなかったとき、栄光の神が現れ、
3『あなたの土地と親族を離れ、わたしが示す土
地に行け』と言われました。4それで、アブラハ
ムはカルデア人の土地を出て、ハランに住みまし
た。神はアブラハムを、彼の父が死んだ後、ハラ
ンから今あなたがたの住んでいる土地にお移しに
なりましたが、5そこでは財産を何もお与えにな
りませんでした、一歩の幅の土地さえも。しかし、
そのとき、まだ子供のいなかったアブラハムに対
して、『いつかその土地を所有地として与え、死
後には子孫たちに相続させる』と約束なさったの
です。6神はこう言われました。『彼の子孫は、
外国に移住し、四百年の間、奴隷にされて虐げら
れる。』7更に、神は言われました。『彼らを奴隷
にする国民は、わたしが裁く。その後、彼らはそ
の国から脱出し、この場所でわたしを礼拝する。』
8そして、神はアブラハムと割礼による契約を結
ばれました。こうして、アブラハムはイサクをも
うけて八日目に割礼を施し、イサクはヤコブを、

ヤコブは十二人の族長をもうけて、それぞれ割礼
を施したのです。
9この族長たちはヨセフをねたんで、エジプト
へ売ってしまいました。しかし、神はヨセフを離
れず、10あらゆる苦難から助け出して、エジプト
王ファラオのもとで恵みと知恵をお授けになりま
した。そしてファラオは、彼をエジプトと王の家
全体とをつかさどる大臣に任命したのです。11と
ころが、エジプトとカナンの全土に飢饉が起こり、
大きな苦難が襲い、わたしたちの先祖は食糧を手
に入れることができなくなりました。12ヤコブは
エジプトに穀物があると聞いて、まずわたしたち
の先祖をそこへ行かせました。13二度目のとき、
ヨセフは兄弟たちに自分の身の上を明かし、ファ
ラオもヨセフの一族のことを知りました。14そこ
で、ヨセフは人を遣わして、父ヤコブと七十五人
の親族一同を呼び寄せました。15ヤコブはエジプ
トに下って行き、やがて彼もわたしたちの先祖も
死んで、16シケムに移され、かつてアブラハムが
シケムでハモルの子らから、幾らかの金で買って
おいた墓に葬られました。
17神がアブラハムになさった約束の実現する時
が近づくにつれ、民は増え、エジプト中に広がり
ました。18それは、ヨセフのことを知らない別の
王が、エジプトの支配者となるまでのことでした。
19この王は、わたしたちの同胞を欺き、先祖を虐
待して乳飲み子を捨てさせ、生かしておかないよ
うにしました。20このときに、モーセが生まれた
のです。神の目に適《かな》った美しい子で、三か月の間、
父の家で育てられ、21その後、捨てられたのをフ
ァラオの王女が拾い上げ、自分の子として育てた
のです。22そして、モーセはエジプト人のあらゆ
る教育を受け、すばらしい話や行いをする者にな
りました。
23四十歳になったとき、モーセは兄弟であるイ
スラエルの子らを助けようと思い立ちました。

24それで、彼らの一人が虐待されているのを見て
助け、相手のエジプト人を打ち殺し、ひどい目に
遭っていた人のあだを討ったのです。25モーセは、
自分の手を通して神が兄弟たちを救おうとしてお
られることを、彼らが理解してくれると思いまし
た。しかし、理解してくれませんでした。26次の
日、モーセはイスラエル人が互いに争っていると
ころに来合わせたので、仲直りをさせようとして
言いました。『君たち、兄弟どうしではないか。
なぜ、傷つけ合うのだ。』27すると、仲間を痛め
つけていた男は、モーセを突き飛ばして言いまし
た。『だれが、お前を我々の指導者や裁判官にし
たのか。28きのうエジプト人を殺したように、わ
たしを殺そうとするのか。』29モーセはこの言葉
を聞いて、逃げ出し、そして、ミディアン地方に
身を寄せている間に、二人の男の子をもうけまし
た。
30四十年たったとき、シナイ山に近い荒れ野に
おいて、柴の燃える炎の中で、天使がモーセの前
に現れました。31モーセは、この光景を見て驚き
ました。もっとよく見ようとして近づくと、主の
声が聞こえました。32『わたしは、あなたの先祖
の神、アブラハム、イサク、ヤコブの神である』
と。モーセは恐れおののいて、それ以上見ようと
はしませんでした。33そのとき、主はこう仰せに
なりました。『履物を脱げ。あなたの立っている
所は聖なる土地である。34わたしは、エジプトに
いるわたしの民の不幸を確かに見届け、また、そ
の嘆きを聞いたので、彼らを救うために降って来
た。さあ、今あなたをエジプトに遣わそう。』
35人々が、『だれが、お前を指導者や裁判官にし
たのか』と言って拒んだこのモーセを、神は柴の
中に現れた天使の手を通して、指導者また解放者
としてお遣わしになったのです。36この人がエジ
プトの地でも紅海でも、また四十年の間、荒れ野
でも、不思議な業としるしを行って人々を導き出

しました。37このモーセがまた、イスラエルの子
らにこう言いました。『神は、あなたがたの兄弟
の中から、わたしのような預言者をあなたがたの
ために立てられる。』38この人が荒れ野の集会に
おいて、シナイ山で彼に語りかけた天使とわたし
たちの先祖との間に立って、命の言葉を受け、わ
たしたちに伝えてくれたのです。39けれども、先
祖たちはこの人に従おうとせず、彼を退け、エジ
プトをなつかしく思い、40アロンに言いました。
『わたしたちの先に立って導いてくれる神々を造
ってください。エジプトの地から導き出してくれ
たあのモーセの身の上に、何が起こったのか分か
らないからです。』41彼らが若い雄牛の像を造っ
たのはそのころで、この偶像にいけにえを献《ささ》げ、
自分たちの手で造ったものをまつって楽しんでい
ました。42そこで神は顔を背け、彼らが天の星を
拝むままにしておかれました。それは預言者の書
にこう書いてあるとおりです。

『イスラエルの家よ、
お前たちは荒れ野にいた四十年の間、
わたしにいけにえと供え物を
　献げたことがあったか。
43お前たちは拝むために造った偶像、
モレクの御輿《みこし》やお前たちの神ライファンの星を
担ぎ回ったのだ。
だから、わたしはお前たちを
バビロンのかなたへ移住させる。』

44わたしたちの先祖には、荒れ野に証しの幕屋《まくや》
がありました。これは、見たままの形に造るよう
にとモーセに言われた方のお命じになったとおり
のものでした。45この幕屋は、それを受け継いだ
先祖たちが、ヨシュアに導かれ、目の前から神が
追い払ってくださった異邦人の土地を占領すると
き、運び込んだもので、ダビデの時代までそこに
ありました。46ダビデは神の御心に適い、ヤコブ
の家のために神の住まいが欲しいと願っていまし

たが、47神のために家を建てたのはソロモンでし
た。48けれども、いと高き方は人の手で造ったよ
うなものにはお住みになりません。これは、預言
者も言っているとおりです。
49『主は言われる。
「天はわたしの王座、
地はわたしの足台。
お前たちは、わたしに
どんな家を建ててくれると言うのか。
わたしの憩う場所はどこにあるのか。
50これらはすべて、
わたしの手が造ったものではないか。」』
51かたくなで、心と耳に割礼を受けていない人
たち、あなたがたは、いつも聖霊に逆らっていま
す。あなたがたの先祖が逆らったように、あなた
がたもそうしているのです。52いったい、あなた
がたの先祖が迫害しなかった預言者が、一人でも
いたでしょうか。彼らは、正しい方が来られるこ
とを預言した人々を殺しました。そして今や、あ
なたがたがその方を裏切る者、殺す者となった。
53天使たちを通して律法を受けた者なのに、それ
を守りませんでした。」

ステファノの殉教

54人々はこれを聞いて激しく怒り、ステファノ
に向かって歯ぎしりした。55ステファノは聖霊に
満たされ、天を見つめ、神の栄光と神の右に立っ
ておられるイエスとを見て、56「天が開いて、人
の子が神の右に立っておられるのが見える」と言
った。57人々は大声で叫びながら耳を手でふさぎ、
ステファノ目がけて一斉に襲いかかり、58都の外
に引きずり出して石を投げ始めた。証人たちは、
自分の着ている物をサウロという若者の足もとに
置いた。59人々が石を投げつけている間、ステフ
ァノは主に呼びかけて、「主イエスよ、わたしの
霊をお受けください」と言った。60それから、ひ

ざまずいて、「主よ、この罪を彼らに負わせない
でください」と大声で叫んだ。ステファノはこう
言って、眠りについた。**8** 1サウロは、ステフ
ァノの殺害に賛成していた。

エルサレムの教会に対する迫害

その日、エルサレムの教会に対して大迫害が起
こり、使徒たちのほかは皆、ユダヤとサマリアの
地方に散って行った。2しかし、信仰深い人々が
ステファノを葬り、彼のことを思って大変悲しん
だ。3一方、サウロは家から家へと押し入って教
会を荒らし、男女を問わず引き出して牢に送って
いた。

サマリアで福音が告げ知らされる

4さて、散って行った人々は、福音を告げ知ら
せながら巡り歩いた。5フィリポはサマリアの町
に下って、人々にキリストを宣べ伝えた。6群衆
は、フィリポの行うしるしを見聞きしていたので、
こぞってその話に聞き入った。7実際、汚れた霊
に取りつかれた多くの人たちからは、その霊が大
声で叫びながら出て行き、多くの中風《ちゅうぶ》患者や足の
不自由な人もいやしてもらった。8町の人々は大
変喜んだ。

9ところで、この町に以前からシモンという人
がいて、魔術を使ってサマリアの人々を驚かせ、
偉大な人物と自称していた。10それで、小さな者
から大きな者に至るまで皆、「この人こそ偉大な
ものといわれる神の力だ」と言って注目していた。
11人々が彼に注目したのは、長い間その魔術に心
を奪われていたからである。12しかし、フィリポ
が神の国とイエス・キリストの名について福音を
告げ知らせるのを人々は信じ、男も女も洗礼を受
けた。13シモン自身も信じて洗礼を受け、いつも
フィリポにつき従い、すばらしいしるしと奇跡が
行われるのを見て驚いていた。

14エルサレムにいた使徒たちは、サマリアの
人々が神の言葉を受け入れたと聞き、ペトロとヨ
ハネをそこへ行かせた。15二人はサマリアに下っ
て行き、聖霊を受けるようにとその人々のために
祈った。16人々は主イエスの名によって洗礼を受
けていただけで、聖霊はまだだれの上にも降って
いなかったからである。17ペトロとヨハネが人々
の上に手を置くと、彼らは聖霊を受けた。18シモ
ンは、使徒たちが手を置くことで、〝霊〟が与え
られるのを見、金を持って来て、19言った。「わ
たしが手を置けば、だれでも聖霊が受けられるよ
うに、わたしにもその力を授けてください。」
20すると、ペトロは言った。「この金は、お前と
一緒に滅びてしまうがよい。神の賜物を金で手に
入れられると思っているからだ。21お前はこのこ
とに何のかかわりもなければ、権利もない。お前
の心が神の前に正しくないからだ。22この悪事を
悔い改め、主に祈れ。そのような心の思いでも、
赦していただけるかもしれないからだ。23お前は
腹黒い者であり、悪の縄目に縛られていることが、
わたしには分かっている。」24シモンは答えた。
「おっしゃったことが何一つわたしの身に起こら
ないように、主に祈ってください。」
25このように、ペトロとヨハネは、主の言葉を
力強く証しして語った後、サマリアの多くの村で
福音を告げ知らせて、エルサレムに帰って行った。

フィリポとエチオピアの高官

26さて、主の天使はフィリポに、「ここをたっ
て南に向かい、エルサレムからガザへ下る道に行
け」と言った。そこは寂しい道である。27フィリ
ポはすぐ出かけて行った。折から、エチオピアの
女王カンダケの高官で、女王の全財産の管理をし
ていたエチオピア人の宦官《かんがん》が、エルサレムに礼拝
に来て、28帰る途中であった。彼は、馬車に乗っ
て預言者イザヤの書を朗読していた。29すると、

〝霊〟がフィリポに、「追いかけて、あの馬車と一
緒に行け」と言った。30フィリポが走り寄ると、
預言者イザヤの書を朗読しているのが聞こえたの
で、「読んでいることがお分かりになりますか」
と言った。31宦官は、「手引きしてくれる人がな
ければ、どうして分かりましょう」と言い、馬車
に乗ってそばに座るようにフィリポに頼んだ。
32彼が朗読していた聖書の個所はこれである。
「彼は、羊のように屠《ほふ》り場《ば》に引かれて行った。
毛を刈る者の前で黙している小羊のように、
口を開かない。
33卑しめられて、その裁きも行われなかった。
だれが、その子孫について語れるだろう。
彼の命は地上から取り去られるからだ。」
34宦官はフィリポに言った。「どうぞ教えてく
ださい。預言者は、だれについてこう言っている
のでしょうか。自分についてですか。だれかほか
の人についてですか。」35そこで、フィリポは口
を開き、聖書のこの個所から説きおこして、イエ
スについて福音を告げ知らせた。36道を進んで行
くうちに、彼らは水のある所に来た。宦官は言っ
た。「ここに水があります。洗礼を受けるのに、
何か妨げがあるでしょうか。」† 38そして、車を止
めさせた。フィリポと宦官は二人とも水の中に入
って行き、フィリポは宦官に洗礼を授けた。39彼
らが水の中から上がると、主の霊がフィリポを連
れ去った。宦官はもはやフィリポの姿を見なかっ
たが、喜びにあふれて旅を続けた。40フィリポは
アゾトに姿を現した。そして、すべての町を巡り
ながら福音を告げ知らせ、カイサリアまで行った。

9

サウロの回心（使徒**22** 6-16、**26** 12-18）

1さて、サウロはなおも主の弟子たちを脅迫
し、殺そうと意気込んで、大祭司のところへ
行き、2ダマスコの諸会堂あての手紙を求めた。
それは、この道に従う者を見つけ出したら、男女

を問わず縛り上げ、エルサレムに連行するためで
あった。3ところが、サウロが旅をしてダマスコ
に近づいたとき、突然、天からの光が彼の周りを
照らした。4サウロは地に倒れ、**「サウル、サウ**
ル、なぜ、わたしを迫害するのか」と呼びかける
声を聞いた。5「主よ、あなたはどなたですか」
と言うと、答えがあった。**「わたしは、あなたが**
迫害しているイエスである。6起きて町に入れ。
そうすれば、あなたのなすべきことが知らされ
る。」7同行していた人たちは、声は聞こえても、
だれの姿も見えないので、ものも言えず立ってい
た。8サウロは地面から起き上がって、目を開け
たが、何も見えなかった。人々は彼の手を引いて
ダマスコに連れて行った。9サウロは三日間、目
が見えず、食べも飲みもしなかった。
10ところで、ダマスコにアナニアという弟子が
いた。幻の中で主が、**「アナニア」**と呼びかける
と、アナニアは、「主よ、ここにおります」と言
った。11すると、主は言われた。**「立って、『直線**
通り』と呼ばれる通りへ行き、ユダの家にいるサ
ウロという名の、タルソス出身の者を訪ねよ。今、
彼は祈っている。12アナニアという人が入って来
て自分の上に手を置き、元どおり目が見えるよう
にしてくれるのを、幻で見たのだ。」13しかし、
アナニアは答えた。「主よ、わたしは、その人が
エルサレムで、あなたの聖なる者たちに対してど
んな悪事を働いたか、大勢の人から聞きました。
14ここでも、御名《みな》を呼び求める人をすべて捕らえ
るため、祭司長たちから権限を受けています。」
15すると、主は言われた。**「行け。あの者は、異**
邦人や王たち、またイスラエルの子らにわたしの
名を伝えるために、わたしが選んだ器である。
16わたしの名のためにどんなに苦しまなくてはな
らないかを、わたしは彼に示そう。」17そこで、
アナニアは出かけて行ってユダの家に入り、サウ
ロの上に手を置いて言った。「兄弟サウル、あな

たがここへ来る途中に現れてくださった主イエス
は、あなたが元どおり目が見えるようになり、ま
た、聖霊で満たされるようにと、わたしをお遣わ
しになったのです。」18すると、たちまち目から
うろこのようなものが落ち、サウロは元どおり見
えるようになった。そこで、身を起こして洗礼を
受け、19食事をして元気を取り戻した。

サウロ、ダマスコで福音を告げ知らせる

サウロは数日の間、ダマスコの弟子たちと一緒
にいて、20すぐあちこちの会堂で、「この人こそ
神の子である」と、イエスのことを宣べ伝えた。
21これを聞いた人々は皆、非常に驚いて言った。
「あれは、エルサレムでこの名を呼び求める者た
ちを滅ぼしていた男ではないか。また、ここへや
って来たのも、彼らを縛り上げ、祭司長たちのと
ころへ連行するためではなかったか。」22しかし、
サウロはますます力を得て、イエスがメシアであ
ることを論証し、ダマスコに住んでいるユダヤ人
をうろたえさせた。

サウロ、命をねらう者たちの手から逃れる

23かなりの日数がたって、ユダヤ人はサウロを
殺そうとたくらんだが、24この陰謀はサウロの知
るところとなった。しかし、ユダヤ人は彼を殺そ
うと、昼も夜も町の門で見張っていた。25そこで、
サウロの弟子たちは、夜の間に彼を連れ出し、籠
に乗せて町の城壁づたいにつり降ろした。

サウロ、エルサレムで使徒たちと会う

26サウロはエルサレムに着き、弟子の仲間に加
わろうとしたが、皆は彼を弟子だとは信じないで
恐れた。27しかしバルナバは、サウロを連れて使
徒たちのところへ案内し、サウロが旅の途中で主
に出会い、主に語りかけられ、ダマスコでイエス

の名によって大胆に宣教した次第を説明した。
28それで、サウロはエルサレムで使徒たちと自由
に行き来し、主の名によって恐れずに教えるよう
になった。29また、ギリシア語を話すユダヤ人と
語り、議論もしたが、彼らはサウロを殺そうとね
らっていた。30それを知った兄弟たちは、サウロ
を連れてカイサリアに下り、そこからタルソスへ
出発させた。
31こうして、教会はユダヤ、ガリラヤ、サマリ
アの全地方で平和を保ち、主を畏れ、聖霊の慰め
を受け、基礎が固まって発展し、信者の数が増え
ていった。

ペトロ、アイネアをいやす

32ペトロは方々を巡り歩き、リダに住んでいる
聖なる者たちのところへも下って行った。33そし
てそこで、中風で八年前から床についていたアイ
ネアという人に会った。34ペトロが、「アイネア、
イエス・キリストがいやしてくださる。起きなさ
い。自分で床を整えなさい」と言うと、アイネア
はすぐ起き上がった。35リダとシャロンに住む人
は皆アイネアを見て、主に立ち帰った。

ペトロ、タビタを生き返らせる

36ヤッファにタビタ――訳して言えばドルカス、
すなわち「かもしか」――と呼ばれる婦人の弟子
がいた。彼女はたくさんの善い行いや施しをして
いた。37ところが、そのころ病気になって死んだ
ので、人々は遺体を清めて階上の部屋に安置した。
38リダはヤッファに近かったので、弟子たちはペ
トロがリダにいると聞いて、二人の人を送り、
「急いでわたしたちのところへ来てください」と
頼んだ。39ペトロはそこをたって、その二人と一
緒に出かけた。人々はペトロが到着すると、階上
の部屋に案内した。やもめたちは皆そばに寄って
来て、泣きながら、ドルカスが一緒にいたときに

作ってくれた数々の下着や上着を見せた。40ペト
ロが皆を外に出し、ひざまずいて祈り、遺体に向
かって、「タビタ、起きなさい」と言うと、彼女
は目を開き、ペトロを見て起き上がった。41ペト
ロは彼女に手を貸して立たせた。そして、聖なる
者たちとやもめたちを呼び、生き返ったタビタを
見せた。42このことはヤッファ中に知れ渡り、多
くの人が主を信じた。43ペトロはしばらくの間、
ヤッファで皮なめし職人のシモンという人の家に
滞在した。

10

コルネリウス、カイサリアで幻を見る

1さて、カイサリアにコルネリウスという人
がいた。「イタリア隊」と呼ばれる部隊の百
人隊長で、2信仰心あつく、一家そろって神を畏
れ、民に多くの施しをし、絶えず神に祈っていた。
3ある日の午後三時ごろ、コルネリウスは、神の
天使が入って来て「コルネリウス」と呼びかける
のを、幻ではっきりと見た。4彼は天使を見つめ
ていたが、怖くなって、「主よ、何でしょうか」
と言った。すると、天使は言った。「あなたの祈
りと施しは、神の前に届き、覚えられた。5今、
ヤッファへ人を送って、ペトロと呼ばれるシモン
を招きなさい。6その人は、皮なめし職人シモン
という人の客になっている。シモンの家は海岸に
ある。」7天使がこう話して立ち去ると、コルネ
リウスは二人の召し使いと、側近の部下で信仰心
のあつい一人の兵士とを呼び、8すべてのことを
話してヤッファに送った。

ペトロ、ヤッファで幻を見る

9翌日、この三人が旅をしてヤッファの町に近
づいたころ、ペトロは祈るため屋上に上がった。
昼の十二時ごろである。10彼は空腹を覚え、何か
食べたいと思った。人々が食事の準備をしている
うちに、ペトロは我を忘れたようになり、11天が

開き、大きな布のような入れ物が、四隅でつるさ
れて、地上に下りて来るのを見た。12その中には、
あらゆる獣、地を這うもの、空の鳥が入っていた。
13そして、**「ペトロよ、身を起こし、屠って食べ**
なさい」と言う声がした。14しかし、ペトロは言
った。「主よ、とんでもないことです。清くない
物、汚れた物は何一つ食べたことがありません。」
15すると、また声が聞こえてきた。**「神が清めた**
物を、清くないなどと、あなたは言ってはならな
い。」16こういうことが三度あり、その入れ物は
急に天に引き上げられた。
17ペトロが、今見た幻はいったい何だろうかと、
ひとりで思案に暮れていると、コルネリウスから
差し向けられた人々が、シモンの家を探し当てて
門口に立ち、18声をかけて、「ペトロと呼ばれる
シモンという方が、ここに泊まっておられます
か」と尋ねた。19ペトロがなおも幻について考え
込んでいると、〝霊〟がこう言った。「三人の者が
あなたを探しに来ている。20立って下に行き、た
めらわないで一緒に出発しなさい。わたしがあの
者たちをよこしたのだ。」21ペトロは、その人々
のところへ降りて行って、「あなたがたが探して
いるのは、このわたしです。どうして、ここへ来
られたのですか」と言った。22すると、彼らは言
った。「百人隊長のコルネリウスは、正しい人で
神を畏れ、すべてのユダヤ人に評判の良い人です
が、あなたを家に招いて話を聞くようにと、聖な
る天使からお告げを受けたのです。」23それで、
ペトロはその人たちを迎え入れ、泊まらせた。
翌日、ペトロはそこをたち、彼らと出かけた。
ヤッファの兄弟も何人か一緒に行った。24次の日、
一行はカイサリアに到着した。コルネリウスは親
類や親しい友人を呼び集めて待っていた。25ペト
ロが来ると、コルネリウスは迎えに出て、足もと
にひれ伏して拝んだ。26ペトロは彼を起こして言
った。「お立ちください。わたしもただの人間で

す。」27そして、話しながら家に入ってみると、
大勢の人が集まっていたので、28彼らに言った。
「あなたがたもご存じのとおり、ユダヤ人が外国
人と交際したり、外国人を訪問したりすることは、
律法で禁じられています。けれども、神はわたし
に、どんな人をも清くない者とか、汚れている者
とか言ってはならないと、お示しになりました。
29それで、お招きを受けたとき、すぐ来たのです。
お尋ねしますが、なぜ招いてくださったのです
か。」30すると、コルネリウスが言った。「四日前
の今ごろのことです。わたしが家で午後三時の祈
りをしていますと、輝く服を着た人がわたしの前
に立って、31言うのです。『コルネリウス、あな
たの祈りは聞き入れられ、あなたの施しは神の前
で覚えられた。32ヤッファに人を送って、ペトロ
と呼ばれるシモンを招きなさい。その人は、海岸
にある皮なめし職人シモンの家に泊まっている。』
33それで、早速あなたのところに人を送ったので
す。よくおいでくださいました。今わたしたちは
皆、主があなたにお命じになったことを残らず聞
こうとして、神の前にいるのです。」

ペトロ、コルネリウスの家で福音を告げる

34そこで、ペトロは口を開きこう言った。「神
は人を分け隔てなさらないことが、よく分かりま
した。35どんな国の人でも、神を畏れて正しいこ
とを行う人は、神に受け入れられるのです。36神
がイエス・キリストによって――この方こそ、す
べての人の主です――平和を告げ知らせて、イス
ラエルの子らに送ってくださった御言葉を、37あ
なたがたはご存じでしょう。ヨハネが洗礼を宣べ
伝えた後に、ガリラヤから始まってユダヤ全土に
起きた出来事です。38つまり、ナザレのイエスの
ことです。神は、聖霊と力によってこの方を油注
がれた者となさいました。イエスは、方々を巡り

歩いて人々を助け、悪魔に苦しめられている人た
ちをすべていやされたのですが、それは、神が御
一緒だったからです。39わたしたちは、イエスが
ユダヤ人の住む地方、特にエルサレムでなさった
ことすべての証人です。人々はイエスを木にかけ
て殺してしまいましたが、40神はこのイエスを三
日目に復活させ、人々の前に現してくださいまし
た。41しかし、それは民全体に対してではなく、
前もって神に選ばれた証人、つまり、イエスが死
者の中から復活した後、御一緒に食事をしたわた
したちに対してです。42そしてイエスは、御自分
が生きている者と死んだ者との審判者として神か
ら定められた者であることを、民に宣べ伝え、力
強く証しするようにと、わたしたちにお命じにな
りました。43また預言者も皆、イエスについて、
この方を信じる者はだれでもその名によって罪の
赦しが受けられる、と証ししています。」

異邦人も聖霊を受ける

44ペトロがこれらのことをなおも話し続けてい
ると、御言葉を聞いている一同の上に聖霊が降っ
た。45割礼を受けている信者で、ペトロと一緒に
来た人は皆、聖霊の賜物が異邦人の上にも注がれ
るのを見て、大いに驚いた。46異邦人が異言を話
し、また神を賛美しているのを、聞いたからであ
る。そこでペトロは、47「わたしたちと同様に聖
霊を受けたこの人たちが、水で洗礼を受けるのを、
いったいだれが妨げることができますか」と言っ
た。48そして、イエス・キリストの名によって洗
礼を受けるようにと、その人たちに命じた。それ
から、コルネリウスたちは、ペトロになお数日滞
在するようにと願った。

11

ペトロ、エルサレムの教会に報告する

1さて、使徒たちとユダヤにいる兄弟たちは、
異邦人も神の言葉を受け入れたことを耳にし

た。2ペトロがエルサレムに上って来たとき、割
礼を受けている者たちは彼を非難して、3「あな
たは割礼を受けていない者たちのところへ行き、
一緒に食事をした」と言った。4そこで、ペトロ
は事の次第を順序正しく説明し始めた。5「わた
しがヤッファの町にいて祈っていると、我を忘れ
たようになって幻を見ました。大きな布のような
入れ物が、四隅でつるされて、天からわたしのと
ころまで下りて来たのです。6その中をよく見る
と、地上の獣、野獣、這うもの、空の鳥などが入
っていました。7そして、『**ペトロよ、身を起こ**
し、屠って食べなさい』と言う声を聞きましたが、
8わたしは言いました。『主よ、とんでもないこ
とです。清くない物、汚れた物は口にしたことが
ありません。』9すると、『**神が清めた物を、清く**
ないなどと、あなたは言ってはならない』と、再
び天から声が返って来ました。10こういうことが
三度あって、また全部の物が天に引き上げられて
しまいました。11そのとき、カイサリアからわた
しのところに差し向けられた三人の人が、わたし
たちのいた家に到着しました。12すると、〝霊〟
がわたしに、『ためらわないで一緒に行きなさい』
と言われました。ここにいる六人の兄弟も一緒に
来て、わたしたちはその人の家に入ったのです。
13彼は、自分の家に天使が立っているのを見たこ
と、また、その天使が、こう告げたことを話して
くれました。『ヤッファに人を送って、ペトロと
呼ばれるシモンを招きなさい。14あなたと家族の
者すべてを救う言葉をあなたに話してくれる。』
15わたしが話しだすと、聖霊が最初わたしたちの
上に降ったように、彼らの上にも降ったのです。
16そのとき、わたしは、『**ヨハネは水で洗礼を授**
けたが、あなたがたは聖霊によって洗礼を受け
る』と言っておられた主の言葉を思い出しました。
17こうして、主イエス・キリストを信じるように
なったわたしたちに与えてくださったのと同じ賜

物を、神が彼らにもお与えになったのなら、わた
しのような者が、神がそうなさるのをどうして妨
げることができたでしょうか。」18この言葉を聞
いて人々は静まり、「それでは、神は異邦人をも
悔い改めさせ、命を与えてくださったのだ」と言
って、神を賛美した。

アンティオキアの教会

19ステファノの事件をきっかけにして起こった
迫害のために散らされた人々は、フェニキア、キ
プロス、アンティオキアまで行ったが、ユダヤ人
以外のだれにも御言葉を語らなかった。20しかし、
彼らの中にキプロス島やキレネから来た者がいて、
アンティオキアへ行き、ギリシア語を話す人々に
も語りかけ、主イエスについて福音を告げ知らせ
た。21主がこの人々を助けられたので、信じて主
に立ち帰った者の数は多かった。22このうわさが
エルサレムにある教会にも聞こえてきたので、教
会はバルナバをアンティオキアへ行くように派遣
した。23バルナバはそこに到着すると、神の恵み
が与えられた有様を見て喜び、そして、固い決意
をもって主から離れることのないようにと、皆に
勧めた。24バルナバは立派な人物で、聖霊と信仰
とに満ちていたからである。こうして、多くの人
が主へと導かれた。25それから、バルナバはサウ
ロを捜しにタルソスへ行き、26見つけ出してアン
ティオキアに連れ帰った。二人は、丸一年の間そ
この教会に一緒にいて多くの人を教えた。このア
ンティオキアで、弟子たちが初めてキリスト者と
呼ばれるようになったのである。

27そのころ、預言する人々がエルサレムからア
ンティオキアに下って来た。28その中の一人のア
ガボという者が立って、大飢饉が世界中に起こる
と〝霊〟によって予告したが、果たしてそれはク
ラウディウス帝の時に起こった。29そこで、弟子
たちはそれぞれの力に応じて、ユダヤに住む兄弟

たちに援助の品を送ることに決めた。30そして、
それを実行し、バルナバとサウロに託して長老た
ちに届けた。

ヤコブの殺害とペトロの投獄

12

1そのころ、ヘロデ王は教会のある人々に迫
害の手を伸ばし、2ヨハネの兄弟ヤコブを剣《つるぎ》
で殺した。3そして、それがユダヤ人に喜ばれる
のを見て、更にペトロをも捕らえようとした。そ
れは、除酵祭《じょこうさい》の時期であった。4ヘロデはペトロ
を捕らえて牢に入れ、四人一組の兵士四組に引き
渡して監視させた。過越祭《すぎこしさい》の後で民衆の前に引き
出すつもりであった。5こうして、ペトロは牢に
入れられていた。教会では彼のために熱心な祈り
が神にささげられていた。

ペトロ、牢から救い出される

6ヘロデがペトロを引き出そうとしていた日の
前夜、ペトロは二本の鎖でつながれ、二人の兵士
の間で眠っていた。番兵たちは戸口で牢を見張っ
ていた。7すると、主の天使がそばに立ち、光が
牢の中を照らした。天使はペトロのわき腹をつつ
いて起こし、「急いで起き上がりなさい」と言っ
た。すると、鎖が彼の手から外れ落ちた。8天使
が、「帯を締め、履物を履きなさい」と言ったの
で、ペトロはそのとおりにした。また天使は、
「上着を着て、ついて来なさい」と言った。9そ
れで、ペトロは外に出てついて行ったが、天使の
していることが現実のこととは思われなかった。
幻を見ているのだと思った。10第一、第二の衛兵
所を過ぎ、町に通じる鉄の門の所まで来ると、門
がひとりでに開いたので、そこを出て、ある通り
を進んで行くと、急に天使は離れ去った。11ペト
ロは我に返って言った。「今、初めて本当のこと
が分かった。主が天使を遣わして、ヘロデの手か
ら、またユダヤ民衆のあらゆるもくろみから、わ

たしを救い出してくださったのだ。」 12こう分か
るとペトロは、マルコと呼ばれていたヨハネの母
マリアの家に行った。そこには、大勢の人が集ま
って祈っていた。 13門の戸をたたくと、ロデとい
う女中が取り次ぎに出て来た。 14ペトロの声だと
分かると、喜びのあまり門を開けもしないで家に
駆け込み、ペトロが門の前に立っていると告げた。
15人々は、「あなたは気が変になっているのだ」
と言ったが、ロデは、本当だと言い張った。彼ら
は、「それはペトロを守る天使だろう」と言い出
した。 16しかし、ペトロは戸をたたき続けた。彼
らが開けてみると、そこにペトロがいたので非常
に驚いた。 17ペトロは手で制して彼らを静かにさ
せ、主が牢から連れ出してくださった次第を説明
し、「このことをヤコブと兄弟たちに伝えなさい」
と言った。そして、そこを出てほかの所へ行った。
18夜が明けると、兵士たちの間で、ペトロはい
ったいどうなったのだろうと、大騒ぎになった。
19ヘロデはペトロを捜しても見つからないので、
番兵たちを取り調べたうえで死刑にするように命
じ、ユダヤからカイサリアに下って、そこに滞在
していた。

ヘロデ王の急死

20ヘロデ王は、ティルスとシドンの住民にひど
く腹を立てていた。そこで、住民たちはそろって
王を訪ね、その侍従ブラストに取り入って和解を
願い出た。彼らの地方が、王の国から食糧を得て
いたからである。 21定められた日に、ヘロデが王
の服を着けて座に着き、演説をすると、 22集まっ
た人々は、「神の声だ。人間の声ではない」と叫
び続けた。 23するとたちまち、主の天使がヘロデ
を撃ち倒した。神に栄光を帰《き》さなかったからであ
る。ヘロデは、蛆《うじ》に食い荒らされて息絶えた。
24神の言葉はますます栄え、広がって行った。
25バルナバとサウロはエルサレムのための任務を

果たし、マルコと呼ばれるヨハネを連れて帰って
行った。

13

バルナバとサウロ、宣教旅行に出発する

1アンティオキアでは、そこの教会にバルナ
バ、ニゲルと呼ばれるシメオン、キレネ人の
ルキオ、領主ヘロデと一緒に育ったマナエン、サ
ウロなど、預言する者や教師たちがいた。2彼ら
が主を礼拝し、断食していると、聖霊が告げた。
「さあ、バルナバとサウロをわたしのために選び
出しなさい。わたしが前もって二人に決めておい
た仕事に当たらせるために。」3そこで、彼らは
断食して祈り、二人の上に手を置いて出発させた。

キプロス宣教

4聖霊によって送り出されたバルナバとサウロ
は、セレウキアに下り、そこからキプロス島に向
け船出し、5サラミスに着くと、ユダヤ人の諸会
堂で神の言葉を告げ知らせた。二人は、ヨハネを
助手として連れていた。6島全体を巡ってパフォ
スまで行くと、ユダヤ人の魔術師で、バルイエス
という一人の偽《にせ》預言者に出会った。7この男は、
地方総督セルギウス・パウルスという賢明な人物
と交際していた。総督はバルナバとサウロを招い
て、神の言葉を聞こうとした。8魔術師エリマ
――彼の名前は魔術師という意味である――は二
人に対抗して、地方総督をこの信仰から遠ざけよ
うとした。9パウロとも呼ばれていたサウロは、
聖霊に満たされ、魔術師をにらみつけて、10言っ
た。「ああ、あらゆる偽りと欺きに満ちた者、悪
魔の子、すべての正義の敵、お前は主のまっすぐ
な道をどうしてもゆがめようとするのか。11今こ
そ、主の御手はお前の上に下る。お前は目が見え
なくなって、時が来るまで日の光を見ないだろ
う。」するとたちまち、魔術師は目がかすんでき
て、すっかり見えなくなり、歩き回りながら、だ

れか手を引いてくれる人を探した。12総督はこの
出来事を見て、主の教えに非常に驚き、信仰に入
った。

ピシディア州のアンティオキアで

13パウロとその一行は、パフォスから船出して
パンフィリア州のペルゲに来たが、ヨハネは一行
と別れてエルサレムに帰ってしまった。14パウロ
とバルナバはペルゲから進んで、ピシディア州の
アンティオキアに到着した。そして、安息日に会
堂に入って席に着いた。15律法と預言者の書が朗
読された後、会堂長たちが人をよこして、「兄弟
たち、何か会衆のために励ましのお言葉があれば、
話してください」と言わせた。16そこで、パウロ
は立ち上がり、手で人々を制して言った。
「イスラエルの人たち、ならびに神を畏れる方々、
聞いてください。17この民イスラエルの神は、わ
たしたちの先祖を選び出し、民がエジプトの地に
住んでいる間に、これを強大なものとし、高く上
げた御腕《みうで》をもってそこから導き出してくださいま
した。18神はおよそ四十年の間、荒れ野で彼らの
行いを耐え忍び、19カナンの地では七つの民族を
滅ぼし、その土地を彼らに相続させてくださった
のです。20これは、約四百五十年にわたることで
した。その後、神は預言者サムエルの時代まで、
裁く者たちを任命なさいました。21後に人々が王
を求めたので、神は四十年の間、ベニヤミン族の
者で、キシュの子サウルをお与えになり、22それ
からまた、サウルを退けてダビデを王の位につけ、
彼について次のように宣言なさいました。『わた
しは、エッサイの子でわたしの心に適う者、ダビ
デを見いだした。彼はわたしの思うところをすべ
て行う。』23神は約束に従って、このダビデの子
孫からイスラエルに救い主イエスを送ってくださ
ったのです。24ヨハネは、イエスがおいでになる
前に、イスラエルの民全体に悔い改めの洗礼を宣

べ伝えました。25その生涯を終えようとするとき、
ヨハネはこう言いました。『わたしを何者だと思
っているのか。わたしは、あなたたちが期待して
いるような者ではない。その方はわたしの後から
来られるが、わたしはその足の履物をお脱がせす
る値打ちもない。』

26兄弟たち、アブラハムの子孫の方々、ならび
にあなたがたの中にいて神を畏れる人たち、この
救いの言葉はわたしたちに送られました。27エル
サレムに住む人々やその指導者たちは、イエスを
認めず、また、安息日ごとに読まれる預言者の言
葉を理解せず、イエスを罪に定めることによって、
その言葉を実現させたのです。28そして、死に当
たる理由は何も見いだせなかったのに、イエスを
死刑にするようにとピラトに求めました。29こう
して、イエスについて書かれていることがすべて
実現した後、人々はイエスを木から降ろし、墓に
葬りました。30しかし、神はイエスを死者の中か
ら復活させてくださったのです。31このイエスは、
御自分と一緒にガリラヤからエルサレムに上った
人々に、幾日にもわたって姿を現されました。そ
の人たちは、今、民に対してイエスの証人となっ
ています。32わたしたちも、先祖に与えられた約
束について、あなたがたに福音を告げ知らせてい
ます。33つまり、神はイエスを復活させて、わた
したち子孫のためにその約束を果たしてくださっ
たのです。それは詩編の第二編にも、
『あなたはわたしの子、
わたしは今日あなたを産んだ』
と書いてあるとおりです。34また、イエスを死者
の中から復活させ、もはや朽ち果てることがない
ようになさったことについては、
『わたしは、ダビデに約束した
聖なる、確かな祝福をあなたたちに与え
る』
と言っておられます。35ですから、ほかの個所に

も、
『あなたは、あなたの聖なる者を
朽ち果てるままにしてはおかれない』
と言われています。36ダビデは、彼の時代に神の
計画に仕えた後、眠りについて、祖先の列に加え
られ、朽ち果てました。37しかし、神が復活させ
たこの方は、朽ち果てることがなかったのです。
38だから、兄弟たち、知っていただきたい。この
方による罪の赦しが告げ知らされ、また、あなた
がたがモーセの律法では義とされえなかったのに、
39信じる者は皆、この方によって義とされるので
す。40それで、預言者の書に言われていることが
起こらないように、警戒しなさい。
41『見よ、侮る者よ、驚け。滅び去れ。
わたしは、お前たちの時代に一つの事を行う。
人が詳しく説明しても、
お前たちにはとうてい信じられない事
を。』

42パウロとバルナバが会堂を出るとき、人々は
次の安息日にも同じことを話してくれるようにと
頼んだ。43集会が終わってからも、多くのユダヤ
人と神をあがめる改宗者とがついて来たので、二
人は彼らと語り合い、神の恵みの下に生き続ける
ように勧めた。
44次の安息日になると、ほとんど町中の人が主
の言葉を聞こうとして集まって来た。45しかし、
ユダヤ人はこの群衆を見てひどくねたみ、口汚く
ののしって、パウロの話すことに反対した。46そ
こで、パウロとバルナバは勇敢に語った。「神の
言葉は、まずあなたがたに語られるはずでした。
だがあなたがたはそれを拒み、自分自身を永遠の
命を得るに値しない者にしている。見なさい、わ
たしたちは異邦人の方に行く。47主はわたしたち
にこう命じておられるからです。
『わたしは、あなたを異邦人の光と定めた、
あなたが、地の果てにまでも

救いをもたらすために。』」

48異邦人たちはこれを聞いて喜び、主の言葉を賛美した。そして、永遠の命を得るように定められている人は皆、信仰に入った。49こうして、主の言葉はその地方全体に広まった。50ところが、ユダヤ人は、神をあがめる貴婦人たちや町のおもだった人々を扇動して、パウロとバルナバを迫害させ、その地方から二人を追い出した。51それで、二人は彼らに対して足の塵《ちり》を払い落とし、イコニオンに行った。52他方、弟子たちは喜びと聖霊に満たされていた。

14

イコニオンで

1イコニオンでも同じように、パウロとバルナバはユダヤ人の会堂に入って話をしたが、その結果、大勢のユダヤ人やギリシア人が信仰に入った。2ところが、信じようとしないユダヤ人たちは、異邦人を扇動し、兄弟たちに対して悪意を抱かせた。3それでも、二人はそこに長くとどまり、主を頼みとして勇敢に語った。主は彼らの手を通してしるしと不思議な業を行い、その恵みの言葉を証しされたのである。4町の人々は分裂し、ある者はユダヤ人の側に、ある者は使徒の側についた。5異邦人とユダヤ人が、指導者と一緒になって二人に乱暴を働き、石を投げつけようとしたとき、6二人はこれに気づいて、リカオニア州の町であるリストラとデルベ、またその近くの地方に難を避けた。7そして、そこでも福音を告げ知らせていた。

リストラで

8リストラに、足の不自由な男が座っていた。生まれつき足が悪く、まだ一度も歩いたことがなかった。9この人が、パウロの話すのを聞いていた。パウロは彼を見つめ、いやされるのにふさわしい信仰があるのを認め、10「自分の足でまっす

ぐに立ちなさい」と大声で言った。すると、その
人は躍り上がって歩きだした。11群衆はパウロの
行ったことを見て声を張り上げ、リカオニアの方
言で、「神々が人間の姿をとって、わたしたちの
ところにお降りになった」と言った。12そして、
バルナバを「ゼウス」と呼び、またおもに話す者
であることから、パウロを「ヘルメス」と呼んだ。
13町の外にあったゼウスの神殿の祭司が、家の門
の所まで雄牛数頭と花輪を運んで来て、群衆と一
緒になって二人にいけにえを献げようとした。
14使徒たち、すなわちバルナバとパウロはこのこ
とを聞くと、服を裂いて群衆の中へ飛び込んで行
き、叫んで15言った。「皆さん、なぜ、こんなこ
とをするのですか。わたしたちも、あなたがたと
同じ人間にすぎません。あなたがたが、このよう
な偶像を離れて、生ける神に立ち帰るように、わ
たしたちは福音を告げ知らせているのです。この
神こそ、天と地と海と、そしてその中にあるすべ
てのものを造られた方です。16神は過ぎ去った時
代には、すべての国の人が思い思いの道を行くま
まにしておかれました。17しかし、神は御自分の
ことを証ししないでおられたわけではありません。
恵みをくださり、天からの雨を降らせて実りの季
節を与え、食物を施して、あなたがたの心を喜び
で満たしてくださっているのです。」18こう言っ
て、二人は、群衆が自分たちにいけにえを献げよ
うとするのを、やっとやめさせることができた。
19ところが、ユダヤ人たちがアンティオキアと
イコニオンからやって来て、群衆を抱き込み、パ
ウロに石を投げつけ、死んでしまったものと思っ
て、町の外へ引きずり出した。20しかし、弟子た
ちが周りを取り囲むと、パウロは起き上がって町
に入って行った。そして翌日、バルナバと一緒に
デルベへ向かった。

パウロたち、シリア州のアンティオキアに戻る

21二人はこの町で福音を告げ知らせ、多くの人
を弟子にしてから、リストラ、イコニオン、アン
ティオキアへと引き返しながら、22弟子たちを力
づけ、「わたしたちが神の国に入るには、多くの
苦しみを経なくてはならない」と言って、信仰に
踏みとどまるように励ました。23また、弟子たち
のため教会ごとに長老たちを任命し、断食して祈
り、彼らをその信ずる主に任せた。24それから、
二人はピシディア州を通り、パンフィリア州に至
り、25ペルゲで御言葉を語った後、アタリアに下
り、26そこからアンティオキアへ向かって船出し
た。そこは、二人が今成し遂げた働きのために神
の恵みにゆだねられて送り出された所である。
27到着するとすぐ教会の人々を集めて、神が自分
たちと共にいて行われたすべてのことと、異邦人
に信仰の門を開いてくださったことを報告した。
28そして、しばらくの間、弟子たちと共に過ごし
た。

15

エルサレムの使徒会議

1ある人々がユダヤから下って来て、「モー
セの慣習に従って割礼を受けなければ、あな
たがたは救われない」と兄弟たちに教えていた。
2それで、パウロやバルナバとその人たちとの間
に、激しい意見の対立と論争が生じた。この件に
ついて使徒や長老たちと協議するために、パウロ
とバルナバ、そのほか数名の者がエルサレムへ上
ることに決まった。3さて、一行は教会の人々か
ら送り出されて、フェニキアとサマリア地方を通
り、道すがら、兄弟たちに異邦人が改宗した次第
を詳しく伝え、皆を大いに喜ばせた。4エルサレ
ムに到着すると、彼らは教会の人々、使徒たち、
長老たちに歓迎され、神が自分たちと共にいて行
われたことを、ことごとく報告した。5ところが、

ファリサイ派から信者になった人が数名立って、
「異邦人にも割礼を受けさせて、モーセの律法を
守るように命じるべきだ」と言った。
6そこで、使徒たちと長老たちは、この問題に
ついて協議するために集まった。7議論を重ねた
後、ペトロが立って彼らに言った。「兄弟たち、
ご存じのとおり、ずっと以前に、神はあなたがた
の間でわたしをお選びになりました。それは、異
邦人が、わたしの口から福音の言葉を聞いて信じ
るようになるためです。8人の心をお見通しにな
る神は、わたしたちに与えてくださったように異
邦人にも聖霊を与えて、彼らをも受け入れられた
ことを証明なさったのです。9また、彼らの心を
信仰によって清め、わたしたちと彼らとの間に何
の差別をもなさいませんでした。10それなのに、
なぜ今あなたがたは、先祖もわたしたちも負いき
れなかった軛《くびき》を、あの弟子たちの首に懸けて、神
を試みようとするのですか。11わたしたちは、主
イエスの恵みによって救われると信じているので
すが、これは、彼ら異邦人も同じことです。」
12すると全会衆は静かになり、バルナバとパウ
ロが、自分たちを通して神が異邦人の間で行われ
た、あらゆるしるしと不思議な業について話すの
を聞いていた。13二人が話を終えると、ヤコブが
答えた。「兄弟たち、聞いてください。14神が初
めに心を配られ、異邦人の中から御自分の名を信
じる民を選び出そうとなさった次第については、
シメオンが話してくれました。15預言者たちの言
ったことも、これと一致しています。次のように
書いてあるとおりです。
16『「その後、わたしは戻って来て、
倒れたダビデの幕屋を建て直す。
その破壊された所を建て直して、
元どおりにする。
17-18それは、人々のうちの残った者や、
わたしの名で呼ばれる異邦人が皆、

主を求めるようになるためだ。」
昔から知らされていたことを行う主は、
　こう言われる。』
19それで、わたしはこう判断します。神に立ち帰
る異邦人を悩ませてはなりません。20ただ、偶像
に供えて汚れた肉と、みだらな行いと、絞め殺し
た動物の肉と、血とを避けるようにと、手紙を書
くべきです。21モーセの律法は、昔からどの町に
も告げ知らせる人がいて、安息日ごとに会堂で読
まれているからです。」

使徒会議の決議

22そこで、使徒たちと長老たちは、教会全体と
共に、自分たちの中から人を選んで、パウロやバ
ルナバと一緒にアンティオキアに派遣することを
決定した。選ばれたのは、バルサバと呼ばれるユ
ダおよびシラスで、兄弟たちの中で指導的な立場
にいた人たちである。23使徒たちは、次の手紙を
彼らに託した。「使徒と長老たちが兄弟として、
アンティオキアとシリア州とキリキア州に住む、
異邦人の兄弟たちに挨拶いたします。24聞くとこ
ろによると、わたしたちのうちのある者がそちら
へ行き、わたしたちから何の指示もないのに、い
ろいろなことを言って、あなたがたを騒がせ動揺
させたとのことです。25それで、人を選び、わた
したちの愛するバルナバとパウロとに同行させて、
そちらに派遣することを、わたしたちは満場一致
で決定しました。26このバルナバとパウロは、わ
たしたちの主イエス・キリストの名のために身を
献げている人たちです。27それで、ユダとシラス
を選んで派遣しますが、彼らは同じことを口頭で
も説明するでしょう。28聖霊とわたしたちは、次
の必要な事柄以外、一切あなたがたに重荷を負わ
せないことに決めました。29すなわち、偶像に献
げられたものと、血と、絞め殺した動物の肉と、
みだらな行いとを避けることです。以上を慎めば

よいのです。健康を祈ります。」
30さて、彼ら一同は見送りを受けて出発し、ア
ンティオキアに到着すると、信者全体を集めて手
紙を手渡した。31彼らはそれを読み、励ましに満
ちた決定を知って喜んだ。32ユダとシラスは預言
する者でもあったので、いろいろと話をして兄弟
たちを励まし力づけ、33しばらくここに滞在した
後、兄弟たちから送別の挨拶を受けて見送られ、
自分たちを派遣した人々のところへ帰って行った。
†35しかし、パウロとバルナバはアンティオキア
にとどまって教え、他の多くの人と一緒に主の言
葉の福音を告げ知らせた。

パウロ、バルナバとは別に宣教を開始する

36数日の後、パウロはバルナバに言った。「さ
あ、前に主の言葉を宣べ伝えたすべての町へもう
一度行って兄弟たちを訪問し、どのようにしてい
るかを見て来ようではないか。」37バルナバは、
マルコと呼ばれるヨハネも連れて行きたいと思っ
た。38しかしパウロは、前にパンフィリア州で自
分たちから離れ、宣教に一緒に行かなかったよう
な者は、連れて行くべきでないと考えた。39そこ
で、意見が激しく衝突し、彼らはついに別行動を
とるようになって、バルナバはマルコを連れてキ
プロス島へ向かって船出したが、40一方、パウロ
はシラスを選び、兄弟たちから主の恵みにゆだね
られて、出発した。41そして、シリア州やキリキ
ア州を回って教会を力づけた。

テモテ、パウロに同行する

16
1パウロは、デルベにもリストラにも行った。
そこに、信者のユダヤ婦人の子で、ギリシア
人を父親に持つ、テモテという弟子がいた。2彼
は、リストラとイコニオンの兄弟の間で評判の良
い人であった。3パウロは、このテモテを一緒に

連れて行きたかったので、その地方に住むユダヤ
人の手前、彼に割礼を授けた。父親がギリシア人
であることを、皆が知っていたからである。4彼
らは方々の町を巡回して、エルサレムの使徒と長
老たちが決めた規定を守るようにと、人々に伝え
た。5こうして、教会は信仰を強められ、日ごと
に人数が増えていった。

マケドニア人の幻

6さて、彼らはアジア州で御言葉を語ることを
聖霊から禁じられたので、フリギア・ガラテヤ地
方を通って行った。7ミシア地方の近くまで行き、
ビティニア州に入ろうとしたが、イエスの霊がそ
れを許さなかった。8それで、ミシア地方を通っ
てトロアスに下った。9その夜、パウロは幻を見
た。その中で一人のマケドニア人が立って、「マ
ケドニア州に渡って来て、わたしたちを助けてく
ださい」と言ってパウロに願った。10パウロがこ
の幻を見たとき、わたしたちはすぐにマケドニア
へ向けて出発することにした。マケドニア人に福
音を告げ知らせるために、神がわたしたちを召さ
れているのだと、確信するに至ったからである。

フィリピで

11わたしたちはトロアスから船出してサモトラ
ケ島に直航し、翌日ネアポリスの港に着き、12そ
こから、マケドニア州第一区の都市で、ローマの
植民都市であるフィリピに行った。そして、この
町に数日間滞在した。13安息日に町の門を出て、
祈りの場所があると思われる川岸に行った。そし
て、わたしたちもそこに座って、集まっていた婦
人たちに話をした。14ティアティラ市出身の紫《むらさき》
布《ぬの》を商う人で、神をあがめるリディアという婦人
も話を聞いていたが、主が彼女の心を開かれたの
で、彼女はパウロの話を注意深く聞いた。15そし
て、彼女も家族の者も洗礼を受けたが、そのとき、

「私が主を信じる者だとお思いでしたら、どうぞ、
私の家に来てお泊まりください」と言ってわたし
たちを招待し、無理に承知させた。

パウロたち、投獄される

16わたしたちは、祈りの場所に行く途中、占い
の霊に取りつかれている女奴隷に出会った。この
女は、占いをして主人たちに多くの利益を得させ
ていた。17彼女は、パウロやわたしたちの後ろに
ついて来てこう叫ぶのであった。「この人たちは、
いと高き神の僕で、皆さんに救いの道を宣べ伝え
ているのです。」18彼女がこんなことを幾日も繰
り返すので、パウロはたまりかねて振り向き、そ
の霊に言った。「イエス・キリストの名によって
命じる。この女から出て行け。」すると即座に、
霊が彼女から出て行った。19ところが、この女の
主人たちは、金もうけの望みがなくなってしまっ
たことを知り、パウロとシラスを捕らえ、役人に
引き渡すために広場へ引き立てて行った。20そし
て、二人を高官たちに引き渡してこう言った。
「この者たちはユダヤ人で、わたしたちの町を混
乱させております。21ローマ帝国の市民であるわ
たしたちが受け入れることも、実行することも許
されない風習を宣伝しております。」22群衆も一
緒になって二人を責め立てたので、高官たちは二
人の衣服をはぎ取り、「鞭で打て」と命じた。
23そして、何度も鞭で打ってから二人を牢に投げ
込み、看守に厳重に見張るように命じた。24この
命令を受けた看守は、二人をいちばん奥の牢に入
れて、足には木の足枷をはめておいた。
25真夜中ごろ、パウロとシラスが賛美の歌をう
たって神に祈っていると、ほかの囚人たちはこれ
に聞き入っていた。26突然、大地震が起こり、牢
の土台が揺れ動いた。たちまち牢の戸がみな開き、
すべての囚人の鎖も外れてしまった。27目を覚ま
した看守は、牢の戸が開いているのを見て、囚人

たちが逃げてしまったと思い込み、剣を抜いて自
殺しようとした。28パウロは大声で叫んだ。「自
害してはいけない。わたしたちは皆ここにいる。」
29看守は、明かりを持って来させて牢の中に飛び
込み、パウロとシラスの前に震えながらひれ伏し、
30二人を外へ連れ出して言った。「先生方、救わ
れるためにはどうすべきでしょうか。」31二人は
言った。「主イエスを信じなさい。そうすれば、
あなたも家族も救われます。」32そして、看守と
その家の人たち全部に主の言葉を語った。33まだ
真夜中であったが、看守は二人を連れて行って打
ち傷を洗ってやり、自分も家族の者も皆すぐに洗
礼を受けた。34この後、二人を自分の家に案内し
て食事を出し、神を信じる者になったことを家族
ともども喜んだ。

35朝になると、高官たちは下役たちを差し向け
て、「あの者どもを釈放せよ」と言わせた。36そ
れで、看守はパウロにこの言葉を伝えた。「高官
たちが、あなたがたを釈放するようにと、言って
よこしました。さあ、牢から出て、安心して行き
なさい。」37ところが、パウロは下役たちに言っ
た。「高官たちは、ローマ帝国の市民権を持つわ
たしたちを、裁判にもかけずに公衆の面前で鞭打
ってから投獄したのに、今ひそかに釈放しようと
するのか。いや、それはいけない。高官たちが自
分でここへ来て、わたしたちを連れ出すべきだ。」
38下役たちは、この言葉を高官たちに報告した。
高官たちは、二人がローマ帝国の市民権を持つ者
であると聞いて恐れ、39出向いて来てわびを言い、
二人を牢から連れ出し、町から出て行くように頼
んだ。40牢を出た二人は、リディアの家に行って
兄弟たちに会い、彼らを励ましてから出発した。

17

テサロニケでの騒動

1パウロとシラスは、アンフィポリスとアポ
ロニアを経てテサロニケに着いた。ここには

ユダヤ人の会堂があった。2パウロはいつものよ
うに、ユダヤ人の集まっているところへ入って行
き、三回の安息日にわたって聖書を引用して論じ
合い、3「メシアは必ず苦しみを受け、死者の中
から復活することになっていた」と、また、「こ
のメシアはわたしが伝えているイエスである」と
説明し、論証した。4それで、彼らのうちのある
者は信じて、パウロとシラスに従った。神をあが
める多くのギリシア人や、かなりの数のおもだっ
た婦人たちも同じように二人に従った。5しかし、
ユダヤ人たちはそれをねたみ、広場にたむろして
いるならず者を何人か抱き込んで暴動を起こし、
町を混乱させ、ヤソンの家を襲い、二人を民衆の
前に引き出そうとして捜した。6しかし、二人が
見つからなかったので、ヤソンと数人の兄弟を町
の当局者たちのところへ引き立てて行って、大声
で言った。「世界中を騒がせてきた連中が、ここ
にも来ています。7ヤソンは彼らをかくまってい
るのです。彼らは皇帝の勅令に背いて、『イエス
という別の王がいる』と言っています。」8これ
を聞いた群衆と町の当局者たちは動揺した。9当
局者たちは、ヤソンやほかの者たちから保証金を
取ったうえで彼らを釈放した。

ベレアで

10兄弟たちは、直ちに夜のうちにパウロとシラ
スをベレアへ送り出した。二人はそこへ到着する
と、ユダヤ人の会堂に入った。11ここのユダヤ人
たちは、テサロニケのユダヤ人よりも素直で、非
常に熱心に御言葉を受け入れ、そのとおりかどう
か、毎日、聖書を調べていた。12そこで、そのう
ちの多くの人が信じ、ギリシア人の上流婦人や男
たちも少なからず信仰に入った。13ところが、テ
サロニケのユダヤ人たちは、ベレアでもパウロに
よって神の言葉が宣べ伝えられていることを知る
と、そこへも押しかけて来て、群衆を扇動し騒が

せた。14それで、兄弟たちは直ちにパウロを送り
出して、海岸の地方へ行かせたが、シラスとテモ
テはベレアに残った。15パウロに付き添った人々
は、彼をアテネまで連れて行った。そしてできる
だけ早く来るようにという、シラスとテモテに対
するパウロの指示を受けて帰って行った。

アテネで

16パウロはアテネで二人を待っている間に、こ
の町の至るところに偶像があるのを見て憤慨した。
17それで、会堂ではユダヤ人や神をあがめる人々
と論じ、また、広場では居合わせた人々と毎日論
じ合っていた。18また、エピクロス派やストア派
の幾人かの哲学者もパウロと討論したが、その中
には、「このおしゃべりは、何を言いたいのだろ
うか」と言う者もいれば、「彼は外国の神々の宣
伝をする者らしい」と言う者もいた。パウロが、
イエスと復活について福音を告げ知らせていたか
らである。19そこで、彼らはパウロをアレオパゴ
スに連れて行き、こう言った。「あなたが説いて
いるこの新しい教えがどんなものか、知らせても
らえないか。20奇妙なことをわたしたちに聞かせ
ているが、それがどんな意味なのか知りたいの
だ。」21すべてのアテネ人やそこに在留する外国
人は、何か新しいことを話したり聞いたりするこ
とだけで、時を過ごしていたのである。

22パウロは、アレオパゴスの真ん中に立って言
った。「アテネの皆さん、あらゆる点においてあ
なたがたが信仰のあつい方であることを、わたし
は認めます。23道を歩きながら、あなたがたが拝
むいろいろなものを見ていると、『知られざる神
に』と刻まれている祭壇さえ見つけたからです。
それで、あなたがたが知らずに拝んでいるもの、
それをわたしはお知らせしましょう。24世界とそ
の中の万物とを造られた神が、その方です。この
神は天地の主《しゅ》ですから、手で造った神殿などには

お住みになりません。

25また、何か足りないことでもあるかのように、人の手によって仕えてもらう必要もありません。すべての人に命と息と、その他すべてのものを与えてくださるのは、この神だからです。

26神は、一人の人からすべての民族を造り出して、地上の至るところに住まわせ、季節を決め、彼らの居住地の境界をお決めになりました。

27これは、人に神を求めさせるためであり、また、彼らが探し求めさえすれば、神を見いだすことができるようにということなのです。実際、神はわたしたち一人一人から遠く離れてはおられません。

28皆さんのうちのある詩人たちも、

『我らは神の中に生き、動き、存在する』

『我らもその子孫である』と、
言っているとおりです。

29わたしたちは神の子孫なのですから、神である方を、人間の技や考えで造った金、銀、石などの像と同じものと考えてはなりません。

30さて、神はこのような無知な時代を、大目に見てくださいましたが、今はどこにいる人でも皆悔い改めるようにと、命じておられます。

31それは、先にお選びになった一人の方によって、この世を正しく裁く日をお決めになったからです。神はこの方を死者の中から復活させて、すべての人にそのことの確証をお与えになったのです。」

32死者の復活ということを聞くと、ある者はあざ笑い、ある者は、「それについては、いずれまた聞かせてもらうことにしよう」と言った。

33それで、パウロはその場を立ち去った。

34しかし、彼について行って信仰に入った者も、何人かいた。その中にはアレオパゴスの議員ディオニシオ、またダマリスという婦人やその他の人々もいた。

18

コリントで

1その後、パウロはアテネを去ってコリントへ行った。

2ここで、ポントス州出身のアキ

ラというユダヤ人とその妻プリスキラに出会った。
クラウディウス帝が全ユダヤ人をローマから退去
させるようにと命令したので、最近イタリアから
来たのである。パウロはこの二人を訪ね、[3]職業
が同じであったので、彼らの家に住み込んで、一
緒に仕事をした。その職業はテント造りであった。
[4]パウロは安息日ごとに会堂で論じ、ユダヤ人や
ギリシア人の説得に努めていた。
[5]シラスとテモテがマケドニア州からやって来
ると、パウロは御言葉を語ることに専念し、ユダ
ヤ人に対してメシアはイエスであると力強く証し
した。[6]しかし、彼らが反抗し、口汚くののしっ
たので、パウロは服の塵を振り払って言った。
「あなたたちの血は、あなたたちの頭に降りかか
れ。わたしには責任がない。今後、わたしは異邦
人の方へ行く。」[7]パウロはそこを去り、神をあ
がめるティティオ・ユストという人の家に移った。
彼の家は会堂の隣にあった。[8]会堂長のクリスポ
は、一家をあげて主を信じるようになった。また、
コリントの多くの人々も、パウロの言葉を聞いて
信じ、洗礼を受けた。[9]ある夜のこと、主は幻の
中でパウロにこう言われた。**「恐れるな。語り続**
けよ。黙っているな。[10]わたしがあなたと共にい
る。だから、あなたを襲って危害を加える者はな
い。この町には、わたしの民が大勢いるからだ。」
[11]パウロは一年六か月の間ここにとどまって、
人々に神の言葉を教えた。
[12]ガリオンがアカイア州の地方総督であったと
きのことである。ユダヤ人たちが一団となってパ
ウロを襲い、法廷に引き立てて行って、[13]「この
男は、律法に違反するようなしかたで神をあがめ
るようにと、人々を唆しております」と言った。
[14]パウロが話し始めようとしたとき、ガリオンは
ユダヤ人に向かって言った。「ユダヤ人諸君、こ
れが不正な行為とか悪質な犯罪とかであるならば、
当然諸君の訴えを受理するが、[15]問題が教えとか

名称とか諸君の律法に関するものならば、自分た
ちで解決するがよい。わたしは、そんなことの審
判者になるつもりはない。」16そして、彼らを法
廷から追い出した。17すると、群衆は会堂長のソ
ステネを捕まえて、法廷の前で殴りつけた。しか
し、ガリオンはそれに全く心を留めなかった。

パウロ、アンティオキアに戻る

18パウロは、なおしばらくの間ここに滞在した
が、やがて兄弟たちに別れを告げて、船でシリア
州へ旅立った。プリスキラとアキラも同行した。
パウロは誓願を立てていたので、ケンクレアイで
髪を切った。19一行がエフェソに到着したとき、
パウロは二人をそこに残して自分だけ会堂に入り、
ユダヤ人と論じ合った。20人々はもうしばらく滞
在するように願ったが、パウロはそれを断り、
21「神の御心ならば、また戻って来ます」と言っ
て別れを告げ、エフェソから船出した。22カイサ
リアに到着して、教会に挨拶をするためにエルサ
レムへ上り、アンティオキアに下った。23パウロ
はしばらくここで過ごした後、また旅に出て、ガ
ラテヤやフリギアの地方を次々に巡回し、すべて
の弟子たちを力づけた。

アポロ、エフェソで宣教する

24さて、アレクサンドリア生まれのユダヤ人で、
聖書に詳しいアポロという雄弁家が、エフェソに
来た。25彼は主の道を受け入れており、イエスの
ことについて熱心に語り、正確に教えていたが、
ヨハネの洗礼しか知らなかった。26このアポロが
会堂で大胆に教え始めた。これを聞いたプリスキ
ラとアキラは、彼を招いて、もっと正確に神の道
を説明した。27それから、アポロがアカイア州に
渡ることを望んでいたので、兄弟たちはアポロを
励まし、かの地の弟子たちに彼を歓迎してくれる
ようにと手紙を書いた。アポロはそこへ着くと、

既に恵みによって信じていた人々を大いに助けた。
28彼が聖書に基づいて、メシアはイエスであると
公然と立証し、激しい語調でユダヤ人たちを説き
伏せたからである。

エフェソで

19

1アポロがコリントにいたときのことである。
パウロは、内陸の地方を通ってエフェソに下
って来て、何人かの弟子に出会い、2彼らに、
「信仰に入ったとき、聖霊を受けましたか」と言
うと、彼らは、「いいえ、聖霊があるかどうか、
聞いたこともありません」と言った。3パウロが、
「それなら、どんな洗礼を受けたのですか」と言
うと、「ヨハネの洗礼です」と言った。4そこで、
パウロは言った。「ヨハネは、自分の後から来る
方、つまりイエスを信じるようにと、民に告げて、
悔い改めの洗礼を授けたのです。」5人々はこれ
を聞いて主イエスの名によって洗礼を受けた。
6パウロが彼らの上に手を置くと、聖霊が降り、
その人たちは異言を話したり、預言をしたりした。
7この人たちは、皆で十二人ほどであった。
8パウロは会堂に入って、三か月間、神の国の
ことについて大胆に論じ、人々を説得しようとし
た。9しかしある者たちが、かたくなで信じよう
とはせず、会衆の前でこの道を非難したので、パ
ウロは彼らから離れ、弟子たちをも退かせ、ティ
ラノという人の講堂で毎日論じていた。10このよ
うなことが二年も続いたので、アジア州に住む者
は、ユダヤ人であれギリシア人であれ、だれもが
主の言葉を聞くことになった。

ユダヤ人の祈禱師たち

11神は、パウロの手を通して目覚ましい奇跡を
行われた。12彼が身に着けていた手ぬぐいや前掛
けを持って行って病人に当てると、病気はいやさ
れ、悪霊《あくれい》どもも出て行くほどであった。13ところ

が、各地を巡り歩くユダヤ人の祈禱師《きとうし》たちの中に
も、悪霊どもに取りつかれている人々に向かい、
試みに、主イエスの名を唱えて、「パウロが宣べ
伝えているイエスによって、お前たちに命じる」
と言う者があった。14ユダヤ人の祭司長スケワと
いう者の七人の息子たちがこんなことをしていた。
15悪霊は彼らに言い返した。「イエスのことは知
っている。パウロのこともよく知っている。だが、
いったいお前たちは何者だ。」16そして、悪霊に
取りつかれている男が、この祈禱師たちに飛びか
かって押さえつけ、ひどい目に遭わせたので、彼
らは裸にされ、傷つけられて、その家から逃げ出
した。17このことがエフェソに住むユダヤ人やギ
リシア人すべてに知れ渡ったので、人々は皆恐れ
を抱き、主イエスの名は大いにあがめられるよう
になった。18信仰に入った大勢の人が来て、自分
たちの悪行をはっきり告白した。19また、魔術を
行っていた多くの者も、その書物を持って来て、
皆の前で焼き捨てた。その値段を見積もってみる
と、銀貨五万枚にもなった。20このようにして、
主の言葉はますます勢いよく広まり、力を増して
いった。

エフェソでの騒動

21このようなことがあった後、パウロは、マケ
ドニア州とアカイア州を通りエルサレムに行こう
と決心し、「わたしはそこへ行った後、ローマも
見なくてはならない」と言った。22そして、自分
に仕えている者の中から、テモテとエラストの二
人をマケドニア州に送り出し、彼自身はしばらく
アジア州にとどまっていた。
23そのころ、この道のことでただならぬ騒動が
起こった。24そのいきさつは次のとおりである。
デメトリオという銀細工師が、アルテミスの神殿
の模型を銀で造り、職人たちにかなり利益を得さ
せていた。25彼は、この職人たちや同じような仕

事をしている者たちを集めて言った。「諸君、御
承知のように、この仕事のお陰で、我々はもうけ
ているのだが、26諸君が見聞きしているとおり、
あのパウロは『手で造ったものなどは神ではな
い』と言って、エフェソばかりでなくアジア州の
ほとんど全地域で、多くの人を説き伏せ、たぶら
かしている。27これでは、我々の仕事の評判が悪
くなってしまうおそれがあるばかりでなく、偉大
な女神アルテミスの神殿もないがしろにされ、ア
ジア州全体、全世界があがめるこの女神の御威光
さえも失われてしまうだろう。」
28これを聞いた人々はひどく腹を立て、「エフ
ェソ人のアルテミスは偉い方」と叫びだした。
29そして、町中が混乱してしまった。彼らは、パ
ウロの同行者であるマケドニア人ガイオとアリス
タルコを捕らえ、一団となって野外劇場になだれ
込んだ。30パウロは群衆の中へ入っていこうとし
たが、弟子たちはそうさせなかった。31他方、パ
ウロの友人でアジア州の祭儀をつかさどる高官た
ちも、パウロに使いをやって、劇場に入らないよ
うにと頼んだ。32さて、群衆はあれやこれやとわ
めき立てた。集会は混乱するだけで、大多数の者
は何のために集まったのかさえ分からなかった。
33そのとき、ユダヤ人が前へ押し出したアレクサ
ンドロという男に、群衆の中のある者たちが話す
ように促したので、彼は手で制し、群衆に向かっ
て弁明しようとした。34しかし、彼がユダヤ人で
あると知った群衆は一斉に、「エフェソ人のアル
テミスは偉い方」と二時間ほども叫び続けた。
35そこで、町の書記官が群衆をなだめて言った。
「エフェソの諸君、エフェソの町が、偉大なアル
テミスの神殿と天から降って来た御神体との守り
役であることを、知らない者はないのだ。36これ
を否定することはできないのだから、静かにしな
さい。決して無謀なことをしてはならない。37諸
君がここへ連れて来た者たちは、神殿を荒らした

のでも、我々の女神を冒瀆したのでもない。38デ
メトリオと仲間の職人が、だれかを訴え出たいの
なら、決められた日に法廷は開かれるし、地方総
督もいることだから、相手を訴え出なさい。39そ
れ以外のことで更に要求があるなら、正式な会議
で解決してもらうべきである。40本日のこの事態
に関して、我々は暴動の罪に問われるおそれがあ
る。この無秩序な集会のことで、何一つ弁解する
理由はないからだ。」こう言って、書記官は集会
を解散させた。

20

パウロ、マケドニア州とギリシアに行く

1この騒動が収まった後、パウロは弟子たち
を呼び集めて励まし、別れを告げてからマケ
ドニア州へと出発した。2そして、この地方を巡
り歩き、言葉を尽くして人々を励ましながら、ギ
リシアに来て、3そこで三か月を過ごした。パウ
ロは、シリア州に向かって船出しようとしていた
とき、彼に対するユダヤ人の陰謀があったので、
マケドニア州を通って帰ることにした。4同行し
た者は、ピロの子でベレア出身のソパトロ、テサ
ロニケのアリスタルコとセクンド、デルベのガイ
オ、テモテ、それにアジア州出身のティキコとト
ロフィモであった。5この人たちは、先に出発し
てトロアスでわたしたちを待っていたが、6わた
したちは、除酵祭の後フィリピから船出し、五日
でトロアスに来て彼らと落ち合い、七日間そこに
滞在した。

パウロ、若者を生き返らせる

7週の初めの日、わたしたちがパンを裂くため
に集まっていると、パウロは翌日出発する予定で
人々に話をしたが、その話は夜中まで続いた。
8わたしたちが集まっていた階上の部屋には、た
くさんのともし火がついていた。9エウティコと
いう青年が、窓に腰を掛けていたが、パウロの話

が長々と続いたので、ひどく眠気を催し、眠りこ
けて三階から下に落ちてしまった。起こしてみる
と、もう死んでいた。10パウロは降りて行き、彼
の上にかがみ込み、抱きかかえて言った。「騒ぐ
な。まだ生きている。」11そして、また上に行っ
て、パンを裂いて食べ、夜明けまで長い間話し続
けてから出発した。12人々は生き返った青年を連
れて帰り、大いに慰められた。

トロアスからミレトスまでの船旅

13さて、わたしたちは先に船に乗り込み、アソ
スに向けて船出した。パウロをそこから乗船させ
る予定であった。これは、パウロ自身が徒歩で旅
行するつもりで、そう指示しておいたからである。
14アソスでパウロと落ち合ったので、わたしたち
は彼を船に乗せてミティレネに着いた。15翌日、
そこを船出し、キオス島の沖を過ぎ、その次の日
サモス島に寄港し、更にその翌日にはミレトスに
到着した。16パウロは、アジア州で時を費やさな
いように、エフェソには寄らないで航海すること
に決めていたからである。できれば五旬祭にはエ
ルサレムに着いていたかったので、旅を急いだの
である。

エフェソの長老たちに別れを告げる

17パウロはミレトスからエフェソに人をやって、
教会の長老たちを呼び寄せた。18長老たちが集ま
って来たとき、パウロはこう話した。「アジア州
に来た最初の日以来、わたしがあなたがたと共に
どのように過ごしてきたかは、よくご存じです。
19すなわち、自分を全く取るに足りない者と思い、
涙を流しながら、また、ユダヤ人の数々の陰謀に
よってこの身にふりかかってきた試練に遭いなが
らも、主にお仕えしてきました。20役に立つこと
は一つ残らず、公衆の面前でも方々の家でも、あ
なたがたに伝え、また教えてきました。21神に対

する悔い改めと、わたしたちの主イエスに対する
信仰とを、ユダヤ人にもギリシア人にも力強く証
ししてきたのです。22そして今、わたしは、〝霊〟
に促されてエルサレムに行きます。そこでどんな
ことがこの身に起こるか、何も分かりません。
23ただ、投獄と苦難とがわたしを待ち受けている
ということだけは、聖霊がどこの町でもはっきり
告げてくださっています。24しかし、自分の決め
られた道を走りとおし、また、主イエスからいた
だいた、神の恵みの福音を力強く証しするという
任務を果たすことができさえすれば、この命すら
決して惜しいとは思いません。
25そして今、あなたがたが皆もう二度とわたし
の顔を見ることがないとわたしには分かっていま
す。わたしは、あなたがたの間を巡回して御国《みくに》を
宣べ伝えたのです。26だから、特に今日はっきり
言います。だれの血についても、わたしには責任
がありません。27わたしは、神の御計画をすべて、
ひるむことなくあなたがたに伝えたからです。
28どうか、あなたがた自身と群れ全体とに気を配
ってください。聖霊は、神が御子《みこ》の血によって御
自分のものとなさった神の教会の世話をさせるた
めに、あなたがたをこの群れの監督者に任命なさ
ったのです。29わたしが去った後に、残忍な狼ど
もがあなたがたのところへ入り込んで来て群れを
荒らすことが、わたしには分かっています。30ま
た、あなたがた自身の中からも、邪説を唱えて弟
子たちを従わせようとする者が現れます。31だか
ら、わたしが三年間、あなたがた一人一人に夜も
昼も涙を流して教えてきたことを思い起こして、
目を覚ましていなさい。32そして今、神とその恵
みの言葉とにあなたがたをゆだねます。この言葉
は、あなたがたを造り上げ、聖なる者とされたす
べての人々と共に恵みを受け継がせることができ
るのです。33わたしは、他人の金銀や衣服をむさ
ぼったことはありません。34ご存じのとおり、わ

たしはこの手で、わたし自身の生活のためにも、
共にいた人々のためにも働いたのです。35あなた
がたもこのように働いて弱い者を助けるように、
また、主イエス御自身が『**受けるよりは与える方
が幸いである**』と言われた言葉を思い出すように
と、わたしはいつも身をもって示してきました。」
36このように話してから、パウロは皆と一緒に
ひざまずいて祈った。37人々は皆激しく泣き、パ
ウロの首を抱いて接吻した。38特に、自分の顔を
もう二度と見ることはあるまいとパウロが言った
ので、非常に悲しんだ。人々はパウロを船まで見
送りに行った。

21

パウロ、エルサレムへ行く

1わたしたちは人々に別れを告げて船出し、
コス島に直航した。翌日ロドス島に着き、そ
こからパタラに渡り、2フェニキアに行く船を見
つけたので、それに乗って出発した。3やがてキ
プロス島が見えてきたが、それを左にして通り過
ぎ、シリア州に向かって船旅を続けてティルスの
港に着いた。ここで船は、荷物を陸揚げすること
になっていたのである。4わたしたちは弟子たち
を探し出して、そこに七日間泊まった。彼らは
〝霊〟に動かされ、エルサレムへ行かないように
と、パウロに繰り返して言った。5しかし、滞在
期間が過ぎたとき、わたしたちはそこを去って旅
を続けることにした。彼らは皆、妻や子供を連れ
て、町外れまで見送りに来てくれた。そして、共
に浜辺にひざまずいて祈り、6互いに別れの挨拶
を交わし、わたしたちは船に乗り込み、彼らは自
分の家に戻って行った。
7わたしたちは、ティルスから航海を続けてプ
トレマイスに着き、兄弟たちに挨拶して、彼らの
ところで一日を過ごした。8翌日そこをたってカ
イサリアに赴き、例の七人の一人である福音宣教
者フィリポの家に行き、そこに泊まった。9この

人には預言をする四人の未婚の娘がいた。10幾日
か滞在していたとき、ユダヤからアガボという預
言する者が下って来た。11そして、わたしたちの
ところに来て、パウロの帯を取り、それで自分の
手足を縛って言った。「聖霊がこうお告げになっ
ている。『エルサレムでユダヤ人は、この帯の持
ち主をこのように縛って異邦人の手に引き渡
す。』」12わたしたちはこれを聞き、土地の人と一
緒になって、エルサレムへは上らないようにと、
パウロにしきりに頼んだ。13そのとき、パウロは
答えた。「泣いたり、わたしの心をくじいたり、
いったいこれはどういうことですか。主イエスの
名のためならば、エルサレムで縛られることばか
りか死ぬことさえも、わたしは覚悟しているので
す。」14パウロがわたしたちの勧めを聞き入れよ
うとしないので、わたしたちは、「主の御心が行
われますように」と言って、口をつぐんだ。
15数日たって、わたしたちは旅の準備をしてエ
ルサレムに上った。16カイサリアの弟子たちも数
人同行して、わたしたちがムナソンという人の家
に泊まれるように案内してくれた。ムナソンは、
キプロス島の出身で、ずっと以前から弟子であっ
た。

パウロ、ヤコブを訪ねる

17わたしたちがエルサレムに着くと、兄弟たち
は喜んで迎えてくれた。18翌日、パウロはわたし
たちを連れてヤコブを訪ねたが、そこには長老が
皆集まっていた。19パウロは挨拶を済ませてから、
自分の奉仕を通して神が異邦人の間で行われたこ
とを、詳しく説明した。20これを聞いて、人々は
皆神を賛美し、パウロに言った。「兄弟よ、ご存
じのように、幾万人ものユダヤ人が信者になって、
皆熱心に律法を守っています。21この人たちがあ
なたについて聞かされているところによると、あ
なたは異邦人の間にいる全ユダヤ人に対して、

『子供に割礼を施すな。慣習に従うな』と言って、
モーセから離れるように教えているとのことです。
22いったい、どうしたらよいでしょうか。彼らは
あなたの来られたことをきっと耳にします。23だ
から、わたしたちの言うとおりにしてください。
わたしたちの中に誓願を立てた者が四人います。
24この人たちを連れて行って一緒に身を清めても
らい、彼らのために頭をそる費用を出してくださ
い。そうすれば、あなたについて聞かされている
ことが根も葉もなく、あなたは律法を守って正し
く生活している、ということがみんなに分かりま
す。25また、異邦人で信者になった人たちについ
ては、わたしたちは既に手紙を書き送りました。
それは、偶像に献げた肉と、血と、絞め殺した動
物の肉とを口にしないように、また、みだらな行
いを避けるようにという決定です。」26そこで、
パウロはその四人を連れて行って、翌日一緒に清
めの式を受けて神殿に入り、いつ清めの期間が終
わって、それぞれのために供え物を献げることが
できるかを告げた。

パウロ、神殿の境内で逮捕される

27七日の期間が終わろうとしていたとき、アジ
ア州から来たユダヤ人たちが神殿の境内でパウロ
を見つけ、全群衆を扇動して彼を捕らえ、28こう
叫んだ。「イスラエルの人たち、手伝ってくれ。
この男は、民と律法とこの場所を無視することを、
至るところでだれにでも教えている。その上、ギ
リシア人を境内に連れ込んで、この聖なる場所を
汚してしまった。」29彼らは、エフェソ出身のト
ロフィモが前に都でパウロと一緒にいたのを見か
けたので、パウロが彼を境内に連れ込んだのだと
思ったからである。30それで、都全体は大騒ぎに
なり、民衆は駆け寄って来て、パウロを捕らえ、
境内から引きずり出した。そして、門はどれもす
ぐに閉ざされた。31彼らがパウロを殺そうとして

いたとき、エルサレム中が混乱状態に陥っている
という報告が、守備大隊の千人隊長のもとに届い
た。32千人隊長は直ちに兵士と百人隊長を率いて、
その場に駆けつけた。群衆は千人隊長と兵士を見
ると、パウロを殴るのをやめた。33千人隊長は近
寄ってパウロを捕らえ、二本の鎖で縛るように命
じた。そして、パウロが何者であるのか、また、
何をしたのかと尋ねた。34しかし、群衆はあれや
これやと叫び立てていた。千人隊長は、騒々しく
て真相をつかむことができないので、パウロを兵
営に連れて行くように命じた。35パウロが階段に
さしかかったとき、群衆の暴行を避けるために、
兵士たちは彼を担いで行かなければならなかった。
36大勢の民衆が、「その男を殺してしまえ」と叫
びながらついて来たからである。

パウロ、弁明する

37パウロは兵営の中に連れて行かれそうになっ
たとき、「ひと言お話ししてもよいでしょうか」
と千人隊長に言った。すると、千人隊長が尋ねた。
「ギリシア語が話せるのか。38それならお前は、
最近反乱を起こし、四千人の暗殺者を引き連れて
荒れ野へ行った、あのエジプト人ではないのか。」
39パウロは言った。「わたしは確かにユダヤ人で
す。キリキア州のれっきとした町、タルソスの市
民です。どうか、この人たちに話をさせてくださ
い。」40千人隊長が許可したので、パウロは階段
の上に立ち、民衆を手で制した。すっかり静かに
なったとき、パウロはヘブライ語で話し始めた。
22 1「兄弟であり父である皆さん、これから申し
上げる弁明を聞いてください。」2パウロがヘブ
ライ語で話すのを聞いて、人々はますます静かに
なった。パウロは言った。3「わたしは、キリキ
ア州のタルソスで生まれたユダヤ人です。そして、
この都で育ち、ガマリエルのもとで先祖の律法に
ついて厳しい教育を受け、今日の皆さんと同じよ

うに、熱心に神に仕えていました。4わたしはこ
の道を迫害し、男女を問わず縛り上げて獄に投じ、
殺すことさえしたのです。5このことについては、
大祭司も長老会全体も、わたしのために証言して
くれます。実は、この人たちからダマスコにいる
同志にあてた手紙までもらい、その地にいる者た
ちを縛り上げ、エルサレムへ連行して処罰するた
めに出かけて行ったのです。」

パウロ、自分の回心を話す（使徒9 1-19、26 12-18）

6「旅を続けてダマスコに近づいたときのこと、
真昼ごろ、突然、天から強い光がわたしの周りを
照らしました。7わたしは地面に倒れ、『**サウル、**
サウル、なぜ、わたしを迫害するのか』と言う声
を聞いたのです。8『主よ、あなたはどなたです
か』と尋ねると、『**わたしは、あなたが迫害して**
いるナザレのイエスである』と答えがありました。
9一緒にいた人々は、その光は見たのですが、わ
たしに話しかけた方の声は聞きませんでした。
10『主よ、どうしたらよいでしょうか』と申しま
すと、主は、『**立ち上がってダマスコへ行け。し**
なければならないことは、すべてそこで知らされ
る』と言われました。11わたしは、その光の輝き
のために目が見えなくなっていましたので、一緒
にいた人たちに手を引かれて、ダマスコに入りま
した。

12ダマスコにはアナニアという人がいました。
律法に従って生活する信仰深い人で、そこに住ん
でいるすべてのユダヤ人の中で評判の良い人でし
た。13この人がわたしのところに来て、そばに立
ってこう言いました。『兄弟サウル、元どおり見
えるようになりなさい。』するとそのとき、わた
しはその人が見えるようになったのです。14アナ
ニアは言いました。『わたしたちの先祖の神が、
あなたをお選びになった。それは、御心を悟らせ、

あの正しい方に会わせて、その口からの声を聞か
せるためです。15あなたは、見聞きしたことにつ
いて、すべての人に対してその方の証人となる者
だからです。16今、何をためらっているのです。
立ち上がりなさい。その方の名を唱え、洗礼を受
けて罪を洗い清めなさい。』」

パウロ、異邦人のための宣教者となる

17「さて、わたしはエルサレムに帰って来て、
神殿で祈っていたとき、我を忘れた状態になり、
18主にお会いしたのです。主は言われました。
『急げ。すぐエルサレムから出て行け。わたしに
ついてあなたが証しすることを、人々が受け入れ
ないからである。』19わたしは申しました。『主よ、
わたしが会堂から会堂へと回って、あなたを信じ
る者を投獄したり、鞭で打ちたたいたりしていた
ことを、この人々は知っています。20また、あな
たの証人ステファノの血が流されたとき、わたし
もその場にいてそれに賛成し、彼を殺す者たちの
上着の番もしたのです。』21すると、主は言われ
ました。**『行け。わたしがあなたを遠く異邦人の**
ために遣わすのだ。』」

パウロと千人隊長

22パウロの話をここまで聞いた人々は、声を張
り上げて言った。「こんな男は、地上から除いて
しまえ。生かしてはおけない。」23彼らがわめき
立てて上着を投げつけ、砂埃《すなぼこり》を空中にまき散らす
ほどだったので、24千人隊長はパウロを兵営に入
れるように命じ、人々がどうしてこれほどパウロ
に対してわめき立てるのかを知るため、鞭で打ち
たたいて調べるようにと言った。25パウロを鞭で
打つため、その両手を広げて縛ると、パウロはそ
ばに立っていた百人隊長に言った。「ローマ帝国
の市民権を持つ者を、裁判にかけずに鞭で打って
もよいのですか。」26これを聞いた百人隊長は、

千人隊長のところへ行って報告した。「どうなさ
いますか。あの男はローマ帝国の市民です。」
27千人隊長はパウロのところへ来て言った。「あ
なたはローマ帝国の市民なのか。わたしに言いな
さい。」パウロは、「そうです」と言った。28千人
隊長が、「わたしは、多額の金を出してこの市民
権を得たのだ」と言うと、パウロは、「わたしは
生まれながらローマ帝国の市民です」と言った。
29そこで、パウロを取り調べようとしていた者た
ちは、直ちに手を引き、千人隊長もパウロがロー
マ帝国の市民であること、そして、彼を縛ってし
まったことを知って恐ろしくなった。

パウロ、最高法院で取り調べを受ける

30翌日、千人隊長は、なぜパウロがユダヤ人か
ら訴えられているのか、確かなことを知りたいと
思い、彼の鎖を外した。そして、祭司長たちと最
高法院全体の召集を命じ、パウロを連れ出して彼
らの前に立たせた。**23** 1そこで、パウロは最高
法院の議員たちを見つめて言った。「兄弟たち、
わたしは今日に至るまで、あくまでも良心に従っ
て神の前で生きてきました。」2すると、大祭司
アナニアは、パウロの近くに立っていた者たちに、
彼の口を打つように命じた。3パウロは大祭司に
向かって言った。「白く塗った壁よ、神があなた
をお打ちになる。あなたは、律法に従ってわたし
を裁くためにそこに座っていながら、律法に背い
て、わたしを打て、と命令するのですか。」4近
くに立っていた者たちが、「神の大祭司をののし
る気か」と言った。5パウロは言った。「兄弟た
ち、その人が大祭司だとは知りませんでした。確
かに『あなたの民の指導者を悪く言うな』と書か
れています。」
6パウロは、議員の一部がサドカイ派、一部が
ファリサイ派であることを知って、議場で声を高
めて言った。「兄弟たち、わたしは生まれながら

のファリサイ派です。死者が復活するという望み
を抱いていることで、わたしは裁判にかけられて
いるのです。」 7パウロがこう言ったので、ファ
リサイ派とサドカイ派との間に論争が生じ、最高
法院は分裂した。 8サドカイ派は復活も天使も霊
もないと言い、ファリサイ派はこのいずれをも認
めているからである。 9そこで、騒ぎは大きくな
った。ファリサイ派の数人の律法学者が立ち上が
って激しく論じ、「この人には何の悪い点も見い
だせない。霊か天使かが彼に話しかけたのだろう
か」と言った。 10こうして、論争が激しくなった
ので、千人隊長は、パウロが彼らに引き裂かれて
しまうのではないかと心配し、兵士たちに、下り
ていって人々の中からパウロを力ずくで助け出し、
兵営に連れて行くように命じた。
11その夜、主はパウロのそばに立って言われた。
「勇気を出せ。エルサレムでわたしのことを力強
く証ししたように、ローマでも証しをしなければ
ならない。」

パウロ暗殺の陰謀

12夜が明けると、ユダヤ人たちは陰謀をたくら
み、パウロを殺すまでは飲み食いしないという誓
いを立てた。 13このたくらみに加わった者は、四
十人以上もいた。 14彼らは、祭司長たちや長老た
ちのところへ行って、こう言った。「わたしたち
は、パウロを殺すまでは何も食べないと、固く誓
いました。 15ですから今、パウロについてもっと
詳しく調べるという口実を設けて、彼をあなたが
たのところへ連れて来るように、最高法院と組ん
で千人隊長に願い出てください。わたしたちは、
彼がここへ来る前に殺してしまう手はずを整えて
います。」 16しかし、この陰謀をパウロの姉妹の
子が聞き込み、兵営の中に入って来て、パウロに
知らせた。 17それで、パウロは百人隊長の一人を
呼んで言った。「この若者を千人隊長のところへ

連れて行ってください。何か知らせることがある
そうです。」
18そこで百人隊長は、若者を千人隊
長のもとに連れて行き、こう言った。「囚人パウ
ロがわたしを呼んで、この若者をこちらに連れて
来るようにと頼みました。何か話したいことがあ
るそうです。」
19千人隊長は、若者の手を取って
人のいない所へ行き、「知らせたいこととは何か」
と尋ねた。
20若者は言った。「ユダヤ人たちは、
パウロのことをもっと詳しく調べるという口実で、
明日パウロを最高法院に連れて来るようにと、あ
なたに願い出ることに決めています。
21どうか、
彼らの言いなりにならないでください。彼らのう
ち四十人以上が、パウロを殺すまでは飲み食いし
ないと誓い、陰謀をたくらんでいるのです。そし
て、今その手はずを整えて、御承諾を待っている
のです。」
22そこで千人隊長は、「このことをわた
しに知らせたとは、だれにも言うな」と命じて、
若者を帰した。

パウロ、総督フェリクスのもとへ護送される

23千人隊長は百人隊長二人を呼び、「今夜九時
カイサリアへ出発できるように、歩兵二百名、騎
兵七十名、補助兵二百名を準備せよ」と言った。
24また、馬を用意し、パウロを乗せて、総督フェ
リクスのもとへ無事に護送するように命じ、
25次
のような内容の手紙を書いた。
26「クラウディウ
ス・リシアが総督フェリクス閣下に御挨拶申し上
げます。
27この者がユダヤ人に捕らえられ、殺さ
れようとしていたのを、わたしは兵士たちを率い
て救い出しました。ローマ帝国の市民権を持つ者
であることが分かったからです。
28そして、告発
されている理由を知ろうとして、最高法院に連行
しました。
29ところが、彼が告発されているのは、
ユダヤ人の律法に関する問題であって、死刑や投
獄に相当する理由はないことが分かりました。

30しかし、この者に対する陰謀があるという報告
を受けましたので、直ちに閣下のもとに護送いた
します。告発人たちには、この者に関する件を閣
下に訴え出るようにと、命じておきました。」
31さて、歩兵たちは、命令どおりにパウロを引
き取って、夜のうちにアンティパトリスまで連れ
て行き、32翌日、騎兵たちに護送を任せて兵営へ
戻った。33騎兵たちはカイサリアに到着すると、
手紙を総督に届け、パウロを引き渡した。34総督
は手紙を読んでから、パウロがどの州の出身であ
るかを尋ね、キリキア州の出身だと分かると、
35「お前を告発する者たちが到着してから、尋問
することにする」と言った。そして、ヘロデの官
邸にパウロを留置しておくように命じた。

24

パウロ、フェリクスの前で訴えられる

1五日の後、大祭司アナニアは、長老数名と
弁護士テルティロという者を連れて下って来
て、総督にパウロを訴え出た。2-3パウロが呼
び出されると、テルティロは告発を始めた。「フ
ェリクス閣下、閣下のお陰で、私どもは十分に平
和を享受しております。また、閣下の御配慮によ
って、いろいろな改革がこの国で進められていま
す。私どもは、あらゆる面で、至るところで、こ
のことを認めて称賛申し上げ、また心から感謝し
ているしだいです。4さて、これ以上御迷惑にな
らないよう手短に申し上げます。御寛容をもって
お聞きください。5実は、この男は疫病のような
人間で、世界中のユダヤ人の間に騒動を引き起こ
している者、『ナザレ人の分派』の主謀者であり
ます。6この男は神殿さえも汚そうとしましたの
で逮捕いたしました。† 8閣下御自身でこの者を
お調べくだされば、私どもの告発したことがすべ
てお分かりになるかと存じます。」9他のユダヤ
人たちもこの告発を支持し、そのとおりであると
申し立てた。

パウロ、フェリクスの前で弁明する

10総督が、発言するように合図したので、パウ
ロは答弁した。「私は、閣下が多年この国民の裁
判をつかさどる方であることを、存じ上げており
ますので、私自身のことを喜んで弁明いたします。
11確かめていただけば分かることですが、私が礼
拝のためエルサレムに上ってから、まだ十二日し
かたっていません。12神殿でも会堂でも町の中で
も、この私がだれかと論争したり、群衆を扇動し
たりするのを、だれも見た者はおりません。13そ
して彼らは、私を告発している件に関し、閣下に
対して何の証拠も挙げることができません。14し
かしここで、はっきり申し上げます。私は、彼ら
が『分派』と呼んでいるこの道に従って、先祖の
神を礼拝し、また、律法に則したことと預言者の
書に書いてあることを、ことごとく信じています。
15更に、正しい者も正しくない者もやがて復活す
るという希望を、神に対して抱いています。この
希望は、この人たち自身も同じように抱いており
ます。16こういうわけで私は、神に対しても人に
対しても、責められることのない良心を絶えず保
つように努めています。17さて、私は、同胞に救
援金を渡すため、また、供え物を献げるために、
何年ぶりかで戻って来ました。18私が清めの式に
あずかってから、神殿で供え物を献げているとこ
ろを、人に見られたのですが、別に群衆もいませ
んし、騒動もありませんでした。19ただ、アジア
州から来た数人のユダヤ人はいました。もし、私
を訴えるべき理由があるというのであれば、この
人たちこそ閣下のところに出頭して告発すべきだ
ったのです。20さもなければ、ここにいる人たち
自身が、最高法院に出頭していた私にどんな不正
を見つけたか、今言うべきです。21彼らの中に立
って、『死者の復活のことで、私は今日あなたが
たの前で裁判にかけられているのだ』と叫んだだ

けなのです。」
22フェリクスは、この道についてかなり詳しく
知っていたので、「千人隊長リシアが下って来る
のを待って、あなたたちの申し立てに対して判決
を下すことにする」と言って裁判を延期した。
23そして、パウロを監禁するように、百人隊長に
命じた。ただし、自由をある程度与え、友人たち
が彼の世話をするのを妨げないようにさせた。

パウロ、カイサリアで監禁される

24数日の後、フェリクスはユダヤ人である妻の
ドルシラと一緒に来て、パウロを呼び出し、キリ
スト・イエスへの信仰について話を聞いた。25し
かし、パウロが正義や節制や来《きた》るべき裁きについ
て話すと、フェリクスは恐ろしくなり、「今回は
これで帰ってよろしい。また適当な機会に呼び出
すことにする」と言った。26だが、パウロから金
をもらおうとする下心もあったので、度々呼び出
しては話し合っていた。
27さて、二年たって、フェリクスの後任者とし
てポルキウス・フェストゥスが赴任したが、フェ
リクスは、ユダヤ人に気に入られようとして、パ
ウロを監禁したままにしておいた。

25

パウロ、皇帝に上訴する

1フェストゥスは、総督として着任して三日
たってから、カイサリアからエルサレムへ上
った。2-3祭司長たちやユダヤ人のおもだった
人々は、パウロを訴え出て、彼をエルサレムへ送
り返すよう計らっていただきたいと、フェストゥ
スに頼んだ。途中で殺そうと陰謀をたくらんでい
たのである。4ところがフェストゥスは、パウロ
はカイサリアで監禁されており、自分も間もなく
そこへ帰るつもりであると答え、5「だから、そ
の男に不都合なところがあるというのなら、あな
たたちのうちの有力者が、わたしと一緒に下って

行って、告発すればよいではないか」と言った。
6フェストゥスは、八日か十日ほど彼らの間で
過ごしてから、カイサリアへ下り、翌日、裁判の
席に着いて、パウロを引き出すように命令した。
7パウロが出廷すると、エルサレムから下って来
たユダヤ人たちが彼を取り囲んで、重い罪状をあ
れこれ言い立てたが、それを立証することはでき
なかった。8パウロは、「私は、ユダヤ人の律法
に対しても、神殿に対しても、皇帝に対しても何
も罪を犯したことはありません」と弁明した。
9しかし、フェストゥスはユダヤ人に気に入られ
ようとして、パウロに言った。「お前は、エルサ
レムに上って、そこでこれらのことについて、わ
たしの前で裁判を受けたいと思うか。」10パウロ
は言った。「私は、皇帝の法廷に出頭しているの
ですから、ここで裁判を受けるのが当然です。よ
くご存じのとおり、私はユダヤ人に対して何も悪
いことをしていません。11もし、悪いことをし、
何か死罪に当たることをしたのであれば、決して
死を免れようとは思いません。しかし、この人た
ちの訴えが事実無根なら、だれも私を彼らに引き
渡すような取り計らいはできません。私は皇帝に
上訴します。」12そこで、フェストゥスは陪審の
人々と協議してから、「皇帝に上訴したのだから、
皇帝のもとに出頭するように」と答えた。

パウロ、アグリッパ王の前に引き出される

13数日たって、アグリッパ王とベルニケが、フ
ェストゥスに敬意を表するためにカイサリアに来
た。14彼らが幾日もそこに滞在していたので、フ
ェストゥスはパウロの件を王に持ち出して言った。
「ここに、フェリクスが囚人として残していった
男がいます。15わたしがエルサレムに行ったとき
に、祭司長たちやユダヤ人の長老たちがこの男を
訴え出て、有罪の判決を下すように要求したので

す。16わたしは彼らに答えました。『被告が告発
されたことについて、原告の面前で弁明する機会
も与えられず、引き渡されるのはローマ人の慣習
ではない』と。17それで、彼らが連れ立って当地
へ来ましたから、わたしはすぐにその翌日、裁判
の席に着き、その男を出廷させるように命令しま
した。18告発者たちは立ち上がりましたが、彼に
ついて、わたしが予想していたような罪状は何一
つ指摘できませんでした。19パウロと言い争って
いる問題は、彼ら自身の宗教に関することと、死
んでしまったイエスとかいう者のことです。この
イエスが生きていると、パウロは主張しているの
です。20わたしは、これらのことの調査の方法が
分からなかったので、『エルサレムへ行き、そこ
でこれらの件に関して裁判を受けたくはないか』
と言いました。21しかしパウロは、皇帝陛下の判
決を受けるときまで、ここにとどめておいてほし
いと願い出ましたので、皇帝のもとに護送するま
で、彼をとどめておくように命令しました。」
22そこで、アグリッパがフェストゥスに、「わた
しも、その男の言うことを聞いてみたいと思いま
す」と言うと、フェストゥスは、「明日、お聞き
になれます」と言った。

23翌日、アグリッパとベルニケが盛装して到着
し、千人隊長たちや町のおもだった人々と共に謁
見室に入ると、フェストゥスの命令でパウロが引
き出された。24そこで、フェストゥスは言った。
「アグリッパ王、ならびに列席の諸君、この男を
御覧なさい。ユダヤ人がこぞってもう生かしてお
くべきではないと叫び、エルサレムでもこの地で
もわたしに訴え出ているのは、この男のことです。
25しかし、彼が死罪に相当するようなことは何も
していないということが、わたしには分かりまし
た。ところが、この者自身が皇帝陛下に上訴した
ので、護送することに決定しました。26しかし、
この者について確実なことは、何も陛下に書き送

ることができません。そこで、諸君の前に、特に
アグリッパ王、貴下の前に彼を引き出しました。
よく取り調べてから、何か書き送るようにしたい
のです。27囚人を護送するのに、その罪状を示さ
ないのは理に合わないと、わたしには思われるか
らです。」

26

パウロ、アグリッパ王の前で弁明する

1アグリッパはパウロに、「お前は自分のこ
とを話してよい」と言った。そこで、パウロ
は手を差し伸べて弁明した。2「アグリッパ王よ、
私がユダヤ人たちに訴えられていることすべてに
ついて、今日、王の前で弁明させていただけるの
は幸いであると思います。3王は、ユダヤ人の慣
習も論争点もみなよくご存じだからです。それで、
どうか忍耐をもって、私の申すことを聞いてくだ
さるように、お願いいたします。4さて、私の若
いころからの生活が、同胞の間であれ、またエル
サレムの中であれ、最初のころからどうであった
かは、ユダヤ人ならだれでも知っています。5彼
らは以前から私を知っているのです。だから、私
たちの宗教の中でいちばん厳格な派である、ファ
リサイ派の一員として私が生活していたことを、
彼らは証言しようと思えば、証言できるのです。
6今、私がここに立って裁判を受けているのは、
神が私たちの先祖にお与えになった約束の実現に、
望みをかけているからです。7私たちの十二部族
は、夜も昼も熱心に神に仕え、その約束の実現さ
れることを望んでいます。王よ、私はこの希望を
抱いているために、ユダヤ人から訴えられている
のです。8神が死者を復活させてくださるという
ことを、あなたがたはなぜ信じ難いとお考えにな
るのでしょうか。9実は私自身も、あのナザレの
人イエスの名に大いに反対すべきだと考えていま
した。10そして、それをエルサレムで実行に移し、
この私が祭司長たちから権限を受けて多くの聖な

る者たちを牢に入れ、彼らが死刑になるときは、
賛成の意思表示をしたのです。11また、至るとこ
ろの会堂で、しばしば彼らを罰してイエスを冒瀆
するように強制し、彼らに対して激しく怒り狂い、
外国の町にまでも迫害の手を伸ばしたのです。」

パウロ、自分の回心を語る（使徒9 1–19、22 6–16）

12「こうして、私は祭司長たちから権限を委任
されて、ダマスコへ向かったのですが、13その途
中、真昼のことです。王よ、私は天からの光を見
たのです。それは太陽より明るく輝いて、私とま
た同行していた者との周りを照らしました。14私
たちが皆地に倒れたとき、『**サウル、サウル、な
ぜ、わたしを迫害するのか。とげの付いた棒をけ
ると、ひどい目に遭う**』と、私にヘブライ語で語
りかける声を聞きました。15私が、『主よ、あな
たはどなたですか』と申しますと、主は言われま
した。『**わたしは、あなたが迫害しているイエス
である。**16**起き上がれ。自分の足で立て。わたし
があなたに現れたのは、あなたがわたしを見たこ
と、そして、これからわたしが示そうとすること
について、あなたを奉仕者、また証人にするため
である。**17**わたしは、あなたをこの民と異邦人の
中から救い出し、彼らのもとに遣わす。**18**それは、
彼らの目を開いて、闇から光に、サタンの支配か
ら神に立ち帰らせ、こうして彼らがわたしへの信
仰によって、罪の赦しを得、聖なる者とされた
人々と共に恵みの分け前にあずかるようになるた
めである。**』」

パウロの宣教の内容

19「アグリッパ王よ、こういう次第で、私は天
から示されたことに背かず、20ダマスコにいる
人々を初めとして、エルサレムの人々とユダヤ全
土の人々、そして異邦人に対して、悔い改めて神

に立ち帰り、悔い改めにふさわしい行いをするよ
うにと伝えました。21そのためにユダヤ人たちは、
神殿の境内にいた私を捕らえて殺そうとしたので
す。22ところで、私は神からの助けを今日までい
ただいて、固く立ち、小さな者にも大きな者にも
証しをしてきましたが、預言者たちやモーセが必
ず起こると語ったこと以外には、何一つ述べてい
ません。23つまり私は、メシアが苦しみを受け、
また、死者の中から最初に復活して、民にも異邦
人にも光を語り告げることになると述べたので
す。」

パウロ、アグリッパ王に信仰を勧める

24パウロがこう弁明していると、フェストゥス
は大声で言った。「パウロ、お前は頭がおかしい。
学問のしすぎで、おかしくなったのだ。」25パウ
ロは言った。「フェストゥス閣下、わたしは頭が
おかしいわけではありません。真実で理にかなっ
たことを話しているのです。26王はこれらのこと
についてよくご存じですので、はっきりと申し上
げます。このことは、どこかの片隅で起こったの
ではありません。ですから、一つとしてご存じな
いものはないと、確信しております。27アグリッ
パ王よ、預言者たちを信じておられますか。信じ
ておられることと思います。」28アグリッパはパ
ウロに言った。「短い時間でわたしを説き伏せて、
キリスト信者にしてしまうつもりか。」29パウロ
は言った。「短い時間であろうと長い時間であろ
うと、王ばかりでなく、今日この話を聞いてくだ
さるすべての方が、私のようになってくださるこ
とを神に祈ります。このように鎖につながれるこ
とは別ですが。」

30そこで、王が立ち上がり、総督もベルニケや
陪席の者も立ち上がった。31彼らは退場してから、
「あの男は、死刑や投獄に当たるようなことは何
もしていない」と話し合った。32アグリッパ王は

フェストゥスに、「あの男は皇帝に上訴さえして
いなければ、釈放してもらえただろうに」と言っ
た。

27 パウロ、ローマへ向かって船出する

1わたしたちがイタリアへ向かって船出する
ことに決まったとき、パウロと他の数名の囚
人は、皇帝直属部隊の百人隊長ユリウスという者
に引き渡された。2わたしたちは、アジア州沿岸
の各地に寄港することになっている、アドラミテ
イオン港の船に乗って出港した。テサロニケ出身
のマケドニア人アリスタルコも一緒であった。
3翌日シドンに着いたが、ユリウスはパウロを親
切に扱い、友人たちのところへ行ってもてなしを
受けることを許してくれた。4そこから船出した
が、向かい風のためキプロス島の陰を航行し、
5キリキア州とパンフィリア州の沖を過ぎて、リ
キア州のミラに着いた。6ここで百人隊長は、イ
タリアに行くアレクサンドリアの船を見つけて、
わたしたちをそれに乗り込ませた。7幾日もの間、
船足ははかどらず、ようやくクニドス港に近づい
た。ところが、風に行く手を阻まれたので、サル
モネ岬を回ってクレタ島の陰を航行し、8ようや
く島の岸に沿って進み、ラサヤの町に近い「良い
港」と呼ばれる所に着いた。

9かなりの時がたって、既に断食日も過ぎてい
たので、航海はもう危険であった。それで、パウ
ロは人々に忠告した。10「皆さん、わたしの見る
ところでは、この航海は積み荷や船体ばかりでな
く、わたしたち自身にも危険と多大の損失をもた
らすことになります。」11しかし、百人隊長は、
パウロの言ったことよりも、船長や船主の方を信
用した。12この港は冬を越すのに適していなかっ
た。それで、大多数の者の意見により、ここから
船出し、できるならばクレタ島で南西と北西に面
しているフェニクス港に行き、そこで冬を過ごす

ことになった。

暴風に襲われる

13ときに、南風が静かに吹いて来たので、人々
は望みどおりに事が運ぶと考えて錨《いかり》を上げ、クレ
タ島の岸に沿って進んだ。14しかし、間もなく
「エウラキロン」と呼ばれる暴風が、島の方から
吹き降ろして来た。15船はそれに巻き込まれ、風
に逆らって進むことができなかったので、わたし
たちは流されるにまかせた。16やがて、カウダと
いう小島の陰に来たので、やっとのことで小舟を
しっかりと引き寄せることができた。17小舟を船
に引き上げてから、船体には綱を巻きつけ、シル
ティスの浅瀬に乗り上げるのを恐れて海錨《かいびょう》を降ろ
し、流されるにまかせた。18しかし、ひどい暴風
に悩まされたので、翌日には人々は積み荷を海に
捨て始め、19三日目には自分たちの手で船具を投
げ捨ててしまった。20幾日もの間、太陽も星も見
えず、暴風が激しく吹きすさぶので、ついに助か
る望みは全く消えうせようとしていた。
21人々は長い間、食事をとっていなかった。そ
のとき、パウロは彼らの中に立って言った。「皆
さん、わたしの言ったとおりに、クレタ島から船
出していなければ、こんな危険や損失を避けられ
たにちがいありません。22しかし今、あなたがた
に勧めます。元気を出しなさい。船は失うが、皆
さんのうちだれ一人として命を失う者はないので
す。23わたしが仕え、礼拝している神からの天使
が昨夜わたしのそばに立って、24こう言われまし
た。『パウロ、恐れるな。あなたは皇帝の前に出
頭しなければならない。神は、一緒に航海してい
るすべての者を、あなたに任せてくださったの
だ。』25ですから、皆さん、元気を出しなさい。
わたしは神を信じています。わたしに告げられた
ことは、そのとおりになります。26わたしたちは、
必ずどこかの島に打ち上げられるはずです。」

27十四日目の夜になったとき、わたしたちはアドリア海を漂流していた。真夜中ごろ船員たちは、どこかの陸地に近づいているように感じた。28そこで、水の深さを測ってみると、二十オルギィアあることが分かった。もう少し進んでまた測ってみると、十五オルギィアであった。29船が暗礁に乗り上げることを恐れて、船員たちは船尾から錨を四つ投げ込み、夜の明けるのを待ちわびた。30ところが、船員たちは船から逃げ出そうとし、船首から錨を降ろす振りをして小舟を海に降ろしたので、31パウロは百人隊長と兵士たちに、「あの人たちが船にとどまっていなければ、あなたがたは助からない」と言った。32そこで、兵士たちは綱を断ち切って、小舟を流れるにまかせた。

33夜が明けかけたころ、パウロは一同に食事をするように勧めた。「今日で十四日もの間、皆さんは不安のうちに全く何も食べずに、過ごしてきました。34だから、どうぞ何か食べてください。生き延びるために必要だからです。あなたがたの頭から髪の毛一本もなくなることはありません。」35こう言ってパウロは、一同の前でパンを取って神に感謝の祈りをささげてから、それを裂いて食べ始めた。36そこで、一同も元気づいて食事をした。37船にいたわたしたちは、全部で二百七十六人であった。38十分に食べてから、穀物を海に投げ捨てて船を軽くした。

難破する

39朝になって、どこの陸地であるか分からなかったが、砂浜のある入り江を見つけたので、できることなら、そこへ船を乗り入れようということになった。40そこで、錨を切り離して海に捨て、同時に舵の綱を解き、風に船首の帆を上げて、砂浜に向かって進んだ。41ところが、深みに挟まれた浅瀬にぶつかって船を乗り上げてしまい、船首がめり込んで動かなくなり、船尾は激しい波で壊

れだした。42兵士たちは、囚人たちが泳いで逃げ
ないように、殺そうと計ったが、43百人隊長はパ
ウロを助けたいと思ったので、この計画を思いと
どまらせた。そして、泳げる者がまず飛び込んで
陸に上がり、44残りの者は板切れや船の乗組員に
つかまって泳いで行くように命令した。このよう
にして、全員が無事に上陸した。

28

マルタ島で

1わたしたちが助かったとき、この島がマル
タと呼ばれていることが分かった。2島の住
民は大変親切にしてくれた。降る雨と寒さをしの
ぐためにたき火をたいて、わたしたち一同をもて
なしてくれたのである。3パウロが一束の枯れ枝
を集めて火にくべると、一匹の蝮《まむし》が熱気のために
出て来て、その手に絡みついた。4住民は彼の手
にぶら下がっているこの生き物を見て、互いに言
った。「この人はきっと人殺しにちがいない。海
では助かったが、『正義の女神』はこの人を生か
しておかないのだ。」5ところが、パウロはその
生き物を火の中に振り落とし、何の害も受けなか
った。6体がはれ上がるか、あるいは急に倒れて
死ぬだろうと、彼らはパウロの様子をうかがって
いた。しかし、いつまでたっても何も起こらない
のを見て、考えを変え、「この人は神様だ」と言
った。7さて、この場所の近くに、島の長官でプ
ブリウスという人の所有地があった。彼はわたし
たちを歓迎して、三日間、手厚くもてなしてくれ
た。8ときに、プブリウスの父親が熱病と下痢で
床についていたので、パウロはその家に行って祈
り、手を置いていやした。9このことがあったの
で、島のほかの病人たちもやって来て、いやして
もらった。10それで、彼らはわたしたちに深く敬
意を表し、船出のときには、わたしたちに必要な
物を持って来てくれた。

ローマ到着

11三か月後、わたしたちは、この島で冬を越し
ていたアレクサンドリアの船に乗って出航した。
ディオスクロイを船印とする船であった。12わた
したちは、シラクサに寄港して三日間そこに滞在
し、13ここから海岸沿いに進み、レギオンに着い
た。一日たつと、南風が吹いて来たので、二日で
プテオリに入港した。14わたしたちはそこで兄弟
たちを見つけ、請われるままに七日間滞在した。
こうして、わたしたちはローマに着いた。15ロー
マからは、兄弟たちがわたしたちのことを聞き伝
えて、アピイフォルムとトレス・タベルネまで迎
えに来てくれた。パウロは彼らを見て、神に感謝
し、勇気づけられた。
16わたしたちがローマに入ったとき、パウロは
番兵を一人つけられたが、自分だけで住むことを
許された。

パウロ、ローマで宣教する

17三日の後、パウロはおもだったユダヤ人たち
を招いた。彼らが集まって来たとき、こう言った。
「兄弟たち、わたしは、民に対しても先祖の慣習
に対しても、背くようなことは何一つしていない
のに、エルサレムで囚人としてローマ人の手に引
き渡されてしまいました。18ローマ人はわたしを
取り調べたのですが、死刑に相当する理由が何も
無かったので、釈放しようと思ったのです。19し
かし、ユダヤ人たちが反対したので、わたしは皇
帝に上訴せざるをえませんでした。これは、決し
て同胞を告発するためではありません。20だから
こそ、お会いして話し合いたいと、あなたがたに
お願いしたのです。イスラエルが希望しているこ
とのために、わたしはこのように鎖でつながれて
いるのです。」21すると、ユダヤ人たちが言った。
「私どもは、あなたのことについてユダヤから何
の書面も受け取ってはおりませんし、また、ここ

に来た兄弟のだれ一人として、あなたについて何
か悪いことを報告したことも、話したこともあり
ませんでした。22あなたの考えておられることを、
直接お聞きしたい。この分派については、至ると
ころで反対があることを耳にしているのです。」
23そこで、ユダヤ人たちは日を決めて、大勢で
パウロの宿舎にやって来た。パウロは、朝から晩
まで説明を続けた。神の国について力強く証しし、
モーセの律法や預言者の書を引用して、イエスに
ついて説得しようとしたのである。24ある者はパ
ウロの言うことを受け入れたが、他の者は信じよ
うとはしなかった。25彼らが互いに意見が一致し
ないまま、立ち去ろうとしたとき、パウロはひと
言次のように言った。「聖霊は、預言者イザヤを
通して、実に正しくあなたがたの先祖に、26語ら
れました。
『この民のところへ行って言え。
あなたたちは聞くには聞くが、決して理解せず、
見るには見るが、決して認めない。
27この民の心は鈍り、
耳は遠くなり、
目は閉じてしまった。
こうして、彼らは目で見ることなく、
耳で聞くことなく、
心で理解せず、立ち帰らない。
わたしは彼らをいやさない。』
28だから、このことを知っていただきたい。この
神の救いは異邦人に向けられました。彼らこそ、
これに聞き従うのです。」†
30パウロは、自費で借りた家に丸二年間住んで、
訪問する者はだれかれとなく歓迎し、31全く自由
に何の妨げもなく、神の国を宣べ伝え、主イエ
ス・キリストについて教え続けた。

底本に節が欠けている個所の異本による訳文

8 37 フィリポが、「真心から信じておられるなら、差し支えありません」と言うと、宦官は、「イエス・キリストは神の子であると信じます」と答えた。

15 34 しかし、シラスはそこにとどまることにした。

24 6b-8a そして、私どもの律法によって裁こうとしたところ、千人隊長リシアがやって来て、この男を無理やり私どもの手から引き離し、告発人たちには、閣下のところに来るようにと命じました。

28 29 パウロがこのようなことを語ったところ、ユダヤ人たちは大いに論じ合いながら帰って行った。

「わたしの肉には、善が住んでいない」――「書簡集」案内

佐藤 優

新約聖書には、21の手紙が収録されている。これをとりあえず「書簡集」と呼んでおく。手紙の一つ一つを詳細に解説しても、本書が想定している非キリスト教徒の日本人読者には煩わしいだけだ。そこで、手紙の種類について大雑把に述べると次のようになる。

第1グループが、「パウロ書簡」と呼ばれる13通の手紙である。もっとも近代以降の聖書学によって、パウロ自身が書いたと確定されている手紙は7つだけだ。以下の7つの手紙はいずれも50～56年頃に書かれたと見られている。

「テサロニケの信徒への手紙一」。迫害に負けず、イエス・キリストによる救済を信じよと強調している。パウロの手紙のうちもっとも古い。50年頃、コリントで書いたと見られる。

「コリントの信徒への手紙一」。コリントの教会におけるパウロの論敵を意識して書かれている。死人の身体の甦りが強調されている。55年頃、エフェソで書かれたと見られる。

「ガラテヤの信徒への手紙」。獄中書簡である。論争的性格がとても強い。ユダヤ教的な律法を遵

守ることではなく、イエス・キリストへの信仰によって人間は救済されるというパウロの救済観が強く打ち出されている。54年頃、エフェソで書かれたと見られる。55年頃、マケドニアで書かれたという見方もある。

「フィリピの信徒への手紙」。獄中書簡である。55〜56年にマケドニアかコリントで書かれたと見られる。キリスト教徒になったからといって、完全な人間になったわけではないとパウロは強調する。人間は常に途上にある存在であるという次のようなパウロの認識が示されている。

〈わたしは、既にそれを得たというわけではなく、既に完全な者となっているわけでもありません。何とかして捕らえようと努めているのです。自分がキリスト・イエスに捕らえられているからです。兄弟たち、わたし自身は既に捕らえたとは思っていません。なすべきことはただ一つ、後ろのものを忘れ、前のものに全身を向けつつ、神がキリスト・イエスによって上へ召して、お与えになる賞を得るために、目標を目指してひたすら走ることです。だから、わたしたちの中で完全な者はだれでも、このように考えるべきです。しかし、あなたがたに何か別の考えがあるなら、神はそのことをも明らかにしてくださいます。いずれにせよ、わたしたちは到達したところに基づいて進むべきです。〉(「フィリピの信徒への手紙」3 12-16)

このパウロの言葉から私は強い影響を受けた。人間に完成はなく、到達することのできない目標に向かい、最後まで努力しなくてはならないのである。そのような生き方が善いか悪いかということではなく、「そういう風になっているのだ」と神がパウロを通じて伝えているのだ。

「フィレモンへの手紙」。獄中書簡である。54～55年頃、エフェソで執筆されたと見られている。

「コリントの信徒への手紙二」。2つの手紙（1～9章と10～13章）が合わさっている。50年代半ばにマケドニアで書かれたと見られる。使徒は苦難を負うという考え方が示されている。

「ローマの信徒への手紙」。56年頃、書かれたと見られる。執筆場所は不詳。パウロ書簡中、最後に書かれたものと見られている。人間は神の恵みとしての、信仰によってのみ救済されるというパウロの認識が示されている。プロテスタンティズムの救済観は、パウロの信仰義認論を発展させたものだ。


私は「ローマの信徒への手紙」では、罪に対するパウロの認識が極めて優れていると考える。少し長くなるが、キリスト教の原罪観を理解するために重要なので、関連部分を引用しておく。

〈では、どういうことになるのか。律法は罪であろうか。決してそうではない。しかし、律法によらなければ、わたしは罪を知らなかったでしょう。たとえば、律法が「むさぼるな」と言わなかったら、わたしはむさぼりを知らなかったでしょう。ところが、罪は掟によって機会を得、あらゆる種類のむさぼりをわたしの内に起こしました。律法がなければ罪は死んでいるのです。わたしは、かつては律法とかかわりなく生きていました。しかし、掟が登場したとき、罪が生き返って、わたしは死にました。そして、命をもたらすはずの掟が、死に導くものであることが分かりました。罪は掟によって機会を得、わたしを欺き、そして、掟によってわたしを殺してしまったのです。こういうわけで、律法は聖なるものであり、掟も聖であり、正しく、そして善いものなのです。

それでは、善いものがわたしにとって死をもたらすものとなったのだろうか。決してそうではない。実は、罪がその正体を現すために、善いものを通してわたしに死をもたらしたのです。このようにして、罪は限りなく邪悪なものであることが、掟を通して示されたのでした。わたしたちは、律法が霊的なものであると知っています。しかし、わたしは肉の人であり、罪に売り渡されています。わたしは、自分のしていることが分かりません。自分が望むことは実行せず、かえって憎んでいることをするからです。もし、望まないことを行っているとすれば、律法を善いものとして認めているわけになります。そして、そういうことを行っているのは、もはやわたしではなく、わたしの中に住んでいる罪なのです。わたしは、自分の内には、つまりわたしの肉には、善が住んでいないことを知っています。善をなそうという意志はありますが、それを実行できないからです。わたしは自分の望む善は行わず、望まない悪を行っている。もし、わたしが望まないことをしているとすれば、それをしているのは、もはやわたしではなく、わたしの中に住んでいる罪なのです。それで、善をなそうと思う自分には、いつも悪が付きまとっているという法則に気づきます。「内なる人」としては神の律法を喜んでいますが、わたしの五体にはもう一つの法則があって心の法則と戦い、わたしを、五体の内にある罪の法則のとりこにしているのが分かります。わたしはなんと惨めな人間なのでしょう。死に定められたこの体から、だれがわたしを救ってくれるでしょうか。わたしたちの主イエス・キリストを通して神に感謝いたします。このように、わたし自身は心では神の律法に仕えていますが、肉では罪の法則に仕えているのです。〉（「ローマの信徒への手紙」**7**7–25）

人間は、善いことを行おうと望んでいても、実際には自らの意図に反して悪いことばかり行ってしまう。それは、人間の中に罪が内在しているからだというパウロの洞察は実に鋭い。人間の中には罪が住んでいる。人間は性悪な存在なのである。それだから、外部からの絶対他力である神の力によってのみ救われるのである。人間の行為は、人間を救済する根拠にはならない。イエス・キリストを通した神への信仰によってのみ救われるのだ。キリスト教の中でもプロテスタンティズムは、「信仰のみ」を強調する。ただし、これは人間は信仰だけもっていれば、何もしなくていいということを意味しているのではない。信仰があれば、それは行為に必ずあらわれる。信仰即行為なのだ。「信仰と行為」という形で、「と」をはさんで、信仰と行為を分離するという発想を拒否しているのである。

以下6つの手紙は、以前はパウロによって書かれたと考えられていたが、文献学的考証の結果、パウロの名によって別人が書いたと考えられている。

「コロサイの信徒への手紙」。パウロは、60年頃、ローマで殉教したと見られるが、その直後にパウロの弟子が書いたとみられる。執筆場所は不詳。

「エフェソの信徒への手紙」。80～90年頃に書かれたと見られる。教会での礼拝に用いられることを想定した表現が多い。執筆場所は不詳。

「テサロニケの信徒への手紙二」。パウロ自身が書いたという少数説もある。あるいは、パウロが信頼する同僚に代筆させたという見方もある。50～51年頃に書かれたと見られる。執筆場所は不詳。

「テモテへの手紙一」、「テモテへの手紙二」、「テトスへの手紙」は、18世紀以降「牧会書簡」と呼ばれてきた。教会の運営に関する事項が多く書かれているからである。2世紀初頭、小アジア、恐らくはエフェソで書かれたと想定されている。

第2のグループが、「公同書簡」と呼ばれる以下7つの手紙だ。公同とは、すべてのキリスト教徒に宛てられたという意味だ。

「ペトロの手紙一」。90年代に書かれたと見られる。偽名文書である。この手紙では、ローマをバビロンという隠語で呼んでいるが、これは70年以前には見られない表現だ。ペトロは64年にローマで殉教したと伝えられている。このことからしても、ペトロがこういう表現の手紙を書いたとは想定できない。正しいことのために苦しむという考え方が強く打ち出されている。

「ヨハネの手紙一」、「ヨハネの手紙二」、「ヨハネの手紙三」は、90～110年頃、小アジア、恐らくはエフェソ周辺で執筆されたと見られている。キリスト教会内の異端に対する警戒を呼びかけている。

「ヤコブの手紙」。80～90年代にシリアかパレスチナで書かれたと見られる。世俗的価値観よりも教会の価値観を重視せよと訴えている。

「ユダの手紙」。1世紀の終わりに書かれたと見られる。執筆場所は不詳。ユダヤ教の宗教的・倫理的伝統を重視する内容になっている。

「ペトロの手紙二」。他の手紙と比較して遅く、2世紀前半に書かれたと見られる。執筆場所は不詳。「ユダの手紙」に近い立場をとる。

第3グループが、「パウロ書簡」、「公同書簡」にも含まれない「ヘブライ人への手紙」だ。紀元80年から90年の間に書かれたと見られる。執筆場所はエフェソ周辺と考えられている。他の手紙と異なり、冒頭に宛先やあいさつの言葉がなく、いきなり本題に入っているので、本来は手紙として書かれたものではない。ただし、末尾に挨拶の言葉がある。この文書を送る必要が生じ、付加されたのであろう。知識人が書いた洗練された文章だ。旧約聖書に対する新約聖書の優越性を強調しながら、双方を通じて神が人間に語り続けていることを強調する。

「書簡集」を注意深く読んでも、全体を通した物語の筋が見えてこない。こういう筋道がよくわからないところにキリスト教の強さがある。ただし、どの手紙においても「イエスが救い主（キリスト）」であるという点については、揺るぎがない。救済がどのようなものであるかについては、そもそもマニュアル化できない。

各人がどうイエス・キリストを通じて神と向き合うかということにかかっているというのが、「書簡集」を通じて浮かび上がってくるキリスト教の救済観なのである。

ローマの信徒への手紙

挨拶

1

1キリスト・イエスの僕《しもべ》、神の福音のために
選び出され、召されて使徒となったパウロか
ら、——2この福音は、神が既に聖書の中で預言
者を通して約束されたもので、3御子《みこ》に関するも
のです。御子は、肉によればダビデの子孫から生
まれ、4聖なる霊によれば、死者の中からの復活
によって力ある神の子と定められたのです。この
方が、わたしたちの主《しゅ》イエス・キリストです。
5わたしたちはこの方により、その御名《みな》を広めて
すべての異邦人を信仰による従順へと導くために、
恵みを受けて使徒とされました。6この異邦人の
中に、イエス・キリストのものとなるように召さ
れたあなたがたもいるのです。——7神に愛され、
召されて聖なる者となったローマの人たち一同へ。
わたしたちの父である神と主イエス・キリストか
らの恵みと平和が、あなたがたにあるように。

ローマ訪問の願い

8まず初めに、イエス・キリストを通して、あ
なたがた一同についてわたしの神に感謝します。
あなたがたの信仰が全世界に言い伝えられている
からです。9わたしは、御子の福音を宣《の》べ伝《つた》えな
がら心から神に仕えています。その神が証《あか》しして
くださることですが、わたしは、祈るときにはい
つもあなたがたのことを思い起こし、10何とかし
ていつかは神の御心《みこころ》によってあなたがたのところ
へ行ける機会があるように、願っています。11あ
なたがたにぜひ会いたいのは、〝霊〟の賜物をい
くらかでも分け与えて、力になりたいからです。
12あなたがたのところで、あなたがたとわたしが
互いに持っている信仰によって、励まし合いたい
のです。13兄弟たち、ぜひ知ってもらいたい。ほ

かの異邦人のところと同じく、あなたがたのとこ
ろでも何か実りを得たいと望んで、何回もそちら
に行こうと企てながら、今日まで妨げられている
のです。14わたしは、ギリシア人にも未開の人に
も、知恵のある人にもない人にも、果たすべき責
任があります。15それで、ローマにいるあなたが
たにも、ぜひ福音を告げ知らせたいのです。

福音の力

16わたしは福音を恥としない。福音は、ユダヤ
人をはじめ、ギリシア人にも、信じる者すべてに
救いをもたらす神の力だからです。17福音には、
神の義が啓示されていますが、それは、初めから
終わりまで信仰を通して実現されるのです。「正
しい者は信仰によって生きる」と書いてあるとお
りです。

人類の罪

18不義によって真理の働きを妨げる人間のあら
ゆる不信心と不義に対して、神は天から怒りを現
されます。19なぜなら、神について知りうる事柄
は、彼らにも明らかだからです。神がそれを示さ
れたのです。20世界が造られたときから、目に見
えない神の性質、つまり神の永遠の力と神性は被
造物に現れており、これを通して神を知ることが
できます。従って、彼らには弁解の余地がありま
せん。21なぜなら、神を知りながら、神としてあ
がめることも感謝することもせず、かえって、む
なしい思いにふけり、心が鈍く暗くなったからで
す。22自分では知恵があると吹聴《ふいちょう》しながら愚かに
なり、23滅びることのない神の栄光を、滅び去る
人間や鳥や獣や這うものなどに似せた像と取り替
えたのです。

24そこで神は、彼らが心の欲望によって不潔な
ことをするにまかせられ、そのため、彼らは互い

にその体を辱《はずかし》めました。25神の真理を偽りに替え、
造《つく》り主《ぬし》の代わりに造られた物を拝んでこれに仕え
たのです。造り主こそ、永遠にほめたたえられる
べき方です、アーメン。26それで、神は彼らを恥
ずべき情欲にまかせられました。女は自然の関係
を自然にもとるものに変え、27同じく男も、女と
の自然の関係を捨てて、互いに情欲を燃やし、男
どうしで恥ずべきことを行い、その迷った行いの
当然の報いを身に受けています。28彼らは神を認
めようとしなかったので、神は彼らを無価値な思
いに渡され、そのため、彼らはしてはならないこ
とをするようになりました。29あらゆる不義、悪、
むさぼり、悪意に満ち、ねたみ、殺意、不和、欺
き、邪念にあふれ、陰口を言い、30人をそしり、
神を憎み、人を侮り、高慢であり、大言を吐き、
悪事をたくらみ、親に逆らい、31無知、不誠実、
無情、無慈悲です。32彼らは、このようなことを
行う者が死に値するという神の定めを知っていな
がら、自分でそれを行うだけではなく、他人の同
じ行為をも是認しています。

2

神の正しい裁き

1だから、すべて人を裁く者よ、弁解の余地
はない。あなたは、他人を裁きながら、実は
自分自身を罪に定めている。あなたも人を裁いて、
同じことをしているからです。2神はこのような
ことを行う者を正しくお裁きになると、わたした
ちは知っています。3このようなことをする者を
裁きながら、自分でも同じことをしている者よ、
あなたは、神の裁きを逃れられると思うのですか。
4あるいは、神の憐《あわ》れみがあなたを悔い改めに導
くことも知らないで、その豊かな慈愛と寛容と忍
耐とを軽んじるのですか。5あなたは、かたくな
で心を改めようとせず、神の怒りを自分のために
蓄えています。この怒りは、神が正しい裁きを行
われる怒りの日に現れるでしょう。6神はおのお

のの行いに従ってお報いになります。7すなわち、
忍耐強く善を行い、栄光と誉れと不滅のものを求
める者には、永遠の命をお与えになり、8反抗心
にかられ、真理ではなく不義に従う者には、怒り
と憤りをお示しになります。9すべて悪を行う者
には、ユダヤ人はもとよりギリシア人にも、苦し
みと悩みが下り、10すべて善を行う者には、ユダ
ヤ人はもとよりギリシア人にも、栄光と誉れと平
和が与えられます。11神は人を分け隔てなさいま
せん。12律法を知らないで罪を犯した者は皆、こ
の律法と関係なく滅び、また、律法の下にあって
罪を犯した者は皆、律法によって裁かれます。
13律法を聞く者が神の前で正しいのではなく、こ
れを実行する者が、義とされるからです。14たと
え律法を持たない異邦人も、律法の命じるところ
を自然に行えば、律法を持たなくとも、自分自身
が律法なのです。15こういう人々は、律法の要求
する事柄がその心に記されていることを示してい
ます。彼らの良心もこれを証ししており、また心
の思いも、互いに責めたり弁明し合って、同じこ
とを示しています。16そのことは、神が、わたし
の福音の告げるとおり、人々の隠れた事柄をキリ
スト・イエスを通して裁かれる日に、明らかにな
るでしょう。

ユダヤ人と律法

17ところで、あなたはユダヤ人と名乗り、律法
に頼り、神を誇りとし、18その御心を知り、律法
によって教えられて何をなすべきかをわきまえて
います。19-20また、律法の中に、知識と真理が
具体的に示されていると考え、盲人の案内者、闇
の中にいる者の光、無知な者の導き手、未熟な者
の教師であると自負しています。21それならば、
あなたは他人には教えながら、自分には教えない
のですか。「盗むな」と説きながら、盗むのです
か。22「姦淫するな」と言いながら、姦淫を行う

のですか。偶像を忌み嫌いながら、神殿を荒らす
のですか。23あなたは律法を誇りとしながら、律
法を破って神を侮っている。24「あなたたちのせ
いで、神の名は異邦人の中で汚《けが》されている」と書
いてあるとおりです。25あなたが受けた割礼も、
律法を守ればこそ意味があり、律法を破れば、そ
れは割礼を受けていないのと同じです。26だから、
割礼を受けていない者が、律法の要求を実行すれ
ば、割礼を受けていなくても、受けた者と見なさ
れるのではないですか。27そして、体に割礼を受
けていなくても律法を守る者が、あなたを裁くで
しょう。あなたは律法の文字を所有し、割礼を受
けていながら、律法を破っているのですから。
28外見上のユダヤ人がユダヤ人ではなく、また、
肉に施された外見上の割礼が割礼ではありません。
29内面がユダヤ人である者こそユダヤ人であり、
文字ではなく〝霊〟によって心に施された割礼こ
そ割礼なのです。その誉れは人からではなく、神
から来るのです。

3

1では、ユダヤ人の優れた点は何か。割礼の
利益は何か。2それはあらゆる面からいろい
ろ指摘できます。まず、彼らは神の言葉をゆだね
られたのです。3それはいったいどういうことか。
彼らの中に不誠実な者たちがいたにせよ、その不
誠実のせいで、神の誠実が無にされるとでもいう
のですか。4決してそうではない。人はすべて偽
り者であるとしても、神は真実な方であるとすべ
きです。
「あなたは、言葉を述べるとき、正しいとされ、
裁きを受けるとき、勝利を得られる」
と書いてあるとおりです。5しかし、わたしたち
の不義が神の義を明らかにするとしたら、それに
対して何と言うべきでしょう。人間の論法に従っ
て言いますが、怒りを発する神は正しくないので
すか。6決してそうではない。もしそうだとした
ら、どうして神は世をお裁きになることができま

しょう。7またもし、わたしの偽りによって神の
真実がいっそう明らかにされて、神の栄光となる
のであれば、なぜ、わたしはなおも罪人《つみびと》として裁
かれねばならないのでしょう。8それに、もしそ
うであれば、「善が生じるために悪をしよう」と
も言えるのではないでしょうか。わたしたちがこ
う主張していると中傷する人々がいますが、こう
いう者たちが罰を受けるのは当然です。

正しい者は一人もいない

9では、どうなのか。わたしたちには優れた点
があるのでしょうか。全くありません。既に指摘
したように、ユダヤ人もギリシア人も皆、罪の下
にあるのです。
10次のように書いてあるとおりです。
「正しい者はいない。一人もいない。
11悟る者もなく、
神を探し求める者もいない。
12皆迷い、だれもかれも役に立たない者となった。
善を行う者はいない。
ただの一人もいない。
13彼らののどは開いた墓のようであり、
彼らは舌で人を欺き、
その唇には蝮《まむし》の毒がある。
14口は、呪いと苦味で満ち、
15足は血を流すのに速く、
16その道には破壊と悲惨がある。
17彼らは平和の道を知らない。
18彼らの目には神への畏れがない。」
19さて、わたしたちが知っているように、すべて
律法の言うところは、律法の下にいる人々に向け
られています。それは、すべての人の口がふさが
れて、全世界が神の裁きに服するようになるため
なのです。20なぜなら、律法を実行することによ
っては、だれ一人神の前で義とされないからです。
律法によっては、罪の自覚しか生じないのです。

信仰による義

21ところが今や、律法とは関係なく、しかも律
法と預言者によって立証されて、神の義が示され
ました。22すなわち、イエス・キリストを信じる
ことにより、信じる者すべてに与えられる神の義
です。そこには何の差別もありません。23人は皆、
罪を犯して神の栄光を受けられなくなっています
が、24ただキリスト・イエスによる贖《あがな》いの業《わざ》を通
して、神の恵みにより無償で義とされるのです。
25神はこのキリストを立て、その血によって信じ
る者のために罪を償う供え物となさいました。そ
れは、今まで人が犯した罪を見逃して、神の義を
お示しになるためです。26このように神は忍耐し
てこられたが、今この時に義を示されたのは、御
自分が正しい方であることを明らかにし、イエス
を信じる者を義となさるためです。
27では、人の誇りはどこにあるのか。それは取
り除かれました。どんな法則によってか。行いの
法則によるのか。そうではない。信仰の法則によ
ってです。28なぜなら、わたしたちは、人が義と
されるのは律法の行いによるのではなく、信仰に
よると考えるからです。29それとも、神はユダヤ
人だけの神でしょうか。異邦人の神でもないので
すか。そうです。異邦人の神でもあります。30実
に、神は唯一だからです。この神は、割礼のある
者を信仰のゆえに義とし、割礼のない者をも信仰
によって義としてくださるのです。31それでは、
わたしたちは信仰によって、律法を無にするのか。
決してそうではない。むしろ、律法を確立するの
です。

4

アブラハムの模範

1では、肉によるわたしたちの先祖アブラハ
ムは何を得たと言うべきでしょうか。2もし、
彼が行いによって義とされたのであれば、誇って

もよいが、神の前ではそれはできません。3聖書
には何と書いてありますか。「アブラハムは神を
信じた。それが、彼の義と認められた」とありま
す。4ところで、働く者に対する報酬は恵みでは
なく、当然支払われるべきものと見なされていま
す。5しかし、不信心な者を義とされる方《かた》を信じ
る人は、働きがなくても、その信仰が義と認めら
れます。6同じようにダビデも、行いによらずに
神から義と認められた人の幸いを、次のようにた
たえています。
7「不法が赦《ゆる》され、罪を覆い隠された人々は、
幸いである。
8主から罪があると見なされない人は、
幸いである。」
9では、この幸いは、割礼を受けた者だけに与え
られるのですか。それとも、割礼のない者にも及
びますか。わたしたちは言います。「アブラハム
の信仰が義と認められた」のです。10どのように
してそう認められたのでしょうか。割礼を受けて
からですか。それとも、割礼を受ける前ですか。
割礼を受けてからではなく、割礼を受ける前のこ
とです。11アブラハムは、割礼を受ける前に信仰
によって義とされた証しとして、割礼の印《しるし》を受け
たのです。こうして彼は、割礼のないままに信じ
るすべての人の父となり、彼らも義と認められま
した。12更にまた、彼は割礼を受けた者の父、す
なわち、単に割礼を受けているだけでなく、わた
したちの父アブラハムが割礼以前に持っていた信
仰の模範に従う人々の父ともなったのです。

信仰によって実現される約束

13神はアブラハムやその子孫に世界を受け継が
せることを約束されたが、その約束は、律法に基
づいてではなく、信仰による義に基づいてなされ
たのです。14律法に頼る者が世界を受け継ぐので
あれば、信仰はもはや無意味であり、約束は廃止

されたことになります。15実に、律法は怒りを招
くものであり、律法のないところには違犯もあり
ません。16従って、信仰によってこそ世界を受け
継ぐ者となるのです。恵みによって、アブラハム
のすべての子孫、つまり、単に律法に頼る者だけ
でなく、彼の信仰に従う者も、確実に約束にあず
かれるのです。彼はわたしたちすべての父です。
17「わたしはあなたを多くの民の父と定めた」と
書いてあるとおりです。死者に命を与え、存在し
ていないものを呼び出して存在させる神を、アブ
ラハムは信じ、その御前《みまえ》でわたしたちの父となっ
たのです。18彼は希望するすべもなかったときに、
なおも望みを抱いて、信じ、「あなたの子孫はこ
のようになる」と言われていたとおりに、多くの
民の父となりました。19そのころ彼は、およそ百
歳になっていて、既に自分の体が衰えており、そ
して妻サラの体も子を宿せないと知りながらも、
その信仰が弱まりはしませんでした。20彼は不信
仰に陥って神の約束を疑うようなことはなく、む
しろ信仰によって強められ、神を賛美しました。
21神は約束したことを実現させる力も、お持ちの
方だと、確信していたのです。22だからまた、そ
れが彼の義と認められたわけです。23しかし、
「それが彼の義と認められた」という言葉は、ア
ブラハムのためだけに記されているのでなく、
24わたしたちのためにも記されているのです。わ
たしたちの主イエスを死者の中から復活させた方
を信じれば、わたしたちも義と認められます。
25イエスは、わたしたちの罪のために死に渡され、
わたしたちが義とされるために復活させられたの
です。

5

信仰によって義とされて

1このように、わたしたちは信仰によって義
とされたのだから、わたしたちの主イエス・
キリストによって神との間に平和を得ており、

2このキリストのお陰で、今の恵みに信仰によっ
て導き入れられ、神の栄光にあずかる希望を誇り
にしています。3そればかりでなく、苦難をも誇
りとします。わたしたちは知っているのです、苦
難は忍耐を、4忍耐は練達を、練達は希望を生む
ということを。5希望はわたしたちを欺くことが
ありません。わたしたちに与えられた聖霊によっ
て、神の愛がわたしたちの心に注がれているから
です。6実にキリストは、わたしたちがまだ弱か
ったころ、定められた時に、不信心な者のために
死んでくださった。7正しい人のために死ぬ者は
ほとんどいません。善い人のために命を惜しまな
い者ならいるかもしれません。8しかし、わたし
たちがまだ罪人であったとき、キリストがわたし
たちのために死んでくださったことにより、神は
わたしたちに対する愛を示されました。9それで
今や、わたしたちはキリストの血によって義とさ
れたのですから、キリストによって神の怒りから
救われるのは、なおさらのことです。10敵であっ
たときでさえ、御子の死によって神と和解させて
いただいたのであれば、和解させていただいた今
は、御子の命によって救われるのはなおさらです。
11それだけでなく、わたしたちの主イエス・キリ
ストによって、わたしたちは神を誇りとしていま
す。今やこのキリストを通して和解させていただ
いたからです。

アダムとキリスト

12このようなわけで、一人の人によって罪が世
に入り、罪によって死が入り込んだように、死は
すべての人に及んだのです。すべての人が罪を犯
したからです。13律法が与えられる前にも罪は世
にあったが、律法がなければ、罪は罪と認められ
ないわけです。14しかし、アダムからモーセまで
の間にも、アダムの違反と同じような罪を犯さな
かった人の上にさえ、死は支配しました。実にア

ダムは、来《きた》るべき方を前もって表す者だったので
す。
15しかし、恵みの賜物は罪とは比較になりませ
ん。一人の罪によって多くの人が死ぬことになっ
たとすれば、なおさら、神の恵みと一人の人イエ
ス・キリストの恵みの賜物とは、多くの人に豊か
に注がれるのです。16この賜物は、罪を犯した一
人によってもたらされたようなものではありませ
ん。裁きの場合は、一つの罪でも有罪の判決が下
されますが、恵みが働くときには、いかに多くの
罪があっても、無罪の判決が下されるからです。
17一人の罪によって、その一人を通して死が支配
するようになったとすれば、なおさら、神の恵み
と義の賜物とを豊かに受けている人は、一人のイ
エス・キリストを通して生き、支配するようにな
るのです。18そこで、一人の罪によってすべての
人に有罪の判決が下されたように、一人の正しい
行為によって、すべての人が義とされて命を得る
ことになったのです。19一人の人の不従順によっ
て多くの人が罪人とされたように、一人の従順に
よって多くの人が正しい者とされるのです。20律
法が入り込んで来たのは、罪が増し加わるためで
ありました。しかし、罪が増したところには、恵
みはなおいっそう満ちあふれました。21こうして、
罪が死によって支配していたように、恵みも義に
よって支配しつつ、わたしたちの主イエス・キリ
ストを通して永遠の命に導くのです。

6

罪に死に、キリストに生きる

1では、どういうことになるのか。恵みが増
すようにと、罪の中にとどまるべきだろうか。
2決してそうではない。罪に対して死んだわたし
たちが、どうして、なおも罪の中に生きることが
できるでしょう。3それともあなたがたは知らな
いのですか。キリスト・イエスに結ばれるために
洗礼《バプテスマ》を受けたわたしたちが皆、またその死にあ

ずかるために洗礼を受けたことを。4わたしたち
は洗礼によってキリストと共に葬られ、その死に
あずかるものとなりました。それは、キリストが
御父《おんちち》の栄光によって死者の中から復活させられた
ように、わたしたちも新しい命に生きるためなの
です。5もし、わたしたちがキリストと一体にな
ってその死の姿にあやかるならば、その復活の姿
にもあやかれるでしょう。6わたしたちの古い自
分がキリストと共に十字架につけられたのは、罪
に支配された体が滅ぼされ、もはや罪の奴隷にな
らないためであると知っています。7死んだ者は、
罪から解放されています。8わたしたちは、キリ
ストと共に死んだのなら、キリストと共に生きる
ことにもなると信じます。9そして、死者の中か
ら復活させられたキリストはもはや死ぬことがな
い、と知っています。死は、もはやキリストを支
配しません。10キリストが死なれたのは、ただ一
度罪に対して死なれたのであり、生きておられる
のは、神に対して生きておられるのです。11この
ように、あなたがたも自分は罪に対して死んでい
るが、キリスト・イエスに結ばれて、神に対して
生きているのだと考えなさい。

12従って、あなたがたの死ぬべき体を罪に支配
させて、体の欲望に従うようなことがあってはな
りません。13また、あなたがたの五体を不義のた
めの道具として罪に任せてはなりません。かえっ
て、自分自身を死者の中から生き返った者として
神に献《ささ》げ、また、五体を義のための道具として神
に献げなさい。14なぜなら、罪は、もはや、あな
たがたを支配することはないからです。あなたが
たは律法の下ではなく、恵みの下にいるのです。

義の奴隷

15では、どうなのか。わたしたちは、律法の下
ではなく恵みの下にいるのだから、罪を犯してよ
いということでしょうか。決してそうではない。

16知らないのですか。あなたがたは、だれかに奴
隷として従えば、その従っている人の奴隷となる。
つまり、あなたがたは罪に仕える奴隷となって死
に至るか、神に従順に仕える奴隷となって義に至
るか、どちらかなのです。17しかし、神に感謝し
ます。あなたがたは、かつては罪の奴隷でしたが、
今は伝えられた教えの規範を受け入れ、それに心
から従うようになり、18罪から解放され、義に仕
えるようになりました。19あなたがたの肉の弱さ
を考慮して、分かりやすく説明しているのです。
かつて自分の五体を汚れと不法の奴隷として、不
法の中に生きていたように、今これを義の奴隷と
して献げて、聖なる生活を送りなさい。20あなた
がたは、罪の奴隷であったときは、義に対しては
自由の身でした。21では、そのころ、どんな実り
がありましたか。あなたがたが今では恥ずかしい
と思うものです。それらの行き着くところは、死
にほかならない。22あなたがたは、今は罪から解
放されて神の奴隷となり、聖なる生活の実を結ん
でいます。行き着くところは、永遠の命です。
23罪が支払う報酬は死です。しかし、神の賜物は、
わたしたちの主キリスト・イエスによる永遠の命
なのです。

7

結婚の比喩

1それとも、兄弟たち、わたしは律法を知っ
ている人々に話しているのですが、律法とは、
人を生きている間だけ支配するものであることを
知らないのですか。2結婚した女は、夫の生存中
は律法によって夫に結ばれているが、夫が死ねば、
自分を夫に結び付けていた律法から解放されるの
です。3従って、夫の生存中、他の男と一緒にな
れば、姦通の女と言われますが、夫が死ねば、こ
の律法から自由なので、他の男と一緒になっても
姦通の女とはなりません。4ところで、兄弟たち、
あなたがたも、キリストの体に結ばれて、律法に

対しては死んだ者となっています。それは、あな
たがたが、他の方《かた》、つまり、死者の中から復活さ
せられた方のものとなり、こうして、わたしたち
が神に対して実を結ぶようになるためなのです。
5わたしたちが肉に従って生きている間は、罪へ
誘う欲情が律法によって五体の中に働き、死に至
る実を結んでいました。6しかし今は、わたした
ちは、自分を縛っていた律法に対して死んだ者と
なり、律法から解放されています。その結果、文
字に従う古い生き方ではなく、〝霊〟に従う新し
い生き方で仕えるようになっているのです。

内在する罪の問題

7では、どういうことになるのか。律法は罪で
あろうか。決してそうではない。しかし、律法に
よらなければ、わたしは罪を知らなかったでしょ
う。たとえば、律法が「むさぼるな」と言わなか
ったら、わたしはむさぼりを知らなかったでしょ
う。8ところが、罪は掟によって機会を得、あら
ゆる種類のむさぼりをわたしの内に起こしました。
律法がなければ罪は死んでいるのです。9わたし
は、かつては律法とかかわりなく生きていました。
しかし、掟が登場したとき、罪が生き返って、
10わたしは死にました。そして、命をもたらすは
ずの掟が、死に導くものであることが分かりまし
た。11罪は掟によって機会を得、わたしを欺き、
そして、掟によってわたしを殺してしまったので
す。12こういうわけで、律法は聖なるものであり、
掟も聖であり、正しく、そして善いものなのです。
13それでは、善いものがわたしにとって死をも
たらすものとなったのだろうか。決してそうでは
ない。実は、罪がその正体を現すために、善いも
のを通してわたしに死をもたらしたのです。この
ようにして、罪は限りなく邪悪なものであること
が、掟を通して示されたのでした。14わたしたち
は、律法が霊的なものであると知っています。し

かし、わたしは肉の人であり、罪に売り渡されて
います。15わたしは、自分のしていることが分か
りません。自分が望むことは実行せず、かえって
憎んでいることをするからです。16もし、望まな
いことを行っているとすれば、律法を善いものと
して認めているわけになります。17そして、そう
いうことを行っているのは、もはやわたしではな
く、わたしの中に住んでいる罪なのです。18わた
しは、自分の内には、つまりわたしの肉には、善
が住んでいないことを知っています。善をなそう
という意志はありますが、それを実行できないか
らです。19わたしは自分の望む善は行わず、望ま
ない悪を行っている。20もし、わたしが望まない
ことをしているとすれば、それをしているのは、
もはやわたしではなく、わたしの中に住んでいる
罪なのです。21それで、善をなそうと思う自分に
は、いつも悪が付きまとっているという法則に気
づきます。22「内なる人」としては神の律法を喜
んでいますが、23わたしの五体にはもう一つの法
則があって心の法則と戦い、わたしを、五体の内
にある罪の法則のとりこにしているのが分かりま
す。24わたしはなんと惨めな人間なのでしょう。
死に定められたこの体から、だれがわたしを救っ
てくれるでしょうか。25わたしたちの主イエス・
キリストを通して神に感謝いたします。このよう
に、わたし自身は心では神の律法に仕えています
が、肉では罪の法則に仕えているのです。

8

霊による命

1従って、今や、キリスト・イエスに結ばれ
ている者は、罪に定められることはありませ
ん。2キリスト・イエスによって命をもたらす霊
の法則が、罪と死との法則からあなたを解放した
からです。3肉の弱さのために律法がなしえなか
ったことを、神はしてくださったのです。つまり、
罪を取り除くために御子を罪深い肉と同じ姿でこ

の世に送り、その肉において罪を罪として処断さ
れたのです。4それは、肉ではなく霊に従って歩
むわたしたちの内に、律法の要求が満たされるた
めでした。5肉に従って歩む者は、肉に属するこ
とを考え、霊に従って歩む者は、霊に属すること
を考えます。6肉の思いは死であり、霊の思いは
命と平和であります。7なぜなら、肉の思いに従
う者は、神に敵対しており、神の律法に従ってい
ないからです。従いえないのです。8肉の支配下
にある者は、神に喜ばれるはずがありません。
9神の霊があなたがたの内に宿っているかぎり、
あなたがたは、肉ではなく霊の支配下にいます。
キリストの霊を持たない者は、キリストに属して
いません。10キリストがあなたがたの内におられ
るならば、体は罪によって死んでいても、〝霊〟
は義によって命となっています。11もし、イエス
を死者の中から復活させた方の霊が、あなたがた
の内に宿っているなら、キリストを死者の中から
復活させた方は、あなたがたの内に宿っているそ
の霊によって、あなたがたの死ぬはずの体をも生
かしてくださるでしょう。

12それで、兄弟たち、わたしたちには一つの義
務がありますが、それは、肉に従って生きなけれ
ばならないという、肉に対する義務ではありませ
ん。13肉に従って生きるなら、あなたがたは死に
ます。しかし、霊によって体の仕業を絶つならば、
あなたがたは生きます。14神の霊によって導かれ
る者は皆、神の子なのです。15あなたがたは、人
を奴隷として再び恐れに陥れる霊ではなく、神の
子とする霊を受けたのです。この霊によってわた
したちは、「アッバ、父よ」と呼ぶのです。16こ
の霊こそは、わたしたちが神の子供であることを、
わたしたちの霊と一緒になって証ししてください
ます。17もし子供であれば、相続人でもあります。
神の相続人、しかもキリストと共同の相続人です。
キリストと共に苦しむなら、共にその栄光をも受

けるからです。

将来の栄光

18現在の苦しみは、将来わたしたちに現される
はずの栄光に比べると、取るに足りないとわたし
は思います。19被造物は、神の子たちの現れるの
を切に待ち望んでいます。20被造物は虚無に服し
ていますが、それは、自分の意志によるものでは
なく、服従させた方の意志によるものであり、同
時に希望も持っています。21つまり、被造物も、
いつか滅びへの隷属から解放されて、神の子供た
ちの栄光に輝く自由にあずかれるからです。22被
造物がすべて今日まで、共にうめき、共に産みの
苦しみを味わっていることを、わたしたちは知っ
ています。23被造物だけでなく、〝霊〟の初穂を
いただいているわたしたちも、神の子とされるこ
と、つまり、体の贖われることを、心の中でうめ
きながら待ち望んでいます。24わたしたちは、こ
のような希望によって救われているのです。見え
るものに対する希望は希望ではありません。現に
見ているものをだれがなお望むでしょうか。25わ
たしたちは、目に見えないものを望んでいるなら、
忍耐して待ち望むのです。

26同様に、〝霊〟も弱いわたしたちを助けてく
ださいます。わたしたちはどう祈るべきかを知り
ませんが、〝霊〟自らが、言葉に表せないうめき
をもって執り成してくださるからです。27人の心
を見抜く方は、〝霊〟の思いが何であるかを知っ
ておられます。〝霊〟は、神の御心に従って、聖
なる者たちのために執《と》り成《な》してくださるからです。
28神を愛する者たち、つまり、御計画に従って召
された者たちには、万事が益となるように共に働
くということを、わたしたちは知っています。
29神は前もって知っておられた者たちを、御子の
姿に似たものにしようとあらかじめ定められまし
た。それは、御子が多くの兄弟の中で長子となら

れるためです。30神はあらかじめ定められた者た
ちを召し出し、召し出した者たちを義とし、義と
された者たちに栄光をお与えになったのです。

神の愛

31では、これらのことについて何と言ったらよ
いだろうか。もし神がわたしたちの味方であるな
らば、だれがわたしたちに敵対できますか。32わ
たしたちすべてのために、その御子をさえ惜しま
ず死に渡された方は、御子と一緒にすべてのもの
をわたしたちに賜らないはずがありましょうか。
33だれが神に選ばれた者たちを訴えるでしょう。
人を義としてくださるのは神なのです。34だれが
わたしたちを罪に定めることができましょう。死
んだ方、否、むしろ、復活させられた方であるキ
リスト・イエスが、神の右に座っていて、わたし
たちのために執り成してくださるのです。35だれ
が、キリストの愛からわたしたちを引き離すこと
ができましょう。艱難か。苦しみか。迫害か。飢
えか。裸か。危険か。剣《つるぎ》か。
36「わたしたちは、あなたのために
　一日中死にさらされ、
　屠《ほふ》られる羊のように見られている」
と書いてあるとおりです。37しかし、これらすべ
てのことにおいて、わたしたちは、わたしたちを
愛してくださる方によって輝かしい勝利を収めて
います。38わたしは確信しています。死も、命も、
天使も、支配するものも、現在のものも、未来の
ものも、力あるものも、39高い所にいるものも、
低い所にいるものも、他のどんな被造物も、わた
したちの主キリスト・イエスによって示された神
の愛から、わたしたちを引き離すことはできない
のです。

イスラエルの選び

9
1わたしはキリストに結ばれた者として真実
を語り、偽りは言わない。わたしの良心も聖
霊によって証ししていることですが、2わたしに
は深い悲しみがあり、わたしの心には絶え間ない
痛みがあります。3わたし自身、兄弟たち、つま
り肉による同胞のためならば、キリストから離さ
れ、神から見捨てられた者となってもよいとさえ
思っています。4彼らはイスラエルの民です。神
の子としての身分、栄光、契約、律法、礼拝、約
束は彼らのものです。5先祖たちも彼らのもので
あり、肉によればキリストも彼らから出られたの
です。キリストは、万物の上におられる、永遠に
ほめたたえられる神、アーメン。
6ところで、神の言葉は決して効力を失ったわ
けではありません。イスラエルから出た者が皆、
イスラエル人ということにはならず、7また、ア
ブラハムの子孫だからといって、皆がその子供と
いうことにはならない。かえって、「イサクから
生まれる者が、あなたの子孫と呼ばれる。」8す
なわち、肉による子供が神の子供なのではなく、
約束に従って生まれる子供が、子孫と見なされる
のです。9約束の言葉は、「来年の今ごろに、わ
たしは来る。そして、サラには男の子が生まれ
る」というものでした。10それだけではなく、リ
ベカが、一人の人、つまりわたしたちの父イサク
によって身ごもった場合にも、同じことが言えま
す。11-12その子供たちがまだ生まれもせず、善
いことも悪いこともしていないのに、「兄は弟に
仕えるであろう」とリベカに告げられました。そ
れは、自由な選びによる神の計画が人の行いには
よらず、お召しになる方によって進められるため
でした。
13「わたしはヤコブを愛し、
　エサウを憎んだ」
と書いてあるとおりです。

14では、どういうことになるのか。神に不義が
あるのか。決してそうではない。15神はモーセに、
「わたしは自分が憐れもうと思う者を憐れみ、
慈しもうと思う者を慈しむ」
と言っておられます。16従って、これは、人の意
志や努力ではなく、神の憐れみによるものです。
17聖書にはファラオについて、「わたしがあなた
を立てたのは、あなたによってわたしの力を現し、
わたしの名を全世界に告げ知らせるためである」
と書いてあります。18このように、神は御自分が
憐れみたいと思う者を憐れみ、かたくなにしたい
と思う者をかたくなにされるのです。

神の怒りと憐れみ

19ところで、あなたは言うでしょう。「ではな
ぜ、神はなおも人を責められるのだろうか。だれ
が神の御心に逆らうことができようか」と。20人
よ、神に口答えするとは、あなたは何者か。造ら
れた物が造った者に、「どうしてわたしをこのよ
うに造ったのか」と言えるでしょうか。21焼き物
師は同じ粘土から、一つを貴いことに用いる器に、
一つを貴くないことに用いる器に造る権限がある
のではないか。22神はその怒りを示し、その力を
知らせようとしておられたが、怒りの器として滅
びることになっていた者たちを寛大な心で耐え忍
ばれたとすれば、23それも、憐れみの器として栄
光を与えようと準備しておられた者たちに、御自
分の豊かな栄光をお示しになるためであったとす
れば、どうでしょう。24神はわたしたちを憐れみ
の器として、ユダヤ人からだけでなく、異邦人の
中からも召し出してくださいました。25ホセアの
書にも、次のように述べられています。
「わたしは、自分の民でない者をわたしの民と
呼び、
愛されなかった者を愛された者と呼ぶ。
26『あなたたちは、わたしの民ではない』

と言われたその場所で、
彼らは生ける神の子らと呼ばれる。」
27また、イザヤはイスラエルについて、叫んでい
ます。「たとえイスラエルの子らの数が海辺の砂
のようであっても、残りの者が救われる。28主は
地上において完全に、しかも速やかに、言われた
ことを行われる。」29それはまた、イザヤがあら
かじめこう告げていたとおりです。
「万軍の主がわたしたちに子孫を残されなかっ
たら、
わたしたちはソドムのようになり、
ゴモラのようにされたであろう。」

イスラエルと福音

30では、どういうことになるのか。義を求めな
かった異邦人が、義、しかも信仰による義を得ま
した。31しかし、イスラエルは義の律法を追い求
めていたのに、その律法に達しませんでした。
32なぜですか。イスラエルは、信仰によってでは
なく、行いによって達せられるかのように、考え
たからです。彼らはつまずきの石につまずいたの
です。
33「見よ、わたしはシオンに、
つまずきの石、妨げの岩を置く。
これを信じる者は、失望することがない」
と書いてあるとおりです。

10

1兄弟たち、わたしは彼らが救われることを
心から願い、彼らのために神に祈っています。
2わたしは彼らが熱心に神に仕えていることを証
ししますが、この熱心さは、正しい認識に基づく
ものではありません。3なぜなら、神の義を知ら
ず、自分の義を求めようとして、神の義に従わな
かったからです。4キリストは律法の目標であり
ます、信じる者すべてに義をもたらすために。

万人の救い

5モーセは、律法による義について、「掟を守
る人は掟によって生きる」と記しています。6し
かし、信仰による義については、こう述べられて
います。「心の中で『だれが天に上るか』と言っ
てはならない。」これは、キリストを引き降ろす
ことにほかなりません。7また、「『だれが底なし
の淵に下るか』と言ってもならない。」これは、
キリストを死者の中から引き上げることになりま
す。8では、何と言われているのだろうか。
「御《み》言葉《ことば》はあなたの近くにあり、
あなたの口、あなたの心にある。」
これは、わたしたちが宣べ伝えている信仰の言葉
なのです。9口でイエスは主であると公に言い表
し、心で神がイエスを死者の中から復活させられ
たと信じるなら、あなたは救われるからです。
10実に、人は心で信じて義とされ、口で公に言い
表して救われるのです。11聖書にも、「主を信じ
る者は、だれも失望することがない」と書いてあ
ります。12ユダヤ人とギリシア人の区別はなく、
すべての人に同じ主がおられ、御自分を呼び求め
るすべての人を豊かにお恵みになるからです。
13「主の名を呼び求める者はだれでも救われる」
のです。

14ところで、信じたことのない方を、どうして
呼び求められよう。聞いたことのない方を、どう
して信じられよう。また、宣べ伝える人がなけれ
ば、どうして聞くことができよう。15遣わされな
いで、どうして宣べ伝えることができよう。「良
い知らせを伝える者の足は、なんと美しいこと
か」と書いてあるとおりです。16しかし、すべて
の人が福音に従ったのではありません。イザヤは、
「主よ、だれがわたしたちから聞いたことを信じ
ましたか」と言っています。17実に、信仰は聞く
ことにより、しかも、キリストの言葉を聞くこと
によって始まるのです。18それでは、尋ねよう。

彼らは聞いたことがなかったのだろうか。もちろ
ん聞いたのです。
「その声は全地に響き渡り、
その言葉は世界の果てにまで及ぶ」
のです。19それでは、尋ねよう。イスラエルは分
からなかったのだろうか。このことについては、
まずモーセが、
「わたしは、わたしの民でない者のことで
あなたがたにねたみを起こさせ、
愚かな民のことであなたがたを怒らせよう」
と言っています。20イザヤも大胆に、
「わたしは、
わたしを探さなかった者たちに見いだされ、
わたしを尋ねなかった者たちに自分を現した」
と言っています。21しかし、イスラエルについて
は、「わたしは、不従順で反抗する民に、一日中
手を差し伸べた」と言っています。

11

イスラエルの残りの者

1では、尋ねよう。神は御自分の民を退けら
れたのであろうか。決してそうではない。わ
たしもイスラエル人で、アブラハムの子孫であり、
ベニヤミン族の者です。2神は、前もって知って
おられた御自分の民を退けたりなさいませんでし
た。それとも、エリヤについて聖書に何と書いて
あるか、あなたがたは知らないのですか。彼は、
イスラエルを神にこう訴えています。3「主よ、
彼らはあなたの預言者たちを殺し、あなたの祭壇
を壊しました。そして、わたしだけが残りました
が、彼らはわたしの命をねらっています。」4し
かし、神は彼に何と告げているか。「わたしは、
バアルにひざまずかなかった七千人を自分のため
に残しておいた」と告げておられます。5同じよ
うに、現に今も、恵みによって選ばれた者が残っ
ています。6もしそれが恵みによるとすれば、行
いにはよりません。もしそうでなければ、恵みは

もはや恵みではなくなります。7では、どうなの
か。イスラエルは求めているものを得ないで、選
ばれた者がそれを得たのです。他の者はかたくな
にされたのです。
8「神は、彼らに鈍い心、見えない目、
聞こえない耳を与えられた、今日に至るまで」
と書いてあるとおりです。9ダビデもまた言って
います。
「彼らの食卓は、
自分たちの罠《わな》となり、網となるように。
つまずきとなり、罰となるように。
10彼らの目はくらんで見えなくなるように。
彼らの背をいつも曲げておいてください。」

異邦人の救い

11では、尋ねよう。ユダヤ人がつまずいたとは、
倒れてしまったということなのか。決してそうで
はない。かえって、彼らの罪によって異邦人に救
いがもたらされる結果になりましたが、それは、
彼らにねたみを起こさせるためだったのです。
12彼らの罪が世の富となり、彼らの失敗が異邦人
の富となるのであれば、まして彼らが皆救いにあ
ずかるとすれば、どんなにかすばらしいことでし
ょう。
13では、あなたがた異邦人に言います。わたし
は異邦人のための使徒であるので、自分の務めを
光栄に思います。14何とかして自分の同胞にねた
みを起こさせ、その幾人かでも救いたいのです。
15もし彼らの捨てられることが、世界の和解とな
るならば、彼らが受け入れられることは、死者の
中からの命でなくて何でしょう。16麦の初穂《はつほ》が聖
なるものであれば、練り粉全体もそうであり、根
が聖なるものであれば、枝もそうです。
17しかし、ある枝が折り取られ、野生のオリー
ブであるあなたが、その代わりに接《つ》ぎ木《き》され、根
から豊かな養分を受けるようになったからといっ

て、18折り取られた枝に対して誇ってはなりませ
ん。誇ったところで、あなたが根を支えているの
ではなく、根があなたを支えているのです。19す
ると、あなたは、「枝が折り取られたのは、わた
しが接ぎ木されるためだった」と言うでしょう。
20そのとおりです。ユダヤ人は、不信仰のために
折り取られましたが、あなたは信仰によって立っ
ています。思い上がってはなりません。むしろ恐
れなさい。21神は、自然に生えた枝を容赦されな
かったとすれば、恐らくあなたをも容赦されない
でしょう。22だから、神の慈しみと厳しさを考え
なさい。倒れた者たちに対しては厳しさがあり、
神の慈しみにとどまるかぎり、あなたに対しては
慈しみがあるのです。もしとどまらないなら、あ
なたも切り取られるでしょう。23彼らも、不信仰
にとどまらないならば、接ぎ木されるでしょう。
神は、彼らを再び接ぎ木することがおできになる
のです。24もしあなたが、もともと野生であるオ
リーブの木から切り取られ、元の性質に反して、
栽培されているオリーブの木に接ぎ木されたとす
れば、まして、元からこのオリーブの木に付いて
いた枝は、どれほどたやすく元の木に接ぎ木され
ることでしょう。

イスラエルの再興

25兄弟たち、自分を賢い者とうぬぼれないよう
に、次のような秘められた計画をぜひ知ってもら
いたい。すなわち、一部のイスラエル人がかたく
なになったのは、異邦人全体が救いに達するまで
であり、26こうして全イスラエルが救われるとい
うことです。次のように書いてあるとおりです。
「救う方がシオンから来て、
ヤコブから不信心を遠ざける。
27これこそ、わたしが、彼らの罪を取り除くとき
に、
彼らと結ぶわたしの契約である。」

28福音について言えば、イスラエル人は、あなた
がたのために神に敵対していますが、神の選びに
ついて言えば、先祖たちのお陰で神に愛されてい
ます。29神の賜物と招きとは取り消されないもの
なのです。30あなたがたは、かつては神に不従順
でしたが、今は彼らの不従順によって憐れみを受
けています。31それと同じように、彼らも、今は
あなたがたが受けた憐れみによって不従順になっ
ていますが、それは、彼ら自身も今憐れみを受け
るためなのです。32神はすべての人を不従順の状
態に閉じ込められましたが、それは、すべての人
を憐れむためだったのです。
33ああ、神の富と知恵と知識のなんと深いこと
か。だれが、神の定めを究め尽くし、神の道を理
解し尽くせよう。
34「いったいだれが主の心を知っていたであろう
か。
だれが主の相談相手であっただろうか。
35だれがまず主に与えて、
その報いを受けるであろうか。」
36すべてのものは、神から出て、神によって保た
れ、神に向かっているのです。栄光が神に永遠に
ありますように、アーメン。

12

キリストにおける新しい生活

1こういうわけで、兄弟たち、神の憐れみに
よってあなたがたに勧めます。自分の体を神
に喜ばれる聖なる生けるいけにえとして献げなさ
い。これこそ、あなたがたのなすべき礼拝です。
2あなたがたはこの世に倣ってはなりません。む
しろ、心を新たにして自分を変えていただき、何
が神の御心であるか、何が善いことで、神に喜ば
れ、また完全なことであるかをわきまえるように
なりなさい。
3わたしに与えられた恵みによって、あなたが
た一人一人に言います。自分を過大に評価しては

なりません。むしろ、神が各自に分け与えてくだ
さった信仰の度合いに応じて慎み深く評価すべき
です。4というのは、わたしたちの一つの体は多
くの部分から成り立っていても、すべての部分が
同じ働きをしていないように、5わたしたちも数
は多いが、キリストに結ばれて一つの体を形づく
っており、各自は互いに部分なのです。6わたし
たちは、与えられた恵みによって、それぞれ異な
った賜物を持っていますから、預言の賜物を受け
ていれば、信仰に応じて預言し、7奉仕の賜物を
受けていれば、奉仕に専念しなさい。また、教え
る人は教えに、8勧める人は勧めに精を出しなさ
い。施しをする人は惜しまず施し、指導する人は
熱心に指導し、慈善を行う人は快く行いなさい。

キリスト教的生活の規範

9愛には偽りがあってはなりません。悪を憎み、
善から離れず、10兄弟愛をもって互いに愛し、尊
敬をもって互いに相手を優れた者と思いなさい。
11怠らず励み、霊に燃えて、主に仕えなさい。
12希望をもって喜び、苦難を耐え忍び、たゆまず
祈りなさい。13聖なる者たちの貧しさを自分のも
のとして彼らを助け、旅人をもてなすよう努めな
さい。14あなたがたを迫害する者のために祝福を
祈りなさい。祝福を祈るのであって、呪ってはな
りません。15喜ぶ人と共に喜び、泣く人と共に泣
きなさい。16互いに思いを一つにし、高ぶらず、
身分の低い人々と交わりなさい。自分を賢い者と
うぬぼれてはなりません。17だれに対しても悪に
悪を返さず、すべての人の前で善を行うように心
がけなさい。18できれば、せめてあなたがたは、
すべての人と平和に暮らしなさい。19愛する人た
ち、自分で復讐せず、神の怒りに任せなさい。
「『復讐はわたしのすること、わたしが報復する』
と主は言われる」と書いてあります。20「あなた
の敵が飢えていたら食べさせ、渇いていたら飲ま

せよ。そうすれば、燃える炭火を彼の頭に積むこ
とになる。」 21悪に負けることなく、善をもって
悪に勝ちなさい。

支配者への従順

13

1人は皆、上に立つ権威に従うべきです。神
に由来しない権威はなく、今ある権威はすべ
て神によって立てられたものだからです。2従っ
て、権威に逆らう者は、神の定めに背くことにな
り、背く者は自分の身に裁きを招くでしょう。
3実際、支配者は、善を行う者にはそうではない
が、悪を行う者には恐ろしい存在です。あなたは
権威者を恐れないことを願っている。それなら、
善を行いなさい。そうすれば、権威者からほめら
れるでしょう。4権威者は、あなたに善を行わせ
るために、神に仕える者なのです。しかし、もし
悪を行えば、恐れなければなりません。権威者は
いたずらに剣を帯びているのではなく、神に仕え
る者として、悪を行う者に怒りをもって報いるの
です。5だから、怒りを逃れるためだけでなく、
良心のためにも、これに従うべきです。6あなた
がたが貢《みつぎ》を納めているのもそのためです。権威者
は神に仕える者であり、そのことに励んでいるの
です。7すべての人々に対して自分の義務を果た
しなさい。貢を納めるべき人には貢を納め、税を
納めるべき人には税を納め、恐るべき人は恐れ、
敬うべき人は敬いなさい。

隣人愛

8互いに愛し合うことのほかは、だれに対して
も借りがあってはなりません。人を愛する者は、
律法を全うしているのです。9「姦淫するな、殺
すな、盗むな、むさぼるな」、そのほかどんな掟
があっても、「隣人を自分のように愛しなさい」
という言葉に要約されます。10愛は隣人に悪を行
いません。だから、愛は律法を全うするものです。

救いは近づいている

11更に、あなたがたは今がどんな時であるかを
知っています。あなたがたが眠りから覚めるべき
時が既に来ています。今や、わたしたちが信仰に
入ったころよりも、救いは近づいているからです。
12夜は更け、日は近づいた。だから、闇の行いを
脱ぎ捨てて光の武具を身に着けましょう。13日中
を歩むように、品位をもって歩もうではありませ
んか。酒宴と酩酊、淫乱と好色、争いとねたみを
捨て、14主イエス・キリストを身にまといなさい。
欲望を満足させようとして、肉に心を用いてはな
りません。

14

兄弟を裁いてはならない

1信仰の弱い人を受け入れなさい。その考え
を批判してはなりません。2何を食べてもよ
いと信じている人もいますが、弱い人は野菜だけ
を食べているのです。3食べる人は、食べない人
を軽蔑してはならないし、また、食べない人は、
食べる人を裁いてはなりません。神はこのような
人をも受け入れられたからです。4他人の召し使
いを裁くとは、いったいあなたは何者ですか。召
し使いが立つのも倒れるのも、その主人によるの
です。しかし、召し使いは立ちます。主は、その
人を立たせることがおできになるからです。5あ
る日を他の日よりも尊ぶ人もいれば、すべての日
を同じように考える人もいます。それは、各自が
自分の心の確信に基づいて決めるべきことです。
6特定の日を重んじる人は主のために重んじる。
食べる人は主のために食べる。神に感謝している
からです。また、食べない人も、主のために食べ
ない。そして、神に感謝しているのです。7わた
したちの中には、だれ一人自分のために生きる人
はなく、だれ一人自分のために死ぬ人もいません。
8わたしたちは、生きるとすれば主のために生き、

死ぬとすれば主のために死ぬのです。従って、生
きるにしても、死ぬにしても、わたしたちは主の
ものです。9キリストが死に、そして生きたのは、
死んだ人にも生きている人にも主となられるため
です。10それなのに、なぜあなたは、自分の兄弟
を裁くのですか。また、なぜ兄弟を侮るのですか。
わたしたちは皆、神の裁きの座の前に立つのです。
11こう書いてあります。
「主は言われる。
『わたしは生きている。
すべてのひざはわたしの前にかがみ、
すべての舌が神をほめたたえる』と。」
12それで、わたしたちは一人一人、自分のことに
ついて神に申し述べることになるのです。

兄弟を罪に誘ってはならない

13従って、もう互いに裁き合わないようにしよ
う。むしろ、つまずきとなるものや、妨げとなる
ものを、兄弟の前に置かないように決心しなさい。
14それ自体で汚れたものは何もないと、わたしは
主イエスによって知り、そして確信しています。
汚れたものだと思うならば、それは、その人にだ
け汚れたものです。15あなたの食べ物について兄
弟が心を痛めるならば、あなたはもはや愛に従っ
て歩んでいません。食べ物のことで兄弟を滅ぼし
てはなりません。キリストはその兄弟のために死
んでくださったのです。16ですから、あなたがた
にとって善いことがそしりの種にならないように
しなさい。17神の国は、飲み食いではなく、聖霊
によって与えられる義と平和と喜びなのです。
18このようにしてキリストに仕える人は、神に喜
ばれ、人々に信頼されます。19だから、平和や互
いの向上に役立つことを追い求めようではありま
せんか。20食べ物のために神の働きを無にしては
なりません。すべては清いのですが、食べて人を
罪に誘う者には悪い物となります。21肉も食べな

ければぶどう酒も飲まず、そのほか兄弟を罪に誘
うようなことをしないのが望ましい。22あなたは
自分が抱いている確信を、神の御前で心の内に持
っていなさい。自分の決心にやましさを感じない
人は幸いです。23疑いながら食べる人は、確信に
基づいて行動していないので、罪に定められます。
確信に基づいていないことは、すべて罪なのです。

15

自分ではなく隣人を喜ばせる

1わたしたち強い者は、強くない者の弱さを
担うべきであり、自分の満足を求めるべきで
はありません。2おのおの善を行って隣人を喜ば
せ、互いの向上に努めるべきです。3キリストも
御自分の満足はお求めになりませんでした。「あ
なたをそしる者のそしりが、わたしにふりかかっ
た」と書いてあるとおりです。4かつて書かれた
事柄は、すべてわたしたちを教え導くためのもの
です。それでわたしたちは、聖書から忍耐と慰め
を学んで希望を持ち続けることができるのです。
5忍耐と慰めの源である神が、あなたがたに、キ
リスト・イエスに倣って互いに同じ思いを抱かせ、
6心を合わせ声をそろえて、わたしたちの主イエ
ス・キリストの神であり、父である方をたたえさ
せてくださいますように。

福音はユダヤ人と異邦人のためにある

7だから、神の栄光のためにキリストがあなた
がたを受け入れてくださったように、あなたがた
も互いに相手を受け入れなさい。8わたしは言う。
キリストは神の真実を現すために、割礼ある者た
ちに仕える者となられたのです。それは、先祖た
ちに対する約束を確証されるためであり、9異邦
人が神をその憐れみのゆえにたたえるようになる
ためです。
「そのため、わたしは異邦人の中であなたをた
たえ、

あなたの名をほめ歌おう」
と書いてあるとおりです。10また、
「異邦人よ、主の民と共に喜べ」
と言われ、11更に、
「すべての異邦人よ、主をたたえよ。
すべての民は主を賛美せよ」
と言われています。12また、イザヤはこう言って
います。
「エッサイの根から芽が現れ、
異邦人を治めるために立ち上がる。
異邦人は彼に望みをかける。」
13希望の源である神が、信仰によって得られるあ
らゆる喜びと平和とであなたがたを満たし、聖霊
の力によって希望に満ちあふれさせてくださるよ
うに。

宣教者パウロの使命

14兄弟たち、あなたがた自身は善意に満ち、あ
らゆる知識で満たされ、互いに戒め合うことがで
きると、このわたしは確信しています。15記憶を
新たにしてもらおうと、この手紙ではところどこ
ろかなり思い切って書きました。それは、わたし
が神から恵みをいただいて、16異邦人のためにキ
リスト・イエスに仕える者となり、神の福音のた
めに祭司の役を務めているからです。そしてそれ
は、異邦人が、聖霊によって聖なるものとされた、
神に喜ばれる供え物となるためにほかなりません。
17そこでわたしは、神のために働くことをキリス
ト・イエスによって誇りに思っています。18キリ
ストがわたしを通して働かれたこと以外は、あえ
て何も申しません。キリストは異邦人を神に従わ
せるために、わたしの言葉と行いを通して、19ま
た、しるしや奇跡の力、神の霊の力によって働か
れました。こうしてわたしは、エルサレムからイ
リリコン州まで巡って、キリストの福音をあまね
く宣べ伝えました。20このようにキリストの名が

まだ知られていない所で福音を告げ知らせようと、
わたしは熱心に努めてきました。それは、他人の
築いた土台の上に建てたりしないためです。
21「彼のことを告げられていなかった人々が見、
聞かなかった人々が悟るであろう」
と書いてあるとおりです。

ローマ訪問の計画

22こういうわけで、あなたがたのところに何度
も行こうと思いながら、妨げられてきました。
23しかし今は、もうこの地方に働く場所がなく、
その上、何年も前からあなたがたのところに行き
たいと切望していたので、24イスパニアに行くと
き、訪ねたいと思います。途中であなたがたに会
い、まず、しばらくの間でも、あなたがたと共に
いる喜びを味わってから、イスパニアへ向けて送
り出してもらいたいのです。25しかし今は、聖な
る者たちに仕えるためにエルサレムへ行きます。
26マケドニア州とアカイア州の人々が、エルサレ
ムの聖なる者たちの中の貧しい人々を援助するこ
とに喜んで同意したからです。27彼らは喜んで同
意しましたが、実はそうする義務もあるのです。
異邦人はその人たちの霊的なものにあずかったの
ですから、肉のもので彼らを助ける義務がありま
す。28それで、わたしはこのことを済ませてから、
つまり、募金の成果を確実に手渡した後、あなた
がたのところを経てイスパニアに行きます。29そ
のときには、キリストの祝福をあふれるほど持っ
て、あなたがたのところに行くことになると思っ
ています。

30兄弟たち、わたしたちの主イエス・キリスト
によって、また、〝霊〟が与えてくださる愛によ
ってお願いします。どうか、わたしのために、わ
たしと一緒に神に熱心に祈ってください、31わた
しがユダヤにいる不信の者たちから守られ、エル
サレムに対するわたしの奉仕が聖なる者たちに歓

迎されるように、32こうして、神の御心によって
喜びのうちにそちらへ行き、あなたがたのもとで
憩うことができるように。33平和の源である神が
あなたがた一同と共におられるように、アーメン。

16 個人的な挨拶

1ケンクレアイの教会の奉仕者でもある、わ
たしたちの姉妹フェベを紹介します。2どう
か、聖なる者たちにふさわしく、また、主に結ば
れている者らしく彼女を迎え入れ、あなたがたの
助けを必要とするなら、どんなことでも助けてあ
げてください。彼女は多くの人々の援助者、特に
わたしの援助者です。
3キリスト・イエスに結ばれてわたしの協力者
となっている、プリスカとアキラによろしく。
4命がけでわたしの命を守ってくれたこの人たち
に、わたしだけでなく、異邦人のすべての教会が
感謝しています。5また、彼らの家に集まる教会
の人々にもよろしく伝えてください。わたしの愛
するエパイネトによろしく。彼はアジア州でキリ
ストに献げられた初穂です。6あなたがたのため
に非常に苦労したマリアによろしく。7わたしの
同胞で、一緒に捕らわれの身となったことのある、
アンドロニコとユニアスによろしく。この二人は
使徒たちの中で目立っており、わたしより前にキ
リストを信じる者になりました。8主に結ばれて
いる愛するアンプリアトによろしく。9わたした
ちの協力者としてキリストに仕えているウルバノ、
および、わたしの愛するスタキスによろしく。
10真のキリスト信者アペレによろしく。アリスト
ブロ家の人々によろしく。11わたしの同胞ヘロデ
イオンによろしく。ナルキソ家の中で主を信じて
いる人々によろしく。12主のために苦労して働い
ているトリファイナとトリフォサによろしく。主
のために非常に苦労した愛するペルシスによろし
く。13主に結ばれている選ばれた者ルフォス、お

よびその母によろしく。彼女はわたしにとっても
母なのです。14アシンクリト、フレゴン、ヘルメ
ス、パトロバ、ヘルマス、および彼らと一緒にい
る兄弟たちによろしく。15フィロロゴとユリアに、
ネレウスとその姉妹、またオリンパ、そして彼ら
と一緒にいる聖なる者たち一同によろしく。16あ
なたがたも、聖なる口づけによって互いに挨拶を
交わしなさい。キリストのすべての教会があなた
がたによろしくと言っています。
17兄弟たち、あなたがたに勧めます。あなたが
たの学んだ教えに反して、不和やつまずきをもた
らす人々を警戒しなさい。彼らから遠ざかりなさ
い。18こういう人々は、わたしたちの主であるキ
リストに仕えないで、自分の腹に仕えている。そ
して、うまい言葉やへつらいの言葉によって純朴
な人々の心を欺いているのです。19あなたがたの
従順は皆に知られています。だから、わたしはあ
なたがたのことを喜んでいます。なおその上、善
にさとく、悪には疎くあることを望みます。20平
和の源である神は間もなく、サタンをあなたがた
の足の下で打ち砕かれるでしょう。わたしたちの
主イエスの恵みが、あなたがたと共にあるように。
21わたしの協力者テモテ、また同胞のルキオ、
ヤソン、ソシパトロがあなたがたによろしくと言
っています。22この手紙を筆記したわたしテルテ
ィオが、キリストに結ばれている者として、あな
たがたに挨拶いたします。23わたしとこちらの教
会全体が世話になっている家の主人ガイオが、よ
ろしくとのことです。市の経理係エラストと兄弟
のクアルトが、よろしくと言っています。†

神への賛美

25神は、わたしの福音すなわちイエス・キリス
トについての宣教によって、あなたがたを強める
ことがおできになります。この福音は、世々にわ
たって隠されていた、秘められた計画を啓示する

ものです。26その計画は今や現されて、永遠の神
の命令のままに、預言者たちの書き物を通して、
信仰による従順に導くため、すべての異邦人に知
られるようになりました。27この知恵ある唯一の
神に、イエス・キリストを通して栄光が世々限り
なくありますように、アーメン。

底本に節が欠けている個所の異本による訳文

16 24 わたしたちの主イエス・キリストの恵み
が、あなたがた一同と共にあるように。

コリントの信徒への手紙　一

1

挨拶と感謝

1神の御心《みこころ》によって召されてキリスト・イエ
スの使徒となったパウロと、兄弟ソステネか
ら、2コリントにある神の教会へ、すなわち、至
るところでわたしたちの主イエス・キリストの名
を呼び求めているすべての人と共に、キリスト・
イエスによって聖なる者とされた人々、召されて
聖なる者とされた人々へ。イエス・キリストは、
この人たちとわたしたちの主《しゅ》であります。3わた
したちの父である神と主イエス・キリストからの
恵みと平和が、あなたがたにあるように。
4わたしは、あなたがたがキリスト・イエスに
よって神の恵みを受けたことについて、いつもわ
たしの神に感謝しています。5あなたがたはキリ
ストに結ばれ、あらゆる言葉、あらゆる知識にお
いて、すべての点で豊かにされています。6こう
して、キリストについての証《あか》しがあなたがたの間
で確かなものとなったので、7その結果、あなた
がたは賜物に何一つ欠けるところがなく、わたし
たちの主イエス・キリストの現れを待ち望んでい
ます。8主も最後まであなたがたをしっかり支え
て、わたしたちの主イエス・キリストの日に、非
のうちどころのない者にしてくださいます。9神
は真実な方です。この神によって、あなたがたは
神の子、わたしたちの主イエス・キリストとの交
わりに招き入れられたのです。

一致の勧め

10さて、兄弟たち、わたしたちの主イエス・キ
リストの名によってあなたがたに勧告します。皆、
勝手なことを言わず、仲たがいせず、心を一つに
し思いを一つにして、固く結び合いなさい。11わ
たしの兄弟たち、実はあなたがたの間に争いがあ

ると、クロエの家の人たちから知らされました。
12あなたがたはめいめい、「わたしはパウロにつ
く」「わたしはアポロに」「わたしはケファに」
「わたしはキリストに」などと言い合っていると
のことです。13キリストは幾つにも分けられてし
まったのですか。パウロがあなたがたのために十
字架につけられたのですか。あなたがたはパウロ
の名によって洗礼《バプテスマ》を受けたのですか。14クリスポ
とガイオ以外に、あなたがたのだれにも洗礼を授
けなかったことを、わたしは神に感謝しています。
15だから、わたしの名によって洗礼を受けたなど
と、だれも言えないはずです。16もっとも、ステ
ファナの家の人たちにも洗礼を授けましたが、そ
れ以外はだれにも授けた覚えはありません。17な
ぜなら、キリストがわたしを遣わされたのは、洗
礼を授けるためではなく、福音を告げ知らせるた
めであり、しかも、キリストの十字架がむなしい
ものになってしまわぬように、言葉の知恵によら
ないで告げ知らせるためだからです。

神の力、神の知恵であるキリスト

18十字架の言葉は、滅んでいく者にとっては愚
かなものですが、わたしたち救われる者には神の
力です。19それは、こう書いてあるからです。
「わたしは知恵ある者の知恵を滅ぼし、
賢い者の賢さを意味のないものにする。」
20知恵のある人はどこにいる。学者はどこにいる。
この世の論客はどこにいる。神は世の知恵を愚か
なものにされたではないか。21世は自分の知恵で
神を知ることができませんでした。それは神の知
恵にかなっています。そこで神は、宣教という愚
かな手段によって信じる者を救おうと、お考えに
なったのです。22ユダヤ人はしるしを求め、ギリ
シア人は知恵を探しますが、23わたしたちは、十
字架につけられたキリストを宣《の》べ伝《つた》えています。
すなわち、ユダヤ人にはつまずかせるもの、異邦

人には愚かなものですが、24ユダヤ人であろうが
ギリシア人であろうが、召された者には、神の力、
神の知恵であるキリストを宣べ伝えているのです。
25神の愚かさは人よりも賢く、神の弱さは人より
も強いからです。
26兄弟たち、あなたがたが召されたときのこと
を、思い起こしてみなさい。人間的に見て知恵の
ある者が多かったわけではなく、能力のある者や、
家柄のよい者が多かったわけでもありません。
27ところが、神は知恵ある者に恥をかかせるため、
世の無学な者を選び、力ある者に恥をかかせるた
め、世の無力な者を選ばれました。28また、神は
地位のある者を無力な者とするため、世の無に等
しい者、身分の卑しい者や見下げられている者を
選ばれたのです。29それは、だれ一人、神の前で
誇ることがないようにするためです。30神によっ
てあなたがたはキリスト・イエスに結ばれ、この
キリストは、わたしたちにとって神の知恵となり、
義と聖と贖《あがな》いとなられたのです。31「誇る者は主
を誇れ」と書いてあるとおりになるためです。

2

十字架につけられたキリストを宣べ伝える

1兄弟たち、わたしもそちらに行ったとき、
神の秘められた計画を宣べ伝えるのに優れた
言葉や知恵を用いませんでした。2なぜなら、わ
たしはあなたがたの間で、イエス・キリスト、そ
れも十字架につけられたキリスト以外、何も知る
まいと心に決めていたからです。3そちらに行っ
たとき、わたしは衰弱していて、恐れに取りつか
れ、ひどく不安でした。4わたしの言葉もわたし
の宣教も、知恵にあふれた言葉によらず、〝霊〟
と力の証明によるものでした。5それは、あなた
がたが人の知恵によってではなく、神の力によっ
て信じるようになるためでした。

神の霊による啓示

6しかし、わたしたちは、信仰に成熟した人た
ちの間では知恵を語ります。それはこの世の知恵
ではなく、また、この世の滅びゆく支配者たちの
知恵でもありません。7わたしたちが語るのは、
隠されていた、神秘としての神の知恵であり、神
がわたしたちに栄光を与えるために、世界の始ま
る前から定めておられたものです。8この世の支
配者たちはだれ一人、この知恵を理解しませんで
した。もし理解していたら、栄光の主を十字架に
つけはしなかったでしょう。9しかし、このこと
は、

「目が見もせず、耳が聞きもせず、
人の心に思い浮かびもしなかったことを、
神は御自分を愛する者たちに準備された」

と書いてあるとおりです。10わたしたちには、神
が〝霊〟によってそのことを明らかに示してくだ
さいました。〝霊〟は一切のことを、神の深みさ
えも究めます。11人の内にある霊以外に、いった
いだれが、人のことを知るでしょうか。同じよう
に、神の霊以外に神のことを知る者はいません。
12わたしたちは、世の霊ではなく、神からの霊を
受けました。それでわたしたちは、神から恵みと
して与えられたものを知るようになったのです。
13そして、わたしたちがこれについて語るのも、
人の知恵に教えられた言葉によるのではなく、
〝霊〟に教えられた言葉によっています。つまり、
霊的なものによって霊的なことを説明するのです。
14自然の人は神の霊に属する事柄を受け入れませ
ん。その人にとって、それは愚かなことであり、
理解できないのです。霊によって初めて判断でき
るからです。15霊の人は一切を判断しますが、そ
の人自身はだれからも判断されたりしません。

16「だれが主の思いを知り、
主を教えるというのか。」

しかし、わたしたちはキリストの思いを抱いてい

ます。

神のために力を合わせて働く

3
1兄弟たち、わたしはあなたがたには、霊の
人に対するように語ることができず、肉の人、
つまり、キリストとの関係では乳飲み子である
人々に対するように語りました。2わたしはあな
たがたに乳を飲ませて、固い食物は与えませんで
した。まだ固い物を口にすることができなかった
からです。いや、今でもできません。3相変わら
ず肉の人だからです。お互いの間にねたみや争い
が絶えない以上、あなたがたは肉の人であり、た
だの人として歩んでいる、ということになりはし
ませんか。4ある人が「わたしはパウロにつく」
と言い、他の人が「わたしはアポロに」などと言
っているとすれば、あなたがたは、ただの人にす
ぎないではありませんか。5アポロとは何者か。
また、パウロとは何者か。この二人は、あなたが
たを信仰に導くためにそれぞれ主がお与えになっ
た分に応じて仕えた者です。6わたしは植え、ア
ポロは水を注いだ。しかし、成長させてくださっ
たのは神です。7ですから、大切なのは、植える
者でも水を注ぐ者でもなく、成長させてくださる
神です。8植える者と水を注ぐ者とは一つですが、
それぞれが働きに応じて自分の報酬を受け取るこ
とになります。9わたしたちは神のために力を合
わせて働く者であり、あなたがたは神の畑、神の
建物なのです。

10わたしは、神からいただいた恵みによって、
熟練した建築家のように土台を据えました。そし
て、他の人がその上に家を建てています。ただ、
おのおの、どのように建てるかに注意すべきです。
11イエス・キリストという既に据えられている土
台を無視して、だれもほかの土台を据えることは
できません。12この土台の上に、だれかが金、銀、
宝石、木、草、わらで家を建てる場合、13おのお

のの仕事は明るみに出されます。かの日にそれは
明らかにされるのです。なぜなら、かの日が火と
共に現れ、その火はおのおのの仕事がどんなもの
であるかを吟味するからです。14だれかがその土
台の上に建てた仕事が残れば、その人は報いを受
けますが、15燃え尽きてしまえば、損害を受けま
す。ただ、その人は、火の中をくぐり抜けて来た
者のように、救われます。16あなたがたは、自分
が神の神殿であり、神の霊が自分たちの内に住ん
でいることを知らないのですか。17神の神殿を壊
す者がいれば、神はその人を滅ぼされるでしょう。
神の神殿は聖なるものだからです。あなたがたは
その神殿なのです。

18だれも自分を欺いてはなりません。もし、あ
なたがたのだれかが、自分はこの世で知恵のある
者だと考えているなら、本当に知恵のある者とな
るために愚かな者になりなさい。19この世の知恵
は、神の前では愚かなものだからです。

「神は、知恵のある者たちを
　その悪賢さによって捕らえられる」
と書いてあり、20また、
「主は知っておられる、
知恵のある者たちの論議がむなしいことを」
とも書いてあります。21ですから、だれも人間を
誇ってはなりません。すべては、あなたがたのも
のです。22パウロもアポロもケファも、世界も生
も死も、今起こっていることも将来起こることも。
一切はあなたがたのもの、23あなたがたはキリス
トのもの、キリストは神のものなのです。

使徒の使命

4

1こういうわけですから、人はわたしたちを
キリストに仕える者、神の秘められた計画を
ゆだねられた管理者と考えるべきです。2この場
合、管理者に要求されるのは忠実であることです。
3わたしにとっては、あなたがたから裁かれよう

と、人間の法廷で裁かれようと、少しも問題では
ありません。わたしは、自分で自分を裁くことす
らしません。4自分には何もやましいところはな
いが、それでわたしが義とされているわけではあ
りません。わたしを裁くのは主なのです。5です
から、主が来られるまでは、先走って何も裁いて
はいけません。主は闇の中に隠されている秘密を
明るみに出し、人の心の企てをも明らかにされま
す。そのとき、おのおのは神からおほめにあずか
ります。
6兄弟たち、あなたがたのためを思い、わたし
自身とアポロとに当てはめて、このように述べて
きました。それは、あなたがたがわたしたちの例
から、「書かれているもの以上に出ない」ことを
学ぶためであり、だれも、一人を持ち上げてほか
の一人をないがしろにし、高ぶることがないよう
にするためです。7あなたをほかの者たちよりも、
優れた者としたのは、だれです。いったいあなた
の持っているもので、いただかなかったものがあ
るでしょうか。もしいただいたのなら、なぜいた
だかなかったような顔をして高ぶるのですか。
8あなたがたは既に満足し、既に大金持ちになっ
ており、わたしたちを抜きにして、勝手に王様に
なっています。いや実際、王様になっていてくれ
たらと思います。そうしたら、わたしたちも、あ
なたがたと一緒に王様になれたはずですから。
9考えてみると、神はわたしたち使徒を、まるで
死刑囚のように最後に引き出される者となさいま
した。わたしたちは世界中に、天使にも人にも、
見せ物となったからです。10わたしたちはキリス
トのために愚か者となっているが、あなたがたは
キリストを信じて賢い者となっています。わたし
たちは弱いが、あなたがたは強い。あなたがたは
尊敬されているが、わたしたちは侮辱されていま
す。11今の今までわたしたちは、飢え、渇き、着
る物がなく、虐待され、身を寄せる所もなく、

12苦労して自分の手で稼いでいます。侮辱されて
は祝福し、迫害されては耐え忍び、13ののしられ
ては優しい言葉を返しています。今に至るまで、
わたしたちは世の屑《くず》、すべてのものの滓《かす》とされて
います。
14こんなことを書くのは、あなたがたに恥をか
かせるためではなく、愛する自分の子供として諭
すためなのです。15キリストに導く養育係があな
たがたに一万人いたとしても、父親が大勢いるわ
けではない。福音を通し、キリスト・イエスにお
いてわたしがあなたがたをもうけたのです。16そ
こで、あなたがたに勧めます。わたしに倣う者に
なりなさい。17テモテをそちらに遣わしたのは、
このことのためです。彼は、わたしの愛する子で、
主において忠実な者であり、至るところのすべて
の教会でわたしが教えているとおりに、キリス
ト・イエスに結ばれたわたしの生き方を、あなた
がたに思い起こさせることでしょう。18わたしが
もう一度あなたがたのところへ行くようなことは
ないと見て、高ぶっている者がいるそうです。
19しかし、主の御心であれば、すぐにでもあなた
がたのところに行こう。そして、高ぶっている人
たちの、言葉ではなく力を見せてもらおう。20神
の国は言葉ではなく力にあるのですから。21あな
たがたが望むのはどちらですか。わたしがあなた
がたのところへ鞭《むち》を持って行くことですか、それ
とも、愛と柔和な心で行くことですか。

5 不道徳な人々との交際

1現に聞くところによると、あなたがたの間
にみだらな行いがあり、しかもそれは、異邦
人の間にもないほどのみだらな行いで、ある人が
父の妻をわがものとしているとのことです。2そ
れにもかかわらず、あなたがたは高ぶっているの
か。むしろ悲しんで、こんなことをする者を自分
たちの間から除外すべきではなかったのですか。

3わたしは体では離れていても霊ではそこにいて、
現に居合わせた者のように、そんなことをした者
を既に裁いてしまっています。4つまり、わたし
たちの主イエスの名により、わたしたちの主イエ
スの力をもって、あなたがたとわたしの霊が集ま
り、5このような者を、その肉が滅ぼされるよう
にサタンに引き渡したのです。それは主の日に彼
の霊が救われるためです。6あなたがたが誇って
いるのは、よくない。わずかなパン種《だね》が練り粉全
体を膨らませることを、知らないのですか。7い
つも新しい練り粉のままでいられるように、古い
パン種をきれいに取り除きなさい。現に、あなた
がたはパン種の入っていない者なのです。キリス
トが、わたしたちの過越《すぎこし》の小羊として屠《ほふ》られたか
らです。8だから、古いパン種や悪意と邪悪のパ
ン種を用いないで、パン種の入っていない、純粋
で真実のパンで過越祭《さい》を祝おうではありませんか。
9わたしは以前手紙で、みだらな者と交際して
はいけないと書きましたが、10その意味は、この
世のみだらな者とか強欲な者、また、人の物を奪
う者や偶像を礼拝する者たちと一切つきあっては
ならない、ということではありません。もし、そ
うだとしたら、あなたがたは世の中から出て行か
ねばならないでしょう。11わたしが書いたのは、
兄弟と呼ばれる人で、みだらな者、強欲な者、偶
像を礼拝する者、人を悪く言う者、酒におぼれる
者、人の物を奪う者がいれば、つきあうな、その
ような人とは一緒に食事もするな、ということだ
ったのです。12外部の人々を裁くことは、わたし
の務めでしょうか。内部の人々をこそ、あなたが
たは裁くべきではありませんか。13外部の人々は
神がお裁きになります。「あなたがたの中から悪
い者を除き去りなさい。」

信仰のない人々に訴え出てはならない

6
1あなたがたの間で、一人が仲間の者と争い
を起こしたとき、聖なる者たちに訴え出ない
で、正しくない人々に訴え出るようなことを、な
ぜするのです。2あなたがたは知らないのですか。
聖なる者たちが世を裁くのです。世があなたがた
によって裁かれるはずなのに、あなたがたにはさ
さいな事件すら裁く力がないのですか。3わたし
たちが天使たちさえ裁く者だということを、知ら
ないのですか。まして、日常の生活にかかわる事
は言うまでもありません。4それなのに、あなた
がたは、日常の生活にかかわる争いが起きると、
教会では疎んじられている人たちを裁判官の席に
着かせるのですか。5あなたがたを恥じ入らせる
ために、わたしは言っています。あなたがたの中
には、兄弟を仲裁できるような知恵のある者が、
一人もいないのですか。6兄弟が兄弟を訴えるの
ですか。しかも信仰のない人々の前で。7そもそ
も、あなたがたの間に裁判ざたがあること自体、
既にあなたがたの負けです。なぜ、むしろ不義を
甘んじて受けないのです。なぜ、むしろ奪われる
ままでいないのです。8それどころか、あなたが
たは不義を行い、奪い取っています。しかも、兄
弟たちに対してそういうことをしている。9正し
くない者が神の国を受け継げないことを、知らな
いのですか。思い違いをしてはいけない。みだら
な者、偶像を礼拝する者、姦通する者、男娼、男
色をする者、10泥棒、強欲な者、酒におぼれる者、
人を悪く言う者、人の物を奪う者は、決して神の
国を受け継ぐことができません。11あなたがたの
中にはそのような者もいました。しかし、主イエ
ス・キリストの名とわたしたちの神の霊によって
洗われ、聖なる者とされ、義とされています。

聖霊の住まいである体

12「わたしには、すべてのことが許されてい

る。」しかし、すべてのことが益になるわけでは
ない。「わたしには、すべてのことが許されてい
る。」しかし、わたしは何事にも支配されはしな
い。13食物は腹のため、腹は食物のためにあるが、
神はそのいずれをも滅ぼされます。体はみだらな
行いのためではなく、主のためにあり、主は体の
ためにおられるのです。14神は、主を復活させ、
また、その力によってわたしたちをも復活させて
くださいます。15あなたがたは、自分の体がキリ
ストの体の一部だとは知らないのか。キリストの
体の一部を娼婦の体の一部としてもよいのか。決
してそうではない。16娼婦と交わる者はその女と
一つの体となる、ということを知らないのですか。
「二人は一体となる」と言われています。17しか
し、主に結び付く者は主と一つの霊となるのです。
18みだらな行いを避けなさい。人が犯す罪はすべ
て体の外にあります。しかし、みだらな行いをす
る者は、自分の体に対して罪を犯しているのです。
19知らないのですか。あなたがたの体は、神から
いただいた聖霊が宿ってくださる神殿であり、あ
なたがたはもはや自分自身のものではないのです。
20あなたがたは、代価を払って買い取られたので
す。だから、自分の体で神の栄光を現しなさい。

7 結婚について

1そちらから書いてよこしたことについて言
えば、男は女に触れない方がよい。2しかし、
みだらな行いを避けるために、男はめいめい自分
の妻を持ち、また、女はめいめい自分の夫を持ち
なさい。3夫は妻に、その務めを果たし、同様に
妻も夫にその務めを果たしなさい。4妻は自分の
体を意のままにする権利を持たず、夫がそれを持
っています。同じように、夫も自分の体を意のま
まにする権利を持たず、妻がそれを持っているの
です。5互いに相手を拒んではいけません。ただ、
納得しあったうえで、専ら祈りに時を過ごすため

にしばらく別れ、また一緒になるというなら話は
別です。あなたがたが自分を抑制する力がないの
に乗じて、サタンが誘惑しないともかぎらないか
らです。6もっとも、わたしは、そうしても差し
支えないと言うのであって、そうしなさい、と命
じるつもりはありません。7わたしとしては、皆
がわたしのように独りでいてほしい。しかし、人
はそれぞれ神から賜物をいただいているのですか
ら、人によって生き方が違います。
8未婚者とやもめに言いますが、皆わたしのよ
うに独りでいるのがよいでしょう。9しかし、自
分を抑制できなければ結婚しなさい。情欲に身を
焦がすよりは、結婚した方がましだからです。
10更に、既婚者に命じます。妻は夫と別れてはい
けない。こう命じるのは、わたしではなく、主で
す。11――既に別れてしまったのなら、再婚せず
にいるか、夫のもとに帰りなさい。――また、夫
は妻を離縁してはいけない。12その他の人たちに
対しては、主ではなくわたしが言うのですが、あ
る信者に信者でない妻がいて、その妻が一緒に生
活を続けたいと思っている場合、彼女を離縁して
はいけない。13また、ある女に信者でない夫がい
て、その夫が一緒に生活を続けたいと思っている
場合、彼を離縁してはいけない。14なぜなら、信
者でない夫は、信者である妻のゆえに聖なる者と
され、信者でない妻は、信者である夫のゆえに聖
なる者とされているからです。そうでなければ、
あなたがたの子供たちは汚《けが》れていることになりま
すが、実際には聖なる者です。15しかし、信者で
ない相手が離れていくなら、去るにまかせなさい。
こうした場合に信者は、夫であろうと妻であろう
と、結婚に縛られてはいません。平和な生活を送
るようにと、神はあなたがたを召されたのです。
16妻よ、あなたは夫を救えるかどうか、どうして
分かるのか。夫よ、あなたは妻を救えるかどうか、
どうして分かるのか。

主が定めた生き方

17おのおの主から分け与えられた分に応じ、そ
れぞれ神に召されたときの身分のままで歩みなさ
い。これは、すべての教会でわたしが命じている
ことです。18割礼を受けている者が召されたのな
ら、割礼の跡を無くそうとしてはいけません。割
礼を受けていない者が召されたのなら、割礼を受
けようとしてはいけません。19割礼の有無は問題
ではなく、大切なのは神の掟を守ることです。
20おのおの召されたときの身分にとどまっていな
さい。21召されたときに奴隷であった人も、その
ことを気にしてはいけません。自由の身になるこ
とができるとしても、むしろそのままでいなさい。
22というのは、主によって召された奴隷は、主に
よって自由の身にされた者だからです。同様に、
主によって召された自由な身分の者は、キリスト
の奴隷なのです。23あなたがたは、身代金を払っ
て買い取られたのです。人の奴隷となってはいけ
ません。24兄弟たち、おのおの召されたときの身
分のまま、神の前にとどまっていなさい。

未婚の人たちとやもめ

25未婚の人たちについて、わたしは主の指示を
受けてはいませんが、主の憐《あわ》れみにより信任を得
ている者として、意見を述べます。26今危機が迫
っている状態にあるので、こうするのがよいとわ
たしは考えます。つまり、人は現状にとどまって
いるのがよいのです。27妻と結ばれているなら、
そのつながりを解こうとせず、妻と結ばれていな
いなら妻を求めてはいけない。28しかし、あなた
が、結婚しても、罪を犯すわけではなく、未婚の
女が結婚しても、罪を犯したわけではありません。
ただ、結婚する人たちはその身に苦労を負うこと
になるでしょう。わたしは、あなたがたにそのよ
うな苦労をさせたくないのです。29兄弟たち、わ

たしはこう言いたい。定められた時は迫っていま
す。今からは、妻のある人はない人のように、
30泣く人は泣かない人のように、喜ぶ人は喜ばな
い人のように、物を買う人は持たない人のように、
31世の事にかかわっている人は、かかわりのない
人のようにすべきです。この世の有様は過ぎ去る
からです。32思い煩わないでほしい。独身の男は、
どうすれば主に喜ばれるかと、主のことに心を遣
いますが、33結婚している男は、どうすれば妻に
喜ばれるかと、世の事に心を遣い、34心が二つに
分かれてしまいます。独身の女や未婚の女は、体
も霊も聖なる者になろうとして、主のことに心を
遣いますが、結婚している女は、どうすれば夫に
喜ばれるかと、世の事に心を遣います。35このよ
うにわたしが言うのは、あなたがたのためを思っ
てのことで、決してあなたがたを束縛するためで
はなく、品位のある生活をさせて、ひたすら主に
仕えさせるためなのです。

36もし、ある人が自分の相手である娘に対して、
情熱が強くなり、その誓いにふさわしくないふる
まいをしかねないと感じ、それ以上自分を抑制で
きないと思うなら、思いどおりにしなさい。罪を
犯すことにはなりません。二人は結婚しなさい。
37しかし、心にしっかりした信念を持ち、無理に
思いを抑えつけたりせずに、相手の娘をそのまま
にしておこうと決心した人は、そうしたらよいで
しょう。38要するに、相手の娘と結婚する人はそ
れで差し支えありませんが、結婚しない人の方が
もっとよいのです。

39妻は夫が生きている間は夫に結ばれています
が、夫が死ねば、望む人と再婚してもかまいませ
ん。ただし、相手は主に結ばれている者に限りま
す。40しかし、わたしの考えによれば、そのまま
でいる方がずっと幸福です。わたしも神の霊を受
けていると思います。

偶像に供えられた肉

8
1偶像に供えられた肉について言えば、
「我々は皆、知識を持っている」ということ
は確かです。ただ、知識は人を高ぶらせるが、愛
は造り上げる。2自分は何か知っていると思う人
がいたら、その人は、知らねばならぬことをまだ
知らないのです。3しかし、神を愛する人がいれ
ば、その人は神に知られているのです。4そこで、
偶像に供えられた肉を食べることについてですが、
世の中に偶像の神などはなく、また、唯一の神以
外にいかなる神もいないことを、わたしたちは知
っています。5現に多くの神々、多くの主がいる
と思われているように、たとえ天や地に神々と呼
ばれるものがいても、6わたしたちにとっては、
唯一の神、父である神がおられ、万物はこの神か
ら出、わたしたちはこの神へ帰って行くのです。
また、唯一の主、イエス・キリストがおられ、万
物はこの主によって存在し、わたしたちもこの主
によって存在しているのです。
7しかし、この知識がだれにでもあるわけでは
ありません。ある人たちは、今までの偶像になじ
んできた習慣にとらわれて、肉を食べる際に、そ
れが偶像に供えられた肉だということが念頭から
去らず、良心が弱いために汚されるのです。8わ
たしたちを神のもとに導くのは、食物ではありま
せん。食べないからといって、何かを失うわけで
はなく、食べたからといって、何かを得るわけで
はありません。9ただ、あなたがたのこの自由な
態度が、弱い人々を罪に誘うことにならないよう
に、気をつけなさい。10知識を持っているあなた
が偶像の神殿で食事の席に着いているのを、だれ
かが見ると、その人は弱いのに、その良心が強め
られて、偶像に供えられたものを食べるようにな
らないだろうか。11そうなると、あなたの知識に
よって、弱い人が滅びてしまいます。その兄弟の
ためにもキリストが死んでくださったのです。

12このようにあなたがたが、兄弟たちに対して罪
を犯し、彼らの弱い良心を傷つけるのは、キリス
トに対して罪を犯すことなのです。13それだから、
食物のことがわたしの兄弟をつまずかせるくらい
なら、兄弟をつまずかせないために、わたしは今
後決して肉を口にしません。

9

使徒の権利

1わたしは自由な者ではないか。使徒ではな
いか。わたしたちの主イエスを見たではない
か。あなたがたは、主のためにわたしが働いて得
た成果ではないか。2他の人たちにとってわたし
は使徒でないにしても、少なくともあなたがたに
とっては使徒なのです。あなたがたは主に結ばれ
ており、わたしが使徒であることの生きた証拠だ
からです。
3わたしを批判する人たちには、こう弁明しま
す。4わたしたちには、食べたり、飲んだりする
権利が全くないのですか。5わたしたちには、他
の使徒たちや主の兄弟たちやケファのように、信
者である妻を連れて歩く権利がないのですか。
6あるいは、わたしとバルナバだけには、生活の
資《し》を得るための仕事をしなくてもよいという権利
がないのですか。7そもそも、いったいだれが自
費で戦争に行きますか。ぶどう畑を作って、その
実を食べない者がいますか。羊の群れを飼って、
その乳を飲まない者がいますか。8わたしがこう
言うのは、人間の思いからでしょうか。律法も言
っているではないですか。9モーセの律法に、
「脱穀している牛に口籠《くつこ》をはめてはならない」と
書いてあります。神が心にかけておられるのは、
牛のことですか。10それとも、わたしたちのため
に言っておられるのでしょうか。もちろん、わた
したちのためにそう書かれているのです。耕す者
が望みを持って耕し、脱穀する者が分け前にあず
かることを期待して働くのは当然です。11わたし

たちがあなたがたに霊的なものを蒔《ま》いたのなら、
あなたがたから肉のものを刈り取ることは、行き
過ぎでしょうか。12他の人たちが、あなたがたに
対するこの権利を持っているとすれば、わたした
ちはなおさらそうではありませんか。
　しかし、わたしたちはこの権利を用いませんで
した。かえってキリストの福音を少しでも妨げて
はならないと、すべてを耐え忍んでいます。13あ
なたがたは知らないのですか。神殿で働く人たち
は神殿から下がる物を食べ、祭壇に仕える人たち
は祭壇の供え物の分け前にあずかります。14同じ
ように、主は、福音を宣べ伝える人たちには福音
によって生活の資を得るようにと、指示されまし
た。15しかし、わたしはこの権利を何一つ利用し
たことはありません。こう書いたのは、自分もそ
の権利を利用したいからではない。それくらいな
ら、死んだ方がましです……。だれも、わたしの
この誇りを無意味なものにしてはならない。16も
っとも、わたしが福音を告げ知らせても、それは
わたしの誇りにはなりません。そうせずにはいら
れないことだからです。福音を告げ知らせないな
ら、わたしは不幸なのです。17自分からそうして
いるなら、報酬を得るでしょう。しかし、強いら
れてするなら、それは、ゆだねられている務めな
のです。18では、わたしの報酬とは何でしょうか。
それは、福音を告げ知らせるときにそれを無報酬
で伝え、福音を伝えるわたしが当然持っている権
利を用いないということです。
　19わたしは、だれに対しても自由な者ですが、
すべての人の奴隷になりました。できるだけ多く
の人を得るためです。20ユダヤ人に対しては、ユ
ダヤ人のようになりました。ユダヤ人を得るため
です。律法に支配されている人に対しては、わた
し自身はそうではないのですが、律法に支配され
ている人のようになりました。律法に支配されて
いる人を得るためです。21また、わたしは神の律

法を持っていないわけではなく、キリストの律法
に従っているのですが、律法を持たない人に対し
ては、律法を持たない人のようになりました。律
法を持たない人を得るためです。22弱い人に対し
ては、弱い人のようになりました。弱い人を得る
ためです。すべての人に対してすべてのものにな
りました。何とかして何人かでも救うためです。
23福音のためなら、わたしはどんなことでもしま
す。それは、わたしが福音に共にあずかる者とな
るためです。
24あなたがたは知らないのですか。競技場で走
る者は皆走るけれども、賞を受けるのは一人だけ
です。あなたがたも賞を得るように走りなさい。
25競技をする人は皆、すべてに節制します。彼ら
は朽ちる冠を得るためにそうするのですが、わた
したちは、朽ちない冠を得るために節制するので
す。26だから、わたしとしては、やみくもに走っ
たりしないし、空を打つような拳闘もしません。
27むしろ、自分の体を打ちたたいて服従させます。
それは、他の人々に宣教しておきながら、自分の
方が失格者になってしまわないためです。

偶像への礼拝に対する警告

10
1兄弟たち、次のことはぜひ知っておいてほ
しい。わたしたちの先祖は皆、雲の下におり、
皆、海を通り抜け、2皆、雲の中、海の中で、モ
ーセに属するものとなる洗礼を授けられ、3皆、
同じ霊的な食物を食べ、4皆が同じ霊的な飲み物
を飲みました。彼らが飲んだのは、自分たちに離
れずについて来た霊的な岩からでしたが、この岩
こそキリストだったのです。5しかし、彼らの大
部分は神の御心に適《かな》わず、荒れ野で滅ぼされてし
まいました。6これらの出来事は、わたしたちを
戒める前例として起こったのです。彼らが悪をむ
さぼったように、わたしたちが悪をむさぼること
のないために。7彼らの中のある者がしたように、

偶像を礼拝してはいけない。「民は座って飲み食
いし、立って踊り狂った」と書いてあります。
8彼らの中のある者がしたように、みだらなこと
をしないようにしよう。みだらなことをした者は、
一日で二万三千人倒れて死にました。9また、彼
らの中のある者がしたように、キリストを試みな
いようにしよう。試みた者は、蛇にかまれて滅び
ました。10彼らの中には不平を言う者がいたが、
あなたがたはそのように不平を言ってはいけない。
不平を言った者は、滅ぼす者に滅ぼされました。
11これらのことは前例として彼らに起こったので
す。それが書き伝えられているのは、時の終わり
に直面しているわたしたちに警告するためなので
す。12だから、立っていると思う者は、倒れない
ように気をつけるがよい。13あなたがたを襲った
試練で、人間として耐えられないようなものはな
かったはずです。神は真実な方です。あなたがた
を耐えられないような試練に遭わせることはなさ
らず、試練と共に、それに耐えられるよう、逃れ
る道をも備えていてくださいます。
14わたしの愛する人たち、こういうわけですか
ら、偶像礼拝を避けなさい。15わたしはあなたが
たを分別ある者と考えて話します。わたしの言う
ことを自分で判断しなさい。16わたしたちが神を
賛美する賛美の杯《さかずき》は、キリストの血にあずかるこ
とではないか。わたしたちが裂くパンは、キリス
トの体にあずかることではないか。17パンは一つ
だから、わたしたちは大勢でも一つの体です。皆
が一つのパンを分けて食べるからです。18肉によ
るイスラエルの人々のことを考えてみなさい。供
え物を食べる人は、それが供えてあった祭壇とか
かわる者になるのではありませんか。19わたしは
何を言おうとしているのか。偶像に供えられた肉
が何か意味を持つということでしょうか。それと
も、偶像が何か意味を持つということでしょうか。
20いや、わたしが言おうとしているのは、偶像に

献《ささ》げる供え物は、神ではなく悪霊《あくれい》に献げている、
という点なのです。わたしは、あなたがたに悪霊
の仲間になってほしくありません。21主の杯と悪
霊の杯の両方を飲むことはできないし、主の食卓
と悪霊の食卓の両方に着くことはできません。
22それとも、主にねたみを起こさせるつもりなの
ですか。わたしたちは、主より強い者でしょうか。

すべてを神の栄光のために

23「すべてのことが許されている。」しかし、す
べてのことが益になるわけではない。「すべての
ことが許されている。」しかし、すべてのことが
わたしたちを造り上げるわけではない。24だれで
も、自分の利益ではなく他人の利益を追い求めな
さい。25市場で売っているものは、良心の問題と
していちいち詮索せず、何でも食べなさい。
26「地とそこに満ちているものは、主のもの」だ
からです。27あなたがたが、信仰を持っていない
人から招待され、それに応じる場合、自分の前に
出されるものは、良心の問題としていちいち詮索
せず、何でも食べなさい。28しかし、もしだれか
があなたがたに、「これは偶像に供えられた肉で
す」と言うなら、その人のため、また、良心のた
めに食べてはいけません。29わたしがこの場合、
「良心」と言うのは、自分の良心ではなく、その
ように言う他人の良心のことです。どうしてわた
しの自由が、他人の良心によって左右されること
がありましょう。30わたしが感謝して食べている
のに、そのわたしが感謝しているものについて、
なぜ悪口《あっこう》を言われるわけがあるのです。31だから、
あなたがたは食べるにしろ飲むにしろ、何をする
にしても、すべて神の栄光を現すためにしなさい。
32ユダヤ人にも、ギリシア人にも、神の教会にも、
あなたがたは人を惑わす原因にならないようにし
なさい。33わたしも、人々を救うために、自分の
益ではなく多くの人の益を求めて、すべての点で

すべての人を喜ばそうとしているのですから。
11 [1]わたしがキリストに倣う者であるように、
あなたがたもこのわたしに倣う者となりなさい。

礼拝でのかぶり物

[2]あなたがたが、何かにつけわたしを思い出し、
わたしがあなたがたに伝えたとおりに、伝えられ
た教えを守っているのは、立派だと思います。
[3]ここであなたがたに知っておいてほしいのは、
すべての男の頭《かしら》はキリスト、女の頭は男、そして
キリストの頭は神であるということです。[4]男は
だれでも祈ったり、預言したりする際に、頭《あたま》に物
をかぶるなら、自分の頭を侮辱することになりま
す。[5]女はだれでも祈ったり、預言したりする際
に、頭に物をかぶらないなら、その頭を侮辱する
ことになります。それは、髪の毛をそり落とした
のと同じだからです。[6]女が頭に物をかぶらない
なら、髪の毛を切ってしまいなさい。女にとって
髪の毛を切ったり、そり落としたりするのが恥ず
かしいことなら、頭に物をかぶるべきです。[7]男
は神の姿と栄光を映す者ですから、頭に物をかぶ
るべきではありません。しかし、女は男の栄光を
映す者です。[8]というのは、男が女から出て来た
のではなく、女が男から出て来たのだし、[9]男が
女のために造られたのではなく、女が男のために
造られたのだからです。[10]だから、女は天使たち
のために、頭に力の印《しるし》をかぶるべきです。[11]いず
れにせよ、主においては、男なしに女はなく、女
なしに男はありません。[12]それは女が男から出た
ように、男も女から生まれ、また、すべてのもの
が神から出ているからです。[13]自分で判断しなさ
い。女が頭に何もかぶらないで神に祈るのが、ふ
さわしいかどうか。[14-15]男は長い髪が恥である
のに対し、女は長い髪が誉れとなることを、自然
そのものがあなたがたに教えていないでしょうか。
長い髪は、かぶり物の代わりに女に与えられてい

るのです。16この点について異論を唱えたい人がいるとしても、そのような習慣は、わたしたちにも神の教会にもありません。

主の晩餐についての指示

17次のことを指示するにあたって、わたしはあなたがたをほめるわけにはいきません。あなたがたの集まりが、良い結果よりは、むしろ悪い結果を招いているからです。18まず第一に、あなたがたが教会で集まる際、お互いの間に仲間割れがあると聞いています。わたしもある程度そういうことがあろうかと思います。19あなたがたの間で、だれが適格者かはっきりするためには、仲間争いも避けられないかもしれません。20それでは、一緒に集まっても、主の晩餐を食べることにならないのです。21なぜなら、食事のとき各自が勝手に自分の分を食べてしまい、空腹の者がいるかと思えば、酔っている者もいるという始末だからです。22あなたがたには、飲んだり食べたりする家がないのですか。それとも、神の教会を見くびり、貧しい人々に恥をかかせようというのですか。わたしはあなたがたに何と言ったらよいのだろう。ほめることにしようか。この点については、ほめるわけにはいきません。

主の晩餐の制定（マタ**26**26-29、マコ**14**22-25、ルカ**22**14-20）

23わたしがあなたがたに伝えたことは、わたし自身、主から受けたものです。すなわち、主イエスは、引き渡される夜、パンを取り、24感謝の祈りをささげてそれを裂き、**「これは、あなたがたのためのわたしの体である。わたしの記念としてこのように行いなさい」**と言われました。25また、食事の後で、杯も同じようにして、**「この杯は、わたしの血によって立てられる新しい契約である。飲む度に、わたしの記念としてこのように行いな**

さい」と言われました。26だから、あなたがたは、
このパンを食べこの杯を飲むごとに、主が来られ
るときまで、主の死を告げ知らせるのです。

主の晩餐にあずかるには

27従って、ふさわしくないままで主のパンを食
べたり、その杯を飲んだりする者は、主の体と血
に対して罪を犯すことになります。28だれでも、
自分をよく確かめたうえで、そのパンを食べ、そ
の杯から飲むべきです。29主の体のことをわきま
えずに飲み食いする者は、自分自身に対する裁き
を飲み食いしているのです。30そのため、あなた
がたの間に弱い者や病人がたくさんおり、多くの
者が死んだのです。31わたしたちは、自分をわき
まえていれば、裁かれはしません。32裁かれると
すれば、それは、わたしたちが世と共に罪に定め
られることがないようにするための、主の懲らし
めなのです。33わたしの兄弟たち、こういうわけ
ですから、食事のために集まるときには、互いに
待ち合わせなさい。34空腹の人は、家で食事を済
ませなさい。裁かれるために集まる、というよう
なことにならないために。その他のことについて
は、わたしがそちらに行ったときに決めましょう。

12

霊的な賜物

1兄弟たち、霊的な賜物については、次のこ
とはぜひ知っておいてほしい。2あなたがたが
まだ異教徒だったころ、誘われるままに、もの
の言えない偶像のもとに連れて行かれたことを覚
えているでしょう。3ここであなたがたに言って
おきたい。神の霊によって語る人は、だれも「イ
エスは神から見捨てられよ」とは言わないし、ま
た、聖霊によらなければ、だれも「イエスは主で
ある」とは言えないのです。
4賜物にはいろいろありますが、それをお与え
になるのは同じ霊です。5務めにはいろいろあり

ますが、それをお与えになるのは同じ主です。
6働きにはいろいろありますが、すべての場合に
すべてのことをなさるのは同じ神です。7一人一
人に〝霊〟の働きが現れるのは、全体の益となる
ためです。8ある人には〝霊〟によって知恵の言
葉、ある人には同じ〝霊〟によって知識の言葉が
与えられ、9ある人にはその同じ〝霊〟によって
信仰、ある人にはこの唯一の〝霊〟によって病気
をいやす力、10ある人には奇跡を行う力、ある人
には預言する力、ある人には霊を見分ける力、あ
る人には種々の異言《いげん》を語る力、ある人には異言を
解釈する力が与えられています。11これらすべて
のことは、同じ唯一の〝霊〟の働きであって、
〝霊〟は望むままに、それを一人一人に分け与え
てくださるのです。

一つの体、多くの部分

12体は一つでも、多くの部分から成り、体のす
べての部分の数は多くても、体は一つであるよう
に、キリストの場合も同様である。13つまり、一
つの霊によって、わたしたちは、ユダヤ人であろ
うとギリシア人であろうと、奴隷であろうと自由
な身分の者であろうと、皆一つの体となるために
洗礼を受け、皆一つの霊をのませてもらったので
す。14体は、一つの部分ではなく、多くの部分か
ら成っています。15足が、「わたしは手ではない
から、体の一部ではない」と言ったところで、体
の一部でなくなるでしょうか。16耳が、「わたし
は目ではないから、体の一部ではない」と言った
ところで、体の一部でなくなるでしょうか。17も
し体全体が目だったら、どこで聞きますか。もし
全体が耳だったら、どこでにおいをかぎますか。
18そこで神は、御自分の望みのままに、体に一つ
一つの部分を置かれたのです。19すべてが一つの
部分になってしまったら、どこに体というものが
あるでしょう。20だから、多くの部分があっても、

一つの体なのです。21目が手に向かって「お前は
要らない」とは言えず、また、頭が足に向かって
「お前たちは要らない」とも言えません。22それ
どころか、体の中でほかよりも弱く見える部分が、
かえって必要なのです。23わたしたちは、体の中
でほかよりも恰好が悪いと思われる部分を覆って、
もっと恰好よくしようとし、見苦しい部分をもっ
と見栄えよくしようとします。24見栄えのよい部
分には、そうする必要はありません。神は、見劣
りのする部分をいっそう引き立たせて、体を組み
立てられました。25それで、体に分裂が起こらず、
各部分が互いに配慮し合っています。26一つの部
分が苦しめば、すべての部分が共に苦しみ、一つ
の部分が尊ばれれば、すべての部分が共に喜ぶの
です。
　27あなたがたはキリストの体であり、また、一
人一人はその部分です。28神は、教会の中にいろ
いろな人をお立てになりました。第一に使徒、第
二に預言者、第三に教師、次に奇跡を行う者、そ
の次に病気をいやす賜物を持つ者、援助する者、
管理する者、異言を語る者などです。29皆が使徒
であろうか。皆が預言者であろうか。皆が教師で
あろうか。皆が奇跡を行う者であろうか。30皆が
病気をいやす賜物を持っているだろうか。皆が異
言を語るだろうか。皆がそれを解釈するだろうか。
31あなたがたは、もっと大きな賜物を受けるよう
熱心に努めなさい。

愛

　そこで、わたしはあなたがたに最高の道を教え
ます。**13** 1たとえ、人々の異言、天使たちの異
言を語ろうとも、愛がなければ、わたしは騒がし
いどら、やかましいシンバル。2たとえ、預言す
る賜物を持ち、あらゆる神秘とあらゆる知識に通
じていようとも、たとえ、山を動かすほどの完全
な信仰を持っていようとも、愛がなければ、無に

等しい。[3]全財産を貧しい人々のために使い尽く
そうとも、誇ろうとしてわが身を死に引き渡そう
とも、愛がなければ、わたしに何の益もない。
[4]愛は忍耐強い。愛は情け深い。ねたまない。
愛は自慢せず、高ぶらない。[5]礼を失せず、自分
の利益を求めず、いらだたず、恨みを抱かない。
[6]不義を喜ばず、真実を喜ぶ。[7]すべてを忍び、
すべてを信じ、すべてを望み、すべてに耐える。
[8]愛は決して滅びない。預言は廃れ、異言はや
み、知識は廃れよう、[9]わたしたちの知識は一部
分、預言も一部分だから。[10]完全なものが来たと
きには、部分的なものは廃れよう。[11]幼子だった
とき、わたしは幼子のように話し、幼子のように
思い、幼子のように考えていた。成人した今、幼
子のことを棄てた。[12]わたしたちは、今は、鏡に
おぼろに映ったものを見ている。だがそのときに
は、顔と顔とを合わせて見ることになる。わたし
は、今は一部しか知らなくとも、そのときには、
はっきり知られているようにはっきり知ることに
なる。[13]それゆえ、信仰と、希望と、愛、この三
つは、いつまでも残る。その中で最も大いなるも
のは、愛である。

14 異言と預言

[1]愛を追い求めなさい。霊的な賜物、特に預
言するための賜物を熱心に求めなさい。[2]異
言を語る者は、人に向かってではなく、神に向か
って語っています。それはだれにも分かりません。
彼は霊によって神秘を語っているのです。[3]しか
し、預言する者は、人に向かって語っているので、
人を造り上げ、励まし、慰めます。[4]異言を語る
者が自分を造り上げるのに対して、預言する者は
教会を造り上げます。[5]あなたがた皆が異言を語
れるにこしたことはないと思いますが、それ以上
に、預言できればと思います。異言を語る者がそ
れを解釈するのでなければ、教会を造り上げるた

めには、預言する者の方がまさっています。
6だから兄弟たち、わたしがあなたがたのとこ
ろに行って異言を語ったとしても、啓示か知識か
預言か教えかによって語らなければ、あなたがた
に何の役に立つでしょう。7笛であれ竪琴であれ、
命のない楽器も、もしその音に変化がなければ、
何を吹き、何を弾いているのか、どうして分かる
でしょう。8ラッパがはっきりした音を出さなけ
れば、だれが戦いの準備をしますか。9同じよう
に、あなたがたも異言で語って、明確な言葉を口
にしなければ、何を話しているか、どうして分か
ってもらえましょう。空に向かって語ることにな
るからです。10世にはいろいろな種類の言葉があ
り、どれ一つ意味を持たないものはありません。
11だから、もしその言葉の意味が分からないとな
れば、話し手にとってわたしは外国人であり、わ
たしにとってその話し手も外国人であることにな
ります。12あなたがたの場合も同じで、霊的な賜
物を熱心に求めているのですから、教会を造り上
げるために、それをますます豊かに受けるように
求めなさい。13だから、異言を語る者は、それを
解釈できるように祈りなさい。14わたしが異言で
祈る場合、それはわたしの霊が祈っているのです
が、理性は実を結びません。15では、どうしたら
よいのでしょうか。霊で祈り、理性でも祈ること
にしましょう。霊で賛美し、理性でも賛美するこ
とにしましょう。16さもなければ、仮にあなたが
霊で賛美の祈りを唱えても、教会に来て間もない
人は、どうしてあなたの感謝に「アーメン」と言
えるでしょうか。あなたが何を言っているのか、
彼には分からないからです。17あなたがたが感謝する
のは結構ですが、そのことで他の人が造り上げら
れるわけではありません。18わたしは、あなたが
たのだれよりも多くの異言を語れることを、神に
感謝します。19しかし、わたしは他の人たちをも
教えるために、教会では異言で一万の言葉を語る

より、理性によって五つの言葉を語る方をとります。
20兄弟たち、物の判断については子供となってはいけません。悪事については幼子となり、物の判断については大人になってください。21律法にこう書いてあります。
『異国の言葉を語る人々によって、
異国の人々の唇で
わたしはこの民に語るが、
それでも、彼らはわたしに耳を傾けないだろう』
と主は言われる。」22このように、異言は、信じる者のためではなく、信じていない者のためのしるしですが、預言は、信じていない者のためではなく、信じる者のためのしるしです。23教会全体が一緒に集まり、皆が異言を語っているところへ、教会に来て間もない人か信者でない人が入って来たら、あなたがたのことを気が変だとは言わないでしょうか。24反対に、皆が預言しているところへ、信者でない人か、教会に来て間もない人が入って来たら、彼は皆から非を悟らされ、皆から罪を指摘され、25心の内に隠していたことが明るみに出され、結局、ひれ伏して神を礼拝し、「まことに、神はあなたがたの内におられます」と皆の前で言い表すことになるでしょう。

集会の秩序

26兄弟たち、それではどうすればよいだろうか。あなたがたは集まったとき、それぞれ詩編の歌をうたい、教え、啓示を語り、異言を語り、それを解釈するのですが、すべてはあなたがたを造り上げるためにすべきです。27異言を語る者がいれば、二人かせいぜい三人が順番に語り、一人に解釈させなさい。28解釈する者がいなければ、教会では黙っていて、自分自身と神に対して語りなさい。

29預言する者の場合は、二人か三人が語り、他の者たちはそれを検討しなさい。30座っている他の人に啓示が与えられたら、先に語りだしていた者は黙りなさい。31皆が共に学び、皆が共に励まされるように、一人一人が皆、預言できるようにしなさい。32預言者に働きかける霊は、預言者の意に服するはずです。33神は無秩序の神ではなく、平和の神だからです。

　聖なる者たちのすべての教会でそうであるように、34婦人たちは、教会では黙っていなさい。婦人たちには語ることが許されていません。律法も言っているように、婦人たちは従う者でありなさい。35何か知りたいことがあったら、家で自分の夫に聞きなさい。婦人にとって教会の中で発言するのは、恥ずべきことです。36それとも、神の言葉はあなたがたから出て来たのでしょうか。あるいは、あなたがたにだけ来たのでしょうか。

　37自分は預言する者であるとか、霊の人であると思っている者がいれば、わたしがここに書いてきたことは主の命令であると認めなさい。38それを認めない者は、その人もまた認められないでしょう。39わたしの兄弟たち、こういうわけですから、預言することを熱心に求めなさい。そして、異言を語ることを禁じてはなりません。40しかし、すべてを適切に、秩序正しく行いなさい。

キリストの復活

15

　1兄弟たち、わたしがあなたがたに告げ知らせた福音を、ここでもう一度知らせます。これは、あなたがたが受け入れ、生活のよりどころとしている福音にほかなりません。2どんな言葉でわたしが福音を告げ知らせたか、しっかり覚えていれば、あなたがたはこの福音によって救われます。さもないと、あなたがたが信じたこと自体が、無駄になってしまうでしょう。3最も大切なこととしてわたしがあなたがたに伝えたのは、わたしも受けたものです。すなわち、キリストが、

聖書に書いてあるとおりわたしたちの罪のために
死んだこと、4葬られたこと、また、聖書に書い
てあるとおり三日目に復活したこと、5ケファに
現れ、その後十二人に現れたことです。6次いで、
五百人以上もの兄弟たちに同時に現れました。そ
のうちの何人かは既に眠りについたにしろ、大部
分は今なお生き残っています。7次いで、ヤコブ
に現れ、その後すべての使徒に現れ、8そして最
後に、月足らずで生まれたようなわたしにも現れ
ました。9わたしは、神の教会を迫害したのです
から、使徒たちの中でもいちばん小さな者であり、
使徒と呼ばれる値打ちのない者です。10神の恵み
によって今日のわたしがあるのです。そして、わ
たしに与えられた神の恵みは無駄にならず、わた
しは他のすべての使徒よりずっと多く働きました。
しかし、働いたのは、実はわたしではなく、わた
しと共にある神の恵みなのです。11とにかく、わ
たしにしても彼らにしても、このように宣べ伝え
ているのですし、あなたがたはこのように信じた
のでした。

死者の復活

12キリストは死者の中から復活した、と宣べ伝
えられているのに、あなたがたの中のある者が、
死者の復活などない、と言っているのはどういう
わけですか。13死者の復活がなければ、キリスト
も復活しなかったはずです。14そして、キリスト
が復活しなかったのなら、わたしたちの宣教は無
駄であるし、あなたがたの信仰も無駄です。15更
に、わたしたちは神の偽証人《ぎしょうにん》とさえ見なされます。
なぜなら、もし、本当に死者が復活しないなら、
復活しなかったはずのキリストを神が復活させた
と言って、神に反して証しをしたことになるから
です。16死者が復活しないのなら、キリストも復
活しなかったはずです。17そして、キリストが復
活しなかったのなら、あなたがたの信仰はむなし

く、あなたがたは今もなお罪の中にあることにな
ります。18そうだとすると、キリストを信じて眠
りについた人々も滅んでしまったわけです。19こ
の世の生活でキリストに望みをかけているだけだ
とすれば、わたしたちはすべての人の中で最も惨
めな者です。

20しかし、実際、キリストは死者の中から復活
し、眠りについた人たちの初穂となられました。
21死が一人の人によって来たのだから、死者の復
活も一人の人によって来るのです。22つまり、ア
ダムによってすべての人が死ぬことになったよう
に、キリストによってすべての人が生かされるこ
とになるのです。23ただ、一人一人にそれぞれ順
序があります。最初にキリスト、次いで、キリス
トが来られるときに、キリストに属している人た
ち、24次いで、世の終わりが来ます。そのとき、
キリストはすべての支配、すべての権威や勢力を
滅ぼし、父である神に国を引き渡されます。25キ
リストはすべての敵を御自分の足の下に置くまで、
国を支配されることになっているからです。26最
後の敵として、死が滅ぼされます。27「神は、す
べてをその足の下に服従させた」からです。すべ
てが服従させられたと言われるとき、すべてをキ
リストに服従させた方自身が、それに含まれてい
ないことは、明らかです。28すべてが御子に服従
するとき、御子自身も、すべてを御自分に服従さ
せてくださった方に服従されます。神がすべてに
おいてすべてとなられるためです。

29そうでなければ、死者のために洗礼を受ける
人たちは、何をしようとするのか。死者が決して
復活しないのなら、なぜ死者のために洗礼など受
けるのですか。30また、なぜわたしたちはいつも
危険を冒しているのですか。31兄弟たち、わたし
たちの主キリスト・イエスに結ばれてわたしが持
つ、あなたがたに対する誇りにかけて言えば、わ
たしは日々死んでいます。32単に人間的な動機か

らエフェソで野獣と闘ったとしたら、わたしに何の得があったでしょう。もし、死者が復活しないとしたら、

「食べたり飲んだりしようではないか。

どうせ明日は死ぬ身ではないか」

ということになります。33思い違いをしてはいけない。

「悪いつきあいは、良い習慣を台なしにする」

のです。34正気になって身を正しなさい。罪を犯してはならない。神について何も知らない人がいるからです。わたしがこう言うのは、あなたがたを恥じ入らせるためです。

復活の体

35しかし、死者はどんなふうに復活するのか、どんな体で来るのか、と聞く者がいるかもしれません。36愚かな人だ。あなたが蒔くものは、死ななければ命を得ないではありませんか。37あなたが蒔くものは、後でできる体ではなく、麦であれ他の穀物であれ、ただの種粒です。38神は、御心のままに、それに体を与え、一つ一つの種にそれぞれ体をお与えになります。39どの肉も同じ肉だというわけではなく、人間の肉、獣の肉、鳥の肉、魚の肉と、それぞれ違います。40また、天上の体と地上の体があります。しかし、天上の体の輝きと地上の体の輝きとは異なっています。41太陽の輝き、月の輝き、星の輝きがあって、それぞれ違いますし、星と星との間の輝きにも違いがあります。

42死者の復活もこれと同じです。蒔かれるときは朽ちるものでも、朽ちないものに復活し、43蒔かれるときは卑しいものでも、輝かしいものに復活し、蒔かれるときには弱いものでも、力強いものに復活するのです。44つまり、自然の命の体が蒔かれて、霊の体が復活するのです。自然の命の体があるのですから、霊の体もあるわけです。

45「最初の人アダムは命のある生き物となった」
と書いてありますが、最後のアダムは命を与える
霊となったのです。46最初に霊の体があったので
はありません。自然の命の体があり、次いで霊の
体があるのです。47最初の人は土ででき、地に属
する者であり、第二の人は天に属する者です。
48土からできた者たちはすべて、土からできたそ
の人に等しく、天に属する者たちはすべて、天に
属するその人に等しいのです。49わたしたちは、
土からできたその人の似姿となっているように、
天に属するその人の似姿にもなるのです。
　50兄弟たち、わたしはこう言いたいのです。肉
と血は神の国を受け継ぐことはできず、朽ちるも
のが朽ちないものを受け継ぐことはできません。
51わたしはあなたがたに神秘を告げます。わたし
たちは皆、眠りにつくわけではありません。わた
したちは皆、今とは異なる状態に変えられます。
52最後のラッパが鳴るとともに、たちまち、一瞬
のうちにです。ラッパが鳴ると、死者は復活して
朽ちない者とされ、わたしたちは変えられます。
53この朽ちるべきものが朽ちないものを着、この
死ぬべきものが死なないものを必ず着ることにな
ります。54この朽ちるべきものが朽ちないものを
着、この死ぬべきものが死なないものを着るとき、
次のように書かれている言葉が実現するのです。
「死は勝利にのみ込まれた。
55死よ、お前の勝利はどこにあるのか。
死よ、お前のとげはどこにあるのか。」
56死のとげは罪であり、罪の力は律法です。57わ
たしたちの主イエス・キリストによってわたした
ちに勝利を賜る神に、感謝しよう。58わたしの愛
する兄弟たち、こういうわけですから、動かされ
ないようにしっかり立ち、主の業《わざ》に常に励みなさ
い。主に結ばれているならば自分たちの苦労が決
して無駄にならないことを、あなたがたは知って
いるはずです。

エルサレム教会の信徒のための募金

16
1聖なる者たちのための募金については、わ
たしがガラテヤの諸教会に指示したように、
あなたがたも実行しなさい。2わたしがそちらに
着いてから初めて募金が行われることのないよう
に、週の初めの日にはいつも、各自収入に応じて、
幾らかずつでも手もとに取って置きなさい。3そ
ちらに着いたら、あなたがたから承認された人た
ちに手紙を持たせて、その贈り物を届けにエルサ
レムに行かせましょう。4わたしも行く方がよけ
れば、その人たちはわたしと一緒に行くことにな
るでしょう。

旅行の計画

5わたしは、マケドニア経由でそちらへ行きま
す。マケドニア州を通りますから、6たぶんあな
たがたのところに滞在し、場合によっては、冬を
越すことになるかもしれません。そうなれば、次
にどこに出かけるにしろ、あなたがたから送り出
してもらえるでしょう。7わたしは、今、旅のつ
いでにあなたがたに会うようなことはしたくない。
主が許してくだされば、しばらくあなたがたのと
ころに滞在したいと思っています。8しかし、五
旬祭まではエフェソに滞在します。9わたしの働
きのために大きな門が開かれているだけでなく、
反対者もたくさんいるからです。
10テモテがそちらに着いたら、あなたがたのと
ころで心配なく過ごせるようお世話ください。わ
たしと同様、彼は主の仕事をしているのです。
11だれも彼をないがしろにしてはならない。わた
しのところに来るときには、安心して来られるよ
うに送り出してください。わたしは、彼が兄弟た
ちと一緒に来るのを、待っているのです。
12兄弟アポロについては、兄弟たちと一緒にあ
なたがたのところに行くようにと、しきりに勧め

たのですが、彼は今行く意志は全くありません。
良い機会が来れば、行くことでしょう。

結びの言葉

13目を覚ましていなさい。信仰に基づいてしっ
かり立ちなさい。雄々しく強く生きなさい。14何
事も愛をもって行いなさい。
15兄弟たち、お願いします。あなたがたも知っ
ているように、ステファナの一家は、アカイア州
の初穂で、聖なる者たちに対して労を惜しまず世
話をしてくれました。16どうか、あなたがたもこ
の人たちや、彼らと一緒に働き、労苦してきたす
べての人々に従ってください。17ステファナ、フ
ォルトナト、アカイコが来てくれたので、大変う
れしく思っています。この人たちは、あなたがた
のいないときに、代わりを務めてくれました。
18わたしとあなたがたとを元気づけてくれたので
す。このような人たちを重んじてください。
19アジア州の諸教会があなたがたによろしくと
言っています。アキラとプリスカが、その家に集
まる教会の人々と共に、主においてあなたがたに
くれぐれもよろしくとのことです。20すべての兄
弟があなたがたによろしくと言っています。あな
たがたも、聖なる口づけによって互いに挨拶を交
わしなさい。
21わたしパウロが、自分の手で挨拶を記します。
22主を愛さない者は、神から見捨てられるがいい。
マラナ・タ（主よ、来てください）。23主イエス
の恵みが、あなたがたと共にあるように。24わた
しの愛が、キリスト・イエスにおいてあなたがた
一同と共にあるように。

コリントの信徒への手紙　二

1

挨拶

1神の御心《みこころ》によってキリスト・イエスの使徒
とされたパウロと、兄弟テモテから、コリン
トにある神の教会と、アカイア州の全地方に住む
すべての聖なる者たちへ。2わたしたちの父であ
る神と主《しゅ》イエス・キリストからの恵みと平和が、
あなたがたにあるように。

苦難と感謝

3わたしたちの主イエス・キリストの父である
神、慈愛に満ちた父、慰めを豊かにくださる神が
ほめたたえられますように。4神は、あらゆる苦
難に際してわたしたちを慰めてくださるので、わ
たしたちも神からいただくこの慰めによって、あ
らゆる苦難の中にある人々を慰めることができま
す。5キリストの苦しみが満ちあふれてわたしした
ちにも及んでいるのと同じように、わたしたちの
受ける慰めもキリストによって満ちあふれている
からです。6わたしたちが悩み苦しむとき、それ
はあなたがたの慰めと救いになります。また、わ
たしたちが慰められるとき、それはあなたがたの
慰めになり、あなたがたがわたしたちの苦しみと
同じ苦しみに耐えることができるのです。7あな
たがたについてわたしたちが抱いている希望は揺
るぎません。なぜなら、あなたがたが苦しみを共
にしてくれているように、慰めをも共にしている
と、わたしたちは知っているからです。
8兄弟たち、アジア州でわたしたちが被《こうむ》った苦
難について、ぜひ知っていてほしい。わたしたち
は耐えられないほどひどく圧迫されて、生きる望
みさえ失ってしまいました。9わたしたちとして
は死の宣告を受けた思いでした。それで、自分を
頼りにすることなく、死者を復活させてくださる

神を頼りにするようになりました。10神は、これ
ほど大きな死の危険からわたしたちを救ってくだ
さったし、また救ってくださることでしょう。こ
れからも救ってくださるにちがいないと、わたし
たちは神に希望をかけています。11あなたがたも
祈りで援助してください。そうすれば、多くの人
のお陰でわたしたちに与えられた恵みについて、
多くの人々がわたしたちのために感謝をささげて
くれるようになるのです。

コリント訪問の延期

12わたしたちは世の中で、とりわけあなたがた
に対して、人間の知恵によってではなく、神から
受けた純真と誠実によって、神の恵みの下に行動
してきました。このことは、良心も証《あか》しするとこ
ろで、わたしたちの誇りです。13−14わたしたち
は、あなたがたが読み、また理解できること以外
何も書いていません。あなたがたは、わたしたち
をある程度理解しているのですから、わたしたち
の主イエスの来られる日に、わたしたちにとって
もあなたがたが誇りであるように、あなたがたに
とってもわたしたちが誇りであることを、十分に
理解してもらいたい。

15このような確信に支えられて、わたしは、あ
なたがたがもう一度恵みを受けるようにと、まず
あなたがたのところへ行く計画を立てました。
16そして、そちらを経由してマケドニア州に赴き、
マケドニア州から再びそちらに戻って、ユダヤへ
送り出してもらおうと考えたのでした。17このよ
うな計画を立てたのは、軽はずみだったでしょう
か。それとも、わたしが計画するのは、人間的な
考えによることで、わたしにとって「然《しか》り、然
り」が同時に「否《いな》、否」となるのでしょうか。
18神は真実な方です。だから、あなたがたに向け
たわたしたちの言葉は、「然り」であると同時に
「否」であるというものではありません。19わた

したち、つまり、わたしとシルワノとテモテが、
あなたがたの間で宣《の》べ伝《つた》えた神の子イエス・キリ
ストは、「然り」と同時に「否」となったような
方ではありません。この方においては「然り」だ
けが実現したのです。20神の約束は、ことごとく
この方において「然り」となったからです。それ
で、わたしたちは神をたたえるため、この方を通
して「アーメン」と唱えます。21わたしたちとあ
なたがたとをキリストに固く結び付け、わたした
ちに油を注いでくださったのは、神です。22神は
また、わたしたちに証印を押して、保証としてわ
たしたちの心に〝霊〟を与えてくださいました。
23神を証人に立てて、命にかけて誓いますが、
わたしがまだコリントに行かずにいるのは、あな
たがたへの思いやりからです。24わたしたちは、
あなたがたの信仰を支配するつもりはなく、むし
ろ、あなたがたの喜びのために協力する者です。
あなたがたは信仰に基づいてしっかり立っている
からです。**2** 1そこでわたしは、そちらに行く
ことで再びあなたがたを悲しませるようなことは
すまい、と決心しました。2もしあなたがたを悲
しませるとすれば、わたしが悲しませる人以外の
いったいだれが、わたしを喜ばせてくれるでしょ
う。3あのようなことを書いたのは、そちらに行
って、喜ばせてもらえるはずの人たちから悲しい
思いをさせられたくなかったからです。わたしの
喜びはあなたがたすべての喜びでもあると、あな
たがた一同について確信しているからです。4わ
たしは、悩みと愁いに満ちた心で、涙ながらに手
紙を書きました。あなたがたを悲しませるためで
はなく、わたしがあなたがたに対してあふれるほ
ど抱いている愛を知ってもらうためでした。

違犯者を赦す

5悲しみの原因となった人がいれば、その人は
わたしを悲しませたのではなく、大げさな表現は

控えますが、あなたがたすべてをある程度悲しま
せたのです。6その人には、多数の者から受けた
あの罰で十分です。7むしろ、あなたがたは、そ
の人が悲しみに打ちのめされてしまわないように、
赦《ゆる》して、力づけるべきです。8そこで、ぜひとも
その人を愛するようにしてください。9わたしが
前に手紙を書いたのも、あなたがたが万事につい
て従順であるかどうかを試すためでした。10あな
たがたが何かのことで赦す相手は、わたしも赦し
ます。わたしが何かのことで人を赦したとすれば、
それは、キリストの前であなたがたのために赦し
たのです。11わたしたちがそうするのは、サタン
につけ込まれないためです。サタンのやり口は心
得ているからです。

パウロの不安と安心

12わたしは、キリストの福音を伝えるためにト
ロアスに行ったとき、主によってわたしのために
門が開かれていましたが、13兄弟テトスに会えな
かったので、不安の心を抱いたまま人々に別れを
告げて、マケドニア州に出発しました。
14神に感謝します。神は、わたしたちをいつも
キリストの勝利の行進に連ならせ、わたしたちを
通じて至るところに、キリストを知るという知識
の香りを漂わせてくださいます。15救いの道をた
どる者にとっても、滅びの道をたどる者にとって
も、わたしたちはキリストによって神に献《ささ》げられ
る良い香りです。16滅びる者には死から死に至ら
せる香りであり、救われる者には命から命に至ら
せる香りです。このような務めにだれがふさわし
いでしょうか。17わたしたちは、多くの人々のよ
うに神の言葉を売り物にせず、誠実に、また神に
属する者として、神の御前《みまえ》でキリストに結ばれて
語っています。

新しい契約の奉仕者

3

1わたしたちは、またもや自分を推薦し始め
ているのでしょうか。それとも、ある人々の
ように、あなたがたへの推薦状、あるいはあなた
がたからの推薦状が、わたしたちに必要なのでし
ょうか。2わたしたちの推薦状は、あなたがた自
身です。それは、わたしたちの心に書かれており、
すべての人々から知られ、読まれています。3あ
なたがたは、キリストがわたしたちを用いてお書
きになった手紙として公にされています。墨では
なく生ける神の霊によって、石の板ではなく人の
心の板に、書きつけられた手紙です。
4わたしたちは、キリストによってこのような
確信を神の前で抱いています。5もちろん、独り
で何かできるなどと思う資格が、自分にあるとい
うことではありません。わたしたちの資格は神か
ら与えられたものです。6神はわたしたちに、新
しい契約に仕える資格、文字ではなく霊に仕える
資格を与えてくださいました。文字は殺しますが、
霊は生かします。
7ところで、石に刻まれた文字に基づいて死に
仕える務めさえ栄光を帯びて、モーセの顔に輝い
ていたつかのまの栄光のために、イスラエルの子
らが彼の顔を見つめえないほどであったとすれば、
8霊に仕える務めは、なおさら、栄光を帯びてい
るはずではありませんか。9人を罪に定める務め
が栄光をまとっていたとすれば、人を義とする務
めは、なおさら、栄光に満ちあふれています。
10そして、かつて栄光を与えられたものも、この
場合、はるかに優れた栄光のために、栄光が失わ
れています。11なぜなら、消え去るべきものが栄
光を帯びていたのなら、永続するものは、なおさ
ら、栄光に包まれているはずだからです。
12このような希望を抱いているので、わたした
ちは確信に満ちあふれてふるまっており、13モー
セが、消え去るべきものの最後をイスラエルの子

らに見られまいとして、自分の顔に覆いを掛けた
ようなことはしません。14しかし、彼らの考えは
鈍くなってしまいました。今日に至るまで、古い
契約が読まれる際に、この覆いは除かれずに掛か
ったままなのです。それはキリストにおいて取り
除かれるものだからです。15このため、今日に至
るまでモーセの書が読まれるときは、いつでも彼
らの心には覆いが掛かっています。16しかし、主
の方に向き直れば、覆いは取り去られます。17こ
こでいう主とは、〝霊〟のことですが、主の霊の
おられるところに自由があります。18わたしたち
は皆、顔の覆いを除かれて、鏡のように主の栄光
を映し出しながら、栄光から栄光へと、主と同じ
姿に造りかえられていきます。これは主の霊の働
きによることです。

4

土の器に納めた宝

1こういうわけで、わたしたちは、憐れみを
受けた者としてこの務めをゆだねられている
のですから、落胆しません。2かえって、卑劣な
隠れた行いを捨て、悪賢く歩まず、神の言葉を曲
げず、真理を明らかにすることにより、神の御前
で自分自身をすべての人の良心にゆだねます。
3わたしたちの福音に覆いが掛かっているとする
なら、それは、滅びの道をたどる人々に対して覆
われているのです。4この世の神が、信じようと
はしないこの人々の心の目をくらまし、神の似姿
であるキリストの栄光に関する福音の光が見えな
いようにしたのです。5わたしたちは、自分自身
を宣べ伝えるのではなく、主であるイエス・キリ
ストを宣べ伝えています。わたしたち自身は、イ
エスのためにあなたがたに仕える僕《しもべ》なのです。
6「闇から光が輝き出よ」と命じられた神は、わ
たしたちの心の内に輝いて、イエス・キリストの

御顔《みかお》に輝く神の栄光を悟る光を与えてくださいま
した。
7ところで、わたしたちは、このような宝を土
の器に納めています。この並外れて偉大な力が神
のものであって、わたしたちから出たものでない
ことが明らかになるために。8わたしたちは、四
方から苦しめられても行き詰まらず、途方に暮れ
ても失望せず、9虐げられても見捨てられず、打
ち倒されても滅ぼされない。10わたしたちは、い
つもイエスの死を体にまとっています、イエスの
命がこの体に現れるために。11わたしたちは生き
ている間、絶えずイエスのために死にさらされて
います、死ぬはずのこの身にイエスの命が現れる
ために。12こうして、わたしたちの内には死が働
き、あなたがたの内には命が働いていることにな
ります。13「わたしは信じた。それで、わたしは
語った」と書いてあるとおり、それと同じ信仰の
霊を持っているので、わたしたちも信じ、それだ
からこそ語ってもいます。14主イエスを復活させ
た神が、イエスと共にわたしたちをも復活させ、
あなたがたと一緒に御前に立たせてくださると、
わたしたちは知っています。15すべてこれらのこ
とは、あなたがたのためであり、多くの人々が豊
かに恵みを受け、感謝の念に満ちて神に栄光を帰
すようになるためです。

信仰に生きる

16だから、わたしたちは落胆しません。たとえ
わたしたちの「外なる人」は衰えていくとしても、
わたしたちの「内なる人」は日々新たにされてい
きます。17わたしたちの一時の軽い艱難は、比べ
ものにならないほど重みのある永遠の栄光をもた
らしてくれます。18わたしたちは見えるものでは
なく、見えないものに目を注ぎます。見えるもの
は過ぎ去りますが、見えないものは永遠に存続す
るからです。

5

1わたしたちの地上の住みかである幕屋が滅
びても、神によって建物が備えられているこ
とを、わたしたちは知っています。人の手で造ら
れたものではない天にある永遠の住みかです。
2わたしたちは、天から与えられる住みかを上に
着たいと切に願って、この地上の幕屋にあって苦
しみもだえています。3それを脱いでも、わたし
たちは裸のままではおりません。4この幕屋に住
むわたしたちは重荷を負ってうめいておりますが、
それは、地上の住みかを脱ぎ捨てたいからではあ
りません。死ぬはずのものが命に飲み込まれてし
まうために、天から与えられる住みかを上に着た
いからです。5わたしたちを、このようになるの
にふさわしい者としてくださったのは、神です。
神は、その保証として〝霊〟を与えてくださった
のです。
6それで、わたしたちはいつも心強いのですが、
体を住みかとしているかぎり、主から離れている
ことも知っています。7目に見えるものによらず、
信仰によって歩んでいるからです。8わたしたち
は、心強い。そして、体を離れて、主のもとに住
むことをむしろ望んでいます。9だから、体を住
みかとしていても、体を離れているにしても、ひ
たすら主に喜ばれる者でありたい。10なぜなら、
わたしたちは皆、キリストの裁きの座の前に立ち、
善であれ悪であれ、めいめい体を住みかとしてい
たときに行ったことに応じて、報いを受けねばな
らないからです。

和解させる任務

11主に対する畏れを知っているわたしたちは、
人々の説得に努めます。わたしたちは、神にはあ
りのままに知られています。わたしは、あなたが
たの良心にもありのままに知られたいと思います。
12わたしたちは、あなたがたにもう一度自己推薦
をしようというのではありません。ただ、内面で

はなく、外面を誇っている人々に応じられるよう
に、わたしたちのことを誇る機会をあなたがたに
提供しているのです。13わたしたちが正気でない
とするなら、それは神のためであったし、正気で
あるなら、それはあなたがたのためです。14なぜ
なら、キリストの愛がわたしたちを駆り立ててい
るからです。わたしたちはこう考えます。すなわ
ち、一人の方がすべての人のために死んでくださ
った以上、すべての人も死んだことになります。
15その一人の方はすべての人のために死んでくだ
さった。その目的は、生きている人たちが、もは
や自分自身のために生きるのではなく、自分たち
のために死んで復活してくださった方のために生
きることなのです。
16それで、わたしたちは、今後だれをも肉に従
って知ろうとはしません。肉に従ってキリストを
知っていたとしても、今はもうそのように知ろう
とはしません。17だから、キリストと結ばれる人
はだれでも、新しく創造された者なのです。古い
ものは過ぎ去り、新しいものが生じた。18これら
はすべて神から出ることであって、神は、キリス
トを通してわたしたちを御自分と和解させ、また、
和解のために奉仕する任務をわたしたちにお授け
になりました。19つまり、神はキリストによって
世を御自分と和解させ、人々の罪の責任を問うこ
となく、和解の言葉をわたしたちにゆだねられた
のです。20ですから、神がわたしたちを通して勧
めておられるので、わたしたちはキリストの使者
の務めを果たしています。キリストに代わってお
願いします。神と和解させていただきなさい。
21罪と何のかかわりもない方を、神はわたしたち
のために罪となさいました。わたしたちはその方
によって神の義を得ることができたのです。

6

1わたしたちはまた、神の協力者としてあな
たがたに勧めます。神からいただいた恵みを
無駄にしてはいけません。2なぜなら、

「恵みの時に、わたしはあなたの願いを聞き入
れた。
救いの日に、わたしはあなたを助けた」
と神は言っておられるからです。今や、恵みの時、
今こそ、救いの日。3わたしたちはこの奉仕の務
めが非難されないように、どんな事にも人に罪の
機会を与えず、4あらゆる場合に神に仕える者と
してその実《じつ》を示しています。大いなる忍耐をもっ
て、苦難、欠乏、行き詰まり、5鞭打ち、監禁、
暴動、労苦、不眠、飢餓においても、6純真、知
識、寛容、親切、聖霊、偽りのない愛、7真理の
言葉、神の力によってそうしています。左右の手
に義の武器を持ち、8栄誉を受けるときも、辱《はずかし》め
を受けるときも、悪評を浴びるときも、好評を博
するときにもそうしているのです。わたしたちは
人を欺いているようでいて、誠実であり、9人に
知られていないようでいて、よく知られ、死にか
かっているようで、このように生きており、罰せ
られているようで、殺されてはおらず、10悲しん
でいるようで、常に喜び、貧しいようで、多くの
人を富ませ、無一物のようで、すべてのものを所
有しています。
11コリントの人たち、わたしたちはあなたがた
に率直に語り、心を広く開きました。12わたした
ちはあなたがたを広い心で受け入れていますが、
あなたがたは自分で心を狭くしています。13子供
たちに語るようにわたしは言いますが、あなたが
たも同じように心を広くしてください。

生ける神の神殿

14あなたがたは、信仰のない人々と一緒に不釣
り合いな軛《くびき》につながれてはなりません。正義と不
法とにどんなかかわりがありますか。光と闇とに
何のつながりがありますか。15キリストとベリア
ルにどんな調和がありますか。信仰と不信仰に何
の関係がありますか。16神の神殿と偶像にどんな

一致がありますか。わたしたちは生ける神の神殿
なのです。神がこう言われているとおりです。
『わたしは彼らの間に住み、巡り歩く。
そして、彼らの神となり、
彼らはわたしの民となる。
17だから、あの者どもの中から出て行き、
遠ざかるように』と主は仰せになる。
『そして、汚《けが》れたものに触れるのをやめよ。
そうすれば、わたしはあなたがたを受け入れ、
18父となり、
あなたがたはわたしの息子、娘となる。』
全能の主はこう仰せられる。」

7
1愛する人たち、わたしたちは、このような
約束を受けているのですから、肉と霊のあら
ゆる汚れから自分を清め、神を畏れ、完全に聖な
る者となりましょう。

教会の悔い改めを喜ぶ

2わたしたちに心を開いてください。わたした
ちはだれにも不義を行わず、だれをも破滅させず、
だれからもだまし取ったりしませんでした。3あ
なたがたを、責めるつもりで、こう言っているの
ではありません。前にも言ったように、あなたが
たはわたしたちの心の中にいて、わたしたちと生
死を共にしているのです。4わたしはあなたがた
に厚い信頼を寄せており、あなたがたについて大
いに誇っています。わたしは慰めに満たされてお
り、どんな苦難のうちにあっても喜びに満ちあふ
れています。
5マケドニア州に着いたとき、わたしたちの身
には全く安らぎがなく、ことごとに苦しんでいま
した。外には戦い、内には恐れがあったのです。
6しかし、気落ちした者を力づけてくださる神は、
テトスの到着によってわたしたちを慰めてくださ
いました。7テトスが来てくれたことによってだ

けではなく、彼があなたがたから受けた慰めによ
っても、そうしてくださったのです。つまり、あ
なたがたがわたしを慕い、わたしのために嘆き悲
しみ、わたしに対して熱心であることを彼が伝え
てくれたので、わたしはいっそう喜んだのです。
8あの手紙によってあなたがたを悲しませたとし
ても、わたしは後悔しません。確かに、あの手紙
が一時にもせよ、あなたがたを悲しませたことは
知っています。たとえ後悔したとしても、9今は
喜んでいます。あなたがたがただ悲しんだからで
はなく、悲しんで悔い改めたからです。あなたが
たが悲しんだのは神の御心に適ったことなので、
わたしたちからは何の害も受けずに済みました。
10神の御心に適った悲しみは、取り消されること
のない救いに通じる悔い改めを生じさせ、世の悲
しみは死をもたらします。11神の御心に適ったこ
の悲しみが、あなたがたにどれほどの熱心、弁明、
憤り、恐れ、あこがれ、熱意、懲らしめをもたら
したことでしょう。例の事件に関しては、あなた
がたは自分がすべての点で潔白であることを証明
しました。12ですから、あなたがたに手紙を送っ
たのは、不義を行った者のためでも、その被害者
のためでもなく、わたしたちに対するあなたがた
の熱心を、神の御前であなたがたに明らかにする
ためでした。13こういうわけでわたしたちは慰め
られたのです。

　この慰めに加えて、テトスの喜ぶさまを見て、
わたしたちはいっそう喜びました。彼の心があな
たがた一同のお陰で元気づけられたからです。
14わたしはあなたがたのことをテトスに少し誇り
ましたが、そのことで恥をかかずに済みました。
それどころか、わたしたちはあなたがたにすべて
真実を語ったように、テトスの前で誇ったことも
真実となったのです。15テトスは、あなたがた一
同が従順で、どんなに恐れおののいて歓迎してく
れたかを思い起こして、ますますあなたがたに心

を寄せています。[16]わたしは、すべての点であな
たがたを信頼できることを喜んでいます。

8 自発的な施し

[1]兄弟たち、マケドニア州の諸教会に与えら
れた神の恵みについて知らせましょう。[2]彼
らは苦しみによる激しい試練を受けていたのに、
その満ち満ちた喜びと極度の貧しさがあふれ出て、
人に惜しまず施す豊かさとなったということです。
[3]わたしは証ししますが、彼らは力に応じて、ま
た力以上に、自分から進んで、[4]聖なる者たちを
助けるための慈善の業《わざ》と奉仕に参加させてほしい
と、しきりにわたしたちに願い出たのでした。
[5]また、わたしたちの期待以上に、彼らはまず主
に、次いで、神の御心にそってわたしたちにも自
分自身を献げたので、[6]わたしたちはテトスに、
この慈善の業をあなたがたの間で始めたからには、
やり遂げるようにと勧めました。[7]あなたがたは
信仰、言葉、知識、あらゆる熱心、わたしたちか
ら受ける愛など、すべての点で豊かなのですから、
この慈善の業においても豊かな者となりなさい。
[8]わたしは命令としてこう言っているのではあ
りません。他の人々の熱心に照らしてあなたがた
の愛の純粋さを確かめようとして言うのです。
[9]あなたがたは、わたしたちの主イエス・キリス
トの恵みを知っています。すなわち、主は豊かで
あったのに、あなたがたのために貧しくなられた。
それは、主の貧しさによって、あなたがたが豊か
になるためだったのです。[10]この件についてわた
しの意見を述べておきます。それがあなたがたの
益になるからです。あなたがたは、このことを去
年から他に先がけて実行したばかりでなく、実行
したいと願ってもいました。[11]だから、今それを
やり遂げなさい。進んで実行しようと思ったとお
りに、自分が持っているものでやり遂げることで
す。[12]進んで行う気持があれば、持たないもので

はなく、持っているものに応じて、神に受け入れ
られるのです。13他の人々には楽をさせて、あな
たがたに苦労をかけるということではなく、釣り
合いがとれるようにするわけです。14あなたがた
の現在のゆとりが彼らの欠乏を補えば、いつか彼
らのゆとりもあなたがたの欠乏を補うことになり、
こうして釣り合いがとれるのです。
15「多く集めた者も、余ることはなく、
わずかしか集めなかった者も、
不足することはなかった」
と書いてあるとおりです。

諸教会からの使者

16あなたがたに対してわたしたちが抱いている
のと同じ熱心を、テトスの心にも抱かせてくださ
った神に感謝します。17彼はわたしたちの勧告を
受け入れ、ますます熱心に、自ら進んでそちらに
赴こうとしているからです。18わたしたちは一人
の兄弟を同伴させます。福音のことで至るところ
の教会で評判の高い人です。19そればかりではあ
りません。彼はわたしたちの同伴者として諸教会
から任命されたのです。それは、主御自身の栄光
と自分たちの熱意を現すようにわたしたちが奉仕
している、この慈善の業に加わるためでした。
20わたしたちは、自分が奉仕しているこの惜しま
ず提供された募金について、だれからも非難され
ないようにしています。21わたしたちは、主の前
だけではなく、人の前でも公明正大にふるまうよ
うに心がけています。22彼らにもう一人わたした
ちの兄弟を同伴させます。この人が熱心であるこ
とは、わたしたちがいろいろな機会にしばしば実
際に認めたところです。今、彼はあなたがたに厚
い信頼を寄せ、ますます熱心になっています。
23テトスについて言えば、彼はわたしの同志であ
り、あなたがたのために協力する者です。これら
の兄弟について言えば、彼らは諸教会の使者であ

り、キリストの栄光となっています。24だから、
あなたがたの愛の証しと、あなたがたのことでわ
たしたちが抱いている誇りの証しとを、諸教会の
前で彼らに見せてください。

9 エルサレムの信徒のための献金

1聖なる者たちへの奉仕について、これ以上
書く必要はありません。2わたしはあなたが
たの熱意を知っているので、アカイア州では去年
から準備ができていると言って、マケドニア州の
人々にあなたがたのことを誇りました。あなたが
たの熱意は多くの人々を奮い立たせたのです。
3わたしが兄弟たちを派遣するのは、あなたがた
のことでわたしたちが抱いている誇りが、この点
で無意味なものにならないためです。また、わた
しが言ったとおり用意していてもらいたいためで
す。4そうでないと、マケドニア州の人々がわた
しと共に行って、まだ用意のできていないのを見
たら、あなたがたはもちろん、わたしたちも、こ
のように確信しているだけに、恥をかくことにな
りかねないからです。5そこで、この兄弟たちに
頼んで一足先にそちらに行って、以前あなたがた
が約束した贈り物の用意をしてもらうことが必要
だと思いました。渋りながらではなく、惜しまず
差し出したものとして用意してもらうためです。
6つまり、こういうことです。惜しんでわずか
しか種を蒔かない者は、刈り入れもわずかで、惜
しまず豊かに蒔く人は、刈り入れも豊かなのです。
7各自、不承不承ではなく、強制されてでもなく、
こうしようと心に決めたとおりにしなさい。喜ん
で与える人を神は愛してくださるからです。8神
は、あなたがたがいつもすべての点ですべてのも
のに十分で、あらゆる善い業に満ちあふれるよう
に、あらゆる恵みをあなたがたに満ちあふれさせ
ることがおできになります。
9「彼は惜しみなく分け与え、貧しい人に施した。

彼の慈しみは永遠に続く」
と書いてあるとおりです。10種を蒔く人に種を与
え、パンを糧としてお与えになる方は、あなたが
たに種を与えて、それを増やし、あなたがたの慈
しみが結ぶ実を成長させてくださいます。11あな
たがたはすべてのことに富む者とされて惜しまず
施すようになり、その施しは、わたしたちを通じ
て神に対する感謝の念を引き出します。12なぜな
ら、この奉仕の働きは、聖なる者たちの不足して
いるものを補うばかりでなく、神に対する多くの
感謝を通してますます盛んになるからです。13こ
の奉仕の業が実際に行われた結果として、彼らは、
あなたがたがキリストの福音を従順に公言してい
ること、また、自分たちや他のすべての人々に惜
しまず施しを分けてくれることで、神をほめたた
えます。14更に、彼らはあなたがたに与えられた
神のこの上なくすばらしい恵みを見て、あなたが
たを慕い、あなたがたのために祈るのです。15言
葉では言い尽くせない贈り物について神に感謝し
ます。

パウロの誇り

10
1さて、あなたがたの間で面と向かっては弱
腰だが、離れていると強硬な態度に出る、と
思われている、このわたしパウロが、キリストの
優しさと心の広さとをもって、あなたがたに願い
ます。2わたしたちのことを肉に従って歩んでい
ると見なしている者たちに対しては、勇敢に立ち
向かうつもりです。わたしがそちらに行くときに
は、そんな強硬な態度をとらずに済むようにと願
っています。3わたしたちは肉において歩んでい
ますが、肉に従って戦うのではありません。4わ
たしたちの戦いの武器は肉のものではなく、神に
由来する力であって要塞も破壊するに足ります。
わたしたちは理屈を打ち破り、5神の知識に逆ら
うあらゆる高慢を打ち倒し、あらゆる思惑をとり

こにしてキリストに従わせ、6また、あなたがた
の従順が完全なものになるとき、すべての不従順
を罰する用意ができています。
7あなたがたは、うわべのことだけ見ています。
自分がキリストのものだと信じきっている人がい
れば、その人は、自分と同じくわたしたちもキリ
ストのものであることを、もう一度考えてみるが
よい。8あなたがたを打ち倒すためではなく、造
り上げるために主がわたしたちに授けてくださっ
た権威について、わたしがいささか誇りすぎたと
しても、恥にはならないでしょう。9わたしは手
紙であなたがたを脅していると思われたくない。
10わたしのことを、「手紙は重々しく力強いが、
実際に会ってみると弱々しい人で、話もつまらな
い」と言う者たちがいるからです。11そのような
者は心得ておくがよい。離れていて手紙で書くわ
たしたちと、その場に居合わせてふるまうわたし
たちとに変わりはありません。

12わたしたちは、自己推薦する者たちと自分を
同列に置いたり、比較したりしようなどとは思い
ません。彼らは仲間どうしで評価し合い、比較し
合っていますが、愚かなことです。13わたしたち
は限度を超えては誇らず、神が割り当ててくださ
った範囲内で誇る、つまり、あなたがたのところ
まで行ったということで誇るのです。14わたしした
ちは、あなたがたのところまでは行かなかったか
のように、限度を超えようとしているのではあり
ません。実際、わたしたちはキリストの福音を携
えてだれよりも先にあなたがたのもとを訪れたの
です。15わたしたちは、他人の労苦の結果を限度
を超えて誇るようなことはしません。ただ、わた
したちが希望しているのは、あなたがたの信仰が
成長し、あなたがたの間でわたしたちの働きが定
められた範囲内でますます増大すること、16あな
たがたを越えた他の地域にまで福音が告げ知らさ
れるようになること、わたしたちが他の人々の領

域で成し遂げられた活動を誇らないことです。
17「誇る者は主を誇れ。」 18自己推薦する者ではな
く、主から推薦される人こそ、適格者として受け
入れられるのです。

11　偽使徒たち

1わたしの少しばかりの愚かさを我慢してく
れたらよいが。いや、あなたがたは我慢して
くれています。2あなたがたに対して、神が抱い
ておられる熱い思いをわたしも抱いています。な
ぜなら、わたしはあなたがたを純潔な処女として
一人の夫と婚約させた、つまりキリストに献げた
からです。3ただ、エバが蛇の悪だくみで欺かれ
たように、あなたがたの思いが汚されて、キリス
トに対する真心と純潔とからそれてしまうのでは
ないかと心配しています。4なぜなら、あなたが
たは、だれかがやって来てわたしたちが宣べ伝え
たのとは異なったイエスを宣べ伝えても、あるい
は、自分たちが受けたことのない違った霊や、受
け入れたことのない違った福音を受けることにな
っても、よく我慢しているからです。5あの大使
徒たちと比べて、わたしは少しも引けは取らない
と思う。6たとえ、話し振りは素人でも、知識は
そうではない。そして、わたしたちはあらゆる点
あらゆる面で、このことをあなたがたに示してき
ました。
7それとも、あなたがたを高めるため、自分を
低くして神の福音を無報酬で告げ知らせたからと
いって、わたしは罪を犯したことになるでしょう
か。8わたしは、他の諸教会からかすめ取るよう
にしてまでも、あなたがたに奉仕するための生活
費を手に入れました。9あなたがたのもとで生活
に不自由したとき、だれにも負担をかけませんで
した。マケドニア州から来た兄弟たちが、わたし
の必要を満たしてくれたからです。そして、わた
しは何事においてもあなたがたに負担をかけない

ようにしてきたし、これからもそうするつもりで
す。10わたしの内にあるキリストの真実にかけて
言います。このようにわたしが誇るのを、アカイ
ア地方で妨げられることは決してありません。
11なぜだろうか。わたしがあなたがたを愛してい
ないからだろうか。神がご存じです。
12わたしは今していることを今後も続けるつも
りです。それは、わたしたちと同様に誇れるよう
にと機会をねらっている者たちから、その機会を
断ち切るためです。13こういう者たちは偽《にせ》使徒、
ずる賢い働き手であって、キリストの使徒を装っ
ているのです。14だが、驚くには当たりません。
サタンでさえ光の天使を装うのです。15だから、
サタンに仕える者たちが、義に仕える者を装うこ
となど、大したことではありません。彼らは、自
分たちの業に応じた最期を遂げるでしょう。

使徒としてのパウロの労苦

16もう一度言います。だれもわたしを愚か者と
思わないでほしい。しかし、もしあなたがたがそ
う思うなら、わたしを愚か者と見なすがよい。そ
うすれば、わたしも少しは誇ることができる。
17わたしがこれから話すことは、主の御心に従っ
てではなく、愚か者のように誇れると確信して話
すのです。18多くの者が肉に従って誇っているの
で、わたしも誇ることにしよう。19賢いあなたが
たのことだから、喜んで愚か者たちを我慢してく
れるでしょう。20実際、あなたがたはだれかに奴
隷にされても、食い物にされても、取り上げられ
ても、横柄な態度に出られても、顔を殴りつけら
れても、我慢しています。21言うのも恥ずかしい
ことですが、わたしたちの態度は弱すぎたのです。
だれかが何かのことであえて誇ろうとするなら、
愚か者になったつもりで言いますが、わたしもあ
えて誇ろう。22彼らはヘブライ人なのか。わたし

もそうです。イスラエル人なのか。わたしもそう
です。アブラハムの子孫なのか。わたしもそうで
す。23キリストに仕える者なのか。気が変になっ
たように言いますが、わたしは彼ら以上にそうな
のです。苦労したことはずっと多く、投獄された
こともずっと多く、鞭打たれたことは比較できな
いほど多く、死ぬような目に遭ったことも度々で
した。24ユダヤ人から四十に一つ足りない鞭を受
けたことが五度。25鞭で打たれたことが三度、石
を投げつけられたことが一度、難船したことが三
度。一昼夜海上に漂ったこともありました。26し
ばしば旅をし、川の難、盗賊の難、同胞からの難、
異邦人からの難、町での難、荒れ野での難、海上
の難、偽の兄弟たちからの難に遭い、27苦労し、
骨折って、しばしば眠らずに過ごし、飢え渇き、
しばしば食べずにおり、寒さに凍え、裸でいたこ
ともありました。28このほかにもまだあるが、そ
の上に、日々わたしに迫るやっかい事、あらゆる
教会についての心配事があります。29だれかが弱
っているなら、わたしは弱らないでいられるでし
ょうか。だれかがつまずくなら、わたしが心を燃
やさないでいられるでしょうか。
30誇る必要があるなら、わたしの弱さにかかわ
る事柄を誇りましょう。31主イエスの父である神、
永遠にほめたたえられるべき方は、わたしが偽り
を言っていないことをご存じです。32ダマスコで
アレタ王の代官が、わたしを捕らえようとして、
ダマスコの人たちの町を見張っていたとき、33わ
たしは、窓から籠で城壁づたいにつり降ろされて、
彼の手を逃れたのでした。

12

主から示された事

1わたしは誇らずにいられません。誇っても
無益ですが、主が見せてくださった事と啓示
してくださった事について語りましょう。2わた
しは、キリストに結ばれていた一人の人を知って

いますが、その人は十四年前、第三の天にまで引
き上げられたのです。体のままか、体を離れてか
は知りません。神がご存じです。3わたしはその
ような人を知っています。体のままか、体を離れ
てかは知りません。神がご存じです。4彼は楽園
にまで引き上げられ、人が口にするのを許されな
い、言い表しえない言葉を耳にしたのです。5こ
のような人のことをわたしは誇りましょう。しか
し、自分自身については、弱さ以外には誇るつも
りはありません。6仮にわたしが誇る気になった
としても、真実を語るのだから、愚か者にはなら
ないでしょう。だが、誇るまい。わたしのことを
見たり、わたしから話を聞いたりする以上に、わ
たしを過大評価する人がいるかもしれないし、
7また、あの啓示された事があまりにもすばらし
いからです。それで、そのために思い上がること
のないようにと、わたしの身に一つのとげが与え
られました。それは、思い上がらないように、わ
たしを痛めつけるために、サタンから送られた使
いです。8この使いについて、離れ去らせてくだ
さるように、わたしは三度主に願いました。9す
ると主は、**「わたしの恵みはあなたに十分である。
力は弱さの中でこそ十分に発揮されるのだ」**と言
われました。だから、キリストの力がわたしの内
に宿るように、むしろ大いに喜んで自分の弱さを
誇りましょう。10それゆえ、わたしは弱さ、侮辱、
窮乏、迫害、そして行き詰まりの状態にあっても、
キリストのために満足しています。なぜなら、わ
たしは弱いときにこそ強いからです。

コリントの教会に対するパウロの心遣い

11わたしは愚か者になってしまいました。あな
たがたが無理にそうさせたのです。わたしが、あ
なたがたから推薦してもらうべきだったのです。
わたしは、たとえ取るに足りない者だとしても、
あの大使徒たちに比べて少しも引けは取らなかっ

たからです。12わたしは使徒であることを、しる
しや、不思議な業や、奇跡によって、忍耐強くあ
なたがたの間で実証しています。13あなたがたが
他の諸教会よりも劣っている点は何でしょう。わ
たしが負担をかけなかったことだけではないです
か。この不当な点をどうか許してほしい。14わた
しはそちらに三度目の訪問をしようと準備してい
るのですが、あなたがたに負担はかけません。わ
たしが求めているのは、あなたがたの持ち物では
なく、あなたがた自身だからです。子は親のため
に財産を蓄える必要はなく、親が子のために蓄え
なければならないのです。15わたしはあなたがた
の魂のために大いに喜んで自分の持ち物を使い、
自分自身を使い果たしもしよう。あなたがたを愛
すれば愛するほど、わたしの方はますます愛され
なくなるのでしょうか。16わたしが負担をかけな
かったとしても、悪賢くて、あなたがたからだま
し取ったということになっています。17そちらに
派遣した人々の中のだれによって、あなたがたを
だましたでしょうか。18テトスにそちらに行くよ
うに願い、あの兄弟を同伴させましたが、そのテ
トスがあなたがたをだましたでしょうか。わたし
たちは同じ霊に導かれ、同じ模範に倣って歩んだ
のではなかったのですか。

19あなたがたは、わたしたちがあなたがたに対
し自己弁護をしているのだと、これまでずっと思
ってきたのです。わたしたちは神の御前で、キリ
ストに結ばれて語っています。愛する人たち、す
べてはあなたがたを造り上げるためなのです。
20わたしは心配しています。そちらに行ってみる
と、あなたがたがわたしの期待していたような人
たちではなく、わたしの方もあなたがたの期待ど
おりの者ではない、ということにならないだろう
か。争い、ねたみ、怒り、党派心、そしり、陰口、
高慢、騒動などがあるのではないだろうか。21再
びそちらに行くとき、わたしの神があなたがたの

前でわたしに面目を失わせるようなことはなさら
ないだろうか。以前に罪を犯した多くの人々が、
自分たちの行った不潔な行い、みだらな行い、ふ
しだらな行いを悔い改めずにいるのを、わたしは
嘆き悲しむことになるのではないだろうか。

13 結びの言葉

[1]わたしがあなたがたのところに行くのは、
これで三度目です。すべてのことは、二人な
いし三人の証人の口によって確定されるべきです。
[2]以前罪を犯した人と、他のすべての人々に、そ
ちらでの二度目の滞在中に前もって言っておいた
ように、離れている今もあらかじめ言っておきま
す。今度そちらに行ったら、容赦しません。[3]な
ぜなら、あなたがたはキリストがわたしによって
語っておられる証拠を求めているからです。キリ
ストはあなたがたに対しては弱い方でなく、あな
たがたの間で強い方です。[4]キリストは、弱さの
ゆえに十字架につけられましたが、神の力によっ
て生きておられるのです。わたしたちもキリスト
に結ばれた者として弱い者ですが、しかし、あな
たがたに対しては、神の力によってキリストと共
に生きています。

[5]信仰を持って生きているかどうか自分を反省
し、自分を吟味しなさい。あなたがたは自分自身
のことが分からないのですか。イエス・キリスト
があなたがたの内におられることが。あなたがた
が失格者なら別ですが……。[6]わたしたちが失格
者でないことを、あなたがたが知るようにと願っ
ています。[7]わたしたちは、あなたがたがどんな
悪も行わないようにと、神に祈っています。それ
はわたしたちが、適格者と見なされたいからでは
なく、たとえ失格者と見えようとも、あなたがた
が善を行うためなのです。[8]わたしたちは、何事
も真理に逆らってはできませんが、真理のためな
らばできます。[9]わたしたちは自分が弱くても、

あなたがたが強ければ喜びます。あなたがたが完
全な者になることをも、わたしたちは祈っていま
す。10遠くにいてこのようなことを書き送るのは、
わたしがそちらに行ったとき、壊すためではなく
造り上げるために主がお与えくださった権威によ
って、厳しい態度をとらなくても済むようにする
ためです。
11終わりに、兄弟たち、喜びなさい。完全な者
になりなさい。励まし合いなさい。思いを一つに
しなさい。平和を保ちなさい。そうすれば、愛と
平和の神があなたがたと共にいてくださいます。
12聖なる口づけによって互いに挨拶を交わしなさ
い。すべての聖なる者があなたがたによろしくと
のことです。
13主イエス・キリストの恵み、神の愛、聖霊の
交わりが、あなたがた一同と共にあるように。

ガラテヤの信徒への手紙

挨拶

1

1人々からでもなく、人を通してでもなく、
イエス・キリストと、キリストを死者の中か
ら復活させた父である神とによって使徒とされた
パウロ、2ならびに、わたしと一緒にいる兄弟一
同から、ガラテヤ地方の諸教会へ。3わたしたち
の父である神と、主《しゅ》イエス・キリストの恵みと平
和が、あなたがたにあるように。4キリストは、
わたしたちの神であり父である方の御心《みこころ》に従い、
この悪の世からわたしたちを救い出そうとして、
御自身をわたしたちの罪のために献《ささ》げてくださっ
たのです。5わたしたちの神であり父である方に
世々限りなく栄光がありますように、アーメン。

ほかの福音はない

6キリストの恵みへ招いてくださった方から、
あなたがたがこんなにも早く離れて、ほかの福音
に乗り換えようとしていることに、わたしはあき
れ果てています。7ほかの福音といっても、もう
一つ別の福音があるわけではなく、ある人々があ
なたがたを惑わし、キリストの福音を覆そうとし
ているにすぎないのです。8しかし、たとえわた
したち自身であれ、天使であれ、わたしたちがあ
なたがたに告げ知らせたものに反する福音を告げ
知らせようとするならば、呪われるがよい。9わ
たしたちが前にも言っておいたように、今また、
わたしは繰り返して言います。あなたがたが受け
たものに反する福音を告げ知らせる者がいれば、
呪われるがよい。
10こんなことを言って、今わたしは人に取り入
ろうとしているのでしょうか。それとも、神に取
り入ろうとしているのでしょうか。あるいは、何

とかして人の気に入ろうとあくせくしているので
しょうか。もし、今なお人の気に入ろうとしてい
るなら、わたしはキリストの僕《しもべ》ではありません。

パウロが使徒として選ばれた次第

11兄弟たち、あなたがたにはっきり言います。
わたしが告げ知らせた福音は、人によるものでは
ありません。12わたしはこの福音を人から受けた
のでも教えられたのでもなく、イエス・キリスト
の啓示によって知らされたのです。
13あなたがたは、わたしがかつてユダヤ教徒と
してどのようにふるまっていたかを聞いています。
わたしは、徹底的に神の教会を迫害し、滅ぼそう
としていました。14また、先祖からの伝承を守る
のに人一倍熱心で、同胞の間では同じ年ごろの多
くの者よりもユダヤ教に徹しようとしていました。
15しかし、わたしを母の胎内にあるときから選び
分け、恵みによって召し出してくださった神が、
御心のままに、16御子《みこ》をわたしに示して、その福
音を異邦人に告げ知らせるようにされたとき、わ
たしは、すぐ血肉に相談するようなことはせず、
17また、エルサレムに上って、わたしより先に使
徒として召された人たちのもとに行くこともせず、
アラビアに退いて、そこから再びダマスコに戻っ
たのでした。
18それから三年後、ケファと知り合いになろう
としてエルサレムに上り、十五日間彼のもとに滞
在しましたが、19ほかの使徒にはだれにも会わず、
ただ主の兄弟ヤコブにだけ会いました。20わたし
がこのように書いていることは、神の御前《みまえ》で断言
しますが、うそをついているのではありません。
21その後、わたしはシリアおよびキリキアの地方
へ行きました。22キリストに結ばれているユダヤ
の諸教会の人々とは、顔見知りではありませんで
した。23ただ彼らは、「かつて我々を迫害した者
が、あの当時滅ぼそうとしていた信仰を、今は福

音として告げ知らせている」と聞いて、24わたし
のことで神をほめたたえておりました。

使徒たち、パウロを受け入れる

2
1その後十四年たってから、わたしはバルナ
バと一緒にエルサレムに再び上りました。そ
の際、テトスも連れて行きました。2エルサレム
に上ったのは、啓示によるものでした。わたしは、
自分が異邦人に宣《の》べ伝《つた》えている福音について、
人々に、とりわけ、おもだった人たちには個人的
に話して、自分は無駄に走っているのではないか、
あるいは走ったのではないかと意見を求めました。
3しかし、わたしと同行したテトスでさえ、ギリ
シア人であったのに、割礼を受けることを強制さ
れませんでした。4潜り込んで来た偽の兄弟たち
がいたのに、強制されなかったのです。彼らは、
わたしたちを奴隷にしようとして、わたしたちが
キリスト・イエスによって得ている自由を付けね
らい、こっそり入り込んで来たのでした。5福音
の真理が、あなたがたのもとにいつもとどまって
いるように、わたしたちは、片ときもそのような
者たちに屈服して譲歩するようなことはしません
でした。6おもだった人たちからも強制されませ
んでした。——この人たちがそもそもどんな人で
あったにせよ、それは、わたしにはどうでもよい
ことです。神は人を分け隔てなさいません。——
実際、そのおもだった人たちは、わたしにどんな
義務も負わせませんでした。7それどころか、彼
らは、ペトロには割礼を受けた人々に対する福音
が任されたように、わたしには割礼を受けていな
い人々に対する福音が任されていることを知りま
した。8割礼を受けた人々に対する使徒としての
任務のためにペトロに働きかけた方は、異邦人に
対する使徒としての任務のためにわたしにも働き
かけられたのです。9また、彼らはわたしに与え
られた恵みを認め、ヤコブとケファとヨハネ、つ

まり柱と目されるおもだった人たちは、わたしと
バルナバに一致のしるしとして右手を差し出しま
した。それで、わたしたちは異邦人へ、彼らは割
礼を受けた人々のところに行くことになったので
す。10ただ、わたしたちが貧しい人たちのことを
忘れないようにとのことでしたが、これは、ちょ
うどわたしも心がけてきた点です。

パウロ、ペトロを非難する

11さて、ケファがアンティオキアに来たとき、
非難すべきところがあったので、わたしは面と向
かって反対しました。12なぜなら、ケファは、ヤ
コブのもとからある人々が来るまでは、異邦人と
一緒に食事をしていたのに、彼らがやって来ると、
割礼を受けている者たちを恐れてしり込みし、身
を引こうとしだしたからです。13そして、ほかの
ユダヤ人も、ケファと一緒にこのような心にもな
いことを行い、バルナバさえも彼らの見せかけの
行いに引きずり込まれてしまいました。14しかし、
わたしは、彼らが福音の真理にのっとってまっす
ぐ歩いていないのを見たとき、皆の前でケファに
向かってこう言いました。「あなたはユダヤ人で
ありながら、ユダヤ人らしい生き方をしないで、
異邦人のように生活しているのに、どうして異邦
人にユダヤ人のように生活することを強要するの
ですか。」

すべての人は信仰によって義とされる

15わたしたちは生まれながらのユダヤ人であっ
て、異邦人のような罪人《つみびと》ではありません。16けれ
ども、人は律法の実行ではなく、ただイエス・キ
リストへの信仰によって義とされると知って、わ
たしたちもキリスト・イエスを信じました。これ
は、律法の実行ではなく、キリストへの信仰によ
って義としていただくためでした。なぜなら、律
法の実行によっては、だれ一人として義とされな

いからです。17もしわたしたちが、キリストによ
って義とされるように努めながら、自分自身も罪
人であるなら、キリストは罪に仕える者というこ
とになるのでしょうか。決してそうではない。
18もし自分で打ち壊したものを再び建てるとすれ
ば、わたしは自分が違犯者であると証明すること
になります。19わたしは神に対して生きるために、
律法に対しては律法によって死んだのです。わた
しは、キリストと共に十字架につけられています。
20生きているのは、もはやわたしではありません。
キリストがわたしの内に生きておられるのです。
わたしが今、肉において生きているのは、わたし
を愛し、わたしのために身を献げられた神の子に
対する信仰によるものです。21わたしは、神の恵
みを無にはしません。もし、人が律法のお陰で義
とされるとすれば、それこそ、キリストの死は無
意味になってしまいます。

3

律法によるか、信仰によるか

1ああ、物分かりの悪いガラテヤの人たち、
だれがあなたがたを惑わしたのか。目の前に、
イエス・キリストが十字架につけられた姿ではっ
きり示されたではないか。2あなたがたに一つだ
け確かめたい。あなたがたが〝霊〟を受けたのは、
律法を行ったからですか。それとも、福音を聞い
て信じたからですか。3あなたがたは、それほど
物分かりが悪く、〝霊〟によって始めたのに、肉
によって仕上げようとするのですか。4あれほど
のことを体験したのは、無駄だったのですか。無
駄であったはずはないでしょうに……。5あなた
がたに〝霊〟を授け、また、あなたがたの間で奇
跡を行われる方は、あなたがたが律法を行ったか
ら、そうなさるのでしょうか。それとも、あなた
がたが福音を聞いて信じたからですか。6それは、
「アブラハムは神を信じた。それは彼の義と認め
られた」と言われているとおりです。

7だから、信仰によって生きる人々こそ、アブ
ラハムの子であるとわきまえなさい。8聖書は、
神が異邦人を信仰によって義となさることを見越
して、「あなたのゆえに異邦人は皆祝福される」
という福音をアブラハムに予告しました。9それ
で、信仰によって生きる人々は、信仰の人アブラ
ハムと共に祝福されています。10律法の実行に頼
る者はだれでも、呪われています。「律法の書に
書かれているすべての事を絶えず守らない者は皆、
呪われている」と書いてあるからです。11律法に
よってはだれも神の御前で義とされないことは、
明らかです。なぜなら、「正しい者は信仰によっ
て生きる」からです。12律法は、信仰をよりどこ
ろとしていません。「律法の定めを果たす者は、
その定めによって生きる」のです。13キリストは、
わたしたちのために呪いとなって、わたしたちを
律法の呪いから贖《あがな》い出《だ》してくださいました。「木
にかけられた者は皆呪われている」と書いてある
からです。14それは、アブラハムに与えられた祝
福が、キリスト・イエスにおいて異邦人に及ぶた
めであり、また、わたしたちが、約束された
〝霊〟を信仰によって受けるためでした。

律法と約束

15兄弟たち、分かりやすく説明しましょう。人
の作った遺言でさえ、法律的に有効となったら、
だれも無効にしたり、それに追加したりはできま
せん。16ところで、アブラハムとその子孫に対し
て約束が告げられましたが、その際、多くの人を
指して「子孫たちとに」とは言われず、一人の人
を指して「あなたの子孫とに」と言われています。
この「子孫」とは、キリストのことです。17わた
しが言いたいのは、こうです。神によってあらか
じめ有効なものと定められた契約を、それから四
百三十年後にできた律法が無効にして、その約束
を反故にすることはないということです。18相続

が律法に由来するものなら、もはや、それは約束
に由来するものではありません。しかし神は、約
束によってアブラハムにその恵みをお与えになっ
たのです。19では、律法とはいったい何か。律法
は、約束を与えられたあの子孫が来られるときま
で、違犯を明らかにするために付け加えられたも
ので、天使たちを通し、仲介者の手を経て制定さ
れたものです。20仲介者というものは、一人で事
を行う場合には要りません。約束の場合、神はひ
とりで事を運ばれたのです。

奴隷ではなく神の子である

21それでは、律法は神の約束に反するものなの
でしょうか。決してそうではない。万一、人を生
かすことができる律法が与えられたとするなら、
確かに人は律法によって義とされたでしょう。
22しかし、聖書はすべてのものを罪の支配下に閉
じ込めたのです。それは、神の約束が、イエス・
キリストへの信仰によって、信じる人々に与えら
れるようになるためでした。
23信仰が現れる前には、わたしたちは律法の下
で監視され、この信仰が啓示されるようになるま
で閉じ込められていました。24こうして律法は、
わたしたちをキリストのもとへ導く養育係となっ
たのです。わたしたちが信仰によって義とされる
ためです。25しかし、信仰が現れたので、もはや、
わたしたちはこのような養育係の下にはいません。
26あなたがたは皆、信仰により、キリスト・イ
エスに結ばれて神の子なのです。27洗礼《バプテスマ》を受け
てキリストに結ばれたあなたがたは皆、キリスト
を着ているからです。28そこではもはや、ユダヤ
人もギリシア人もなく、奴隷も自由な身分の者も
なく、男も女もありません。あなたがたは皆、キ
リスト・イエスにおいて一つだからです。29あな
たがたは、もしキリストのものだとするなら、と
りもなおさず、アブラハムの子孫であり、約束に

よる相続人です。

4

[1]つまり、こういうことです。相続人は、未
成年である間は、全財産の所有者であっても
僕と何ら変わるところがなく、[2]父親が定めた期
日までは後見人や管理人の監督の下にいます。
[3]同様にわたしたちも、未成年であったときは、
世を支配する諸霊に奴隷として仕えていました。
[4]しかし、時が満ちると、神は、その御子を女か
ら、しかも律法の下に生まれた者としてお遣わし
になりました。[5]それは、律法の支配下にある者
を贖い出して、わたしたちを神の子となさるため
でした。[6]あなたがたが子であることは、神が、
「アッバ、父よ」と叫ぶ御子の霊を、わたしたち
の心に送ってくださった事実から分かります。
[7]ですから、あなたはもはや奴隷ではなく、子で
す。子であれば、神によって立てられた相続人で
もあるのです。

キリストがあなたがたの内に形づくられるまで

[8]ところで、あなたがたはかつて、神を知らず
に、もともと神でない神々に奴隷として仕えてい
ました。[9]しかし、今は神を知っている、いや、
むしろ神から知られているのに、なぜ、あの無力
で頼りにならない支配する諸霊の下に逆戻りし、
もう一度改めて奴隷として仕えようとしているの
ですか。[10]あなたがたは、いろいろな日、月、時
節、年などを守っています。[11]あなたがたのため
に苦労したのは、無駄になったのではなかったか
と、あなたがたのことが心配です。
[12]わたしもあなたがたのようになったのですか
ら、あなたがたもわたしのようになってください。
兄弟たち、お願いします。あなたがたは、わたし
に何一つ不当な仕打ちをしませんでした。[13]知っ
てのとおり、この前わたしは、体が弱くなったこ
とがきっかけで、あなたがたに福音を告げ知らせ

ました。14そして、わたしの身には、あなたがた
にとって試練ともなるようなことがあったのに、
さげすんだり、忌み嫌ったりせず、かえって、わ
たしを神の使いであるかのように、また、キリス
ト・イエスででもあるかのように、受け入れてく
れました。15あなたがたが味わっていた幸福は、
いったいどこへ行ってしまったのか。あなたがた
のために証言しますが、あなたがたは、できるこ
となら、自分の目をえぐり出してもわたしに与え
ようとしたのです。16すると、わたしは、真理を
語ったために、あなたがたの敵となったのですか。
17あの者たちがあなたがたに対して熱心になるの
は、善意からではありません。かえって、自分た
ちに対して熱心にならせようとして、あなたがた
を引き離したいのです。18わたしがあなたがたの
もとにいる場合だけに限らず、いつでも、善意か
ら熱心に慕われるのは、よいことです。19わたし
の子供たち、キリストがあなたがたの内に形づく
られるまで、わたしは、もう一度あなたがたを産
もうと苦しんでいます。20できることなら、わた
しは今あなたがたのもとに居合わせ、語調を変え
て話したい。あなたがたのことで途方に暮れてい
るからです。

二人の女のたとえ

21わたしに答えてください。律法の下にいたい
と思っている人たち、あなたがたは、律法の言う
ことに耳を貸さないのですか。22アブラハムには
二人の息子があり、一人は女奴隷から生まれ、も
う一人は自由な身の女から生まれたと聖書に書い
てあります。23ところで、女奴隷の子は肉によっ
て生まれたのに対し、自由な女から生まれた子は
約束によって生まれたのでした。24これには、別
の意味が隠されています。すなわち、この二人の
女とは二つの契約を表しています。子を奴隷の身
分に産む方は、シナイ山に由来する契約を表して

いて、これがハガルです。25このハガルは、アラ
ビアではシナイ山のことで、今のエルサレムに当
たります。なぜなら、今のエルサレムは、その子
供たちと共に奴隷となっているからです。26他方、
天のエルサレムは、いわば自由な身の女であって、
これはわたしたちの母です。27なぜなら、次のよ
うに書いてあるからです。

「喜べ、子を産まない不妊の女よ、
喜びの声をあげて叫べ、
産みの苦しみを知らない女よ。
一人取り残された女が夫ある女よりも、
多くの子を産むから。」

28ところで、兄弟たち、あなたがたは、イサクの
場合のように、約束の子です。29けれども、あの
とき、肉によって生まれた者が、〝霊〟によって
生まれた者を迫害したように、今も同じようなこ
とが行われています。30しかし、聖書に何と書い
てありますか。「女奴隷とその子を追い出せ。女
奴隷から生まれた子は、断じて自由な身の女から
生まれた子と一緒に相続人になってはならないか
らである」と書いてあります。31要するに、兄弟
たち、わたしたちは、女奴隷の子ではなく、自由
な身の女から生まれた子なのです。

5 1この自由を得させるために、キリストはわ
たしたちを自由の身にしてくださったのです。
だから、しっかりしなさい。奴隷の軛《くびき》に二度とつ
ながれてはなりません。

キリスト者の自由

2ここで、わたしパウロはあなたがたに断言し
ます。もし割礼を受けるなら、あなたがたにとっ
てキリストは何の役にも立たない方になります。
3割礼を受ける人すべてに、もう一度はっきり言
います。そういう人は律法全体を行う義務がある
のです。4律法によって義とされようとするなら、
あなたがたはだれであろうと、キリストとは縁も

ゆかりもない者とされ、いただいた恵みも失いま
す。5わたしたちは、義とされた者の希望が実現
することを、〝霊〟により、信仰に基づいて切に
待ち望んでいるのです。6キリスト・イエスに結
ばれていれば、割礼の有無は問題ではなく、愛の
実践を伴う信仰こそ大切です。
7あなたがたは、よく走っていました。それな
のに、いったいだれが邪魔をして真理に従わない
ようにさせたのですか。8このような誘いは、あ
なたがたを召し出しておられる方からのものでは
ありません。9わずかなパン種《だね》が練り粉全体を膨
らませるのです。10あなたがたが決して別な考え
を持つことはないと、わたしは主をよりどころと
してあなたがたを信頼しています。あなたがたを
惑わす者は、だれであろうと、裁きを受けます。
11兄弟たち、このわたしが、今なお割礼を宣べ伝
えているとするならば、今なお迫害を受けている
のは、なぜですか。そのようなことを宣べ伝えれ
ば、十字架のつまずきもなくなっていたことでし
ょう。12あなたがたをかき乱す者たちは、いっそ
のこと自ら去勢してしまえばよい。
13兄弟たち、あなたがたは、自由を得るために
召し出されたのです。ただ、この自由を、肉に罪
を犯させる機会とせずに、愛によって互いに仕え
なさい。14律法全体は、「隣人を自分のように愛
しなさい」という一句によって全うされるからで
す。15だが、互いにかみ合い、共食いしているの
なら、互いに滅ぼされないように注意しなさい。

霊の実と肉の業

16わたしが言いたいのは、こういうことです。
霊の導きに従って歩みなさい。そうすれば、決し
て肉の欲望を満足させるようなことはありません。
17肉の望むところは、霊に反し、霊の望むところ
は、肉に反するからです。肉と霊とが対立し合っ
ているので、あなたがたは、自分のしたいと思う

ことができないのです。18しかし、霊に導かれて
いるなら、あなたがたは、律法の下にはいません。
19肉の業《わざ》は明らかです。それは、姦淫、わいせつ、
好色、20偶像礼拝、魔術、敵意、争い、そねみ、
怒り、利己心、不和、仲間争い、21ねたみ、泥酔、
酒宴、その他このたぐいのものです。以前言って
おいたように、ここでも前もって言いますが、こ
のようなことを行う者は、神の国を受け継ぐこと
はできません。
22これに対して、霊の結ぶ実は愛であり、喜び、
平和、寛容、親切、善意、誠実、23柔和、節制で
す。これらを禁じる掟はありません。24キリス
ト・イエスのものとなった人たちは、肉を欲情や
欲望もろとも十字架につけてしまったのです。
25わたしたちは、霊の導きに従って生きているな
ら、霊の導きに従ってまた前進しましょう。26う
ぬぼれて、互いに挑み合ったり、ねたみ合ったり
するのはやめましょう。

6 信仰に基づいた助け合い

1兄弟たち、万一だれかが不注意にも何かの
罪に陥ったなら、〝霊〟に導かれて生きてい
るあなたがたは、そういう人を柔和な心で正しい
道に立ち帰らせなさい。あなた自身も誘惑されな
いように、自分に気をつけなさい。2互いに重荷
を担いなさい。そのようにしてこそ、キリストの
律法を全うすることになるのです。3実際には何
者でもないのに、自分をひとかどの者だと思う人
がいるなら、その人は自分自身を欺いています。
4各自で、自分の行いを吟味してみなさい。そう
すれば、自分に対してだけは誇れるとしても、他
人に対しては誇ることができないでしょう。5め
いめいが、自分の重荷を担うべきです。6御言葉《みことば》
を教えてもらう人は、教えてくれる人と持ち物を
すべて分かち合いなさい。7思い違いをしてはい
けません。神は、人から侮られることはありませ

ん。人は、自分の蒔《ま》いたものを、また刈り取るこ
とになるのです。8自分の肉に蒔く者は、肉から
滅びを刈り取り、霊に蒔く者は、霊から永遠の命
を刈り取ります。9たゆまず善を行いましょう。
飽きずに励んでいれば、時が来て、実を刈り取る
ことになります。10ですから、今、時のある間に、
すべての人に対して、特に信仰によって家族にな
った人々に対して、善を行いましょう。

結びの言葉

11このとおり、わたしは今こんなに大きな字で、
自分の手であなたがたに書いています。12肉にお
いて人からよく思われたがっている者たちが、た
だキリストの十字架のゆえに迫害されたくないば
かりに、あなたがたに無理やり割礼を受けさせよ
うとしています。13割礼を受けている者自身、実
は律法を守っていませんが、あなたがたの肉につ
いて誇りたいために、あなたがたにも割礼を望ん
でいます。14しかし、このわたしには、わたした
ちの主イエス・キリストの十字架のほかに、誇る
ものが決してあってはなりません。この十字架に
よって、世はわたしに対し、わたしは世に対して
はりつけにされているのです。15割礼の有無は問
題ではなく、大切なのは、新しく創造されること
です。16このような原理に従って生きていく人の
上に、つまり、神のイスラエルの上に平和と憐《あわ》れ
みがあるように。
17これからは、だれもわたしを煩わさないでほ
しい。わたしは、イエスの焼き印を身に受けてい
るのです。
18兄弟たち、わたしたちの主イエス・キリスト
の恵みが、あなたがたの霊と共にあるように。ア
ーメン。

エフェソの信徒への手紙

1

挨拶

1神の御心《みこころ》によってキリスト・イエスの使徒
とされたパウロから、エフェソにいる聖なる
者たち、キリスト・イエスを信ずる人たちへ。
2わたしたちの父である神と主イエス・キリスト
からの恵みと平和が、あなたがたにあるように。

神の恵みはキリストにおいて満ちあふれる

3わたしたちの主《しゅ》イエス・キリストの父である
神は、ほめたたえられますように。神は、わたし
たちをキリストにおいて、天のあらゆる霊的な祝
福で満たしてくださいました。
4天地創造の前に、
神はわたしたちを愛して、御自分の前で聖なる者、
汚《けが》れのない者にしようと、キリストにおいてお選
びになりました。
5イエス・キリストによって神
の子にしようと、御心のままに前もってお定めに
なったのです。
6神がその愛する御子《みこ》によって与
えてくださった輝かしい恵みを、わたしたちがた
たえるためです。
7わたしたちはこの御子におい
て、その血によって贖《あがな》われ、罪を赦《ゆる》されました。
これは、神の豊かな恵みによるものです。
8神は
この恵みをわたしたちの上にあふれさせ、すべて
の知恵と理解とを与えて、
9秘められた計画をわ
たしたちに知らせてくださいました。これは、前
もってキリストにおいてお決めになった神の御心
によるものです。
10こうして、時が満ちるに及ん
で、救いの業《わざ》が完成され、あらゆるものが、頭《かしら》で
あるキリストのもとに一つにまとめられます。天
にあるものも地にあるものもキリストのもとに一
つにまとめられるのです。
11キリストにおいてわ
たしたちは、御心のままにすべてのことを行われ
る方の御計画によって前もって定められ、約束さ

れたものの相続者とされました。12それは、以前
からキリストに希望を置いていたわたしたちが、
神の栄光をたたえるためです。13あなたがたもま
た、キリストにおいて、真理の言葉、救いをもた
らす福音を聞き、そして信じて、約束された聖霊
で証印を押されたのです。14この聖霊は、わたし
たちが御国《みくに》を受け継ぐための保証であり、こうし
て、わたしたちは贖われて神のものとなり、神の
栄光をたたえることになるのです。

パウロの祈り

15こういうわけで、わたしも、あなたがたが主
イエスを信じ、すべての聖なる者たちを愛してい
ることを聞き、16祈りの度に、あなたがたのこと
を思い起こし、絶えず感謝しています。17どうか、
わたしたちの主イエス・キリストの神、栄光の源
である御父《おんちち》が、あなたがたに知恵と啓示との霊を
与え、神を深く知ることができるようにし、18心
の目を開いてくださるように。そして、神の招き
によってどのような希望が与えられているか、聖
なる者たちの受け継ぐものがどれほど豊かな栄光
に輝いているか悟らせてくださるように。19また、
わたしたち信仰者に対して絶大な働きをなさる神
の力が、どれほど大きなものであるか、悟らせて
くださるように。20神は、この力をキリストに働
かせて、キリストを死者の中から復活させ、天に
おいて御自分の右の座に着かせ、21すべての支配、
権威、勢力、主権の上に置き、今の世ばかりでな
く、来《きた》るべき世にも唱えられるあらゆる名の上に
置かれました。22神はまた、すべてのものをキリ
ストの足もとに従わせ、キリストをすべてのもの
の上にある頭として教会にお与えになりました。
23教会はキリストの体であり、すべてにおいてす
べてを満たしている方の満ちておられる場です。

2

死から命へ

1さて、あなたがたは、以前は自分の過ちと
罪のために死んでいたのです。2この世を支
配する者、かの空中に勢力を持つ者、すなわち、
不従順な者たちの内に今も働く霊に従い、過ちと
罪を犯して歩んでいました。3わたしたちも皆、
こういう者たちの中にいて、以前は肉の欲望の赴
くままに生活し、肉や心の欲するままに行動して
いたのであり、ほかの人々と同じように、生まれ
ながら神の怒りを受けるべき者でした。4しかし、
憐《あわ》れみ豊かな神は、わたしたちをこの上なく愛し
てくださり、その愛によって、5罪のために死ん
でいたわたしたちをキリストと共に生かし、――
あなたがたの救われたのは恵みによるのです――
6キリスト・イエスによって共に復活させ、共に
天の王座に着かせてくださいました。7こうして、
神は、キリスト・イエスにおいてわたしたちにお
示しになった慈しみにより、その限りなく豊かな
恵みを、来るべき世に現そうとされたのです。
8事実、あなたがたは、恵みにより、信仰によっ
て救われました。このことは、自らの力によるの
ではなく、神の賜物です。9行いによるのではあ
りません。それは、だれも誇ることがないためな
のです。10なぜなら、わたしたちは神に造られた
ものであり、しかも、神が前もって準備してくだ
さった善い業のために、キリスト・イエスにおい
て造られたからです。わたしたちは、その善い業
を行って歩むのです。

キリストにおいて一つとなる

11だから、心に留めておきなさい。あなたがた
は以前には肉によれば異邦人であり、いわゆる手
による割礼を身に受けている人々からは、割礼の
ない者と呼ばれていました。12また、そのころは、
キリストとかかわりなく、イスラエルの民に属さ
ず、約束を含む契約と関係なく、この世の中で希

望を持たず、神を知らずに生きていました。13し
かしあなたがたは、以前は遠く離れていたが、今
や、キリスト・イエスにおいて、キリストの血に
よって近い者となったのです。
14実に、キリストはわたしたちの平和でありま
す。二つのものを一つにし、御自分の肉において
敵意という隔ての壁を取り壊し、15規則と戒律ず
くめの律法を廃棄されました。こうしてキリスト
は、双方を御自分において一人の新しい人に造り
上げて平和を実現し、16十字架を通して、両者を
一つの体として神と和解させ、十字架によって敵
意を滅ぼされました。17キリストはおいでになり、
遠く離れているあなたがたにも、また、近くにい
る人々にも、平和の福音を告げ知らせられました。
18それで、このキリストによってわたしたち両方
の者が一つの霊に結ばれて、御父に近づくことが
できるのです。19従って、あなたがたはもはや、
外国人でも寄留者でもなく、聖なる民に属する者、
神の家族であり、20使徒や預言者という土台の上
に建てられています。そのかなめ石はキリスト・
イエス御自身であり、21キリストにおいて、この
建物全体は組み合わされて成長し、主における聖
なる神殿となります。22キリストにおいて、あな
たがたも共に建てられ、霊の働きによって神の住
まいとなるのです。

3

異邦人のためのパウロの働き

1こういうわけで、あなたがた異邦人のため
にキリスト・イエスの囚人となっているわた
しパウロは……。2あなたがたのために神がわた
しに恵みをお与えになった次第について、あなた
がたは聞いたにちがいありません。3初めに手短
に書いたように、秘められた計画が啓示によって
わたしに知らされました。4あなたがたは、それ
を読めば、キリストによって実現されるこの計画
を、わたしがどのように理解しているかが分かる

と思います。5この計画は、キリスト以前の時代
には人の子らに知らされていませんでしたが、今
や〝霊〟によって、キリストの聖なる使徒たちや
預言者たちに啓示されました。6すなわち、異邦
人が福音によってキリスト・イエスにおいて、約
束されたものをわたしたちと一緒に受け継ぐ者、
同じ体に属する者、同じ約束にあずかる者となる
ということです。7神は、その力を働かせてわた
しに恵みを賜り、この福音に仕える者としてくだ
さいました。8この恵みは、聖なる者たちすべて
の中で最もつまらない者であるわたしに与えられ
ました。わたしは、この恵みにより、キリストの
計り知れない富について、異邦人に福音を告げ知
らせており、9すべてのものをお造りになった神
の内に世の初めから隠されていた秘められた計画
が、どのように実現されるのかを、すべての人々
に説き明かしています。10こうして、いろいろの
働きをする神の知恵は、今や教会によって、天上
の支配や権威に知らされるようになったのですが、
11これは、神がわたしたちの主キリスト・イエス
によって実現された永遠の計画に沿うものです。
12わたしたちは主キリストに結ばれており、キリ
ストに対する信仰により、確信をもって、大胆に
神に近づくことができます。13だから、あなたが
たのためにわたしが受けている苦難を見て、落胆
しないでください。この苦難はあなたがたの栄光
なのです。

キリストの愛を知る

14こういうわけで、わたしは御父の前にひざま
ずいて祈ります。15御父から、天と地にあるすべ
ての家族がその名を与えられています。16どうか、
御父が、その豊かな栄光に従い、その霊により、
力をもってあなたがたの内なる人を強めて、17信
仰によってあなたがたの心の内にキリストを住ま
わせ、あなたがたを愛に根ざし、愛にしっかりと

立つ者としてくださるように。18また、あなたが
たがすべての聖なる者たちと共に、キリストの愛
の広さ、長さ、高さ、深さがどれほどであるかを
理解し、19人の知識をはるかに超えるこの愛を知
るようになり、そしてついには、神の満ちあふれ
る豊かさのすべてにあずかり、それによって満た
されるように。
20わたしたちの内に働く御力《みちから》によって、わたし
たちが求めたり、思ったりすることすべてを、は
るかに超えてかなえることのおできになる方に、
21教会により、また、キリスト・イエスによって、
栄光が世々限りなくありますように、アーメン。

4 キリストの体は一つ

1そこで、主に結ばれて囚人となっているわ
たしはあなたがたに勧めます。神から招かれ
たのですから、その招きにふさわしく歩み、2一
切高ぶることなく、柔和で、寛容の心を持ちなさ
い。愛をもって互いに忍耐し、3平和のきずなで
結ばれて、霊による一致を保つように努めなさい。
4体は一つ、霊は一つです。それは、あなたがた
が、一つの希望にあずかるようにと招かれている
のと同じです。5主は一人、信仰は一つ、洗礼《〔バプテスマ〕》は
一つ、6すべてのものの父である神は唯一であっ
て、すべてのものの上にあり、すべてのものを通
して働き、すべてのものの内におられます。
7しかし、わたしたち一人一人に、キリストの
賜物のはかりに従って、恵みが与えられています。
8そこで、
「高い所に昇るとき、捕らわれ人を連れて行き、
人々に賜物を分け与えられた」
と言われています。
9「昇った」というのですから、低い所、地上
に降りておられたのではないでしょうか。10この
降りて来られた方が、すべてのものを満たすため
に、もろもろの天よりも更に高く昇られたのです。

11そして、ある人を使徒、ある人を預言者、ある
人を福音宣教者、ある人を牧者《ぼくしゃ》、教師とされたの
です。12こうして、聖なる者たちは奉仕の業に適
した者とされ、キリストの体を造り上げてゆき、
13ついには、わたしたちは皆、神の子に対する信
仰と知識において一つのものとなり、成熟した人
間になり、キリストの満ちあふれる豊かさになる
まで成長するのです。14こうして、わたしたちは、
もはや未熟な者ではなくなり、人々を誤りに導こ
うとする悪賢い人間の、風のように変わりやすい
教えに、もてあそばれたり、引き回されたりする
ことなく、15むしろ、愛に根ざして真理を語り、
あらゆる面で、頭であるキリストに向かって成長
していきます。16キリストにより、体全体は、あ
らゆる節々が補い合うことによってしっかり組み
合わされ、結び合わされて、おのおのの部分は分
に応じて働いて体を成長させ、自ら愛によって造
り上げられてゆくのです。

古い生き方を捨てる

17そこで、わたしは主によって強く勧めます。
もはや、異邦人と同じように歩んではなりません。
彼らは愚かな考えに従って歩み、18知性は暗くな
り、彼らの中にある無知とその心のかたくなさの
ために、神の命から遠く離れています。19そして、
無感覚になって放縦な生活をし、あらゆるふしだ
らな行いにふけってとどまるところを知りません。
20しかし、あなたがたは、キリストをこのように
学んだのではありません。21キリストについて聞
き、キリストに結ばれて教えられ、真理がイエス
の内にあるとおりに学んだはずです。22だから、
以前のような生き方をして情欲に迷わされ、滅び
に向かっている古い人を脱ぎ捨て、23心の底から
新たにされて、24神にかたどって造られた新しい
人を身に着け、真理に基づいた正しく清い生活を
送るようにしなければなりません。

新しい生き方

25だから、偽りを捨て、それぞれ隣人に対して
真実を語りなさい。わたしたちは、互いに体の一
部なのです。26怒ることがあっても、罪を犯して
はなりません。日が暮れるまで怒ったままでいて
はいけません。27悪魔にすきを与えてはなりませ
ん。28盗みを働いていた者は、今からは盗んでは
いけません。むしろ、労苦して自分の手で正当な
収入を得、困っている人々に分け与えるようにし
なさい。29悪い言葉を一切口にしてはなりません。
ただ、聞く人に恵みが与えられるように、その人
を造り上げるのに役立つ言葉を、必要に応じて語
りなさい。30神の聖霊を悲しませてはいけません。
あなたがたは、聖霊により、贖いの日に対して保
証されているのです。31無慈悲、憤り、怒り、わ
めき、そしりなどすべてを、一切の悪意と一緒に
捨てなさい。32互いに親切にし、憐れみの心で接
し、神がキリストによってあなたがたを赦してく
ださったように、赦し合いなさい。**5** 1あなた
がたは神に愛されている子供ですから、神に倣う
者となりなさい。2キリストがわたしたちを愛し
て、御自分を香りのよい供え物、つまり、いけに
えとしてわたしたちのために神に献《ささ》げてくださっ
たように、あなたがたも愛によって歩みなさい。
3あなたがたの間では、聖なる者にふさわしく、
みだらなことやいろいろの汚れたこと、あるいは
貪欲なことを口にしてはなりません。4卑《ひ》わいな
言葉や愚かな話、下品な冗談もふさわしいもので
はありません。それよりも、感謝を表しなさい。
5すべてみだらな者、汚れた者、また貪欲な者、
つまり、偶像礼拝者は、キリストと神との国を受
け継ぐことはできません。このことをよくわきま
えなさい。

光の子として生きる

6むなしい言葉に惑わされてはなりません。こ
れらの行いのゆえに、神の怒りは不従順な者たち
に下るのです。7だから、彼らの仲間に引き入れ
られないようにしなさい。8あなたがたは、以前
には暗闇でしたが、今は主に結ばれて、光となっ
ています。光の子として歩みなさい。9――光か
ら、あらゆる善意と正義と真実とが生じるのです。
――10何が主に喜ばれるかを吟味しなさい。11実
を結ばない暗闇の業に加わらないで、むしろ、そ
れを明るみに出しなさい。12彼らがひそかに行っ
ているのは、口にするのも恥ずかしいことなので
す。13しかし、すべてのものは光にさらされて、
明らかにされます。14明らかにされるものはみな、
光となるのです。それで、こう言われています。

「眠りについている者、起きよ。
死者の中から立ち上がれ。
そうすれば、キリストはあなたを照らされる。」

15愚かな者としてではなく、賢い者として、細
かく気を配って歩みなさい。16時をよく用いなさ
い。今は悪い時代なのです。17だから、無分別な
者とならず、主の御心が何であるかを悟りなさい。
18酒に酔いしれてはなりません。それは身を持ち
崩すもとです。むしろ、霊に満たされ、19詩編と
賛歌と霊的な歌によって語り合い、主に向かって
心からほめ歌いなさい。20そして、いつも、あら
ゆることについて、わたしたちの主イエス・キリ
ストの名により、父である神に感謝しなさい。

妻と夫

21キリストに対する畏れをもって、互いに仕え
合いなさい。22妻たちよ、主に仕えるように、自
分の夫に仕えなさい。23キリストが教会の頭であ
り、自らその体の救い主であるように、夫は妻の
頭だからです。24また、教会がキリストに仕える
ように、妻もすべての面で夫に仕えるべきです。

25夫たちよ、キリストが教会を愛し、教会のため
に御自分をお与えになったように、妻を愛しなさ
い。26キリストがそうなさったのは、言葉を伴う
水の洗いによって、教会を清めて聖なるものとし、
27しみやしわやそのたぐいのものは何一つない、
聖なる、汚れのない、栄光に輝く教会を御自分の
前に立たせるためでした。28そのように夫も、自
分の体のように妻を愛さなくてはなりません。妻
を愛する人は、自分自身を愛しているのです。
29わが身を憎んだ者は一人もおらず、かえって、
キリストが教会になさったように、わが身を養い、
いたわるものです。30わたしたちは、キリストの
体の一部なのです。31「それゆえ、人は父と母を
離れてその妻と結ばれ、二人は一体となる。」
32この神秘は偉大です。わたしは、キリストと教
会について述べているのです。33いずれにせよ、
あなたがたも、それぞれ、妻を自分のように愛し
なさい。妻は夫を敬いなさい。

6

子と親

1子供たち、主に結ばれている者として両親
に従いなさい。それは正しいことです。
2「父と母を敬いなさい。」これは約束を伴う最初
の掟です。3「そうすれば、あなたは幸福になり、
地上で長く生きることができる」という約束です。
4父親たち、子供を怒らせてはなりません。主が
しつけ諭されるように、育てなさい。

奴隷と主人

5奴隷たち、キリストに従うように、恐れおの
のき、真心を込めて、肉による主人に従いなさい。
6人にへつらおうとして、うわべだけで仕えるの
ではなく、キリストの奴隷として、心から神の御
心を行い、7人にではなく主に仕えるように、喜
んで仕えなさい。8あなたがたも知っているとお
り、奴隷であっても自由な身分の者であっても、

善いことを行えば、だれでも主から報いを受ける
のです。9主人たち、同じように奴隷を扱いなさ
い。彼らを脅すのはやめなさい。あなたがたも知
っているとおり、彼らにもあなたがたにも同じ主
人が天におられ、人を分け隔てなさらないのです。

悪と戦え

10最後に言う。主に依り頼み、その偉大な力に
よって強くなりなさい。11悪魔の策略に対抗して
立つことができるように、神の武具を身に着けな
さい。12わたしたちの戦いは、血肉を相手にする
ものではなく、支配と権威、暗闇の世界の支配者、
天にいる悪の諸霊を相手にするものなのです。
13だから、邪悪な日によく抵抗し、すべてを成し
遂げて、しっかりと立つことができるように、神
の武具を身に着けなさい。14立って、真理を帯と
して腰に締め、正義を胸当てとして着け、15平和
の福音を告げる準備を履物としなさい。16なおそ
の上に、信仰を盾として取りなさい。それによっ
て、悪い者の放つ火の矢をことごとく消すことが
できるのです。17また、救いを兜としてかぶり、
霊の剣《つるぎ》、すなわち神の言葉を取りなさい。18どの
ような時にも、〝霊〟に助けられて祈り、願い求
め、すべての聖なる者たちのために、絶えず目を
覚まして根気よく祈り続けなさい。19また、わた
しが適切な言葉を用いて話し、福音の神秘を大胆
に示すことができるように、わたしのためにも祈
ってください。20わたしはこの福音の使者として
鎖につながれていますが、それでも、語るべきこ
とは大胆に話せるように、祈ってください。

結びの言葉

21わたしがどういう様子でいるか、また、何を
しているか、あなたがたにも知ってもらうために、
ティキコがすべて話すことでしょう。彼は主に結
ばれた、愛する兄弟であり、忠実に仕える者です。

22彼をそちらに送るのは、あなたがたがわたしたちの様子を知り、彼から心に励ましを得るためなのです。

23平和と、信仰を伴う愛が、父である神と主イエス・キリストから、兄弟たちにあるように。

24恵みが、変わらぬ愛をもってわたしたちの主イエス・キリストを愛する、すべての人と共にあるように。

フィリピの信徒への手紙

挨拶

1

1キリスト・イエスの僕《しもべ》であるパウロとテモ
テから、フィリピにいて、キリスト・イエス
に結ばれているすべての聖なる者たち、ならびに
監督たちと奉仕者たちへ。2わたしたちの父であ
る神と主《しゅ》イエス・キリストからの恵みと平和が、
あなたがたにあるように。

フィリピの信徒のための祈り

3わたしは、あなたがたのことを思い起こす度
に、わたしの神に感謝し、4あなたがた一同のた
めに祈る度に、いつも喜びをもって祈っています。
5それは、あなたがたが最初の日から今日まで、
福音にあずかっているからです。6あなたがたの
中で善い業《わざ》を始められた方が、キリスト・イエス
の日までに、その業を成し遂げてくださると、わ
たしは確信しています。7わたしがあなたがた一
同についてこのように考えるのは、当然です。と
いうのは、監禁されているときも、福音を弁明し
立証するときも、あなたがた一同のことを、共に
恵みにあずかる者と思って、心に留めているから
です。8わたしが、キリスト・イエスの愛の心で、
あなたがた一同のことをどれほど思っているかは、
神が証《あか》ししてくださいます。9わたしは、こう祈
ります。知る力と見抜く力とを身に着けて、あな
たがたの愛がますます豊かになり、10本当に重要
なことを見分けられるように。そして、キリスト
の日に備えて、清い者、とがめられるところのな
い者となり、11イエス・キリストによって与えら
れる義の実《み》をあふれるほどに受けて、神の栄光と
誉れとをたたえることができるように。

わたしにとって、生きるとはキリストを生きること

12兄弟たち、わたしの身に起こったことが、か
えって福音の前進に役立ったと知ってほしい。
13つまり、わたしが監禁されているのはキリスト
のためであると、兵営全体、その他のすべての
人々に知れ渡り、14主に結ばれた兄弟たちの中で
多くの者が、わたしの捕らわれているのを見て確
信を得、恐れることなくますます勇敢に、御言葉《みことば》
を語るようになったのです。
15キリストを宣《の》べ伝《つた》えるのに、ねたみと争いの
念にかられてする者もいれば、善意でする者もい
ます。16一方は、わたしが福音を弁明するために
捕らわれているのを知って、愛の動機からそうす
るのですが、17他方は、自分の利益を求めて、獄
中のわたしをいっそう苦しめようという不純な動
機からキリストを告げ知らせているのです。18だ
が、それがなんであろう。口実であれ、真実であ
れ、とにかく、キリストが告げ知らされているの
ですから、わたしはそれを喜んでいます。これか
らも喜びます。19というのは、あなたがたの祈り
と、イエス・キリストの霊の助けとによって、こ
のことがわたしの救いになると知っているからで
す。20そして、どんなことにも恥をかかず、これ
までのように今も、生きるにも死ぬにも、わたし
の身によってキリストが公然とあがめられるよう
にと切に願い、希望しています。21わたしにとっ
て、生きるとはキリストであり、死ぬことは利益
なのです。22けれども、肉において生き続ければ、
実り多い働きができ、どちらを選ぶべきか、わた
しには分かりません。23この二つのことの間で、
板挟みの状態です。一方では、この世を去って、
キリストと共にいたいと熱望しており、この方が
はるかに望ましい。24だが他方では、肉にとどま
る方が、あなたがたのためにもっと必要です。
25こう確信していますから、あなたがたの信仰を

深めて喜びをもたらすように、いつもあなたがた
一同と共にいることになるでしょう。26そうなれ
ば、わたしが再びあなたがたのもとに姿を見せる
とき、キリスト・イエスに結ばれているというあ
なたがたの誇りは、わたしゆえに増し加わること
になります。
27ひたすらキリストの福音にふさわしい生活を
送りなさい。そうすれば、そちらに行ってあなた
がたに会うにしても、離れているにしても、わた
しは次のことを聞けるでしょう。あなたがたは一
つの霊によってしっかり立ち、心を合わせて福音
の信仰のために共に戦っており、28どんなことが
あっても、反対者たちに脅されてたじろぐことは
ないのだと。このことは、反対者たちに、彼ら自
身の滅びとあなたがたの救いを示すものです。こ
れは神によることです。29つまり、あなたがたに
は、キリストを信じることだけでなく、キリスト
のために苦しむことも、恵みとして与えられてい
るのです。30あなたがたは、わたしの戦いをかつ
て見、今またそれについて聞いています。その同
じ戦いをあなたがたは戦っているのです。

2 キリストを模範とせよ

1そこで、あなたがたに幾らかでも、キリス
トによる励まし、愛の慰め、〝霊〟による交
わり、それに慈しみや憐《あわ》れみの心があるなら、
2同じ思いとなり、同じ愛を抱き、心を合わせ、
思いを一つにして、わたしの喜びを満たしてくだ
さい。3何事も利己心や虚栄心からするのではな
く、へりくだって、互いに相手を自分よりも優れ
た者と考え、4めいめい自分のことだけでなく、
他人のことにも注意を払いなさい。5互いにこの
ことを心がけなさい。それはキリスト・イエスに
もみられるものです。6キリストは、神の身分で
ありながら、神と等しい者であることに固執しよ
うとは思わず、7かえって自分を無にして、僕の

身分になり、人間と同じ者になられました。人間
の姿で現れ、8へりくだって、死に至るまで、そ
れも十字架の死に至るまで従順でした。9このた
め、神はキリストを高く上げ、あらゆる名にまさ
る名をお与えになりました。10こうして、天上の
もの、地上のもの、地下のものがすべて、イエス
の御名《みな》にひざまずき、11すべての舌が、「イエ
ス・キリストは主である」と公に宣べて、父であ
る神をたたえるのです。

共に喜ぶ

12だから、わたしの愛する人たち、いつも従順
であったように、わたしが共にいるときだけでな
く、いない今はなおさら従順でいて、恐れおのの
きつつ自分の救いを達成するように努めなさい。
13あなたがたの内に働いて、御心《みこころ》のままに望ませ、
行わせておられるのは神であるからです。14何事
も、不平や理屈を言わずに行いなさい。15そうす
れば、とがめられるところのない清い者となり、
よこしまな曲がった時代の中で、非のうちどころ
のない神の子として、世にあって星のように輝き、
16命の言葉をしっかり保つでしょう。こうしてわ
たしは、自分が走ったことが無駄でなく、労苦し
たことも無駄ではなかったと、キリストの日に誇
ることができるでしょう。17更に、信仰に基づい
てあなたがたがいけにえを献《ささ》げ、礼拝を行う際に、
たとえわたしの血が注がれるとしても、わたしは
喜びます。あなたがた一同と共に喜びます。18同
様に、あなたがたも喜びなさい。わたしと一緒に
喜びなさい。

テモテとエパフロディトを送る

19さて、わたしはあなたがたの様子を知って力
づけられたいので、間もなくテモテをそちらに遣
わすことを、主イエスによって希望しています。
20テモテのようにわたしと同じ思いを抱いて、親

身になってあなたがたのことを心にかけている者
はほかにいないのです。21他の人は皆、イエス・
キリストのことではなく、自分のことを追い求め
ています。22テモテが確かな人物であることはあ
なたがたが認めるところであり、息子が父に仕え
るように、彼はわたしと共に福音に仕えました。
23そこで、わたしは自分のことの見通しがつきし
だいすぐ、テモテを送りたいと願っています。
24わたし自身も間もなくそちらに行けるものと、
主によって確信しています。
25ところでわたしは、エパフロディトをそちら
に帰さねばならないと考えています。彼はわたし
の兄弟、協力者、戦友であり、また、あなたがた
の使者として、わたしの窮乏のとき奉仕者となっ
てくれましたが、26しきりにあなたがた一同と会
いたがっており、自分の病気があなたがたに知ら
れたことを心苦しく思っているからです。27実際、
彼はひん死の重病にかかりましたが、神は彼を憐
れんでくださいました。彼だけでなく、わたしを
も憐れんで、悲しみを重ねずに済むようにしてく
ださいました。28そういうわけで、大急ぎで彼を
送ります。あなたがたは再会を喜ぶでしょうし、
わたしも悲しみが和らぐでしょう。29だから、主
に結ばれている者として大いに歓迎してください。
そして、彼のような人々を敬いなさい。30わたし
に奉仕することであなたがたのできない分を果た
そうと、彼はキリストの業に命をかけ、死ぬほど
の目に遭ったのです。

3

キリストを信じるとは

1では、わたしの兄弟たち、主において喜び
なさい。同じことをもう一度書きますが、こ
れはわたしには煩わしいことではなく、あなたが
たにとって安全なことなのです。
2あの犬どもに注意しなさい。よこしまな働き
手たちに気をつけなさい。切り傷にすぎない割礼

を持つ者たちを警戒しなさい。3彼らではなく、
わたしたちこそ真の割礼を受けた者です。わたし
たちは神の霊によって礼拝し、キリスト・イエス
を誇りとし、肉に頼らないからです。4とはいえ、
肉にも頼ろうと思えば、わたしは頼れなくはない。
だれかほかに、肉に頼れると思う人がいるなら、
わたしはなおさらのことです。5わたしは生まれ
て八日目に割礼を受け、イスラエルの民に属し、
ベニヤミン族の出身で、ヘブライ人の中のヘブラ
イ人です。律法に関してはファリサイ派の一員、
6熱心さの点では教会の迫害者、律法の義につい
ては非のうちどころのない者でした。7しかし、
わたしにとって有利であったこれらのことを、キ
リストのゆえに損失と見なすようになったのです。
8それればかりか、わたしの主キリスト・イエスを
知ることのあまりのすばらしさに、今では他の一
切を損失とみています。キリストのゆえに、わた
しはすべてを失いましたが、それらを塵あくたと
見なしています。キリストを得、9キリストの内
にいる者と認められるためです。わたしには、律
法から生じる自分の義ではなく、キリストへの信
仰による義、信仰に基づいて神から与えられる義
があります。10わたしは、キリストとその復活の
力とを知り、その苦しみにあずかって、その死の
姿にあやかりながら、11何とかして死者の中から
の復活に達したいのです。

目標を目指して

12わたしは、既にそれを得たというわけではな
く、既に完全な者となっているわけでもありませ
ん。何とかして捕らえようと努めているのです。
自分がキリスト・イエスに捕らえられているから
です。13兄弟たち、わたし自身は既に捕らえたと
は思っていません。なすべきことはただ一つ、後
ろのものを忘れ、前のものに全身を向けつつ、
14神がキリスト・イエスによって上へ召して、お

与えになる賞を得るために、目標を目指してひた
すら走ることです。15だから、わたしたちの中で
完全な者はだれでも、このように考えるべきです。
しかし、あなたがたに何か別の考えがあるなら、
神はそのことをも明らかにしてくださいます。
16いずれにせよ、わたしたちは到達したところに
基づいて進むべきです。
17兄弟たち、皆一緒にわたしに倣う者となりな
さい。また、あなたがたと同じように、わたした
ちを模範として歩んでいる人々に目を向けなさい。
18何度も言ってきたし、今また涙ながらに言いま
すが、キリストの十字架に敵対して歩んでいる者
が多いのです。19彼らの行き着くところは滅びで
す。彼らは腹を神とし、恥ずべきものを誇りとし、
この世のことしか考えていません。20しかし、わ
たしたちの本国は天にあります。そこから主イエ
ス・キリストが救い主として来られるのを、わた
したちは待っています。21キリストは、万物を支
配下に置くことさえできる力によって、わたした
ちの卑しい体を、御自分の栄光ある体と同じ形に
変えてくださるのです。

4 1だから、わたしが愛し、慕っている兄弟た
ち、わたしの喜びであり、冠である愛する人
たち、このように主によってしっかりと立ちなさ
い。

勧めの言葉

2わたしはエボディアに勧め、またシンティケ
に勧めます。主において同じ思いを抱きなさい。
3なお、真実の協力者よ、あなたにもお願いしま
す。この二人の婦人を支えてあげてください。二
人は、命の書に名を記されているクレメンスや他
の協力者たちと力を合わせて、福音のためにわた
しと共に戦ってくれたのです。4主において常に
喜びなさい。重ねて言います。喜びなさい。5あ
なたがたの広い心がすべての人に知られるように

なさい。主はすぐ近くにおられます。6どんなこ
とでも、思い煩うのはやめなさい。何事につけ、
感謝を込めて祈りと願いをささげ、求めているも
のを神に打ち明けなさい。7そうすれば、あらゆ
る人知を超える神の平和が、あなたがたの心と考
えとをキリスト・イエスによって守るでしょう。
8終わりに、兄弟たち、すべて真実なこと、す
べて気高いこと、すべて正しいこと、すべて清い
こと、すべて愛すべきこと、すべて名誉なことを、
また、徳や称賛に値することがあれば、それを心
に留めなさい。9わたしから学んだこと、受けた
こと、わたしについて聞いたこと、見たことを実
行しなさい。そうすれば、平和の神はあなたがた
と共におられます。

贈り物への感謝

10さて、あなたがたがわたしへの心遣いを、つ
いにまた表してくれたことを、わたしは主におい
て非常に喜びました。今までは思いはあっても、
それを表す機会がなかったのでしょう。11物欲し
さにこう言っているのではありません。わたしは、
自分の置かれた境遇に満足することを習い覚えた
のです。12貧しく暮らすすべも、豊かに暮らすす
べも知っています。満腹していても、空腹であっ
ても、物が有り余っていても不足していても、い
ついかなる場合にも対処する秘訣を授かっていま
す。13わたしを強めてくださる方のお陰で、わた
しにはすべてが可能です。14それにしても、あな
たがたは、よくわたしと苦しみを共にしてくれま
した。
15フィリピの人たち、あなたがたも知っている
とおり、わたしが福音の宣教の初めにマケドニア
州を出たとき、もののやり取りでわたしの働きに
参加した教会はあなたがたのほかに一つもありま
せんでした。16また、テサロニケにいたときにも、
あなたがたはわたしの窮乏を救おうとして、何度

も物を送ってくれました。17贈り物を当てにして
言うわけではありません。むしろ、あなたがたの
益となる豊かな実を望んでいるのです。18わたし
はあらゆるものを受けており、豊かになっていま
す。そちらからの贈り物をエパフロディトから受
け取って満ち足りています。それは香ばしい香り
であり、神が喜んで受けてくださるいけにえです。
19わたしの神は、御自分の栄光の富に応じて、キ
リスト・イエスによって、あなたがたに必要なも
のをすべて満たしてくださいます。20わたしたち
の父である神に、栄光が世々限りなくありますよ
うに、アーメン。

結びの言葉

21キリスト・イエスに結ばれているすべての聖
なる者たちに、よろしく伝えてください。わたし
と一緒にいる兄弟たちも、あなたがたによろしく
と言っています。22すべての聖なる者たちから、
特に皇帝の家の人たちからよろしくとのことです。
23主イエス・キリストの恵みが、あなたがたの霊
と共にあるように。

コロサイの信徒への手紙

挨拶

1

1神の御心《みこころ》によってキリスト・イエスの使徒
とされたパウロと兄弟テモテから、2コロサ
イにいる聖なる者たち、キリストに結ばれている
忠実な兄弟たちへ。わたしたちの父である神から
の恵みと平和が、あなたがたにあるように。

神への感謝

3わたしたちは、いつもあなたがたのために祈
り、わたしたちの主《しゅ》イエス・キリストの父である
神に感謝しています。4あなたがたがキリスト・
イエスにおいて持っている信仰と、すべての聖な
る者たちに対して抱いている愛について、聞いた
からです。5それは、あなたがたのために天に蓄
えられている希望に基づくものであり、あなたが
たは既にこの希望を、福音という真理の言葉を通
して聞きました。6あなたがたにまで伝えられた
この福音は、世界中至るところでそうであるよう
に、あなたがたのところでも、神の恵みを聞いて
真に悟った日から、実を結んで成長しています。
7あなたがたは、この福音を、わたしたちと共に
仕えている仲間、愛するエパフラスから学びまし
た。彼は、あなたがたのためにキリストに忠実に
仕える者であり、8また、〝霊〟に基づくあなた
がたの愛を知らせてくれた人です。

御子キリストによる創造と和解

9こういうわけで、そのことを聞いたときから、
わたしたちは、絶えずあなたがたのために祈り、
願っています。どうか、〝霊〟によるあらゆる知
恵と理解によって、神の御心を十分悟り、10すべ
ての点で主に喜ばれるように主に従って歩み、あ
らゆる善い業《わざ》を行って実を結び、神をますます深

く知るように。11そして、神の栄光の力に従い、
あらゆる力によって強められ、どんなことも根気
強く耐え忍ぶように。喜びをもって、12光の中に
ある聖なる者たちの相続分に、あなたがたがあず
かれるようにしてくださった御父《おんちち》に感謝するよう
に。13御父は、わたしたちを闇の力から救い出し
て、その愛する御子《みこ》の支配下に移してくださいま
した。14わたしたちは、この御子によって、贖《あがな》い、
すなわち罪の赦《ゆる》しを得ているのです。15御子は、
見えない神の姿であり、すべてのものが造られる
前に生まれた方です。16天にあるものも地にある
ものも、見えるものも見えないものも、王座も主
権も、支配も権威も、万物は御子において造られ
たからです。つまり、万物は御子によって、御子
のために造られました。17御子はすべてのものよ
りも先におられ、すべてのものは御子によって支
えられています。18また、御子はその体である教
会の頭《かしら》です。御子は初めの者、死者の中から最初
に生まれた方です。こうして、すべてのことにお
いて第一の者となられたのです。19神は、御心の
ままに、満ちあふれるものを余すところなく御子
の内に宿らせ、20その十字架の血によって平和を
打ち立て、地にあるものであれ、天にあるもので
あれ、万物をただ御子によって、御自分と和解さ
せられました。

21あなたがたは、以前は神から離れ、悪い行い
によって心の中で神に敵対していました。22しか
し今や、神は御子の肉の体において、その死によ
ってあなたがたと和解し、御自身の前に聖なる者、
きずのない者、とがめるところのない者としてく
ださいました。23ただ、揺るぐことなく信仰に踏
みとどまり、あなたがたが聞いた福音の希望から
離れてはなりません。この福音は、世界中至ると
ころの人々に宣《の》べ伝《つた》えられており、わたしパウロ
は、それに仕える者とされました。

パウロに与えられた務め

24今やわたしは、あなたがたのために苦しむこ
とを喜びとし、キリストの体である教会のために、
キリストの苦しみの欠けたところを身をもって満
たしています。25神は御言葉《みことば》をあなたがたに余す
ところなく伝えるという務めをわたしにお与えに
なり、この務めのために、わたしは教会に仕える
者となりました。26世の初めから代々にわたって
隠されていた、秘められた計画が、今や、神の聖
なる者たちに明らかにされたのです。27この秘め
られた計画が異邦人にとってどれほど栄光に満ち
たものであるかを、神は彼らに知らせようとされ
ました。その計画とは、あなたがたの内におられ
るキリスト、栄光の希望です。28このキリストを、
わたしたちは宣べ伝えており、すべての人がキリ
ストに結ばれて完全な者となるように、知恵を尽
くしてすべての人を諭し、教えています。29この
ために、わたしは労苦しており、わたしの内に力
強く働く、キリストの力によって闘っています。

2

1わたしが、あなたがたとラオディキアにい
る人々のために、また、わたしとまだ直接顔
を合わせたことのないすべての人のために、どれ
ほど労苦して闘っているか、分かってほしい。
2それは、この人々が心を励まされ、愛によって
結び合わされ、理解力を豊かに与えられ、神の秘
められた計画であるキリストを悟るようになるた
めです。3知恵と知識の宝はすべて、キリストの
内に隠れています。4わたしがこう言うのは、あ
なたがたが巧みな議論にだまされないようにする
ためです。5わたしは体では離れていても、霊で
はあなたがたと共にいて、あなたがたの正しい秩
序と、キリストに対する固い信仰とを見て喜んで
います。

キリストに結ばれた生活

6あなたがたは、主キリスト・イエスを受け入

れたのですから、キリストに結ばれて歩みなさい。
7キリストに根を下ろして造り上げられ、教えら
れたとおりの信仰をしっかり守って、あふれるば
かりに感謝しなさい。8人間の言い伝えにすぎな
い哲学、つまり、むなしいだまし事によって人の
とりこにされないように気をつけなさい。それは、
世を支配する霊に従っており、キリストに従うも
のではありません。9キリストの内には、満ちあ
ふれる神性が、余すところなく、見える形をとっ
て宿っており、10あなたがたは、キリストにおい
て満たされているのです。キリストはすべての支
配や権威の頭です。11あなたがたはキリストにお
いて、手によらない割礼、つまり肉の体を脱ぎ捨
てるキリストの割礼を受け、12洗礼《〔バプテスマ〕》によって、
キリストと共に葬られ、また、キリストを死者の
中から復活させた神の力を信じて、キリストと共
に復活させられたのです。13肉に割礼を受けず、
罪の中にいて死んでいたあなたがたを、神はキリ
ストと共に生かしてくださったのです。神は、わ
たしたちの一切の罪を赦し、14規則によってわた
したちを訴えて不利に陥れていた証書を破棄し、
これを十字架に釘付けにして取り除いてください
ました。15そして、もろもろの支配と権威の武装
を解除し、キリストの勝利の列に従えて、公然と
さらしものになさいました。

16だから、あなたがたは食べ物や飲み物のこと、
また、祭りや新月や安息日《あんそくび》のことでだれにも批評
されてはなりません。17これらは、やがて来るも
のの影にすぎず、実体はキリストにあります。
18偽りの謙遜と天使礼拝にふける者から、不利な
判断を下されてはなりません。こういう人々は、
幻で見たことを頼りとし、肉の思いによって根拠
もなく思い上がっているだけで、19頭であるキリ
ストにしっかりと付いていないのです。この頭の
働きにより、体全体は、節と節、筋と筋とによっ
て支えられ、結び合わされ、神に育てられて成長

してゆくのです。

日々新たにされて

20あなたがたは、キリストと共に死んで、世を
支配する諸霊とは何の関係もないのなら、なぜ、
まだ世に属しているかのように生き、21「手をつ
けるな。味わうな。触れるな」などという戒律に
縛られているのですか。22これらはみな、使えば
無くなってしまうもの、人の規則や教えによるも
のです。23これらは、独り善がりの礼拝、偽りの
謙遜、体の苦行を伴っていて、知恵のあることの
ように見えますが、実は何の価値もなく、肉の欲
望を満足させるだけなのです。

3

1さて、あなたがたは、キリストと共に復活
させられたのですから、上にあるものを求め
なさい。そこでは、キリストが神の右の座に着い
ておられます。2上にあるものに心を留め、地上
のものに心を引かれないようにしなさい。3あな
たがたは死んだのであって、あなたがたの命は、
キリストと共に神の内に隠されているのです。
4あなたがたの命であるキリストが現れるとき、
あなたがたも、キリストと共に栄光に包まれて現
れるでしょう。
5だから、地上的なもの、すなわち、みだらな
行い、不潔な行い、情欲、悪い欲望、および貪欲
を捨て去りなさい。貪欲は偶像礼拝にほかならな
い。6これらのことのゆえに、神の怒りは不従順
な者たちに下ります。7あなたがたも、以前この
ようなことの中にいたときには、それに従って歩
んでいました。8今は、そのすべてを、すなわち、
怒り、憤り、悪意、そしり、口から出る恥ずべき
言葉を捨てなさい。9互いにうそをついてはなり
ません。古い人をその行いと共に脱ぎ捨て、10造《つく》
り主《ぬし》の姿に倣う新しい人を身に着け、日々新たに
されて、真の知識に達するのです。11そこには、
もはや、ギリシア人とユダヤ人、割礼を受けた者

と受けていない者、未開人、スキタイ人、奴隷、
自由な身分の者の区別はありません。キリストが
すべてであり、すべてのもののうちにおられるの
です。
12あなたがたは神に選ばれ、聖なる者とされ、
愛されているのですから、憐《あわ》れみの心、慈愛、謙
遜、柔和、寛容を身に着けなさい。13互いに忍び
合い、責めるべきことがあっても、赦し合いなさ
い。主があなたがたを赦してくださったように、
あなたがたも同じようにしなさい。14これらすべ
てに加えて、愛を身に着けなさい。愛は、すべて
を完成させるきずなです。15また、キリストの平
和があなたがたの心を支配するようにしなさい。
この平和にあずからせるために、あなたがたは招
かれて一つの体とされたのです。いつも感謝して
いなさい。16キリストの言葉があなたがたの内に
豊かに宿るようにしなさい。知恵を尽くして互い
に教え、諭し合い、詩編と賛歌と霊的な歌により、
感謝して心から神をほめたたえなさい。17そして、
何を話すにせよ、行うにせよ、すべてを主イエス
の名によって行い、イエスによって、父である神
に感謝しなさい。

家族に対して

18妻たちよ、主を信じる者にふさわしく、夫に
仕えなさい。19夫たちよ、妻を愛しなさい。つら
く当たってはならない。
20子供たち、どんなことについても両親に従い
なさい。それは主に喜ばれることです。21父親た
ち、子供をいらだたせてはならない。いじけると
いけないからです。
22奴隷たち、どんなことについても肉による主
人に従いなさい。人にへつらおうとしてうわべだ
けで仕えず、主を畏れつつ、真心を込めて従いな
さい。23何をするにも、人に対してではなく、主
に対してするように、心から行いなさい。24あな

たがたは、御国《みくに》を受け継ぐという報いを主から受
けることを知っています。あなたがたは主キリス
トに仕えているのです。25不義を行う者は、その
不義の報いを受けるでしょう。そこには分け隔て
はありません。**4** 1主人たち、奴隷を正しく、
公平に扱いなさい。知ってのとおり、あなたがた
にも主人が天におられるのです。

勧めの言葉

2目を覚まして感謝を込め、ひたすら祈りなさ
い。3同時にわたしたちのためにも祈ってくださ
い。神が御言葉のために門を開いてくださり、わ
たしたちがキリストの秘められた計画を語ること
ができるように。このために、わたしは牢につな
がれています。4わたしがしかるべく語って、こ
の計画を明らかにできるように祈ってください。
5時をよく用い、外部の人に対して賢くふるまい
なさい。6いつも、塩で味付けされた快い言葉で
語りなさい。そうすれば、一人一人にどう答える
べきかが分かるでしょう。

結びの言葉

7わたしの様子については、ティキコがすべて
を話すことでしょう。彼は主に結ばれた、愛する
兄弟、忠実に仕える者、仲間の僕《しもべ》です。8彼をそ
ちらに送るのは、あなたがたがわたしたちの様子
を知り、彼によって心が励まされるためなのです。
9また、あなたがたの一人、忠実な愛する兄弟オ
ネシモを一緒に行かせます。彼らは、こちらの事
情をすべて知らせるでしょう。
10わたしと一緒に捕らわれの身となっているア
リスタルコが、そしてバルナバのいとこマルコが、
あなたがたによろしくと言っています。このマル
コについては、もしそちらに行ったら迎えるよう
にとの指示を、あなたがたは受けているはずです。
11ユストと呼ばれるイエスも、よろしくと言って

います。割礼を受けた者では、この三人だけが神
の国のために共に働く者であり、わたしにとって
慰めとなった人々です。12あなたがたの一人、キ
リスト・イエスの僕エパフラスが、あなたがたに
よろしくと言っています。彼は、あなたがたが完
全な者となり、神の御心をすべて確信しているよ
うにと、いつもあなたがたのために熱心に祈って
います。13わたしは証言しますが、彼はあなたが
たのため、またラオディキアとヒエラポリスの
人々のために、非常に労苦しています。14愛する
医者ルカとデマスも、あなたがたによろしくと言
っています。15ラオディキアの兄弟たち、および、
ニンファと彼女の家にある教会の人々によろしく
伝えてください。16この手紙があなたがたのとこ
ろで読まれたら、ラオディキアの教会でも読まれ
るように、取り計らってください。また、ラオデ
ィキアから回って来る手紙を、あなたがたも読ん
でください。17アルキポに、「主に結ばれた者と
してゆだねられた務めに意を用い、それをよく果
たすように」と伝えてください。
18わたしパウロが、自分の手で挨拶を記します。
わたしが捕らわれの身であることを、心に留めて
ください。恵みがあなたがたと共にあるように。

テサロニケの信徒への手紙 一

挨拶

1
1パウロ、シルワノ、テモテから、父である
神と主《しゅ》イエス・キリストとに結ばれているテ
サロニケの教会へ。恵みと平和が、あなたがたに
あるように。

主に倣う者

2わたしたちは、祈りの度に、あなたがたのこ
とを思い起こして、あなたがた一同のことをいつ
も神に感謝しています。3あなたがたが信仰によ
って働き、愛のために労苦し、また、わたしたち
の主イエス・キリストに対する、希望を持って忍
耐していることを、わたしたちは絶えず父である
神の御前《みまえ》で心に留めているのです。4神に愛され
ている兄弟たち、あなたがたが神から選ばれたこ
とを、わたしたちは知っています。5わたしたち
の福音があなたがたに伝えられたのは、ただ言葉
だけによらず、力と、聖霊と、強い確信とによっ
たからです。わたしたちがあなたがたのところで、
どのようにあなたがたのために働いたかは、御承
知のとおりです。6そして、あなたがたはひどい
苦しみの中で、聖霊による喜びをもって御言葉《みことば》を
受け入れ、わたしたちに倣う者、そして主に倣う
者となり、7マケドニア州とアカイア州にいるす
べての信者の模範となるに至ったのです。8主の
言葉があなたがたのところから出て、マケドニア
州やアカイア州に響き渡ったばかりでなく、神に
対するあなたがたの信仰が至るところで伝えられ
ているので、何も付け加えて言う必要はないほど
です。9彼ら自身がわたしたちについて言い広め
ているからです。すなわち、わたしたちがあなた
がたのところでどのように迎えられたか、また、
あなたがたがどのように偶像から離れて神に立ち

帰り、生けるまことの神に仕えるようになったか、
10更にまた、どのように御子《みこ》が天から来られるの
を待ち望むようになったかを。この御子こそ、神
が死者の中から復活させた方で、来《きた》るべき怒りか
らわたしたちを救ってくださるイエスです。

テサロニケでのパウロの宣教

2

1兄弟たち、あなたがた自身が知っているよ
うに、わたしたちがそちらへ行ったことは無
駄ではありませんでした。2無駄ではなかったど
ころか、知ってのとおり、わたしたちは以前フィ
リピで苦しめられ、辱《はずかし》められたけれども、わたし
たちの神に勇気づけられ、激しい苦闘の中であな
たがたに神の福音を語ったのでした。3わたした
ちの宣教は、迷いや不純な動機に基づくものでも、
また、ごまかしによるものでもありません。4わ
たしたちは神に認められ、福音をゆだねられてい
るからこそ、このように語っています。人に喜ば
れるためではなく、わたしたちの心を吟味される
神に喜んでいただくためです。5あなたがたが知
っているとおり、わたしたちは、相手にへつらっ
たり、口実を設けてかすめ取ったりはしませんで
した。そのことについては、神が証《あか》ししてくださ
います。6また、あなたがたからもほかの人たち
からも、人間の誉《ほま》れを求めませんでした。7わた
したちは、キリストの使徒として権威を主張する
ことができたのです。しかし、あなたがたの間で
幼子のようになりました。ちょうど母親がその子
供を大事に育てるように、8わたしたちはあなた
がたをいとおしく思っていたので、神の福音を伝
えるばかりでなく、自分の命さえ喜んで与えたい
と願ったほどです。あなたがたはわたしたちにと
って愛する者となったからです。9兄弟たち、わ
たしたちの労苦と骨折りを覚えているでしょう。
わたしたちは、だれにも負担をかけまいとして、
夜も昼も働きながら、神の福音をあなたがたに宣《の》

べ伝《つた》えたのでした。10あなたがた信者に対して、
わたしたちがどれほど敬虔に、正しく、非難され
ることのないようにふるまったか、あなたがたが
証しし、神も証ししてくださいます。11あなたが
たが知っているとおり、わたしたちは、父親がそ
の子供に対するように、あなたがた一人一人に
12呼びかけて、神の御心《みこころ》にそって歩むように励ま
し、慰め、強く勧めたのでした。御自身の国と栄
光にあずからせようと、神はあなたがたを招いて
おられます。
13このようなわけで、わたしたちは絶えず神に
感謝しています。なぜなら、わたしたちから神の
言葉を聞いたとき、あなたがたは、それを人の言
葉としてではなく、神の言葉として受け入れたか
らです。事実、それは神の言葉であり、また、信
じているあなたがたの中に現に働いているもので
す。14兄弟たち、あなたがたは、ユダヤの、キリ
スト・イエスに結ばれている神の諸教会に倣う者
となりました。彼らがユダヤ人たちから苦しめら
れたように、あなたがたもまた同胞から苦しめら
れたからです。15ユダヤ人たちは、主イエスと預
言者たちを殺したばかりでなく、わたしたちをも
激しく迫害し、神に喜ばれることをせず、あらゆ
る人々に敵対し、16異邦人が救われるようにわた
したちが語るのを妨げています。こうして、いつ
も自分たちの罪をあふれんばかりに増やしている
のです。しかし、神の怒りは余すところなく彼ら
の上に臨みます。

テサロニケ再訪の願い

17兄弟たち、わたしたちは、あなたがたからし
ばらく引き離されていたので、――顔を見ないと
いうだけで、心が離れていたわけではないのです
が――なおさら、あなたがたの顔を見たいと切に
望みました。18だから、そちらへ行こうと思いま
した。殊に、わたしパウロは一度ならず行こうと

したのですが、サタンによって妨げられました。
19わたしたちの主イエスが来られるとき、その御
前でいったいあなたがた以外のだれが、わたした
ちの希望、喜び、そして誇るべき冠でしょうか。
20実に、あなたがたこそ、わたしたちの誉れであ
り、喜びなのです。

3

1そこで、もはや我慢できず、わたしたちだ
けがアテネに残ることにし、2わたしたちの
兄弟で、キリストの福音のために働く神の協力者
テモテをそちらに派遣しました。それは、あなた
がたを励まして、信仰を強め、3このような苦難
に遭っていても、だれ一人動揺することのないよ
うにするためでした。わたしたちが苦難を受ける
ように定められていることは、あなたがた自身が
よく知っています。4あなたがたのもとにいたと
き、わたしたちがやがて苦難に遭うことを、何度
も予告しましたが、あなたがたも知っているよう
に、事実そのとおりになりました。5そこで、わ
たしも、もはやじっとしていられなくなって、誘
惑する者があなたがたを惑わし、わたしたちの労
苦が無駄になってしまうのではないかという心配
から、あなたがたの信仰の様子を知るために、テ
モテを派遣したのです。
6ところで、テモテがそちらからわたしたちの
もとに今帰って来て、あなたがたの信仰と愛につ
いて、うれしい知らせを伝えてくれました。また、
あなたがたがいつも好意をもってわたしたちを覚
えていてくれること、更に、わたしたちがあなた
がたにぜひ会いたいと望んでいるように、あなた
がたもわたしたちにしきりに会いたがっているこ
とを知らせてくれました。7それで、兄弟たち、
わたしたちは、あらゆる困難と苦難に直面しなが
らも、あなたがたの信仰によって励まされました。
8あなたがたが主にしっかりと結ばれているなら、
今、わたしたちは生きていると言えるからです。
9わたしたちは、神の御前で、あなたがたのこと

で喜びにあふれています。この大きな喜びに対し
て、どのような感謝を神にささげたらよいでしょ
うか。10顔を合わせて、あなたがたの信仰に必要
なものを補いたいと、夜も昼も切に祈っています。
11どうか、わたしたちの父である神御自身とわ
たしたちの主イエスとが、わたしたちにそちらへ
行く道を開いてくださいますように。12どうか、
主があなたがたを、お互いの愛とすべての人への
愛とで、豊かに満ちあふれさせてくださいますよ
うに、わたしたちがあなたがたを愛しているよう
に。13そして、わたしたちの主イエスが、御自身
に属するすべての聖なる者たちと共に来られると
き、あなたがたの心を強め、わたしたちの父であ
る神の御前で、聖なる、非のうちどころのない者
としてくださるように、アーメン。

神に喜ばれる生活

4 1さて、兄弟たち、主イエスに結ばれた者と
してわたしたちは更に願い、また勧めます。
あなたがたは、神に喜ばれるためにどのように歩
むべきかを、わたしたちから学びました。そして、
現にそのように歩んでいますが、どうか、その歩
みを今後も更に続けてください。2わたしたちが
主イエスによってどのように命令したか、あなた
がたはよく知っているはずです。3実に、神の御
心は、あなたがたが聖なる者となることです。す
なわち、みだらな行いを避け、4おのおの汚《けが》れの
ない心と尊敬の念をもって妻と生活するように学
ばねばならず、5神を知らない異邦人のように情
欲におぼれてはならないのです。6このようなこ
とで、兄弟を踏みつけたり、欺いたりしてはいけ
ません。わたしたちが以前にも告げ、また厳しく
戒めておいたように、主はこれらすべてのことに
ついて罰をお与えになるからです。7神がわたし

たちを招かれたのは、汚れた生き方ではなく、聖
なる生活をさせるためです。8ですから、これら
の警告を拒む者は、人を拒むのではなく、御自分
の聖霊をあなたがたの内に与えてくださる神を拒
むことになるのです。
9兄弟愛については、あなたがたに書く必要は
ありません。あなたがた自身、互いに愛し合うよ
うに、神から教えられているからです。10現にあ
なたがたは、マケドニア州全土に住むすべての兄
弟に、それを実行しています。しかし、兄弟たち、
なおいっそう励むように勧めます。11そして、わ
たしたちが命じておいたように、落ち着いた生活
をし、自分の仕事に励み、自分の手で働くように
努めなさい。12そうすれば、外部の人々に対して
品位をもって歩み、だれにも迷惑をかけないで済
むでしょう。

主は来られる

13兄弟たち、既に眠りについた人たちについて
は、希望を持たないほかの人々のように嘆き悲し
まないために、ぜひ次のことを知っておいてほし
い。14イエスが死んで復活されたと、わたしたち
は信じています。神は同じように、イエスを信じ
て眠りについた人たちをも、イエスと一緒に導き
出してくださいます。
15主の言葉に基づいて次のことを伝えます。主
が来られる日まで生き残るわたしたちが、眠りに
ついた人たちより先になることは、決してありま
せん。16すなわち、合図の号令がかかり、大天使
の声が聞こえて、神のラッパが鳴り響くと、主御
自身が天から降《くだ》って来られます。すると、キリス
トに結ばれて死んだ人たちが、まず最初に復活し、
17それから、わたしたち生き残っている者が、空
中で主と出会うために、彼らと一緒に雲に包まれ
て引き上げられます。このようにして、わたした

ちはいつまでも主と共にいることになります。
18ですから、今述べた言葉によって励まし合いな
さい。

5

1兄弟たち、その時と時期についてあなたが
たには書き記す必要はありません。2盗人《ぬすびと》が
夜やって来るように、主の日は来るということを、
あなたがた自身よく知っているからです。3人々
が「無事だ。安全だ」と言っているそのやさきに、
突然、破滅が襲うのです。ちょうど妊婦に産みの
苦しみがやって来るのと同じで、決してそれから
逃れられません。4しかし、兄弟たち、あなたが
たは暗闇の中にいるのではありません。ですから、
主の日が、盗人のように突然あなたがたを襲うこ
とはないのです。5あなたがたはすべて光の子、
昼の子だからです。わたしたちは、夜にも暗闇に
も属していません。6従って、ほかの人々のよう
に眠っていないで、目を覚まし、身を慎んでいま
しょう。7眠る者は夜眠り、酒に酔う者は夜酔い
ます。8しかし、わたしたちは昼に属していますから、信仰と愛を胸当てとして着け、救いの希望
を兜としてかぶり、身を慎んでいましょう。9神
は、わたしたちを怒りに定められたのではなく、
わたしたちの主イエス・キリストによる救いにあ
ずからせるように定められたのです。10主は、わ
たしたちのために死なれましたが、それは、わた
したちが、目覚めていても眠っていても、主と共
に生きるようになるためです。11ですから、あな
たがたは、現にそうしているように、励まし合い、
お互いの向上に心がけなさい。

結びの言葉

12兄弟たち、あなたがたにお願いします。あな
たがたの間で労苦し、主に結ばれた者として導き
戒めている人々を重んじ、13また、そのように働
いてくれるのですから、愛をもって心から尊敬し
なさい。互いに平和に過ごしなさい。14兄弟たち、

あなたがたに勧めます。怠けている者たちを戒め
なさい。気落ちしている者たちを励ましなさい。
弱い者たちを助けなさい。すべての人に対して忍
耐強く接しなさい。15だれも、悪をもって悪に報
いることのないように気をつけなさい。お互いの
間でも、すべての人に対しても、いつも善を行う
よう努めなさい。
16いつも喜んでいなさい。17絶えず祈りなさい。
18どんなことにも感謝しなさい。これこそ、キリ
スト・イエスにおいて、神があなたがたに望んで
おられることです。19〝霊〟の火を消してはいけ
ません。20預言を軽んじてはいけません。21すべ
てを吟味して、良いものを大事にしなさい。22あ
らゆる悪いものから遠ざかりなさい。
23どうか、平和の神御自身が、あなたがたを全
く聖なる者としてくださいますように。また、あ
なたがたの霊も魂も体も何一つ欠けたところのな
いものとして守り、わたしたちの主イエス・キリ
ストの来られるとき、非のうちどころのないもの
としてくださいますように。24あなたがたをお招
きになった方は、真実で、必ずそのとおりにして
くださいます。
25兄弟たち、わたしたちのためにも祈ってくだ
さい。
26すべての兄弟たちに、聖なる口づけによって
挨拶をしなさい。27この手紙をすべての兄弟たち
に読んで聞かせるように、わたしは主によって強
く命じます。
28わたしたちの主イエス・キリストの恵みが、
あなたがたと共にあるように。

テサロニケの信徒への手紙　二

挨拶

1
1パウロ、シルワノ、テモテから、わたしした
ちの父である神と主《しゅ》イエス・キリストに結ば
れているテサロニケの教会へ。2わたしたちの父
である神と主イエス・キリストからの恵みと平和
が、あなたがたにあるように。

キリスト来臨と裁き

3兄弟たち、あなたがたのことをいつも神に感
謝せずにはいられません。また、そうするのが当
然です。あなたがたの信仰が大いに成長し、お互
いに対する一人一人の愛が、あなたがたすべての
間で豊かになっているからです。4それで、わた
したち自身、あなたがたが今、受けているありと
あらゆる迫害と苦難の中で、忍耐と信仰を示して
いることを、神の諸教会の間で誇りに思っていま
す。5これは、あなたがたを神の国にふさわしい
者とする、神の判定が正しいという証拠です。あ
なたがたも、神の国のために苦しみを受けている
のです。6神は正しいことを行われます。あなた
がたを苦しめている者には、苦しみをもって報い、
7また、苦しみを受けているあなたがたには、わ
たしたちと共に休息をもって報いてくださるので
す。主イエスが力強い天使たちを率いて天から来
られるとき、神はこの報いを実現なさいます。
8主イエスは、燃え盛る火の中を来られます。そ
して神を認めない者や、わたしたちの主イエスの
福音に聞き従わない者に、罰をお与えになります。
9彼らは、主の面前から退けられ、その栄光に輝
く力から切り離されて、永遠の破滅という刑罰を
受けるでしょう。10かの日、主が来られるとき、
主は御自分の聖なる者たちの間であがめられ、ま
た、すべて信じる者たちの間でほめたたえられる

のです。それは、あなたがたがわたしたちのもた
らした証《あか》しを信じたからです。11このことのため
にも、いつもあなたがたのために祈っています。
どうか、わたしたちの神が、あなたがたを招きに
ふさわしいものとしてくださり、また、その御力《みちから》
で、善を求めるあらゆる願いと信仰の働きを成就
させてくださるように。12それは、わたしたちの
神と主イエス・キリストの恵みによって、わたし
たちの主イエスの名があなたがたの間であがめら
れ、あなたがたも主によって誉れを受けるように
なるためです。

不法の者についての警告

2

1さて、兄弟たち、わたしたちの主イエス・
キリストが来られることと、そのみもとにわ
たしたちが集められることについてお願いしたい。
2霊や言葉によって、あるいは、わたしたちから
書き送られたという手紙によって、主の日は既に
来てしまったかのように言う者がいても、すぐに
動揺して分別を無くしたり、慌てふためいたりし
ないでほしい。3だれがどのような手段を用いて
も、だまされてはいけません。なぜなら、まず、
神に対する反逆が起こり、不法の者、つまり、滅
びの子が出現しなければならないからです。4こ
の者は、すべて神と呼ばれたり拝まれたりするも
のに反抗して、傲慢にふるまい、ついには、神殿
に座り込み、自分こそは神であると宣言するので
す。5まだわたしがあなたがたのもとにいたとき、
これらのことを繰り返し語っていたのを思い出し
ませんか。6今、彼を抑えているものがあること
は、あなたがたも知っているとおりです。それは、
定められた時に彼が現れるためなのです。7不法
の秘密の力は既に働いています。ただそれは、今
のところ抑えている者が、取り除かれるまでのこ
とです。8その時が来ると、不法の者が現れます
が、主イエスは彼を御自分の口から吐く息で殺し、

来られるときの御姿《みすがた》の輝かしい光で滅ぼしてしま
われます。9不法の者は、サタンの働きによって
現れ、あらゆる偽りの奇跡としるしと不思議な業《わざ》
とを行い、10そして、あらゆる不義を用いて、滅
びていく人々を欺くのです。彼らが滅びるのは、
自分たちの救いとなる真理を愛そうとしなかった
からです。11それで、神は彼らに惑わす力を送ら
れ、その人たちは偽りを信じるようになります。
12こうして、真理を信じないで不義を喜んでいた
者は皆、裁かれるのです。

救いに選ばれた者の生き方

13しかし、主に愛されている兄弟たち、あなた
がたのことについて、わたしたちはいつも神に感
謝せずにはいられません。なぜなら、あなたがた
を聖なる者とする〝霊〟の力と、真理に対するあ
なたがたの信仰とによって、神はあなたがたを、
救われるべき者の初穂としてお選びになったから
です。14神は、このことのために、すなわち、わ
たしたちの主イエス・キリストの栄光にあずから
せるために、わたしたちの福音を通して、あなた
がたを招かれたのです。15ですから、兄弟たち、
しっかり立って、わたしたちが説教や手紙で伝え
た教えを固く守り続けなさい。16わたしたちの主
イエス・キリスト御自身、ならびに、わたしたち
を愛して、永遠の慰めと確かな希望とを恵みによ
って与えてくださる、わたしたちの父である神が、
17どうか、あなたがたの心を励まし、また強め、
いつも善い働きをし、善い言葉を語る者としてく
ださるように。

3

わたしたちのために祈ってください

1終わりに、兄弟たち、わたしたちのために
祈ってください。主の言葉が、あなたがたの
ところでそうであったように、速やかに宣《の》べ伝《つた》え
られ、あがめられるように、2また、わたしたち

が道に外れた悪人どもから逃れられるように、と祈ってください。すべての人に、信仰があるわけではないのです。3しかし、主は真実な方です。必ずあなたがたを強め、悪い者から守ってくださいます。4そして、わたしたちが命令することを、あなたがたは現に実行しており、また、これからもきっと実行してくれることと、主によって確信しています。5どうか、主が、あなたがたに神の愛とキリストの忍耐とを深く悟らせてくださるように。

怠惰な生活を戒める

6兄弟たち、わたしたちは、わたしたちの主イエス・キリストの名によって命じます。怠惰な生活をして、わたしたちから受けた教えに従わないでいるすべての兄弟を避けなさい。7あなたがた自身、わたしたちにどのように倣えばよいか、よく知っています。わたしたちは、そちらにいたとき、怠惰な生活をしませんでした。8また、だれからもパンをただでもらって食べたりはしませんでした。むしろ、だれにも負担をかけまいと、夜昼大変苦労して、働き続けたのです。9援助を受ける権利がわたしたちになかったからではなく、あなたがたがわたしたちに倣うように、身をもって模範を示すためでした。10実際、あなたがたのもとにいたとき、わたしたちは、「働きたくない者は、食べてはならない」と命じていました。11ところが、聞くところによると、あなたがたの中には怠惰な生活をし、少しも働かず、余計なことをしている者がいるということです。12そのような者たちに、わたしたちは主イエス・キリストに結ばれた者として命じ、勧めます。自分で得たパンを食べるように、落ち着いて仕事をしなさい。13そして、兄弟たち、あなたがたは、たゆまず善いことをしなさい。14もし、この手紙でわたしたちの言うことに従わない者がいれば、その者には特に気をつけて、かかわりを持たないようにしなさい。そうすれば、彼は恥じ入るでしょう。15しかし、その人を敵とは見なさず、兄弟として警告しなさい。

結びの言葉

16どうか、平和の主御自身が、いついかなる場合にも、あなたがたに平和をお与えくださるように。主があなたがた一同と共におられるように。

17わたしパウロが、自分の手で挨拶を記します。これはどの手紙にも記す印《しるし》です。わたしはこのように書きます。18わたしたちの主イエス・キリストの恵みが、あなたがた一同と共にあるように。

テモテへの手紙　一

挨拶

1

1わたしたちの救い主である神とわたしたち
の希望であるキリスト・イエスによって任命
され、キリスト・イエスの使徒となったパウロか
ら、2信仰によるまことの子テモテへ。父である
神とわたしたちの主《しゅ》キリスト・イエスからの恵み、
憐《あわ》れみ、そして平和があるように。

異なる教えについての警告

3マケドニア州に出発するときに頼んでおいた
ように、あなたはエフェソにとどまって、ある
人々に命じなさい。異なる教えを説いたり、4作
り話や切りのない系図に心を奪われたりしないよ
うにと。このような作り話や系図は、信仰による
神の救いの計画の実現よりも、むしろ無意味な詮
索を引き起こします。5わたしのこの命令は、清
い心と正しい良心と純真な信仰とから生じる愛を
目指すものです。6ある人々はこれらのものから
それて、無益な議論の中に迷い込みました。7彼
らは、自分の言っていることも主張している事柄
についても理解していないのに、律法の教師であ
りたいと思っています。
8しかし、わたしたちは、律法は正しく用いる
ならば良いものであることを知っています。9す
なわち、次のことを知って用いれば良いものです。
律法は、正しい者のために与えられているのでは
なく、不法な者や不従順な者、不信心な者や罪を
犯す者、神を畏れぬ者や俗悪な者、父を殺す者や
母を殺す者、人を殺す者、10みだらな行いをする
者、男色をする者、誘拐する者、偽りを言う者、
偽証する者のために与えられ、そのほか、健全な
教えに反することがあれば、そのために与えられ
ているのです。11今述べたことは、祝福に満ちた

神の栄光の福音に一致しており、わたしはその福
音をゆだねられています。

神の憐れみに対する感謝

12わたしを強くしてくださった、わたしたちの
主キリスト・イエスに感謝しています。この方が、
わたしを忠実な者と見なして務めに就かせてくだ
さったからです。13以前、わたしは神を冒瀆する
者、迫害する者、暴力を振るう者でした。しかし、
信じていないとき知らずに行ったことなので、憐
れみを受けました。14そして、わたしたちの主の
恵みが、キリスト・イエスによる信仰と愛と共に、
あふれるほど与えられました。15「キリスト・イ
エスは、罪人《つみびと》を救うために世に来られた」という
言葉は真実であり、そのまま受け入れるに値しま
す。わたしは、その罪人の中で最たる者です。
16しかし、わたしが憐れみを受けたのは、キリス
ト・イエスがまずそのわたしに限りない忍耐をお
示しになり、わたしがこの方を信じて永遠の命を
得ようとしている人々の手本となるためでした。
17永遠の王、不滅で目に見えない唯一の神に、誉
れと栄光が世々限りなくありますように、アーメ
ン。
18わたしの子テモテ、あなたについて以前預言
されたことに従って、この命令を与えます。その
預言に力づけられ、雄々しく戦いなさい、19信仰
と正しい良心とを持って。ある人々は正しい良心
を捨て、その信仰は挫折してしまいました。20そ
の中には、ヒメナイとアレクサンドロがいます。
わたしは、神を冒瀆してはならないことを学ばせ
るために、彼らをサタンに引き渡しました。

2

祈りに関する教え

1そこで、まず第一に勧めます。願いと祈り
と執り成しと感謝とをすべての人々のために
ささげなさい。2王たちやすべての高官のために

もささげなさい。わたしたちが常に信心と品位を
保ち、平穏で落ち着いた生活を送るためです。
3これは、わたしたちの救い主である神の御前《みまえ》に
良いことであり、喜ばれることです。4神は、す
べての人々が救われて真理を知るようになること
を望んでおられます。5神は唯一であり、神と人
との間の仲介者も、人であるキリスト・イエスた
だおひとりなのです。6この方はすべての人の贖《あがな》
いとして御自身を献《ささ》げられました。これは定めら
れた時になされた証《あかし》です。7わたしは、その証
しのために宣教者また使徒として、すなわち異邦
人に信仰と真理を説く教師として任命されたので
す。わたしは真実を語っており、偽りは言ってい
ません。
8だから、わたしが望むのは、男は怒らず争わ
ず、清い手を上げてどこででも祈ることです。
9同じように、婦人はつつましい身なりをし、慎
みと貞淑をもって身を飾るべきであり、髪を編ん
だり、金や真珠や高価な着物を身に着けたりして
はなりません。10むしろ、善い業《わざ》で身を飾るのが、
神を敬うと公言する婦人にふさわしいことです。
11婦人は、静かに、全く従順に学ぶべきです。
12婦人が教えたり、男の上に立ったりするのを、
わたしは許しません。むしろ、静かにしているべ
きです。13なぜならば、アダムが最初に造られ、
それからエバが造られたからです。14しかも、ア
ダムはだまされませんでしたが、女はだまされて、
罪を犯してしまいました。15しかし婦人は、信仰
と愛と清さを保ち続け、貞淑であるならば、子を
産むことによって救われます。**3** 1この言葉は
真実です。

監督の資格

「監督の職を求める人がいれば、その人は良い
仕事を望んでいる。」2だから、監督は、非のう
ちどころがなく、一人の妻の夫であり、節制し、

分別があり、礼儀正しく、客を親切にもてなし、
よく教えることができなければなりません。3ま
た、酒におぼれず、乱暴でなく、寛容で、争いを
好まず、金銭に執着せず、4自分の家庭をよく治
め、常に品位を保って子供たちを従順な者に育て
ている人でなければなりません。5自分の家庭を
治めることを知らない者に、どうして神の教会の
世話ができるでしょうか。6監督は、信仰に入っ
て間もない人ではいけません。それでは高慢にな
って悪魔と同じ裁きを受けかねないからです。
7更に、監督は、教会以外の人々からも良い評判
を得ている人でなければなりません。そうでなけ
れば、中傷され、悪魔の罠《わな》に陥りかねないからで
す。

奉仕者の資格

8同じように、奉仕者たちも品位のある人でな
ければなりません。二枚舌を使わず、大酒を飲ま
ず、恥ずべき利益をむさぼらず、9清い良心の中
に信仰の秘められた真理を持っている人でなけれ
ばなりません。10この人々もまず審査を受けるべ
きです。その上で、非難される点がなければ、奉
仕者の務めに就かせなさい。11婦人の奉仕者たち
も同じように品位のある人でなければなりません。
中傷せず、節制し、あらゆる点で忠実な人でなけ
ればなりません。12奉仕者は一人の妻の夫で、子
供たちと自分の家庭をよく治める人でなければな
りません。13というのも、奉仕者の仕事を立派に
果たした人々は、良い地位を得、キリスト・イエ
スへの信仰によって大きな確信を得るようになる
からです。

信心の秘められた真理

14わたしは、間もなくあなたのところへ行きた
いと思いながら、この手紙を書いています。15行
くのが遅れる場合、神の家でどのように生活すべ

きかを知ってもらいたいのです。神の家とは、真
理の柱であり土台である生ける神の教会です。
16信心の秘められた真理は確かに偉大です。すな
わち、
キリストは肉において現れ、
〝霊〟において義とされ、
天使たちに見られ、
異邦人の間で宣べ伝えられ、
世界中で信じられ、
栄光のうちに上げられた。

4 背教の予告

1しかし、〝霊〟は次のように明確に告げて
おられます。終わりの時には、惑わす霊と、
悪霊《あくれい》どもの教えとに心を奪われ、信仰から脱落す
る者がいます。2このことは、偽りを語る者たち
の偽善によって引き起こされるのです。彼らは自
分の良心に焼き印を押されており、3結婚を禁じ
たり、ある種の食物を断つことを命じたりします。
しかし、この食物は、信仰を持ち、真理を認識し
た人たちが感謝して食べるようにと、神がお造り
になったものです。4というのは、神がお造りに
なったものはすべて良いものであり、感謝して受
けるならば、何一つ捨てるものはないからです。
5神の言葉と祈りとによって聖なるものとされる
のです。

キリスト・イエスの立派な奉仕者

6これらのことを兄弟たちに教えるならば、あ
なたは、信仰の言葉とあなたが守ってきた善い教
えの言葉とに養われて、キリスト・イエスの立派
な奉仕者になります。7俗悪で愚にもつかない作
り話は退けなさい。信心のために自分を鍛えなさ
い。8体の鍛練も多少は役に立ちますが、信心は、
この世と来《きた》るべき世での命を約束するので、すべ
ての点で益となるからです。9この言葉は真実で

あり、そのまま受け入れるに値します。10わたし
たちが労苦し、奮闘するのは、すべての人、特に
信じる人々の救い主である生ける神に希望を置い
ているからです。
11これらのことを命じ、教えなさい。12あなた
は、年が若いということで、だれからも軽んじら
れてはなりません。むしろ、言葉、行動、愛、信
仰、純潔の点で、信じる人々の模範となりなさい。
13わたしが行くときまで、聖書の朗読と勧めと教
えに専念しなさい。14あなたの内にある恵みの賜
物を軽んじてはなりません。その賜物は、長老た
ちがあなたに手を置いたとき、預言によって与え
られたものです。15これらのことに努めなさい。
そこから離れてはなりません。そうすれば、あな
たの進歩はすべての人に明らかになるでしょう。
16自分自身と教えとに気を配りなさい。以上のこ
とをしっかりと守りなさい。そうすれば、あなた
は自分自身と、あなたの言葉を聞く人々とを救う
ことになります。

教会の人々に対して

5

1老人を叱ってはなりません。むしろ、自分
の父親と思って諭しなさい。若い男は兄弟と
思い、2年老いた婦人は母親と思い、若い女性に
は常に清らかな心で姉妹と思って諭しなさい。
3身寄りのないやもめを大事にしてあげなさい。
4やもめに子や孫がいるならば、これらの者に、
まず自分の家族を大切にし、親に恩返しをするこ
とを学ばせるべきです。それは神に喜ばれること
だからです。5身寄りがなく独り暮らしのやもめ
は、神に希望を置き、昼も夜も願いと祈りを続け
ますが、6放縦な生活をしているやもめは、生き
ていても死んでいるのと同然です。7やもめたち
が非難されたりしないように、次のことも命じな
さい。8自分の親族、特に家族の世話をしない者
がいれば、その者は信仰を捨てたことになり、信

者でない人にも劣っています。9やもめとして登
録するのは、六十歳未満の者ではなく、一人の夫
の妻であった人、10善い行いで評判の良い人でな
ければなりません。子供を育て上げたとか、旅人
を親切にもてなしたとか、聖なる者たちの足を洗
ったとか、苦しんでいる人々を助けたとか、あら
ゆる善い業に励んだ者でなければなりません。
11年若いやもめは登録してはなりません。という
のは、彼女たちは、情欲にかられてキリストから
離れると、結婚したがるようになり、12前にした
約束を破ったという非難を受けることになるから
です。13その上、彼女たちは家から家へと回り歩
くうちに怠け癖がつき、更に、ただ怠けるだけで
なく、おしゃべりで詮索好きになり、話してはな
らないことまで話しだします。14だから、わたし
が望むのは、若いやもめは再婚し、子供を産み、
家事を取りしきり、反対者に悪口《あっこう》の機会を一切与
えないことです。15既に道を踏み外し、サタンに
ついて行ったやもめもいるからです。16信者の婦
人で身内にやもめがいれば、その世話をすべきで
あり、教会に負担をかけてはなりません。そうす
れば教会は身寄りのないやもめの世話をすること
ができます。

17よく指導している長老たち、特に御《み》言葉《ことば》と教
えのために労苦している長老たちは二倍の報酬を
受けるにふさわしい、と考えるべきです。18聖書
には、「脱穀している牛に口籠《くつこ》をはめてはならな
い」と、また「働く者が報酬を受けるのは当然で
ある」と書かれています。19長老に反対する訴え
は、二人あるいは三人の証人がいなければ、受理
してはなりません。20罪を犯している者に対して
は、皆の前でとがめなさい。そうすれば、ほかの
者も恐れを抱くようになります。21神とキリス
ト・イエスと選ばれた天使たちとの前で、厳かに
命じる。偏見を持たずにこれらの指示に従いなさ
い。何事をするにも、えこひいきはなりません。

22性急にだれにでも手を置いてはなりません。他
人の罪に加わってもなりません。いつも潔白でい
なさい。23これからは水ばかり飲まないで、胃の
ために、また、度々起こる病気のために、ぶどう
酒を少し用いなさい。
24ある人々の罪は明白でたちまち裁かれますが、
ほかの人々の罪は後になって明らかになります。
25同じように、良い行いも明白です。そうでない
場合でも、隠れたままのことはありません。

6

1軛《くびき》の下にある奴隷の身分の人は皆、自分の
主人を十分尊敬すべきものと考えなければな
りません。それは、神の御名《みな》とわたしたちの教え
が冒瀆されないようにするためです。2主人が信
者である場合は、自分の信仰上の兄弟であるから
といって軽んぜず、むしろ、いっそう熱心に仕え
るべきです。その奉仕から益を受ける主人は信者
であり、神に愛されている者だからです。

大きな利得

これらのことを教え、勧めなさい。3異なる教
えを説き、わたしたちの主イエス・キリストの健
全な言葉にも、信心に基づく教えにも従わない者
がいれば、4その者は高慢で、何も分からず、議
論や口論に病みつきになっています。そこから、
ねたみ、争い、中傷、邪推、5絶え間ない言い争
いが生じるのです。これらは、精神が腐り、真理
に背を向け、信心を利得の道と考える者の間で起
こるものです。6もっとも、信心は、満ち足りる
ことを知る者には、大きな利得の道です。7なぜ
ならば、わたしたちは、何も持たずに世に生まれ、
世を去るときは何も持って行くことができないか
らです。8食べる物と着る物があれば、わたした
ちはそれで満足すべきです。9金持ちになろうと
する者は、誘惑、罠、無分別で有害なさまざまの
欲望に陥ります。その欲望が、人を滅亡と破滅に
陥れます。10金銭の欲は、すべての悪の根です。

金銭を追い求めるうちに信仰から迷い出て、さま
ざまのひどい苦しみで突き刺された者もいます。

信仰の戦い

11しかし、神の人よ、あなたはこれらのことを
避けなさい。正義、信心、信仰、愛、忍耐、柔和
を追い求めなさい。12信仰の戦いを立派に戦い抜
き、永遠の命を手に入れなさい。命を得るために、
あなたは神から召され、多くの証人の前で立派に
信仰を表明したのです。13万物に命をお与えにな
る神の御前で、そして、ポンティオ・ピラトの面
前で立派な宣言によって証しをなさったキリス
ト・イエスの御前で、あなたに命じます。14わた
したちの主イエス・キリストが再び来られるとき
まで、おちどなく、非難されないように、この掟
を守りなさい。15神は、定められた時にキリスト
を現してくださいます。神は、祝福に満ちた唯一
の主権者、王の王、主の主、16唯一の不死の存在、
近寄り難い光の中に住まわれる方、だれ一人見た
ことがなく、見ることのできない方です。この神
に誉れと永遠の支配がありますように、アーメン。

17この世で富んでいる人々に命じなさい。高慢
にならず、不確かな富に望みを置くのではなく、
わたしたちにすべてのものを豊かに与えて楽しま
せてくださる神に望みを置くように。18善を行い、
良い行いに富み、物惜しみをせず、喜んで分け与
えるように。19真の命を得るために、未来に備え
て自分のために堅固な基礎を築くようにと。

20テモテ、あなたにゆだねられているものを守
り、俗悪な無駄話と、不当にも知識と呼ばれてい
る反対論とを避けなさい。21その知識を鼻にかけ、
信仰の道を踏み外してしまった者もいます。

恵みがあなたがたと共にあるように。

テモテへの手紙 二

挨拶

1

1キリスト・イエスによって与えられる命の
約束を宣《の》べ伝《つた》えるために、神の御心《みこころ》によって
キリスト・イエスの使徒とされたパウロから、
2愛する子テモテへ。父である神とわたしたちの
主《しゅ》キリスト・イエスからの恵み、憐れみ、そして
平和があるように。

ゆだねられているものを守る

3わたしは、昼も夜も祈りの中で絶えずあなた
を思い起こし、先祖に倣い清い良心をもって仕え
ている神に、感謝しています。 4わたしは、あな
たの涙を忘れることができず、ぜひあなたに会っ
て、喜びで満たされたいと願っています。 5そし
て、あなたが抱いている純真な信仰を思い起こし
ています。その信仰は、まずあなたの祖母ロイス
と母エウニケに宿りましたが、それがあなたにも
宿っていると、わたしは確信しています。 6そう
いうわけで、わたしが手を置いたことによってあ
なたに与えられている神の賜物を、再び燃えたた
せるように勧めます。 7神は、おくびょうの霊で
はなく、力と愛と思慮分別の霊をわたしたちにく
ださったのです。 8だから、わたしたちの主を証《あか》
しすることも、わたしが主の囚人であることも恥
じてはなりません。むしろ、神の力に支えられて、
福音のためにわたしと共に苦しみを忍んでくださ
い。 9神がわたしたちを救い、聖なる招きによっ
て呼び出してくださったのは、わたしたちの行い
によるのではなく、御自身の計画と恵みによるの
です。この恵みは、永遠の昔にキリスト・イエス
においてわたしたちのために与えられ、 10今や、
わたしたちの救い主キリスト・イエスの出現によ
って明らかにされたものです。キリストは死を滅

ぼし、福音を通して不滅の命を現してくださいま
した。11この福音のために、わたしは宣教者、使
徒、教師に任命されました。12そのために、わた
しはこのように苦しみを受けているのですが、そ
れを恥じていません。というのは、わたしは自分
が信頼している方を知っており、わたしにゆだね
られているものを、その方がかの日まで守ること
がおできになると確信しているからです。13キリ
スト・イエスによって与えられる信仰と愛をもっ
て、わたしから聞いた健全な言葉を手本としなさ
い。14あなたにゆだねられている良いものを、わ
たしたちの内に住まわれる聖霊によって守りなさ
い。
15あなたも知っているように、アジア州の人々
は皆、わたしから離れ去りました。その中にはフ
イゲロとヘルモゲネスがいます。16どうか、主が
オネシフォロの家族を憐れんでくださいますよう
に。彼は、わたしをしばしば励まし、わたしが囚
人の身であることを恥とも思わず、17ローマに着
くとわたしを熱心に探し、見つけ出してくれたの
です。18どうか、主がかの日に、主のもとで彼に
憐れみを授けてくださいますように。彼がエフェ
ソでどれほどわたしに仕えてくれたか、あなたが
だれよりもよく知っています。

2

キリスト・イエスの兵士として

1そこで、わたしの子よ、あなたはキリス
ト・イエスにおける恵みによって強くなりな
さい。2そして、多くの証人の面前でわたしから
聞いたことを、ほかの人々にも教えることので
きる忠実な人たちにゆだねなさい。3キリスト・イ
エスの立派な兵士として、わたしと共に苦しみを
忍びなさい。4兵役に服している者は生計を立て
るための仕事に煩わされず、自分を召集した者の
気に入ろうとします。5また、競技に参加する者
は、規則に従って競技をしないならば、栄冠を受

けることができません。6労苦している農夫こそ、
最初に収穫の分け前にあずかるべきです。7わた
しの言うことをよく考えてみなさい。主は、あな
たがすべてのことを理解できるようにしてくださ
るからです。
8イエス・キリストのことを思い起こしなさい。
わたしの宣べ伝える福音によれば、この方は、ダ
ビデの子孫で、死者の中から復活されたのです。
9この福音のためにわたしは苦しみを受け、つい
に犯罪人のように鎖につながれています。しかし、
神の言葉はつながれていません。10だから、わた
しは、選ばれた人々のために、あらゆることを耐
え忍んでいます。彼らもキリスト・イエスによる
救いを永遠の栄光と共に得るためです。11次の言
葉は真実です。
「わたしたちは、キリストと共に死んだのなら、
　キリストと共に生きるようになる。
12耐え忍ぶなら、
　キリストと共に支配するようになる。
キリストを否《いな》むなら、
　キリストもわたしたちを否まれる。
13わたしたちが誠実でなくても、
　キリストは常に真実であられる。
キリストは御自身を
　否むことができないからである。」

適格者と認められた働き手

14これらのことを人々に思い起こさせ、言葉を
あげつらわないようにと、神の御前《みまえ》で厳かに命じ
なさい。そのようなことは、何の役にも立たず、
聞く者を破滅させるのです。15あなたは、適格者
と認められて神の前に立つ者、恥じるところのな
い働き手、真理の言葉を正しく伝える者となるよ
うに努めなさい。16俗悪な無駄話を避けなさい。
そのような話をする者はますます不信心になって
いき、17その言葉は悪いはれ物のように広がりま

す。その中には、ヒメナイとフィレトがいます。
18彼らは真理の道を踏み外し、復活はもう起こっ
たと言って、ある人々の信仰を覆しています。
19しかし、神が据えられた堅固な基礎は揺るぎま
せん。そこには、「主は御自分の者たちを知って
おられる」と、また「主の名を呼ぶ者は皆、不義
から身を引くべきである」と刻まれています。
20さて、大きな家には金や銀の器だけではなく、
木や土の器もあります。一方は貴いことに、他方
は普通のことに用いられます。21だから、今述べ
た諸悪から自分を清める人は、貴いことに用いら
れる器になり、聖なるもの、主人に役立つもの、
あらゆる善い業《わざ》のために備えられたものとなるの
です。22若いころの情欲から遠ざかり、清い心で
主を呼び求める人々と共に、正義と信仰と愛と平
和を追い求めなさい。23愚かで無知な議論を避け
なさい。あなたも知っているとおり、そのような
議論は争いのもとになります。24主の僕《しもべ》たる者は
争わず、すべての人に柔和に接し、教えることが
でき、よく忍び、25反抗する者を優しく教え導か
ねばなりません。神は彼らを悔い改めさせ、真理
を認識させてくださるかもしれないのです。26こ
うして彼らは、悪魔に生け捕りにされてその意の
ままになっていても、いつか目覚めてその罠《わな》から
逃れるようになるでしょう。

3　終わりの時の人々の有様

1しかし、終わりの時には困難な時期が来る
ことを悟りなさい。2そのとき、人々は自分
自身を愛し、金銭を愛し、ほらを吹き、高慢にな
り、神をあざけり、両親に従わず、恩を知らず、
神を畏れなくなります。3また、情けを知らず、
和解せず、中傷し、節度がなく、残忍になり、善
を好まず、4人を裏切り、軽率になり、思い上が
り、神よりも快楽を愛し、5信心を装いながら、
その実、信心の力を否定するようになります。こ

ういう人々を避けなさい。6彼らの中には、他人
の家に入り込み、愚かな女どもをたぶらかしてい
る者がいるのです。彼女たちは罪に満ち、さまざ
まの情欲に駆り立てられており、7いつも学んで
いながら、決して真理の認識に達することができ
ません。8ヤンネとヤンブレがモーセに逆らった
ように、彼らも真理に逆らっています。彼らは精
神の腐った人間で、信仰の失格者です。9しかし、
これ以上はびこらないでしょう。彼らの無知がす
べての人々にあらわになるからです。ヤンネとヤ
ンブレの場合もそうでした。

最後の勧め

10しかしあなたは、わたしの教え、行動、意図、
信仰、寛容、愛、忍耐に倣い、11アンティオキア、
イコニオン、リストラでわたしにふりかかったよ
うな迫害と苦難をもいといませんでした。そのよ
うな迫害にわたしは耐えました。そして、主がそ
のすべてからわたしを救い出してくださったので
す。12キリスト・イエスに結ばれて信心深く生き
ようとする人は皆、迫害を受けます。13悪人や詐
欺師は、惑わし惑わされながら、ますます悪くな
っていきます。14だがあなたは、自分が学んで確
信したことから離れてはなりません。あなたは、
それをだれから学んだかを知っており、15また、
自分が幼い日から聖書に親しんできたことをも知
っているからです。この書物は、キリスト・イエ
スへの信仰を通して救いに導く知恵を、あなたに
与えることができます。16聖書はすべて神の霊の
導きの下に書かれ、人を教え、戒め、誤りを正し、
義に導く訓練をするうえに有益です。17こうして、
神に仕える人は、どのような善い業をも行うこと
ができるように、十分に整えられるのです。

4

1神の御前で、そして、生きている者と死ん
だ者を裁くために来られるキリスト・イエス
の御前で、その出現とその御国《みくに》とを思いつつ、厳

かに命じます。2御《み》言葉《ことば》を宣べ伝えなさい。折が
良くても悪くても励みなさい。とがめ、戒め、励
ましなさい。忍耐強く、十分に教えるのです。
3だれも健全な教えを聞こうとしない時が来ます。
そのとき、人々は自分に都合の良いことを聞こう
と、好き勝手に教師たちを寄せ集め、4真理から
耳を背け、作り話の方にそれて行くようになりま
す。5しかしあなたは、どんな場合にも身を慎み、
苦しみを耐え忍び、福音宣教者の仕事に励み、自
分の務めを果たしなさい。
6わたし自身は、既にいけにえとして献《ささ》げられ
ています。世を去る時が近づきました。7わたし
は、戦いを立派に戦い抜き、決められた道を走り
とおし、信仰を守り抜きました。8今や、義の栄
冠を受けるばかりです。正しい審判者である主が、
かの日にそれをわたしに授けてくださるのです。
しかし、わたしだけでなく、主が来られるのをひ
たすら待ち望む人には、だれにでも授けてくださ
います。

個人的指示

9ぜひ、急いでわたしのところへ来てください。
10デマスはこの世を愛し、わたしを見捨ててテサ
ロニケに行ってしまい、クレスケンスはガラテヤ
に、テトスはダルマティアに行っているからです。
11ルカだけがわたしのところにいます。マルコを
連れて来てください。彼はわたしの務めをよく助
けてくれるからです。12わたしはティキコをエフ
ェソに遣わしました。13あなたが来るときには、
わたしがトロアスのカルポのところに置いてきた
外套を持って来てください。また書物、特に羊皮
紙のものを持って来てください。14銅細工人アレ
クサンドロがわたしをひどく苦しめました。主は、
その仕業に応じて彼にお報いになります。15あな
たも彼には用心しなさい。彼はわたしたちの語る
ことに激しく反対したからです。

16わたしの最初の弁明のときには、だれも助け
てくれず、皆わたしを見捨てました。彼らにその
責めが負わされませんように。17しかし、わたし
を通して福音があまねく宣べ伝えられ、すべての
民族がそれを聞くようになるために、主はわたし
のそばにいて、力づけてくださいました。そして、
わたしは獅子の口から救われました。18主はわた
しをすべての悪い業から助け出し、天にある御自
分の国へ救い入れてくださいます。主に栄光が
世々限りなくありますように、アーメン。

結びの言葉

19プリスカとアキラに、そしてオネシフォロの
家の人々によろしく伝えてください。20エラスト
はコリントにとどまりました。トロフィモは病気
なのでミレトスに残してきました。21冬になる前
にぜひ来てください。エウブロ、プデンス、リノ
ス、クラウディア、およびすべての兄弟があなた
によろしくと言っています。22主があなたの霊と
共にいてくださるように。恵みがあなたがたと共
にあるように。

テトスへの手紙

1

挨拶

1神の僕《しもべ》、イエス・キリストの使徒パウロか
ら――わたしが使徒とされたのは、神に選ば
れた人々の信仰を助け、彼らを信心に一致する真
理の認識に導くためです。2これは永遠の命の希
望に基づくもので、偽ることのない神は、永遠の
昔にこの命を約束してくださいました。3神は、
定められた時に、宣教を通して御言葉《みことば》を明らかに
されました。わたしたちの救い主である神の命令
によって、わたしはその宣教をゆだねられたので
す。――4信仰を共にするまことの子テトスへ。
父である神とわたしたちの救い主キリスト・イエ
スからの恵みと平和とがあるように。

クレタでのテトスの仕事

5あなたをクレタに残してきたのは、わたしが
指示しておいたように、残っている仕事を整理し、
町ごとに長老たちを立ててもらうためです。6長
老は、非難される点がなく、一人の妻の夫であり、
その子供たちも信者であって、放蕩を責められた
り、不従順であったりしてはなりません。7監督
は神から任命された管理者であるので、非難され
る点があってはならないのです。わがままでなく、
すぐに怒らず、酒におぼれず、乱暴でなく、恥ず
べき利益をむさぼらず、8かえって、客を親切に
もてなし、善を愛し、分別があり、正しく、清く、
自分を制し、9教えに適《かな》う信頼すべき言葉をしっ
かり守る人でなければなりません。そうでないと、
健全な教えに従って勧めたり、反対者の主張を論
破したりすることもできないでしょう。
10実は、不従順な者、無益な話をする者、人を
惑わす者が多いのです。特に割礼を受けている人

たちの中に、そういう者がいます。11その者たち
を沈黙させねばなりません。彼らは恥ずべき利益
を得るために、教えてはならないことを教え、
数々の家庭を覆しています。12彼らのうちの一人、
預言者自身が次のように言いました。

「クレタ人はいつもうそつき、
　悪い獣、怠惰な大食漢だ。」

13この言葉は当たっています。だから、彼らを厳
しく戒めて、信仰を健全に保たせ、14ユダヤ人の
作り話や、真理に背を向けている者の掟に心を奪
われないようにさせなさい。15清い人には、すべ
てが清いのです。だが、汚《けが》れている者、信じない
者には、何一つ清いものはなく、その知性も良心
も汚れています。16こういう者たちは、神を知っ
ていると公言しながら、行いではそれを否定して
いるのです。嫌悪すべき人間で、反抗的で、一切
の善い業《わざ》については失格者です。

2 健全な教え

1しかし、あなたは、健全な教えに適うこと
を語りなさい。2年老いた男には、節制し、
品位を保ち、分別があり、信仰と愛と忍耐の点で
健全であるように勧めなさい。3同じように、年
老いた女には、聖なる務めを果たす者にふさわし
くふるまい、中傷せず、大酒のとりこにならず、
善いことを教える者となるように勧めなさい。
4そうすれば、彼女たちは若い女を諭して、夫を
愛し、子供を愛し、5分別があり、貞潔で、家事
にいそしみ、善良で、夫に従うようにさせること
ができます。これは、神の言葉が汚されないため
です。6-7同じように、万事につけ若い男には、
思慮深くふるまうように勧めなさい。あなた自身、
良い行いの模範となりなさい。教えるときには、
清廉で品位を保ち、8非難の余地のない健全な言
葉を語りなさい。そうすれば、敵対者は、わたし
たちについて何の悪口《あっこう》も言うことができず、恥じ

入るでしょう。9奴隷には、あらゆる点で自分の
主人に服従して、喜ばれるようにし、反抗したり、
10盗んだりせず、常に忠実で善良であることを示
すように勧めなさい。そうすれば、わたしたちの
救い主である神の教えを、あらゆる点で輝かすこ
とになります。
11実に、すべての人々に救いをもたらす神の恵
みが現れました。12その恵みは、わたしたちが不
信心と現世的な欲望を捨てて、この世で、思慮深
く、正しく、信心深く生活するように教え、13ま
た、祝福に満ちた希望、すなわち偉大なる神であ
り、わたしたちの救い主であるイエス・キリスト
の栄光の現れを待ち望むように教えています。
14キリストがわたしたちのために御自身を献《ささ》げら
れたのは、わたしたちをあらゆる不法から贖《あがな》い出《だ》
し、良い行いに熱心な民を御自分のものとして清
めるためだったのです。15十分な権威をもってこ
れらのことを語り、勧め、戒めなさい。だれにも
侮られてはなりません。

3

善い行いの勧め

1人々に、次のことを思い起こさせなさい。
支配者や権威者に服し、これに従い、すべて
の善い業を行う用意がなければならないこと、
2また、だれをもそしらず、争いを好まず、寛容
で、すべての人に心から優しく接しなければなら
ないことを。3わたしたち自身もかつては、無分
別で、不従順で、道に迷い、種々の情欲と快楽の
とりことなり、悪意とねたみを抱いて暮らし、忌
み嫌われ、憎み合っていたのです。4しかし、わ
たしたちの救い主である神の慈しみと、人間に対
する愛とが現れたときに、5神は、わたしたちが
行った義の業によってではなく、御自分の憐れみ
によって、わたしたちを救ってくださいました。
この救いは、聖霊によって新しく生まれさせ、新
たに造りかえる洗いを通して実現したのです。

6神は、わたしたちの救い主イエス・キリストを
通して、この聖霊をわたしたちに豊かに注いでく
ださいました。7こうしてわたしたちは、キリス
トの恵みによって義とされ、希望どおり永遠の命
を受け継ぐ者とされたのです。
8この言葉は真実です。あなたがこれらのこと
を力強く主張するように、わたしは望みます。そ
うすれば、神を信じるようになった人々が、良い
行いに励もうと心がけるようになります。これら
は良いことであり、人々に有益です。9愚かな議
論、系図の詮索、争い、律法についての論議を避
けなさい。それは無益で、むなしいものだからで
す。10分裂を引き起こす人には一、二度訓戒し、
従わなければ、かかわりを持たないようにしなさ
い。11あなたも知っているとおり、このような人
は心がすっかりゆがんでいて、自ら悪いと知りつ
つ罪を犯しているのです。

結びの言葉

12アルテマスかティキコをあなたのもとへ遣わ
したら、急いで、ニコポリスにいるわたしのとこ
ろへ来てください。わたしはそこで冬を越すこと
にしたからです。13法律家ゼナスとアポロとを、
何も不自由しないように、よく世話をして、送り
出してください。14わたしたちの仲間も、実際に
必要な物を賄うために、良い行いに励むことを学
ばねばなりません。実を結ばない者とならないた
めです。
15わたしと一緒にいる者たちが皆、あなたによ
ろしくと言っています。わたしたちを愛している
信仰の友人たちによろしく伝えてください。恵み
があなたがた一同と共にあるように。

フィレモンへの手紙

挨拶

1キリスト・イエスの囚人パウロと兄弟テモテ
から、わたしたちの愛する協力者フィレモン、
2姉妹アフィア、わたしたちの戦友アルキポ、な
らびにあなたの家にある教会へ。3わたしたちの
父である神と主《しゅ》イエス・キリストからの恵みと平
和が、あなたがたにあるように。

フィレモンの愛と信仰

4わたしは、祈りの度に、あなたのことを思い
起こして、いつもわたしの神に感謝しています。
5というのは、主イエスに対するあなたの信仰と、
聖なる者たち一同に対するあなたの愛とについて
聞いているからです。6わたしたちの間でキリス
トのためになされているすべての善いことを、あ
なたが知り、あなたの信仰の交わりが活発になる
ようにと祈っています。7兄弟よ、わたしはあな
たの愛から大きな喜びと慰めを得ました。聖なる
者たちの心があなたのお陰で元気づけられたから
です。

パウロ、オネシモのために執り成す

8それで、わたしは、あなたのなすべきことを、
キリストの名によって遠慮なく命じてもよいので
すが、9むしろ愛に訴えてお願いします、年老い
て、今はまた、キリスト・イエスの囚人となって
いる、このパウロが。10監禁中にもうけたわたし
の子オネシモのことで、頼みがあるのです。11彼
は、以前はあなたにとって役に立たない者でした
が、今は、あなたにもわたしにも役立つ者となっ
ています。12わたしの心であるオネシモを、あな
たのもとに送り帰します。13本当は、わたしのも
とに引き止めて、福音のゆえに監禁されている間、

あなたの代わりに仕えてもらってもよいと思った
のですが、14あなたの承諾なしには何もしたくあ
りません。それは、あなたのせっかくの善い行い
が、強いられたかたちでなく、自発的になされる
ようにと思うからです。15恐らく彼がしばらくあ
なたのもとから引き離されていたのは、あなたが
彼をいつまでも自分のもとに置くためであったか
もしれません。16その場合、もはや奴隷としてで
はなく、奴隷以上の者、つまり愛する兄弟として
です。オネシモは特にわたしにとってそうですが、
あなたにとってはなおさらのこと、一人の人間と
しても、主を信じる者としても、愛する兄弟であ
るはずです。
17だから、わたしを仲間と見なしてくれるので
したら、オネシモをわたしと思って迎え入れてく
ださい。18彼があなたに何か損害を与えたり、負
債を負ったりしていたら、それはわたしの借りに
しておいてください。19わたしパウロが自筆で書
いています。わたしが自分で支払いましょう。あ
なたがあなた自身を、わたしに負うていることは、
よいとしましょう。20そうです。兄弟よ、主によ
って、あなたから喜ばせてもらいたい。キリスト
によって、わたしの心を元気づけてください。
21あなたが聞き入れてくれると信じて、この手
紙を書いています。わたしが言う以上のことさえ
もしてくれるでしょう。22ついでに、わたしのた
め宿泊の用意を頼みます。あなたがたの祈りによ
って、そちらに行かせていただけるように希望し
ているからです。

結びの言葉

23キリスト・イエスのゆえにわたしと共に捕ら
われている、エパフラスがよろしくと言っていま
す。24わたしの協力者たち、マルコ、アリスタル
コ、デマス、ルカからもよろしくとのことです。
25主イエス・キリストの恵みが、あなたがたの霊

と共にあるように。

ヘブライ人への手紙

神は御子によって語られた

1 1神は、かつて預言者たちによって、多くの
かたちで、また多くのしかたで先祖に語られ
たが、2この終わりの時代には、御子《みこ》によってわ
たしたちに語られました。神は、この御子を万物
の相続者と定め、また、御子によって世界を創造
されました。3御子は、神の栄光の反映であり、
神の本質の完全な現れであって、万物を御自分の
力ある言葉によって支えておられますが、人々の
罪を清められた後、天の高い所におられる大いな
る方の右の座にお着きになりました。4御子は、
天使たちより優れた者となられました。天使たち
の名より優れた名を受け継がれたからです。

御子は天使にまさる

5いったい神は、かつて天使のだれに、
「あなたはわたしの子、
わたしは今日、あなたを産んだ」
と言われ、更にまた、
「わたしは彼の父となり、
彼はわたしの子となる」
と言われたでしょうか。6更にまた、神はその長
子をこの世界に送るとき、
「神の天使たちは皆、彼を礼拝せよ」
と言われました。7また、天使たちに関しては、
「神は、その天使たちを風とし、
御自分に仕える者たちを燃える炎とする」
と言われ、8一方、御子に向かっては、こう言わ
れました。
「神よ、あなたの玉座は永遠に続き、
また、公正の笏《しゃく》が御国《みくに》の笏である。
9あなたは義を愛し、不法を憎んだ。

それゆえ、神よ、あなたの神は、喜びの油を、
あなたの仲間に注ぐよりも多く、あなたに注い
だ。」
10また、こうも言われています。
「主《しゅ》よ、あなたは初めに大地の基を据えた。
もろもろの天は、あなたの手の業《わざ》である。
11これらのものは、やがて滅びる。
だが、あなたはいつまでも生きている。
すべてのものは、衣のように古び廃れる。
12あなたが外套のように巻くと、
これらのものは、衣のように変わってしまう。
しかし、あなたは変わることなく、
あなたの年は尽きることがない。」
13神は、かつて天使のだれに向かって、
「わたしがあなたの敵をあなたの足台《あしだい》とするま
で、
わたしの右に座っていなさい」
と言われたことがあるでしょうか。14天使たちは
皆、奉仕する霊であって、救いを受け継ぐことに
なっている人々に仕えるために、遣わされたので
はなかったですか。

2 大いなる救い

1だから、わたしたちは聞いたことにいっそ
う注意を払わねばなりません。そうでないと、
押し流されてしまいます。2もし、天使たちを通
して語られた言葉が効力を発し、すべての違犯や
不従順が当然な罰を受けたとするならば、3まし
てわたしたちは、これほど大きな救いに対してむ
とんちゃくでいて、どうして罰を逃れることがで
きましょう。この救いは、主が最初に語られ、そ
れを聞いた人々によってわたしたちに確かなもの
として示され、4更に神もまた、しるし、不思議
な業、さまざまな奇跡、聖霊の賜物を御心《みこころ》に従っ
て分け与えて、証《あか》ししておられます。

救いの創始者

5神は、わたしたちが語っている来《きた》るべき世界
を、天使たちに従わせるようなことはなさらなか
ったのです。6ある個所で、次のようにはっきり
証しされています。
「あなたが心に留められる人間とは、何者なの
か。
また、あなたが顧みられる人の子とは、何者な
のか。
7あなたは彼を天使たちよりも、
わずかの間、低い者とされたが、
栄光と栄誉の冠を授け、
8すべてのものを、その足の下に従わせられまし
た。」
「すべてのものを彼に従わせられた」と言われ
ている以上、この方に従わないものは何も残って
いないはずです。しかし、わたしたちはいまだに、
すべてのものがこの方に従っている様子を見てい
ません。9ただ、「天使たちよりも、わずかの間、
低い者とされた」イエスが、死の苦しみのゆえに、
「栄光と栄誉の冠を授けられた」のを見ています。
神の恵みによって、すべての人のために死んでく
ださったのです。
10というのは、多くの子らを栄光へと導くため
に、彼らの救いの創始者を数々の苦しみを通して
完全な者とされたのは、万物の目標であり源であ
る方に、ふさわしいことであったからです。11事
実、人を聖なる者となさる方も、聖なる者とされ
る人たちも、すべて一つの源から出ているのです。
それで、イエスは彼らを兄弟と呼ぶことを恥とし
ないで、
12**「わたしは、あなたの名を**
わたしの兄弟たちに知らせ、
集会の中であなたを賛美します」
と言い、13また、
「わたしは神に信頼します」

と言い、更にまた、

「ここに、わたしと、
神がわたしに与えてくださった子らがいま
す」

と言われます。14ところで、子らは血と肉を備え
ているので、イエスもまた同様に、これらのもの
を備えられました。それは、死をつかさどる者、
つまり悪魔を御自分の死によって滅ぼし、15死の
恐怖のために一生涯、奴隷の状態にあった者たち
を解放なさるためでした。16確かに、イエスは天
使たちを助けず、アブラハムの子孫を助けられる
のです。17それで、イエスは、神の御前《みまえ》において
憐れみ深い、忠実な大祭司となって、民の罪を償
うために、すべての点で兄弟たちと同じようにな
らねばならなかったのです。18事実、御自身、試
練を受けて苦しまれたからこそ、試練を受けてい
る人たちを助けることがおできになるのです。

イエスはモーセにまさる

3

1だから、天の召しにあずかっている聖なる
兄弟たち、わたしたちが公に言い表している
使者であり、大祭司であるイエスのことを考えな
さい。2モーセが神の家全体の中で忠実であった
ように、イエスは、御自身を立てた方に忠実であ
られました。3家を建てる人が家そのものよりも
尊ばれるように、イエスはモーセより大きな栄光
を受けるにふさわしい者とされました。4どんな
家でもだれかが造るわけです。万物を造られたの
は神なのです。5さて、モーセは将来語られるは
ずのことを証しするために、仕える者として神の
家全体の中で忠実でしたが、6キリストは御子と
して神の家を忠実に治められるのです。もし確信
と希望に満ちた誇りとを持ち続けるならば、わた
したちこそ神の家なのです。

神の民の安息

7だから、聖霊がこう言われるとおりです。
「今日、あなたたちが神の声を聞くなら、
8荒れ野で試練を受けたころ、
　神に反抗したときのように、
心をかたくなにしてはならない。
9-10荒れ野であなたたちの先祖は
　わたしを試み、験《ため》し、
四十年の間わたしの業を見た。
だから、わたしは、その時代の者たちに対して
　憤ってこう言った。
『彼らはいつも心が迷っており、
わたしの道を認めなかった。』
11そのため、わたしは怒って誓った。
『彼らを決してわたしの安息に
　あずからせはしない』と。」
　12兄弟たち、あなたがたのうちに、信仰のない
悪い心を抱いて、生ける神から離れてしまう者が
ないように注意しなさい。13あなたがたのうちだ
れ一人、罪に惑わされてかたくなにならないよう
に、「今日」という日のうちに、日々励まし合い
なさい。――14わたしたちは、最初の確信を最後
までしっかりと持ち続けるなら、キリストに連な
る者となるのです。――15それについては、次の
ように言われています。
「今日、あなたたちが神の声を聞くなら、
神に反抗したときのように、
　心をかたくなにしてはならない。」
　16いったいだれが、神の声を聞いたのに、反抗し
たのか。モーセを指導者としてエジプトを出たす
べての者ではなかったか。17いったいだれに対し
て、神は四十年間憤られたのか。罪を犯して、死
骸を荒れ野にさらした者に対してではなかったか。
18いったいだれに対して、御自分の安息にあずか
らせはしないと、誓われたのか。従わなかった者
に対してではなかったか。19このようにして、彼

らが安息にあずかることができなかったのは、不
信仰のせいであったことがわたしたちに分かるの
です。

4

1だから、神の安息にあずかる約束がまだ続
いているのに、取り残されてしまったと思わ
れる者があなたがたのうちから出ないように、気
をつけましょう。2というのは、わたしたちにも
彼ら同様に福音が告げ知らされているからです。
けれども、彼らには聞いた言葉は役に立ちません
でした。その言葉が、それを聞いた人々と、信仰
によって結び付かなかったためです。3信じたわ
たしたちは、この安息にあずかることができるの
です。
「わたしは怒って誓ったように、
『彼らを決してわたしの安息に
あずからせはしない』」
と言われたとおりです。もっとも、神の業は天地
創造の時以来、既に出来上がっていたのです。
4なぜなら、ある個所で七日目のことについて、
「神は七日目にすべての業を終えて休まれた」と
言われているからです。5そして、この個所でも
改めて、「彼らを決してわたしの安息にあずから
せはしない」と言われています。6そこで、この
安息にあずかるはずの人々がまだ残っていること
になり、また、先に福音を告げ知らされた人々が、
不従順のためにあずからなかったのですから、
7再び、神はある日を「今日」と決めて、かなり
の時がたった後、既に引用したとおり、
「今日、あなたたちが神の声を聞くなら、
心をかたくなにしてはならない」
とダビデを通して語られたのです。8もしヨシュ
アが彼らに安息を与えたとするのなら、神は後に
なって他の日について語られることはなかったで
しょう。9それで、安息日《あんそくび》の休みが神の民に残さ
れているのです。10なぜなら、神の安息にあずか
った者は、神が御業《みわざ》を終えて休まれたように、自

分の業を終えて休んだからです。11だから、わた
したちはこの安息にあずかるように努力しようで
はありませんか。さもないと、同じ不従順の例に
倣って堕落する者が出るかもしれません。
12というのは、神の言葉は生きており、力を発
揮し、どんな両刃《もろは》の剣《つるぎ》よりも鋭く、精神と霊、関
節と骨髄とを切り離すほどに刺し通して、心の思
いや考えを見分けることができるからです。13更
に、神の御前では隠れた被造物は一つもなく、す
べてのものが神の目には裸であり、さらけ出され
ているのです。この神に対して、わたしたちは自
分のことを申し述べねばなりません。

偉大な大祭司イエス

14さて、わたしたちには、もろもろの天を通過
された偉大な大祭司、神の子イエスが与えられて
いるのですから、わたしたちの公に言い表してい
る信仰をしっかり保とうではありませんか。15こ
の大祭司は、わたしたちの弱さに同情できない方
ではなく、罪を犯されなかったが、あらゆる点に
おいて、わたしたちと同様に試練に遭われたので
す。16だから、憐れみを受け、恵みにあずかって、
時宜にかなった助けをいただくために、大胆に恵
みの座に近づこうではありませんか。

5

1大祭司はすべて人間の中から選ばれ、罪の
ための供え物やいけにえを献《ささ》げるよう、人々
のために神に仕える職に任命されています。2大
祭司は、自分自身も弱さを身にまとっているので、
無知な人、迷っている人を思いやることができる
のです。3また、その弱さのゆえに、民のためだ
けでなく、自分自身のためにも、罪の贖《あがな》いのため
に供え物を献《ささ》げねばなりません。4また、この光
栄ある任務を、だれも自分で得るのではなく、ア
ロンもそうであったように、神から召されて受け
るのです。
5同じようにキリストも、大祭司となる栄誉を

御自分で得たのではなく、
「あなたはわたしの子、
わたしは今日、あなたを産んだ」
と言われた方が、それをお与えになったのです。
6また、神は他の個所で、
「あなたこそ永遠に、
メルキゼデクと同じような祭司である」
と言われています。7キリストは、肉において生
きておられたとき、激しい叫び声をあげ、涙を流
しながら、御自分を死から救う力のある方に、祈
りと願いとをささげ、その畏れ敬う態度のゆえに
聞き入れられました。8キリストは御子であるに
もかかわらず、多くの苦しみによって従順を学ば
れました。9そして、完全な者となられたので、
御自分に従順であるすべての人々に対して、永遠
の救いの源となり、10神からメルキゼデクと同じ
ような大祭司と呼ばれたのです。

一人前のキリスト者の生活

11このことについては、話すことがたくさんあ
るのですが、あなたがたの耳が鈍くなっているの
で、容易に説明できません。12実際、あなたがた
は今ではもう教師となっているはずなのに、再び
だれかに神の言葉の初歩を教えてもらわねばなら
ず、また、固い食物の代わりに、乳を必要とする
始末だからです。13乳を飲んでいる者はだれでも、
幼子ですから、義の言葉を理解できません。14固
い食物は、善悪を見分ける感覚を経験によって訓
練された、一人前の大人のためのものです。

6 1-2だからわたしたちは、死んだ行いの悔
い改め、神への信仰、種々の洗礼《バプテスマ》についての
教え、手を置く儀式、死者の復活、永遠の審判な
どの基本的な教えを学び直すようなことはせず、
キリストの教えの初歩を離れて、成熟を目指して
進みましょう。3神がお許しになるなら、そうす
ることにしましょう。4一度光に照らされ、天か

らの賜物を味わい、聖霊にあずかるようになり、
5神のすばらしい言葉と来るべき世の力とを体験
しながら、6その後に堕落した者の場合には、再
び悔い改めに立ち帰らせることはできません。神
の子を自分の手で改めて十字架につけ、侮辱する
者だからです。7土地は、度々その上に降る雨を
吸い込んで、耕す人々に役立つ農作物をもたらす
なら、神の祝福を受けます。8しかし、茨《いばら》やあざ
みを生えさせると、役に立たなくなり、やがて呪
われ、ついには焼かれてしまいます。
9しかし、愛する人たち、こんなふうに話して
はいても、わたしたちはあなたがたについて、も
っと良いこと、救いにかかわることがあると確信
しています。10神は不義な方ではないので、あな
たがたの働きや、あなたがたが聖なる者たちに以
前も今も仕えることによって、神の名のために示
したあの愛をお忘れになるようなことはありませ
ん。11わたしたちは、あなたがたおのおのが最後
まで希望を持ち続けるために、同じ熱心さを示し
てもらいたいと思います。12あなたがたが怠け者
とならず、信仰と忍耐とによって、約束されたも
のを受け継ぐ人たちを見倣う者となってほしいの
です。

神の確かな約束

13神は、アブラハムに約束をする際に、御自身
より偉大な者にかけて誓えなかったので、御自身
にかけて誓い、14「わたしは必ずあなたを祝福し、
あなたの子孫を大いに増やす」と言われました。
15こうして、アブラハムは根気よく待って、約束
のものを得たのです。16そもそも人間は、自分よ
り偉大な者にかけて誓うのであって、その誓いは
あらゆる反対論にけりをつける保証となります。
17神は約束されたものを受け継ぐ人々に、御自分
の計画が変わらないものであることを、いっそう
はっきり示したいと考え、それを誓いによって保

証なさったのです。18それは、目指す希望を持ち
続けようとして世を逃れて来たわたしたちが、二
つの不変の事柄によって力強く励まされるためで
す。この事柄に関して、神が偽ることはありえま
せん。19わたしたちが持っているこの希望は、魂
にとって頼りになる、安定した錨のようなもので
あり、また、至聖所の垂れ幕の内側に入って行く
ものなのです。20イエスは、わたしたちのために
先駆者としてそこへ入って行き、永遠にメルキゼ
デクと同じような大祭司となられたのです。

7

メルキゼデクの祭司職

1このメルキゼデクはサレムの王であり、い
と高き神の祭司でしたが、王たちを滅ぼして
戻って来たアブラハムを出迎え、そして祝福しま
した。2アブラハムは、メルキゼデクにすべての
ものの十分の一を分け与えました。メルキゼデク
という名の意味は、まず「義の王」、次に「サレ
ムの王」、つまり「平和の王」です。3彼には父
もなく、母もなく、系図もなく、また、生涯の初
めもなく、命の終わりもなく、神の子に似た者で
あって、永遠に祭司です。
4この人がどんなに偉大であったかを考えてみ
なさい。族長であるアブラハムさえ、最上の戦利
品の中から十分の一を献げたのです。5ところで、
レビの子らの中で祭司の職を受ける者は、同じア
ブラハムの子孫であるにもかかわらず、彼らの兄
弟である民から十分の一を取るように、律法によ
って命じられています。6それなのに、レビ族の
血統以外の者が、アブラハムから十分の一を受け
取って、約束を受けている者を祝福したのです。
7さて、下の者が上の者から祝福を受けるのは、
当然なことです。8更に、一方では、死ぬはずの
人間が十分の一を受けているのですが、他方では、
生きている者と証しされている者が、それを受け
ているのです。9そこで、言ってみれば、十分の

一を受けるはずのレビですら、アブラハムを通し
て十分の一を納めたことになります。10なぜなら、
メルキゼデクがアブラハムを出迎えたとき、レビ
はまだこの父の腰の中にいたからです。
11ところで、もし、レビの系統の祭司制度によ
って、人が完全な状態に達することができたとす
れば、――というのは、民はその祭司制度に基づ
いて律法を与えられているのですから――いった
いどうして、アロンと同じような祭司ではなく、
メルキゼデクと同じような別の祭司が立てられる
必要があるでしょう。12祭司制度に変更があれば、
律法にも必ず変更があるはずです。13このように
言われている方は、だれも祭壇の奉仕に携わった
ことのない他の部族に属しておられます。14とい
うのは、わたしたちの主がユダ族出身であること
は明らかですが、この部族についてはモーセは、
祭司に関することを何一つ述べていないからです。
15このことは、メルキゼデクと同じような別の祭
司が立てられたことによって、ますます明らかで
す。16この祭司は、肉の掟の律法によらず、朽ち
ることのない命の力によって立てられたのです。
17なぜなら、
「あなたこそ永遠に、
メルキゼデクと同じような祭司である」
と証しされているからです。18その結果、一方で
は、以前の掟が、その弱く無益なために廃止され
ました。――19律法が何一つ完全なものにしなか
ったからです――しかし、他方では、もっと優れ
た希望がもたらされました。わたしたちは、この
希望によって神に近づくのです。
20また、これは誓いによらないで行われたので
はありません。レビの系統の祭司たちは、誓いに
よらないで祭司になっているのですが、21この方
は、誓いによって祭司となられたのです。神はこ
の方に対してこう言われました。
「主はこう誓われ、

その御心を変えられることはない。
『あなたこそ、永遠に祭司である。』」
22このようにして、イエスはいっそう優れた契約
の保証となられたのです。23また、レビの系統の
祭司たちの場合には、死というものがあるので、
務めをいつまでも続けることができず、多くの人
たちが祭司に任命されました。24しかし、イエス
は永遠に生きているので、変わることのない祭司
職を持っておられるのです。25それでまた、この
方は常に生きていて、人々のために執り成してお
られるので、御自分を通して神に近づく人たちを、
完全に救うことがおできになります。
26このように聖であり、罪なく、汚《けが》れなく、罪《つみ》
人《びと》から離され、もろもろの天よりも高くされてい
る大祭司こそ、わたしたちにとって必要な方なの
です。27この方は、ほかの大祭司たちのように、
まず自分の罪のため、次に民の罪のために毎日い
けにえを献げる必要はありません。というのは、
このいけにえはただ一度、御自身を献げることに
よって、成し遂げられたからです。28律法は弱さ
を持った人間を大祭司に任命しますが、律法の後
になされた誓いの御言葉《みことば》は、永遠に完全な者とさ
れておられる御子を大祭司としたのです。

8

新しい、優れた約束の大祭司

1今述べていることの要点は、わたしたちに
はこのような大祭司が与えられていて、天に
おられる大いなる方の玉座の右の座に着き、2人
間ではなく主がお建てになった聖所また真の幕屋
で、仕えておられるということです。3すべて大
祭司は、供え物といけにえとを献げるために、任
命されています。それで、この方も、何か献げる
物を持っておられなければなりません。4もし、
地上におられるのだとすれば、律法に従って供え
物を献げる祭司たちが現にいる以上、この方は決
して祭司ではありえなかったでしょう。5この祭

司たちは、天にあるものの写しであり影であるも
のに仕えており、そのことは、モーセが幕屋を建
てようとしたときに、お告げを受けたとおりです。
神は、「見よ、山で示された型どおりに、すべて
のものを作れ」と言われたのです。6しかし、今、
わたしたちの大祭司は、それよりはるかに優れた
務めを得ておられます。更にまさった約束に基づ
いて制定された、更にまさった契約の仲介者にな
られたからです。
7もし、あの最初の契約が欠けたところのない
ものであったなら、第二の契約の余地はなかった
でしょう。8事実、神はイスラエルの人々を非難
して次のように言われています。
「『見よ、わたしがイスラエルの家、またユダの
家と、
新しい契約を結ぶ時が来る』と、
主は言われる。
9『それは、わたしが彼らの先祖の手を取って、
エジプトの地から導き出した日に、
彼らと結んだ契約のようなものではない。
彼らはわたしの契約に忠実でなかったので、
わたしも彼らを顧みなかった』と、
主は言われる。
10『それらの日の後、わたしが
イスラエルの家と結ぶ契約はこれである』
と、
主は言われる。
『すなわち、わたしの律法を彼らの思いに置き、
彼らの心にそれを書きつけよう。
わたしは彼らの神となり、
彼らはわたしの民となる。
11彼らはそれぞれ自分の同胞に、
それぞれ自分の兄弟に、
「主を知れ」と言って教える必要はなくなる。
小さな者から大きな者に至るまで
彼らはすべて、わたしを知るようになり、

12わたしは、彼らの不義を赦《ゆる》し、
もはや彼らの罪を思い出しはしないからであ
る。』」
13神は「新しいもの」と言われることによって、
最初の契約は古びてしまったと宣言されたのです。
年を経て古びたものは、間もなく消えうせます。

9

地上の聖所と天の聖所

1さて、最初の契約にも、礼拝の規定と地上
の聖所とがありました。2すなわち、第一の
幕屋が設けられ、その中には燭台、机、そして供
え物のパンが置かれていました。この幕屋が聖所
と呼ばれるものです。3また、第二の垂れ幕の後
ろには、至聖所と呼ばれる幕屋がありました。
4そこには金の香壇《こうだん》と、すっかり金で覆われた契
約の箱とがあって、この中には、マンナの入って
いる金の壺、芽を出したアロンの杖、契約の石板
があり、5また、箱の上では、栄光の姿のケルビ
ムが償いの座を覆っていました。こういうことに
ついては、今はいちいち語ることはできません。
6以上のものがこのように設けられると、祭司
たちは礼拝を行うために、いつも第一の幕屋に入
ります。7しかし、第二の幕屋には年に一度、大
祭司だけが入りますが、自分自身のためと民の過
失のために献げる血を、必ず携えて行きます。
8このことによって聖霊は、第一の幕屋がなお存
続しているかぎり、聖所への道はまだ開かれてい
ないことを示しておられます。9この幕屋とは、
今という時の比喩です。すなわち、供え物といけ
にえが献げられても、礼拝をする者の良心を完全
にすることができないのです。10これらは、ただ
食べ物や飲み物や種々の洗い清めに関するもので、
改革の時まで課せられている肉の規定にすぎませ
ん。
11けれども、キリストは、既に実現している恵
みの大祭司としておいでになったのですから、人

間の手で造られたのではない、すなわち、この世
のものではない、更に大きく、更に完全な幕屋を
通り、12雄山羊《やぎ》と若い雄牛の血によらないで、御
自身の血によって、ただ一度聖所に入って永遠の
贖いを成し遂げられたのです。13なぜなら、もし、
雄山羊と雄牛の血、また雌牛の灰が、汚れた者た
ちに振りかけられて、彼らを聖なる者とし、その
身を清めるならば、14まして、永遠の〝霊〟によ
って、御自身をきずのないものとして神に献げら
れたキリストの血は、わたしたちの良心を死んだ
業から清めて、生ける神を礼拝するようにさせな
いでしょうか。
15こういうわけで、キリストは新しい契約の仲
介者なのです。それは、最初の契約の下で犯され
た罪の贖いとして、キリストが死んでくださった
ので、召された者たちが、既に約束されている永
遠の財産を受け継ぐためにほかなりません。16遺
言の場合には、遺言者が死んだという証明が必要
です。17遺言は人が死んで初めて有効になるので
あって、遺言者が生きている間は効力がありませ
ん。18だから、最初の契約もまた、血が流されず
に成立したのではありません。19というのは、モ
ーセが律法に従ってすべての掟を民全体に告げた
とき、水や緋色の羊毛やヒソプと共に若い雄牛と
雄山羊の血を取って、契約の書自体と民全体とに
振りかけ、20「これは、神があなたがたに対して
定められた契約の血である」と言ったからです。
21また彼は、幕屋と礼拝のために用いるあらゆる
器具にも同様に血を振りかけました。22こうして、
ほとんどすべてのものが、律法に従って血で清め
られており、血を流すことなしには罪の赦しはあ
りえないのです。

罪を贖う唯一のいけにえ

23このように、天にあるものの写しは、これら
のものによって清められねばならないのですが、

天にあるもの自体は、これらよりもまさったいけ
にえによって、清められねばなりません。24なぜ
ならキリストは、まことのものの写しにすぎない、
人間の手で造られた聖所にではなく、天そのもの
に入り、今やわたしたちのために神の御前に現れ
てくださったからです。25また、キリストがそう
なさったのは、大祭司が年ごとに自分のものでな
い血を携えて聖所に入るように、度々御自身をお
献げになるためではありません。26もしそうだと
すれば、天地創造の時から度々苦しまねばならな
かったはずです。ところが実際は、世の終わりに
ただ一度、御自身をいけにえとして献げて罪を取
り去るために、現れてくださいました。27また、
人間にはただ一度死ぬことと、その後に裁きを受
けることが定まっているように、28キリストも、
多くの人の罪を負うためにただ一度身を献げられ
た後、二度目には、罪を負うためではなく、御自
分を待望している人たちに、救いをもたらすため
に現れてくださるのです。

10

1いったい、律法には、やがて来る良いこと
の影があるばかりで、そのものの実体はあり
ません。従って、律法は年ごとに絶えず献げられ
る同じいけにえによって、神に近づく人たちを完
全な者にすることはできません。2もしできたと
するなら、礼拝する者たちは一度清められた者と
して、もはや罪の自覚がなくなるはずですから、
いけにえを献げることは中止されたはずではあり
ませんか。3ところが実際は、これらのいけにえ
によって年ごとに罪の記憶がよみがえって来るの
です。4雄牛や雄山羊の血は、罪を取り除くこと
ができないからです。
5それで、キリストは世に来られたときに、次
のように言われたのです。

「あなたは、いけにえや献げ物を望まず、
むしろ、わたしのために
体を備えてくださいました。

6あなたは、焼き尽くす献げ物や
罪を贖うためのいけにえを好まれませんで
した。
7そこで、わたしは言いました。
『御覧ください。わたしは来ました。
聖書の巻物にわたしについて書いてあるとおり、
神よ、御心を行うために。』」
8ここで、まず、「あなたはいけにえ、献げ物、
焼き尽くす献げ物、罪を贖うためのいけにえ、つ
まり律法に従って献げられるものを望みもせず、
好まれもしなかった」と言われ、9次いで、「御
覧ください。わたしは来ました。御心を行うため
に」と言われています。第二のものを立てるため
に、最初のものを廃止されるのです。10この御心
に基づいて、ただ一度イエス・キリストの体が献
げられたことにより、わたしたちは聖なる者とさ
れたのです。
11すべての祭司は、毎日礼拝を献げるために立
ち、決して罪を除くことのできない同じいけにえ
を、繰り返して献げます。12しかしキリストは、
罪のために唯一のいけにえを献げて、永遠に神の
右の座に着き、13その後は、敵どもが御自分の足
台となってしまうまで、待ち続けておられるので
す。14なぜなら、キリストは唯一の献げ物によっ
て、聖なる者とされた人たちを永遠に完全な者と
なさったからです。
15聖霊もまた、わたしたちに次のように証しし
ておられます。
16「『それらの日の後、わたしが
彼らと結ぶ契約はこれである』と、
主は言われる。
『わたしの律法を彼らの心に置き、
彼らの思いにそれを書きつけよう。
17もはや彼らの罪と不法を思い出しはしない。』」
18罪と不法の赦しがある以上、罪を贖うための供
え物は、もはや必要ではありません。

奨励と勧告

19それで、兄弟たち、わたしたちは、イエスの
血によって聖所に入れると確信しています。20イ
エスは、垂れ幕、つまり、御自分の肉を通って、
新しい生きた道をわたしたちのために開いてくだ
さったのです。21更に、わたしたちには神の家を
支配する偉大な祭司がおられるのですから、22心
は清められて、良心のとがめはなくなり、体は清
い水で洗われています。信頼しきって、真心から
神に近づこうではありませんか。23約束してくだ
さったのは真実な方なのですから、公に言い表し
た希望を揺るがぬようしっかり保ちましょう。
24互いに愛と善行に励むように心がけ、25ある人
たちの習慣に倣って集会を怠ったりせず、むしろ
励まし合いましょう。かの日が近づいているのを
あなたがたは知っているのですから、ますます励
まし合おうではありませんか。

26もし、わたしたちが真理の知識を受けた後に
も、故意に罪を犯し続けるとすれば、罪のための
いけにえは、もはや残っていません。27ただ残っ
ているのは、審判と敵対する者たちを焼き尽くす
激しい火とを、恐れつつ待つことだけです。28モ
ーセの律法を破る者は、二、三人の証言に基づい
て、情け容赦なく死刑に処せられます。29まして、
神の子を足げにし、自分が聖なる者とされた契約
の血を汚れたものと見なし、その上、恵みの霊を
侮辱する者は、どれほど重い刑罰に値すると思い
ますか。
30「復讐はわたしのすること、
わたしが報復する」
と言い、また、
「主はその民を裁かれる」
と言われた方を、わたしたちは知っています。
31生ける神の手に落ちるのは、恐ろしいことです。
32あなたがたは、光に照らされた後、苦しい大

きな戦いによく耐えた初めのころのことを、思い
出してください。33あざけられ、苦しめられて、
見せ物にされたこともあり、このような目に遭っ
た人たちの仲間となったこともありました。34実
際、捕らえられた人たちと苦しみを共にしたし、
また、自分がもっとすばらしい、いつまでも残る
ものを持っていると知っているので、財産を奪わ
れても、喜んで耐え忍んだのです。35だから、自
分の確信を捨ててはいけません。この確信には大
きな報いがあります。36神の御心を行って約束さ
れたものを受けるためには、忍耐が必要なのです。
37「もう少しすると、来るべき方がおいでになる。
遅れられることはない。
38わたしの正しい者は信仰によって生きる。
もしひるむようなことがあれば、
その者はわたしの心に適《かな》わない。」
39しかし、わたしたちは、ひるんで滅びる者では
なく、信仰によって命を確保する者です。

11 信仰

1信仰とは、望んでいる事柄を確信し、見え
ない事実を確認することです。2昔の人たち
は、この信仰のゆえに神に認められました。
3信仰によって、わたしたちは、この世界が神
の言葉によって創造され、従って見えるものは、
目に見えているものからできたのではないことが
分かるのです。
4信仰によって、アベルはカインより優れたい
けにえを神に献げ、その信仰によって、正しい者
であると証明されました。神が彼の献げ物を認め
られたからです。アベルは死にましたが、信仰に
よってまだ語っています。5信仰によって、エノ
クは死を経験しないように、天に移されました。
神が彼を移されたので、見えなくなったのです。
移される前に、神に喜ばれていたことが証明され
ていたからです。6信仰がなければ、神に喜ばれ

ることはできません。神に近づく者は、神が存在
しておられること、また、神は御自分を求める者
たちに報いてくださる方であることを、信じてい
なければならないからです。7信仰によって、ノ
アはまだ見ていない事柄について神のお告げを受
けたとき、恐れかしこみながら、自分の家族を救
うために箱舟を造り、その信仰によって世界を罪
に定め、また信仰に基づく義を受け継ぐ者となり
ました。

8信仰によって、アブラハムは、自分が財産と
して受け継ぐことになる土地に出て行くように召
し出されると、これに服従し、行き先も知らずに
出発したのです。9信仰によって、アブラハムは
他国に宿るようにして約束の地に住み、同じ約束
されたものを共に受け継ぐ者であるイサク、ヤコ
ブと一緒に幕屋に住みました。10アブラハムは、
神が設計者であり建設者である堅固な土台を持つ
都を待望していたからです。11信仰によって、不
妊の女サラ自身も、年齢が盛りを過ぎていたのに
子をもうける力を得ました。約束をなさった方は
真実な方であると、信じていたからです。12それ
で、死んだも同様の一人の人から空の星のように、
また海辺の数えきれない砂のように、多くの子孫
が生まれたのです。

13この人たちは皆、信仰を抱いて死にました。
約束されたものを手に入れませんでしたが、はる
かにそれを見て喜びの声をあげ、自分たちが地上
ではよそ者であり、仮住まいの者であることを公
に言い表したのです。14このように言う人たちは、
自分が故郷を探し求めていることを明らかに表し
ているのです。15もし出て来た土地のことを思っ
ていたのなら、戻るのに良い機会もあったかもし
れません。16ところが実際は、彼らは更にまさっ
た故郷、すなわち天の故郷を熱望していたのです。
だから、神は彼らの神と呼ばれることを恥となさ
いません。神は、彼らのために都を準備されてい

たからです。
17信仰によって、アブラハムは、試練を受けた
とき、イサクを献げました。つまり、約束を受け
ていた者が、独り子を献げようとしたのです。
18この独り子については、「イサクから生まれる
者が、あなたの子孫と呼ばれる」と言われていま
した。19アブラハムは、神が人を死者の中から生
き返らせることもおできになると信じたのです。
それで彼は、イサクを返してもらいましたが、そ
れは死者の中から返してもらったも同然です。
20信仰によって、イサクは、将来のことについて
も、ヤコブとエサウのために祝福を祈りました。
21信仰によって、ヤコブは死に臨んで、ヨセフの
息子たちの一人一人のために祝福を祈り、杖の先
に寄りかかって神を礼拝しました。22信仰によっ
て、ヨセフは臨終のとき、イスラエルの子らの脱
出について語り、自分の遺骨について指示を与え
ました。

23信仰によって、モーセは生まれてから三か月
間、両親によって隠されました。その子の美しさ
を見、王の命令を恐れなかったからです。24信仰
によって、モーセは成人したとき、ファラオの王
女の子と呼ばれることを拒んで、25はかない罪の
楽しみにふけるよりは、神の民と共に虐待される
方を選び、26キリストのゆえに受けるあざけりを
エジプトの財宝よりまさる富と考えました。与え
られる報いに目を向けていたからです。27信仰に
よって、モーセは王の怒りを恐れず、エジプトを
立ち去りました。目に見えない方を見ているよう
にして、耐え忍んでいたからです。28信仰によっ
て、モーセは滅ぼす者が長子たちに手を下すこと
がないように、過越《すぎこし》の食事をし、小羊の血を振り
かけました。29信仰によって、人々はまるで陸地
を通るように紅海を渡りました。同じように渡ろ
うとしたエジプト人たちは、おぼれて死にました。
30信仰によって、エリコの城壁は、人々が周りを

七日間回った後、崩れ落ちました。31信仰によっ
て、娼婦ラハブは、様子を探りに来た者たちを穏
やかに迎え入れたために、不従順な者たちと一緒
に殺されなくて済みました。
　32これ以上、何を話そう。もしギデオン、バラ
ク、サムソン、エフタ、ダビデ、サムエル、また
預言者たちのことを語るなら、時間が足りないで
しょう。33信仰によって、この人たちは国々を征
服し、正義を行い、約束されたものを手に入れ、
獅子の口をふさぎ、34燃え盛る火を消し、剣の刃
を逃れ、弱かったのに強い者とされ、戦いの勇者
となり、敵軍を敗走させました。35女たちは、死
んだ身内を生き返らせてもらいました。他の人た
ちは、更にまさったよみがえりに達するために、
釈放を拒み、拷問にかけられました。36また、他
の人たちはあざけられ、鞭打《むちう》たれ、鎖につながれ、
投獄されるという目に遭いました。37彼らは石で
打ち殺され、のこぎりで引かれ、剣で切り殺され、
羊の皮や山羊の皮を着て放浪し、暮らしに事欠き、
苦しめられ、虐待され、38荒れ野、山、岩穴、地
の割れ目をさまよい歩きました。世は彼らにふさ
わしくなかったのです。
　39ところで、この人たちはすべて、その信仰の
ゆえに神に認められながらも、約束されたものを
手に入れませんでした。40神は、わたしたちのた
めに、更にまさったものを計画してくださったの
で、わたしたちを除いては、彼らは完全な状態に
達しなかったのです。

主による鍛錬

12

1こういうわけで、わたしたちもまた、この
ようにおびただしい証人の群れに囲まれてい
る以上、すべての重荷や絡みつく罪をかなぐり捨
てて、自分に定められている競走を忍耐強く走り
抜こうではありませんか、2信仰の創始者また完
成者であるイエスを見つめながら。このイエスは、

御自身の前にある喜びを捨て、恥をもいとわない
で十字架の死を耐え忍び、神の玉座の右にお座り
になったのです。3あなたがたが、気力を失い疲
れ果ててしまわないように、御自分に対する罪人
たちのこのような反抗を忍耐された方のことを、
よく考えなさい。
4あなたがたはまだ、罪と戦って血を流すまで
抵抗したことがありません。5また、子供たちに
対するようにあなたがたに話されている次の勧告
を忘れています。
「わが子よ、主の鍛錬を軽んじてはいけない。
主から懲らしめられても、
力を落としてはいけない。
6なぜなら、主は愛する者を鍛え、
子として受け入れる者を皆、
鞭打たれるからである。」
7あなたがたは、これを鍛錬として忍耐しなさい。
神は、あなたがたを子として取り扱っておられま
す。いったい、父から鍛えられない子があるでし
ょうか。8もしだれもが受ける鍛錬を受けていな
いとすれば、それこそ、あなたがたは庶子であっ
て、実の子ではありません。9更にまた、わたし
たちには、鍛えてくれる肉の父があり、その父を
尊敬していました。それなら、なおさら、霊の父
に服従して生きるのが当然ではないでしょうか。
10肉の父はしばらくの間、自分の思うままに鍛え
てくれましたが、霊の父はわたしたちの益となる
ように、御自分の神聖にあずからせる目的でわた
したちを鍛えられるのです。11およそ鍛錬という
ものは、当座は喜ばしいものではなく、悲しいも
のと思われるのですが、後になるとそれで鍛え上
げられた人々に、義という平和に満ちた実を結ば
せるのです。
12だから、萎《な》えた手と弱くなったひざをまっす
ぐにしなさい。13また、足の不自由な人が踏み外
すことなく、むしろいやされるように、自分の足

でまっすぐな道を歩きなさい。

キリスト者にふさわしい生活の勧告

14すべての人との平和を、また聖なる生活を追
い求めなさい。聖なる生活を抜きにして、だれも
主を見ることはできません。15神の恵みから除か
れることのないように、また、苦い根が現れてあ
なたがたを悩まし、それによって多くの人が汚れ
ることのないように、気をつけなさい。16また、
だれであれ、ただ一杯の食物のために長子の権利
を譲り渡したエサウのように、みだらな者や俗悪
な者とならないよう気をつけるべきです。17あな
たがたも知っているとおり、エサウは後になって
祝福を受け継ぎたいと願ったが、拒絶されたから
です。涙を流して求めたけれども、事態を変えて
もらうことができなかったのです。
18-19あなたがたは手で触れることができるも
のや、燃える火、黒雲、暗闇、暴風、ラッパの音、
更に、聞いた人々がこれ以上語ってもらいたくな
いと願ったような言葉の声に、近づいたのではあ
りません。20彼らは、「たとえ獣でも、山に触れ
れば、石を投げつけて殺さなければならない」と
いう命令に耐えられなかったのです。21また、そ
の様子があまりにも恐ろしいものだったので、モ
ーセすら、「わたしはおびえ、震えている」と言
ったほどです。22しかし、あなたがたが近づいた
のは、シオンの山、生ける神の都、天のエルサレ
ム、無数の天使たちの祝いの集まり、23天に登録
されている長子たちの集会、すべての人の審判者
である神、完全なものとされた正しい人たちの霊、
24新しい契約の仲介者イエス、そして、アベルの
血よりも立派に語る注がれた血です。
25あなたがたは、語っている方を拒むことのな
いように気をつけなさい。もし、地上で神の御旨《みむね》
を告げる人を拒む者たちが、罰を逃れられなかっ
たとするなら、天から御旨を告げる方に背を向け

るわたしたちは、なおさらそうではありませんか。
26あのときは、その御声《みこえ》が地を揺り動かしました
が、今は次のように約束しておられます。「わた
しはもう一度、地だけではなく天をも揺り動かそ
う。」27この「もう一度」は、揺り動かされない
ものが存続するために、揺り動かされるものが、
造られたものとして取り除かれることを示してい
ます。28このように、わたしたちは揺り動かされ
ることのない御国を受けているのですから、感謝
しよう。感謝の念をもって、畏れ敬いながら、神
に喜ばれるように仕えていこう。29実に、わたし
たちの神は、焼き尽くす火です。

13

神に喜ばれる奉仕

1兄弟としていつも愛し合いなさい。2旅人
をもてなすことを忘れてはいけません。そう
することで、ある人たちは、気づかずに天使たち
をもてなしました。3自分も一緒に捕らわれてい
るつもりで、牢に捕らわれている人たちを思いや
り、また、自分も体を持って生きているのですか
ら、虐待されている人たちのことを思いやりなさ
い。4結婚はすべての人に尊ばれるべきであり、
夫婦の関係は汚してはなりません。神は、みだら
な者や姦淫する者を裁かれるのです。5金銭に執
着しない生活をし、今持っているもので満足しな
さい。神御自身、「わたしは、決してあなたから
離れず、決してあなたを置き去りにはしない」と
言われました。6だから、わたしたちは、はばか
らずに次のように言うことができます。

「主はわたしの助け手。
わたしは恐れない。
人はわたしに何ができるだろう。」

7あなたがたに神の言葉を語った指導者たちの
ことを、思い出しなさい。彼らの生涯の終わりを
しっかり見て、その信仰を見倣いなさい。8イエ
ス・キリストは、きのうも今日も、また永遠に変

わることのない方です。9いろいろ異なった教え
に迷わされてはなりません。食べ物ではなく、恵
みによって心が強められるのはよいことです。食
物の規定に従って生活した者は、益を受けません
でした。10わたしたちには一つの祭壇があります。
幕屋に仕えている人たちは、それから食べ物を取
って食べる権利がありません。11なぜなら、罪を
贖うための動物の血は、大祭司によって聖所に運
び入れられますが、その体は宿営の外で焼かれる
からです。12それで、イエスもまた、御自分の血
で民を聖なる者とするために、門の外で苦難に遭
われたのです。13だから、わたしたちは、イエス
が受けられた辱《はずかし》めを担い、宿営の外に出て、その
みもとに赴こうではありませんか。14わたしたち
はこの地上に永続する都を持っておらず、来るべ
き都を探し求めているのです。15だから、イエス
を通して賛美のいけにえ、すなわち御名《みな》をたたえ
る唇の実《み》を、絶えず神に献げましょう。16善い行
いと施しとを忘れないでください。このようない
けにえこそ、神はお喜びになるのです。
17指導者たちの言うことを聞き入れ、服従しな
さい。この人たちは、神に申し述べる者として、
あなたがたの魂のために心を配っています。彼ら
を嘆かせず、喜んでそうするようにさせなさい。
そうでないと、あなたがたに益となりません。
18わたしたちのために祈ってください。わたし
たちは、明らかな良心を持っていると確信してお
り、すべてのことにおいて、立派にふるまいたい
と思っています。19特にお願いします。どうか、
わたしがあなたがたのところへ早く帰れるように、
祈ってください。

結びの言葉

20永遠の契約の血による羊の大牧者《だいぼくしゃ》、わたした
ちの主イエスを、死者の中から引き上げられた平
和の神が、21御心に適うことをイエス・キリスト

によってわたしたちにしてくださり、御心を行う
ために、すべての良いものをあなたがたに備えて
くださるように。栄光が世々限りなくキリストに
ありますように、アーメン。
22兄弟たち、どうか、以上のような勧めの言葉
を受け入れてください、実際、わたしは手短に書
いたのですから。23わたしたちの兄弟テモテが釈
放されたことを、お知らせします。もし彼が早く
来れば、一緒にわたしはあなたがたに会えるでし
ょう。
24あなたがたのすべての指導者たち、またすべ
ての聖なる者たちによろしく。イタリア出身の人
たちが、あなたがたによろしくと言っています。
25恵みがあなたがた一同と共にあるように。

ヤコブの手紙

挨拶

1神と主《しゅ》イエス・キリストの僕《しもべ》であるヤコブ
が、離散している十二部族の人たちに挨拶い
たします。

1

信仰と知恵

2わたしの兄弟たち、いろいろな試練に出会う
ときは、この上ない喜びと思いなさい。3信仰が
試されることで忍耐が生じると、あなたがたは知
っています。4あくまでも忍耐しなさい。そうす
れば、完全で申し分なく、何一つ欠けたところの
ない人になります。5あなたがたの中で知恵の欠
けている人がいれば、だれにでも惜しみなくとが
めだてしないでお与えになる神に願いなさい。そ
うすれば、与えられます。6いささかも疑わず、
信仰をもって願いなさい。疑う者は、風に吹かれ
て揺れ動く海の波に似ています。7そういう人は、
主から何かいただけると思ってはなりません。
8心が定まらず、生き方全体に安定を欠く人です。

貧しい者と富んでいる者

9貧しい兄弟は、自分が高められることを誇り
に思いなさい。10また、富んでいる者は、自分が
低くされることを誇りに思いなさい。富んでいる
者は草花のように滅び去るからです。11日が昇り
熱風が吹きつけると、草は枯れ、花は散り、その
美しさは失せてしまいます。同じように、富んで
いる者も、人生の半ばで消えうせるのです。

試練と誘惑

12試練を耐え忍ぶ人は幸いです。その人は適格
者と認められ、神を愛する人々に約束された命の
冠をいただくからです。13誘惑に遭うとき、だれ

も、「神に誘惑されている」と言ってはなりませ
ん。神は、悪の誘惑を受けるような方ではなく、
また、御自分でも人を誘惑したりなさらないから
です。14むしろ、人はそれぞれ、自分自身の欲望
に引かれ、唆《そそのか》されて、誘惑に陥るのです。15そし
て、欲望ははらんで罪を生み、罪が熟して死を生
みます。
16わたしの愛する兄弟たち、思い違いをしては
いけません。17良い贈り物、完全な賜物はみな、
上から、光の源である御父《おんちち》から来るのです。御父
には、移り変わりも、天体の動きにつれて生ずる
陰もありません。18御父は、御心《みこころ》のままに、真理
の言葉によってわたしたちを生んでくださいまし
た。それは、わたしたちを、いわば造られたもの
の初穂となさるためです。

神の言葉を聞いて実践する

19わたしの愛する兄弟たち、よくわきまえてい
なさい。だれでも、聞くのに早く、話すのに遅く、
また怒るのに遅いようにしなさい。20人の怒りは
神の義を実現しないからです。21だから、あらゆ
る汚《けが》れやあふれるほどの悪を素直に捨て去り、心
に植え付けられた御言葉《みことば》を受け入れなさい。この
御言葉は、あなたがたの魂を救うことができます。
22御言葉を行う人になりなさい。自分を欺いて、
聞くだけで終わる者になってはいけません。23御
言葉を聞くだけで行わない者がいれば、その人は
生まれつきの顔を鏡に映して眺める人に似ていま
す。24鏡に映った自分の姿を眺めても、立ち去る
と、それがどのようであったか、すぐに忘れてし
まいます。25しかし、自由をもたらす完全な律法
を一心に見つめ、これを守る人は、聞いて忘れて
しまう人ではなく、行う人です。このような人は、
その行いによって幸せになります。
26自分は信心深い者だと思っても、舌を制する
ことができず、自分の心を欺くならば、そのよう

な人の信心は無意味です。27みなしごや、やもめ
が困っているときに世話をし、世の汚れに染まら
ないように自分を守ること、これこそ父である神
の御前《みまえ》に清く汚れのない信心です。

2

人を分け隔てしてはならない

1わたしの兄弟たち、栄光に満ちた、わたし
たちの主イエス・キリストを信じながら、人
を分け隔てしてはなりません。2あなたがたの集
まりに、金の指輪をはめた立派な身なりの人が入
って来、また、汚らしい服装の貧しい人も入って
来るとします。3その立派な身なりの人に特別に
目を留めて、「あなたは、こちらの席にお掛けく
ださい」と言い、貧しい人には、「あなたは、そ
こに立っているか、わたしの足もとに座るかして
いなさい」と言うなら、4あなたがたは、自分た
ちの中で差別をし、誤った考えに基づいて判断を
下したことになるのではありませんか。

5わたしの愛する兄弟たち、よく聞きなさい。
神は世の貧しい人たちをあえて選んで、信仰に富
ませ、御自身を愛する者に約束された国を、受け
継ぐ者となさったではありませんか。6だが、あ
なたがたは、貧しい人を辱《はずかし》めた。富んでいる者た
ちこそ、あなたがたをひどい目に遭わせ、裁判所
へ引っ張って行くではありませんか。7また彼ら
こそ、あなたがたに与えられたあの尊い名を、冒
瀆しているではないですか。8もしあなたがたが、
聖書に従って、「隣人を自分のように愛しなさい」
という最も尊い律法を実行しているのなら、それ
は結構なことです。9しかし、人を分け隔てする
なら、あなたがたは罪を犯すことになり、律法に
よって違犯者と断定されます。10律法全体を守っ
たとしても、一つの点でおちどがあるなら、すべ
ての点について有罪となるからです。11「姦淫す
るな」と言われた方は、「殺すな」とも言われま
した。そこで、たとえ姦淫はしなくても、人殺し

をすれば、あなたは律法の違犯者になるのです。
12自由をもたらす律法によっていずれは裁かれる
者として、語り、またふるまいなさい。13人に憐《あわ》
れみをかけない者には、憐れみのない裁きが下さ
れます。憐れみは裁きに打ち勝つのです。

行いを欠く信仰は死んだもの

14わたしの兄弟たち、自分は信仰を持っている
と言う者がいても、行いが伴わなければ、何の役
に立つでしょうか。そのような信仰が、彼を救う
ことができるでしょうか。15もし、兄弟あるいは
姉妹が、着る物もなく、その日の食べ物にも事欠
いているとき、16あなたがたのだれかが、彼らに、
「安心して行きなさい。温まりなさい。満腹する
まで食べなさい」と言うだけで、体に必要なもの
を何一つ与えないなら、何の役に立つでしょう。
17信仰もこれと同じです。行いが伴わないなら、
信仰はそれだけでは死んだものです。
18しかし、「あなたには信仰があり、わたしに
は行いがある」と言う人がいるかもしれません。
行いの伴わないあなたの信仰を見せなさい。そう
すれば、わたしは行いによって、自分の信仰を見
せましょう。19あなたは「神は唯一だ」と信じて
いる。結構なことだ。悪霊《あくれい》どももそう信じて、お
ののいています。20ああ、愚かな者よ、行いの伴
わない信仰が役に立たない、ということを知りた
いのか。21神がわたしたちの父アブラハムを義と
されたのは、息子のイサクを祭壇の上に献げると
いう行いによってではなかったですか。22アブラ
ハムの信仰がその行いと共に働き、信仰が行いに
よって完成されたことが、これで分かるでしょう。
23「アブラハムは神を信じた。それが彼の義と認
められた」という聖書の言葉が実現し、彼は神の
友と呼ばれたのです。24これであなたがたも分か
るように、人は行いによって義とされるのであっ
て、信仰だけによるのではありません。25同様に、

娼婦ラハブも、あの使いの者たちを家に迎え入れ、
別の道から送り出してやるという行いによって、
義とされたではありませんか。26魂のない肉体が
死んだものであるように、行いを伴わない信仰は
死んだものです。

舌を制御する

3

1わたしの兄弟たち、あなたがたのうち多く
の人が教師になってはなりません。わたした
ち教師がほかの人たちより厳しい裁きを受けるこ
とになると、あなたがたは知っています。2わた
したちは皆、度々過ちを犯すからです。言葉で過
ちを犯さないなら、それは自分の全身を制御でき
る完全な人です。3馬を御するには、口にくつわ
をはめれば、その体全体を意のままに動かすこと
ができます。4また、船を御覧なさい。あのよう
に大きくて、強風に吹きまくられている船も、舵
取りは、ごく小さい舵で意のままに操ります。
5同じように、舌は小さな器官ですが、大言壮語
するのです。
御覧なさい。どんなに小さな火でも大きい森を
燃やしてしまう。6舌は火です。舌は「不義の世
界」です。わたしたちの体の器官の一つで、全身
を汚し、移り変わる人生を焼き尽くし、自らも地
獄の火によって燃やされます。7あらゆる種類の
獣や鳥、また這うものや海の生き物は、人間によ
って制御されていますし、これまでも制御されて
きました。8しかし、舌を制御できる人は一人も
いません。舌は、疲れを知らない悪で、死をもた
らす毒に満ちています。9わたしたちは舌で、父
である主を賛美し、また、舌で、神にかたどって
造られた人間を呪います。10同じ口から賛美と呪
いが出て来るのです。わたしの兄弟たち、このよ
うなことがあってはなりません。11泉の同じ穴か
ら、甘い水と苦い水がわき出るでしょうか。12わ
たしの兄弟たち、いちじくの木がオリーブの実を

結び、ぶどうの木がいちじくの実を結ぶことがで
きるでしょうか。塩水が甘い水を作ることもでき
ません。

上からの知恵

13あなたがたの中で、知恵があり分別があるの
はだれか。その人は、知恵にふさわしい柔和な行
いを、立派な生き方によって示しなさい。14しか
し、あなたがたは、内心ねたみ深く利己的である
なら、自慢したり、真理に逆らってうそをついた
りしてはなりません。15そのような知恵は、上か
ら出たものではなく、地上のもの、この世のもの、
悪魔から出たものです。16ねたみや利己心のある
ところには、混乱やあらゆる悪い行いがあるから
です。17上から出た知恵は、何よりもまず、純真
で、更に、温和で、優しく、従順なものです。憐
れみと良い実《み》に満ちています。偏見はなく、偽善
的でもありません。18義の実《み》は、平和を実現する
人たちによって、平和のうちに蒔《ま》かれるのです。

4

神に服従しなさい

1何が原因で、あなたがたの間に戦いや争い
が起こるのですか。あなたがた自身の内部で
争い合う欲望が、その原因ではありませんか。
2あなたがたは、欲しても得られず、人を殺しま
す。また、熱望しても手に入れることができず、
争ったり戦ったりします。得られないのは、願い
求めないからで、3願い求めても、与えられない
のは、自分の楽しみのために使おうと、間違った
動機で願い求めるからです。4神に背いた者たち、
世の友となることが、神の敵となることだとは知
らないのか。世の友になりたいと願う人はだれで
も、神の敵になるのです。5それとも、聖書に次
のように書かれているのは意味がないと思うので
すか。「神はわたしたちの内に住まわせた霊を、
ねたむほどに深く愛しておられ、6もっと豊かな

恵みをくださる。」それで、こう書かれています。
「神は、高慢な者を敵とし、
謙遜な者には恵みをお与えになる。」
7だから、神に服従し、悪魔に反抗しなさい。そ
うすれば、悪魔はあなたがたから逃げて行きます。
8神に近づきなさい。そうすれば、神は近づいて
くださいます。罪人《つみびと》たち、手を清めなさい。心の
定まらない者たち、心を清めなさい。9悲しみ、
嘆き、泣きなさい。笑いを悲しみに変え、喜びを
愁いに変えなさい。10主の前にへりくだりなさい。
そうすれば、主があなたがたを高めてくださいま
す。

兄弟を裁くな

11兄弟たち、悪口《あっこう》を言い合ってはなりません。
兄弟の悪口を言ったり、自分の兄弟を裁いたりす
る者は、律法の悪口を言い、律法を裁くことにな
ります。もし律法を裁くなら、律法の実践者では
なくて、裁き手です。12律法を定め、裁きを行う
方は、おひとりだけです。この方が、救うことも
滅ぼすこともおできになるのです。隣人を裁くあ
なたは、いったい何者なのですか。

誇り高ぶるな

13よく聞きなさい。「今日か明日、これこれの
町へ行って一年間滞在し、商売をして金もうけを
しよう」と言う人たち、14あなたがたには自分の
命がどうなるか、明日のことは分からないのです。
あなたがたは、わずかの間現れて、やがて消えて
行く霧にすぎません。15むしろ、あなたがたは、
「主の御心であれば、生き永らえて、あのことや
このことをしよう」と言うべきです。16ところが、
実際は、誇り高ぶっています。そのような誇りは
すべて、悪いことです。17人がなすべき善を知り
ながら、それを行わないのは、その人にとって罪
です。

富んでいる人たちに対して

5
1富んでいる人たち、よく聞きなさい。自分
にふりかかってくる不幸を思って、泣きわめ
きなさい。2あなたがたの富は朽ち果て、衣服に
は虫が付き、3金銀もさびてしまいます。このさ
びこそが、あなたがたの罪の証拠となり、あなた
がたの肉を火のように食い尽くすでしょう。あな
たがたは、この終わりの時のために宝を蓄えたの
でした。4御覧なさい。畑を刈り入れた労働者に
あなたがたが支払わなかった賃金が、叫び声をあ
げています。刈り入れをした人々の叫びは、万軍
の主の耳に達しました。5あなたがたは、地上で
ぜいたくに暮らして、快楽にふけり、屠《ほふ》られる日
に備え、自分の心を太らせ、6正しい人を罪に定
めて、殺した。その人は、あなたがたに抵抗して
いません。

忍耐と祈り

7兄弟たち、主が来られるときまで忍耐しなさ
い。農夫は、秋の雨と春の雨が降るまで忍耐しな
がら、大地の尊い実りを待つのです。8あなたが
たも忍耐しなさい。心を固く保ちなさい。主が来
られる時が迫っているからです。9兄弟たち、裁
きを受けないようにするためには、互いに不平を
言わぬことです。裁く方が戸口に立っておられま
す。10兄弟たち、主の名によって語った預言者た
ちを、辛抱と忍耐の模範としなさい。11忍耐した
人たちは幸せだと、わたしたちは思います。あな
たがたは、ヨブの忍耐について聞き、主が最後に
どのようにしてくださったかを知っています。主
は慈しみ深く、憐れみに満ちた方だからです。
12わたしの兄弟たち、何よりもまず、誓いを立
ててはなりません。天や地を指して、あるいは、
そのほかどんな誓い方によってであろうと。裁き
を受けないようにするために、あなたがたは「然

り」は「然り」とし、「否」は「否」としなさい。
13あなたがたの中で苦しんでいる人は、祈りな
さい。喜んでいる人は、賛美の歌をうたいなさい。
14あなたがたの中で病気の人は、教会の長老を招
いて、主の名によってオリーブ油を塗り、祈って
もらいなさい。15信仰に基づく祈りは、病人を救
い、主がその人を起き上がらせてくださいます。
その人が罪を犯したのであれば、主が赦《ゆる》してくだ
さいます。16だから、主にいやしていただくため
に、罪を告白し合い、互いのために祈りなさい。
正しい人の祈りは、大きな力があり、効果をもた
らします。17エリヤは、わたしたちと同じような
人間でしたが、雨が降らないようにと熱心に祈っ
たところ、三年半にわたって地上に雨が降りませ
んでした。18しかし、再び祈ったところ、天から
雨が降り、地は実をみのらせました。
19わたしの兄弟たち、あなたがたの中に真理か
ら迷い出た者がいて、だれかがその人を真理へ連
れ戻すならば、20罪人を迷いの道から連れ戻す人
は、その罪人の魂を死から救い出し、多くの罪を
覆うことになると、知るべきです。

ペトロの手紙 一

挨拶

1

1イエス・キリストの使徒ペトロから、ポン
トス、ガラテヤ、カパドキア、アジア、ビテ
ィニアの各地に離散して仮住まいをしている選ば
れた人たちへ。2あなたがたは、父である神があ
らかじめ立てられた御計画に基づいて、〝霊〟に
よって聖なる者とされ、イエス・キリストに従い、
また、その血を注ぎかけていただくために選ばれ
たのです。恵みと平和が、あなたがたにますます
豊かに与えられるように。

生き生きとした希望

3わたしたちの主《しゅ》イエス・キリストの父である
神が、ほめたたえられますように。神は豊かな憐
れみにより、わたしたちを新たに生まれさせ、死
者の中からのイエス・キリストの復活によって、
生き生きとした希望を与え、4また、あなたがた
のために天に蓄えられている、朽ちず、汚《けが》れず、
しぼまない財産を受け継ぐ者としてくださいまし
た。5あなたがたは、終わりの時に現されるよう
に準備されている救いを受けるために、神の力に
より、信仰によって守られています。6それゆえ、
あなたがたは、心から喜んでいるのです。今しば
らくの間、いろいろな試練に悩まねばならないか
もしれませんが、7あなたがたの信仰は、その試
練によって本物と証明され、火で精錬されながら
も朽ちるほかない金よりはるかに尊くて、イエ
ス・キリストが現れるときには、称賛と光栄と誉《ほま》
れとをもたらすのです。8あなたがたは、キリス
トを見たことがないのに愛し、今見なくても信じ
ており、言葉では言い尽くせないすばらしい喜び
に満ちあふれています。9それは、あなたがたが
信仰の実りとして魂の救いを受けているからです。

10この救いについては、あなたがたに与えられ
る恵みのことをあらかじめ語った預言者たちも、
探求し、注意深く調べました。11預言者たちは、
自分たちの内におられるキリストの霊が、キリス
トの苦難とそれに続く栄光についてあらかじめ証《あか》
しされた際、それがだれを、あるいは、どの時期
を指すのか調べたのです。12彼らは、それらのこ
とが、自分たちのためではなく、あなたがたのた
めであるとの啓示を受けました。それらのことは、
天から遣わされた聖霊に導かれて福音をあなたが
たに告げ知らせた人たちが、今、あなたがたに告
げ知らせており、天使たちも見て確かめたいと願
っているものなのです。

聖なる生活をしよう

13だから、いつでも心を引き締め、身を慎んで、
イエス・キリストが現れるときに与えられる恵み
を、ひたすら待ち望みなさい。14無知であったこ
ろの欲望に引きずられることなく、従順な子とな
り、15召し出してくださった聖なる方に倣って、
あなたがた自身も生活のすべての面で聖なる者と
なりなさい。16「あなたがたは聖なる者となれ。
わたしは聖なる者だからである」と書いてあるか
らです。

17また、あなたがたは、人それぞれの行いに応
じて公平に裁かれる方を、「父」と呼びかけてい
るのですから、この地上に仮住まいする間、その
方を畏れて生活すべきです。18知ってのとおり、
あなたがたが先祖伝来のむなしい生活から贖《あがな》われ
たのは、金や銀のような朽ち果てるものにはよら
ず、19きずや汚れのない小羊のようなキリストの
尊い血によるのです。20キリストは、天地創造の
前からあらかじめ知られていましたが、この終わ
りの時代に、あなたがたのために現れてください
ました。21あなたがたは、キリストを死者の中か
ら復活させて栄光をお与えになった神を、キリス

トによって信じています。従って、あなたがたの
信仰と希望とは神にかかっているのです。
22あなたがたは、真理を受け入れて、魂を清め、
偽りのない兄弟愛を抱くようになったのですから、
清い心で深く愛し合いなさい。23あなたがたは、
朽ちる種からではなく、朽ちない種から、すなわ
ち、神の変わることのない生きた言葉によって新
たに生まれたのです。24こう言われているからで
す。

「人は皆、草のようで、
その華やかさはすべて、草の花のようだ。
草は枯れ、
花は散る。
25しかし、主の言葉は永遠に変わることがない。」
これこそ、あなたがたに福音として告げ知らされ
た言葉なのです。

2

生きた石、聖なる国民

1だから、悪意、偽り、偽善、ねたみ、悪口《あっこう》
をみな捨て去って、2生まれたばかりの乳飲
み子のように、混じりけのない霊の乳を慕い求め
なさい。これを飲んで成長し、救われるようにな
るためです。3あなたがたは、主が恵み深い方だ
ということを味わいました。4この主のもとに来
なさい。主は、人々からは見捨てられたのですが、
神にとっては選ばれた、尊い、生きた石なのです。
5あなたがた自身も生きた石として用いられ、霊
的な家に造り上げられるようにしなさい。そして
聖なる祭司となって神に喜ばれる霊的ないけにえ
を、イエス・キリストを通して献げなさい。6聖
書にこう書いてあるからです。

「見よ、わたしは、選ばれた尊いかなめ石を、
シオンに置く。
これを信じる者は、決して失望することはな
い。」

7従って、この石は、信じているあなたがたには
掛けがえのないものですが、信じない者たちにと
っては、
「家を建てる者の捨てた石、
これが隅の親石《おやいし》となった」
のであり、8また、
「つまずきの石、
妨げの岩」
なのです。彼らは御言葉《みことば》を信じないのでつまずく
のですが、実は、そうなるように以前から定めら
れているのです。
9しかし、あなたがたは、選ばれた民、王の系
統を引く祭司、聖なる国民、神のものとなった民
です。それは、あなたがたを暗闇の中から驚くべ
き光の中へと招き入れてくださった方の力ある業《わざ》
を、あなたがたが広く伝えるためなのです。10あ
なたがたは、
「かつては神の民ではなかったが、
今は神の民であり、
憐れみを受けなかったが、
今は憐れみを受けている」
のです。

神の僕として生きよ

11愛する人たち、あなたがたに勧めます。いわ
ば旅人であり、仮住まいの身なのですから、魂に
戦いを挑む肉の欲を避けなさい。12また、異教徒
の間で立派に生活しなさい。そうすれば、彼らは
あなたがたを悪人呼ばわりしてはいても、あなた
がたの立派な行いをよく見て、訪れの日に神をあ
がめるようになります。
13主のために、すべて人間の立てた制度に従い
なさい。それが、統治者としての皇帝であろうと、
14あるいは、悪を行う者を処罰し、善を行う者を
ほめるために、皇帝が派遣した総督であろうと、
服従しなさい。15善を行って、愚かな者たちの無

知な発言を封じることが、神の御心《みこころ》だからです。
16自由な人として生活しなさい。しかし、その自
由を、悪事を覆い隠す手だてとせず、神の僕《しもべ》とし
て行動しなさい。17すべての人を敬い、兄弟を愛
し、神を畏れ、皇帝を敬いなさい。

召し使いたちへの勧め

18召し使いたち、心からおそれ敬って主人に従
いなさい。善良で寛大な主人にだけでなく、無慈
悲な主人にもそうしなさい。19不当な苦しみを受
けることになっても、神がそうお望みだとわきま
えて苦痛を耐えるなら、それは御心に適《かな》うことな
のです。20罪を犯して打ちたたかれ、それを耐え
忍んでも、何の誉れになるでしょう。しかし、善
を行って苦しみを受け、それを耐え忍ぶなら、こ
れこそ神の御心に適うことです。21あなたがたが
召されたのはこのためです。というのは、キリス
トもあなたがたのために苦しみを受け、その足跡
に続くようにと、模範を残されたからです。
22「この方は、罪を犯したことがなく、
その口には偽りがなかった。」
23ののしられてもののしり返さず、苦しめられて
も人を脅さず、正しくお裁きになる方にお任せに
なりました。24そして、十字架にかかって、自ら
その身にわたしたちの罪を担ってくださいました。
わたしたちが、罪に対して死んで、義によって生
きるようになるためです。そのお受けになった傷
によって、あなたがたはいやされました。25あな
たがたは羊のようにさまよっていましたが、今は、
魂の牧者《ぼくしゃ》であり、監督者である方のところへ戻っ
て来たのです。

3

妻と夫

1同じように、妻たちよ、自分の夫に従いな
さい。夫が御言葉を信じない人であっても、
妻の無言の行いによって信仰に導かれるようにな

るためです。2神を畏れるあなたがたの純真な生
活を見るからです。3あなたがたの装いは、編ん
だ髪や金の飾り、あるいは派手な衣服といった外
面的なものであってはなりません。4むしろそれ
は、柔和でしとやかな気立てという朽ちないもの
で飾られた、内面的な人柄であるべきです。この
ような装いこそ、神の御前《みまえ》でまことに価値がある
のです。5その昔、神に望みを託した聖なる婦人
たちも、このように装って自分の夫に従いました。
6たとえばサラは、アブラハムを主人と呼んで、
彼に服従しました。あなたがたも、善を行い、ま
た何事も恐れないなら、サラの娘となるのです。
7同じように、夫たちよ、妻を自分よりも弱い
ものだとわきまえて生活を共にし、命の恵みを共
に受け継ぐ者として尊敬しなさい。そうすれば、
あなたがたの祈りが妨げられることはありません。

正しいことのために苦しむ

8終わりに、皆心を一つに、同情し合い、兄弟
を愛し、憐れみ深く、謙虚になりなさい。9悪を
もって悪に、侮辱をもって侮辱に報いてはなりま
せん。かえって祝福を祈りなさい。祝福を受け継
ぐためにあなたがたは召されたのです。
10「命を愛し、
幸せな日々を過ごしたい人は、
舌を制して、悪を言わず、
唇を閉じて、偽りを語らず、
11悪から遠ざかり、善を行い、
平和を願って、これを追い求めよ。
12主の目は正しい者に注がれ、
主の耳は彼らの祈りに傾けられる。
主の顔は悪事を働く者に対して向けられる。」
13もし、善いことに熱心であるなら、だれがあ
なたがたに害を加えるでしょう。14しかし、義の
ために苦しみを受けるのであれば、幸いです。

人々を恐れたり、心を乱したりしてはいけません。
15心の中でキリストを主とあがめなさい。あなた
がたの抱いている希望について説明を要求する人
には、いつでも弁明できるように備えていなさい。
16それも、穏やかに、敬意をもって、正しい良心
で、弁明するようにしなさい。そうすれば、キリ
ストに結ばれたあなたがたの善い生活をののしる
者たちは、悪口を言ったことで恥じ入るようにな
るのです。17神の御心によるのであれば、善を行
って苦しむ方が、悪を行って苦しむよりはよい。
18キリストも、罪のためにただ一度苦しまれまし
た。正しい方が、正しくない者たちのために苦し
まれたのです。あなたがたを神のもとへ導くため
です。キリストは、肉では死に渡されましたが、
霊では生きる者とされたのです。19そして、霊に
おいてキリストは、捕らわれていた霊たちのとこ
ろへ行って宣教されました。20この霊たちは、ノ
アの時代に箱舟が作られていた間、神が忍耐して
待っておられたのに従わなかった者です。この箱
舟に乗り込んだ数人、すなわち八人だけが水の中
を通って救われました。21この水で前もって表さ
れた洗礼《バプテスマ》は、今やイエス・キリストの復活によっ
てあなたがたをも救うのです。洗礼は、肉の汚れ
を取り除くことではなくて、神に正しい良心を願
い求めることです。22キリストは、天に上って神
の右におられます。天使、また権威や勢力は、キ
リストの支配に服しているのです。

4　神の恵みの善い管理者

1キリストは肉に苦しみをお受けになったの
ですから、あなたがたも同じ心構えで武装し
なさい。肉に苦しみを受けた者は、罪とのかかわ
りを絶った者なのです。2それは、もはや人間の
欲望にではなく神の御心に従って、肉における残
りの生涯を生きるようになるためです。3かつて
あなたがたは、異邦人が好むようなことを行い、

好色、情欲、泥酔、酒宴、暴飲、律法で禁じられ
ている偶像礼拝などにふけっていたのですが、も
うそれで十分です。4あの者たちは、もはやあな
たがたがそのようなひどい乱行《らんぎょう》に加わらなくなっ
たので、不審に思い、そしるのです。5彼らは、
生きている者と死んだ者とを裁こうとしておられ
る方に、申し開きをしなければなりません。6死
んだ者にも福音が告げ知らされたのは、彼らが、
人間の見方からすれば、肉において裁かれて死ん
だようでも、神との関係で、霊において生きるよ
うになるためなのです。
7万物の終わりが迫っています。だから、思慮
深くふるまい、身を慎んで、よく祈りなさい。
8何よりもまず、心を込めて愛し合いなさい。愛
は多くの罪を覆うからです。9不平を言わずにも
てなし合いなさい。10あなたがたはそれぞれ、賜
物を授かっているのですから、神のさまざまな恵
みの善い管理者として、その賜物を生かして互い
に仕えなさい。11語る者は、神の言葉を語るにふ
さわしく語りなさい。奉仕をする人は、神がお与
えになった力に応じて奉仕しなさい。それは、す
べてのことにおいて、イエス・キリストを通して、
神が栄光をお受けになるためです。栄光と力とが、
世々限りなく神にありますように、アーメン。

キリスト者として苦しみを受ける

12愛する人たち、あなたがたを試みるために身
にふりかかる火のような試練を、何か思いがけな
いことが生じたかのように、驚き怪しんではなり
ません。13むしろ、キリストの苦しみにあずかれ
ばあずかるほど喜びなさい。それは、キリストの
栄光が現れるときにも、喜びに満ちあふれるため
です。14あなたがたはキリストの名のために非難
されるなら、幸いです。栄光の霊、すなわち神の
霊が、あなたがたの上にとどまってくださるから
です。15あなたがたのうちだれも、人殺し、泥棒、

悪者、あるいは、他人に干渉する者として、苦し
みを受けることがないようにしなさい。16しかし、
キリスト者として苦しみを受けるのなら、決して
恥じてはなりません。むしろ、キリスト者の名で
呼ばれることで、神をあがめなさい。17今こそ、
神の家から裁きが始まる時です。わたしたちがま
ず裁きを受けるのだとすれば、神の福音に従わな
い者たちの行く末は、いったい、どんなものにな
るだろうか。
18「正しい人がやっと救われるのなら、
　不信心な人や罪深い人はどうなるのか」
と言われているとおりです。19だから、神の御心
によって苦しみを受ける人は、善い行いをし続け
て、真実であられる創造主《そうぞうしゅ》に自分の魂をゆだねな
さい。

5 長老たちへの勧め

1さて、わたしは長老の一人として、また、
キリストの受難の証人、やがて現れる栄光に
あずかる者として、あなたがたのうちの長老たち
に勧めます。2あなたがたにゆだねられている、
神の羊の群れを牧《ぼく》しなさい。強制されてではなく、
神に従って、自ら進んで世話をしなさい。卑しい
利得のためにではなく献身的にしなさい。3ゆだ
ねられている人々に対して、権威を振り回しても
いけません。むしろ、群れの模範になりなさい。
4そうすれば、大牧者がお見えになるとき、あな
たがたはしぼむことのない栄冠を受けることにな
ります。
5同じように、若い人たち、長老に従いなさい。
皆互いに謙遜を身に着けなさい。なぜなら、
「神は、高慢な者を敵とし、
　謙遜な者には恵みをお与えになる」
からです。

6だから、神の力強い御手《みて》の下で自分を低くし
なさい。そうすれば、かの時には高めていただけ
ます。7思い煩いは、何もかも神にお任せしなさ
い。神が、あなたがたのことを心にかけていてく
ださるからです。
　8身を慎んで目を覚ましていなさい。あなたが
たの敵である悪魔が、ほえたける獅子のように、
だれかを食い尽くそうと探し回っています。9信
仰にしっかり踏みとどまって、悪魔に抵抗しなさ
い。あなたがたと信仰を同じくする兄弟たちも、
この世で同じ苦しみに遭っているのです。それは
あなたがたも知っているとおりです。10しかし、
あらゆる恵みの源である神、すなわち、キリス
ト・イエスを通してあなたがたを永遠の栄光へ招
いてくださった神御自身が、しばらくの間苦しん
だあなたがたを完全な者とし、強め、力づけ、揺
らぐことがないようにしてくださいます。11力が
世々限りなく神にありますように、アーメン。

結びの言葉

12わたしは、忠実な兄弟と認めているシルワノ
によって、あなたがたにこのように短く手紙を書
き、勧告をし、これこそ神のまことの恵みである
ことを証ししました。この恵みにしっかり踏みと
どまりなさい。13共に選ばれてバビロンにいる
人々と、わたしの子マルコが、よろしくと言って
います。14愛の口づけによって互いに挨拶を交わ
しなさい。キリストと結ばれているあなたがた一
同に、平和があるように。

ペトロの手紙　二

挨拶

1イエス・キリストの僕《しもべ》であり、使徒である
1
シメオン・ペトロから、わたしたちの神と救
い主イエス・キリストの義によって、わたしたち
と同じ尊い信仰を受けた人たちへ。2神とわたし
たちの主《しゅ》イエスを知ることによって、恵みと平和
が、あなたがたにますます豊かに与えられるよう
に。

神のすばらしい約束

3主イエスは、御自分の持つ神の力によって、
命と信心とにかかわるすべてのものを、わたした
ちに与えてくださいました。それは、わたしたち
を御自身の栄光と力ある業《わざ》とで召し出してくださ
った方を認識させることによるのです。4この栄
光と力ある業とによって、わたしたちは尊くすば
らしい約束を与えられています。それは、あなた
がたがこれらによって、情欲に染まったこの世の
退廃を免れ、神の本性《ほんせい》にあずからせていただくよ
うになるためです。5だから、あなたがたは、力
を尽くして信仰には徳を、徳には知識を、6知識
には自制を、自制には忍耐を、忍耐には信心を、
7信心には兄弟愛を、兄弟愛には愛を加えなさい。
8これらのものが備わり、ますます豊かになるな
らば、あなたがたは怠惰で実を結ばない者とはな
らず、わたしたちの主イエス・キリストを知るよ
うになるでしょう。9これらを備えていない者は、
視力を失っています。近くのものしか見えず、以
前の罪が清められたことを忘れています。10だか
ら兄弟たち、召されていること、選ばれているこ
とを確かなものとするように、いっそう努めなさ
い。これらのことを実践すれば、決して罪に陥り
ません。11こうして、わたしたちの主、救い主イ

エス・キリストの永遠の御国《みくに》に確かに入ることが
できるようになります。
12従って、わたしはいつも、これらのことをあ
なたがたに思い出させたいのです。あなたがたは
既に知っているし、授かった真理に基づいて生活
しているのですが。13わたしは、自分がこの体を
仮の宿としている間、あなたがたにこれらのこと
を思い出させて、奮起させるべきだと考えていま
す。14わたしたちの主イエス・キリストが示して
くださったように、自分がこの仮の宿を間もなく
離れなければならないことを、わたしはよく承知
しているからです。15自分が世を去った後もあな
たがたにこれらのことを絶えず思い出してもらう
ように、わたしは努めます。

キリストの栄光、預言の言葉

16わたしたちの主イエス・キリストの力に満ち
た来臨を知らせるのに、わたしたちは巧みな作り
話を用いたわけではありません。わたしたちは、
キリストの威光を目撃したのです。17荘厳な栄光
の中から、「これはわたしの愛する子。わたしの
心に適う者」というような声があって、主イエス
は父である神から誉れと栄光をお受けになりまし
た。18わたしたちは、聖なる山にイエスといたと
き、天から響いてきたこの声を聞いたのです。
19こうして、わたしたちには、預言の言葉はいっ
そう確かなものとなっています。夜が明け、明け
の明星があなたがたの心の中に昇るときまで、暗
い所に輝くともし火として、どうかこの預言の言
葉に留意していてください。20何よりもまず心得
てほしいのは、聖書の預言は何一つ、自分勝手に
解釈すべきではないということです。21なぜなら、
預言は、決して人間の意志に基づいて語られたの
ではなく、人々が聖霊に導かれて神からの言葉を
語ったものだからです。

2

偽教師についての警告（ユダ3―13）

1かつて、民の中に偽《にせ》預言者がいました。同
じように、あなたがたの中にも偽《にせ》教師が現れ
るにちがいありません。彼らは、滅びをもたらす
異端をひそかに持ち込み、自分たちを贖《あがな》ってくだ
さった主を拒否しました。自分の身に速やかな滅
びを招いており、2しかも、多くの人が彼らのみ
だらな楽しみを見倣っています。彼らのために真
理の道はそしられるのです。3彼らは欲が深く、
うそ偽りであなたがたを食い物にします。このよ
うな者たちに対する裁きは、昔から怠りなくなさ
れていて、彼らの滅びも滞ることはありません。

4神は、罪を犯した天使たちを容赦せず、暗闇
という縄で縛って地獄に引き渡し、裁きのために
閉じ込められました。5また、神は昔の人々を容
赦しないで、不信心な者たちの世界に洪水を引き
起こし、義を説いていたノアたち八人を保護なさ
ったのです。6また、神はソドムとゴモラの町を
灰にし、滅ぼし尽くして罰し、それから後の不信
心な者たちへの見せしめとなさいました。7しか
し神は、不道徳な者たちのみだらな言動によって
悩まされていた正しい人ロトを、助け出されまし
た。8なぜなら、この正しい人は、彼らの中で生
活していたとき、毎日よこしまな行為を見聞きし
て正しい心を痛めていたからです。9主は、信仰
のあつい人を試練から救い出す一方、正しくない
者たちを罰し、裁きの日まで閉じ込めておくべき
だと考えておられます。10特に、汚《けが》れた情欲の赴
くままに肉に従って歩み、権威を侮る者たちを、
そのように扱われるのです。

彼らは、厚かましく、わがままで、栄光ある者
たちをそしってはばかりません。11天使たちは、
力も権能もはるかにまさっているにもかかわらず、
主の御前《みまえ》で彼らをそしったり訴え出たりはしませ
ん。12この者たちは、捕らえられ、殺されるため
に生まれてきた理性のない動物と同じで、知りも

しないことをそしるのです。そういった動物が滅
びるように、彼らも滅んでしまいます。13不義を
行う者は、不義にふさわしい報いを受けます。彼
らは、昼間から享楽にふけるのを楽しみにしてい
ます。彼らは汚れやきずのようなもので、あなた
がたと宴席に連なるとき、はめを外して騒ぎます。
14その目は絶えず姦通の相手を求め、飽くことな
く罪を重ねています。彼らは心の定まらない人々
を誘惑し、その心は強欲におぼれ、呪いの子にな
っています。15彼らは、正しい道から離れてさま
よい歩き、ボソルの子バラムが歩んだ道をたどっ
たのです。バラムは不義のもうけを好み、16それ
で、その過ちに対するとがめを受けました。もの
を言えないろばが人間の声で話して、この預言者
の常軌を逸した行いをやめさせたのです。
　17この者たちは、干上がった泉、嵐に吹き払わ
れる霧であって、彼らには深い暗闇が用意されて
いるのです。18彼らは、無意味な大言壮語をしま
す。また、迷いの生活からやっと抜け出て来た人
たちを、肉の欲やみだらな楽しみで誘惑するので
す。19その人たちに自由を与えると約束しながら、
自分自身は滅亡の奴隷です。人は、自分を打ち負
かした者に服従するものです。20わたしたちの主、
救い主イエス・キリストを深く知って世の汚れか
ら逃れても、それに再び巻き込まれて打ち負かさ
れるなら、そのような者たちの後の状態は、前よ
りずっと悪くなります。21義の道を知っていなが
ら、自分たちに伝えられた聖なる掟から離れ去る
よりは、義の道を知らなかった方が、彼らのため
によかったであろうに。22ことわざに、
「犬は、自分の吐いた物のところへ戻って来る」
また、
「豚は、体を洗って、また、泥の中を転げ回る」
と言われているとおりのことが彼らの身に起こっ
ているのです。

主の来臨の約束

3

1愛する人たち、わたしはあなたがたに二度
目の手紙を書いていますが、それは、これら
の手紙によってあなたがたの記憶を呼び起こして、
純真な心を奮い立たせたいからです。2聖なる預
言者たちがかつて語った言葉と、あなたがたの使
徒たちが伝えた、主であり救い主である方の掟を
思い出してもらうためです。3まず、次のことを
知っていなさい。終わりの時には、欲望の赴くま
まに生活してあざける者たちが現れ、あざけって、
4こう言います。「主が来るという約束は、いっ
たいどうなったのだ。父たちが死んでこのかた、
世の中のことは、天地創造の初めから何一つ変わ
らないではないか。」5彼らがそのように言うの
は、次のことを認めようとしないからです。すな
わち、天は大昔から存在し、地は神の言葉によっ
て水を元として、また水によってできたのですが、
6当時の世界は、その水によって洪水に押し流さ
れて滅んでしまいました。7しかし、現在の天と
地とは、火で滅ぼされるために、同じ御言葉《みことば》によ
って取っておかれ、不信心な者たちが裁かれて滅
ぼされる日まで、そのままにしておかれるのです。
8愛する人たち、このことだけは忘れないでほ
しい。主のもとでは、一日は千年のようで、千年
は一日のようです。9ある人たちは、遅いと考え
ているようですが、主は約束の実現を遅らせてお
られるのではありません。そうではなく、一人も
滅びないで皆が悔い改めるようにと、あなたがた
のために忍耐しておられるのです。10主の日は盗《ぬす》
人《びと》のようにやって来ます。その日、天は激しい音
をたてながら消えうせ、自然界の諸要素は熱に熔
け尽くし、地とそこで造り出されたものは暴かれ
てしまいます。11このように、すべてのものは滅
び去るのですから、あなたがたは聖なる信心深い
生活を送らなければなりません。12神の日の来る
のを待ち望み、また、それが来るのを早めるよう

にすべきです。その日、天は焼け崩れ、自然界の
諸要素は燃え尽き、熔け去ることでしょう。13し
かしわたしたちは、義の宿る新しい天と新しい地
とを、神の約束に従って待ち望んでいるのです。
　14だから、愛する人たち、このことを待ち望み
ながら、きずや汚れが何一つなく、平和に過ごし
ていると神に認めていただけるように励みなさい。
15また、わたしたちの主の忍耐深さを、救いと考
えなさい。それは、わたしたちの愛する兄弟パウ
ロが、神から授かった知恵に基づいて、あなたが
たに書き送ったことでもあります。16彼は、どの
手紙の中でもこのことについて述べています。そ
の手紙には難しく理解しにくい個所があって、無
学な人や心の定まらない人は、それを聖書のほか
の部分と同様に曲解し、自分の滅びを招いていま
す。17それで、愛する人たち、あなたがたはこの
ことをあらかじめ知っているのですから、不道徳
な者たちに唆《そそのか》されて、堅固な足場を失わないよう
に注意しなさい。18わたしたちの主、救い主イエ
ス・キリストの恵みと知識において、成長しなさ
い。このイエス・キリストに、今も、また永遠に
栄光がありますように、アーメン。

ヨハネの手紙 一

1

命の言

1初めからあったもの、わたしたちが聞いた
もの、目で見たもの、よく見て、手で触れた
ものを伝えます。すなわち、命の言《ことば》について。
――2この命は現れました。御父《おんちち》と共にあったが、
わたしたちに現れたこの永遠の命を、わたしたち
は見て、あなたがたに証《あか》しし、伝えるのです。
――3わたしたちが見、また聞いたことを、あな
たがたにも伝えるのは、あなたがたもわたしたち
との交わりを持つようになるためです。わたした
ちの交わりは、御父と御子《みこ》イエス・キリストとの
交わりです。4わたしたちがこれらのことを書く
のは、わたしたちの喜びが満ちあふれるようにな
るためです。

神は光

5わたしたちがイエスから既に聞いていて、あ
なたがたに伝える知らせとは、神は光であり、神
には闇が全くないということです。6わたしたち
が、神との交わりを持っていると言いながら、闇
の中を歩むなら、それはうそをついているのであ
り、真理を行ってはいません。7しかし、神が光
の中におられるように、わたしたちが光の中を歩
むなら、互いに交わりを持ち、御子イエスの血に
よってあらゆる罪から清められます。8自分に罪
がないと言うなら、自らを欺いており、真理はわ
たしたちの内にありません。9自分の罪を公に言
い表すなら、神は真実で正しい方ですから、罪を
赦《ゆる》し、あらゆる不義からわたしたちを清めてくだ
さいます。10罪を犯したことがないと言うなら、
それは神を偽り者とすることであり、神の言葉は
わたしたちの内にありません。

弁護者キリスト

2

1わたしの子たちよ、これらのことを書くの
は、あなたがたが罪を犯さないようになるた
めです。たとえ罪を犯しても、御父のもとに弁護
者、正しい方、イエス・キリストがおられます。
2この方こそ、わたしたちの罪、いや、わたした
ちの罪ばかりでなく、全世界の罪を償ういけにえ
です。3わたしたちは、神の掟を守るなら、それ
によって、神を知っていることが分かります。
4「神を知っている」と言いながら、神の掟を守
らない者は、偽り者で、その人の内には真理はあ
りません。5しかし、神の言葉を守るなら、まこ
とにその人の内には神の愛が実現しています。こ
れによって、わたしたちが神の内にいることが分
かります。6神の内にいつもいると言う人は、イ
エスが歩まれたように自らも歩まなければなりま
せん。

新しい掟

7愛する者たち、わたしがあなたがたに書いて
いるのは、新しい掟ではなく、あなたがたが初め
から受けていた古い掟です。この古い掟とは、あ
なたがたが既に聞いたことのある言葉です。8し
かし、わたしは新しい掟として書いています。そ
のことは、イエスにとってもあなたがたにとって
も真実です。闇が去って、既にまことの光が輝い
ているからです。9「光の中にいる」と言いなが
ら、兄弟を憎む者は、今もなお闇の中にいます。
10兄弟を愛する人は、いつも光の中におり、その
人にはつまずきがありません。11しかし、兄弟を
憎む者は闇の中におり、闇の中を歩み、自分がど
こへ行くかを知りません。闇がこの人の目を見え
なくしたからです。
12子たちよ、わたしがあなたがたに書いているの
は、

イエスの名によって

あなたがたの罪が赦されているからである。
13父たちよ、わたしがあなたがたに書いているの
は、
あなたがたが、初めから存在なさる方を
知っているからである。
若者たちよ、わたしがあなたがたに書いている
のは、
あなたがたが悪い者に打ち勝ったからである。
14子供たちよ、わたしがあなたがたに書いている
のは、
あなたがたが御父を知っているからである。
父たちよ、わたしがあなたがたに書いているの
は、
あなたがたが、初めから存在なさる方を
知っているからである。
若者たちよ、わたしがあなたがたに書いている
のは、
あなたがたが強く、
神の言葉があなたがたの内にいつもあり、
あなたがたが悪い者に打ち勝ったからである。
15世も世にあるものも、愛してはいけません。
世を愛する人がいれば、御父への愛はその人の内
にありません。16なぜなら、すべて世にあるもの、
肉の欲、目の欲、生活のおごりは、御父から出な
いで、世から出るからです。17世も世にある欲も、
過ぎ去って行きます。しかし、神の御心《みこころ》を行う人
は永遠に生き続けます。

反キリスト

18子供たちよ、終わりの時が来ています。反キ
リストが来ると、あなたがたがかねて聞いていた
とおり、今や多くの反キリストが現れています。
これによって、終わりの時が来ていると分かりま
す。19彼らはわたしたちから去って行きましたが、
もともと仲間ではなかったのです。仲間なら、わ
たしたちのもとにとどまっていたでしょう。しか

し去って行き、だれもわたしたちの仲間ではない
ことが明らかになりました。20しかし、あなたが
たは聖なる方から油を注がれているので、皆、真
理を知っています。21わたしがあなたがたに書い
ているのは、あなたがたが真理を知らないからで
はなく、真理を知り、また、すべて偽りは真理か
ら生じないことを知っているからです。22偽り者
とは、イエスがメシアであることを否定する者で
なくて、だれでありましょう。御父と御子を認め
ない者、これこそ反キリストです。23御子を認め
ない者はだれも、御父に結ばれていません。御子
を公に言い表す者は、御父にも結ばれています。
24初めから聞いていたことを、心にとどめなさい。
初めから聞いていたことが、あなたがたの内にい
つもあるならば、あなたがたも御子の内に、また
御父の内にいつもいるでしょう。25これこそ、御
子がわたしたちに約束された約束、永遠の命です。
26以上、あなたがたを惑わせようとしている者
たちについて書いてきました。27しかし、いつも
あなたがたの内には、御子から注がれた油があり
ますから、だれからも教えを受ける必要がありま
せん。この油が万事について教えます。それは真
実であって、偽りではありません。だから、教え
られたとおり、御子の内にとどまりなさい。

神の子たち

28さて、子たちよ、御子の内にいつもとどまり
なさい。そうすれば、御子の現れるとき、確信を
持つことができ、御子が来られるとき、御前《みまえ》で恥
じ入るようなことがありません。29あなたがたは、
御子が正しい方だと知っているなら、義を行う者
も皆、神から生まれていることが分かるはずです。
3 1御父がどれほどわたしたちを愛してくださ
るか、考えなさい。それは、わたしたちが神の子
と呼ばれるほどで、事実また、そのとおりです。
世がわたしたちを知らないのは、御父を知らなか

ったからです。2愛する者たち、わたしたちは、
今既に神の子ですが、自分がどのようになるかは、
まだ示されていません。しかし、御子が現れると
き、御子に似た者となるということを知っていま
す。なぜなら、そのとき御子をありのままに見る
からです。3御子にこの望みをかけている人は皆、
御子が清いように、自分を清めます。
4罪を犯す者は皆、法にも背くのです。罪とは、
法に背くことです。5あなたがたも知っているよ
うに、御子は罪を除くために現れました。御子に
は罪がありません。6御子の内にいつもいる人は
皆、罪を犯しません。罪を犯す者は皆、御子を見
たこともなく、知ってもいません。7子たちよ、
だれにも惑わされないようにしなさい。義を行う
者は、御子と同じように、正しい人です。8罪を
犯す者は悪魔に属します。悪魔は初めから罪を犯
しているからです。悪魔の働きを滅ぼすためにこ
そ、神の子が現れたのです。9神から生まれた人
は皆、罪を犯しません。神の種《たね》がこの人の内にい
つもあるからです。この人は神から生まれたので、
罪を犯すことができません。10神の子たちと悪魔
の子たちの区別は明らかです。正しい生活をしな
い者は皆、神に属していません。自分の兄弟を愛
さない者も同様です。

互いに愛し合いなさい

11なぜなら、互いに愛し合うこと、これがあな
たがたの初めから聞いている教えだからです。
12カインのようになってはなりません。彼は悪い
者に属して、兄弟を殺しました。なぜ殺したのか。
自分の行いが悪く、兄弟の行いが正しかったから
です。13だから兄弟たち、世があなたがたを憎ん
でも、驚くことはありません。14わたしたちは、
自分が死から命へと移ったことを知っています。
兄弟を愛しているからです。愛することのない者
は、死にとどまったままです。15兄弟を憎む者は

皆、人殺しです。あなたがたの知っているとおり、
すべて人殺しには永遠の命がとどまっていません。
16イエスは、わたしたちのために、命を捨ててく
ださいました。そのことによって、わたしたちは
愛を知りました。だから、わたしたちも兄弟のた
めに命を捨てるべきです。17世の富を持ちながら、
兄弟が必要な物に事欠くのを見て同情しない者が
あれば、どうして神の愛がそのような者の内にと
どまるでしょう。18子たちよ、言葉や口先だけで
はなく、行いをもって誠実に愛し合おう。

神への信頼

19これによって、わたしたちは自分が真理に属
していることを知り、神の御前で安心できます、
20心に責められることがあろうとも。神は、わた
したちの心よりも大きく、すべてをご存じだから
です。21愛する者たち、わたしたちは心に責めら
れることがなければ、神の御前で確信を持つこと
ができ、22神に願うことは何でもかなえられます。
わたしたちが神の掟を守り、御心に適《かな》うことを行
っているからです。23その掟とは、神の子イエ
ス・キリストの名を信じ、この方がわたしたちに
命じられたように、互いに愛し合うことです。
24神の掟を守る人は、神の内にいつもとどまり、
神もその人の内にとどまってくださいます。神が
わたしたちの内にとどまってくださることは、神
が与えてくださった〝霊〟によって分かります。

4

偽りの霊と真実の霊

1愛する者たち、どの霊も信じるのではなく、
神から出た霊かどうかを確かめなさい。偽《にせ》預
言者が大勢世に出て来ているからです。2イエ
ス・キリストが肉となって来られたということを
公に言い表す霊は、すべて神から出たものです。
このことによって、あなたがたは神の霊が分かり
ます。3イエスのことを公に言い表さない霊はす

べて、神から出ていません。これは、反キリスト
の霊です。かねてあなたがたは、その霊がやって
来ると聞いていましたが、今や既に世に来ていま
す。4子たちよ、あなたがたは神に属しており、
偽預言者たちに打ち勝ちました。なぜなら、あな
たがたの内におられる方は、世にいる者よりも強
いからです。5偽預言者たちは世に属しており、
そのため、世のことを話し、世は彼らに耳を傾け
ます。6わたしたちは神に属する者です。神を知
る人は、わたしたちに耳を傾けますが、神に属し
ていない者は、わたしたちに耳を傾けません。こ
れによって、真理の霊と人を惑わす霊とを見分け
ることができます。

神は愛

7愛する者たち、互いに愛し合いましょう。愛
は神から出るもので、愛する者は皆、神から生ま
れ、神を知っているからです。8愛することのな
い者は神を知りません。神は愛だからです。9神
は、独り子を世にお遣わしになりました。その方
によって、わたしたちが生きるようになるためで
す。ここに、神の愛がわたしたちの内に示されま
した。10わたしたちが神を愛したのではなく、神
がわたしたちを愛して、わたしたちの罪を償うい
けにえとして、御子をお遣わしになりました。こ
こに愛があります。11愛する者たち、神がこのよ
うにわたしたちを愛されたのですから、わたした
ちも互いに愛し合うべきです。12いまだかつて神
を見た者はいません。わたしたちが互いに愛し合
うならば、神はわたしたちの内にとどまってくだ
さり、神の愛がわたしたちの内で全うされている
のです。

13神はわたしたちに、御自分の霊を分け与えて
くださいました。このことから、わたしたちが神
の内にとどまり、神もわたしたちの内にとどまっ
てくださることが分かります。14わたしたちはま

た、御父が御子を世の救い主として遣わされたこ
とを見、またそのことを証ししています。15イエ
スが神の子であることを公に言い表す人はだれで
も、神がその人の内にとどまってくださり、その
人も神の内にとどまります。16わたしたちは、わ
たしたちに対する神の愛を知り、また信じていま
す。

　神は愛です。愛にとどまる人は、神の内にとど
まり、神もその人の内にとどまってくださいます。
17こうして、愛がわたしたちの内に全うされてい
るので、裁きの日に確信を持つことができます。
この世でわたしたちも、イエスのようであるから
です。18愛には恐れがない。完全な愛は恐れを締
め出します。なぜなら、恐れは罰を伴い、恐れる
者には愛が全うされていないからです。19わたし
たちが愛するのは、神がまずわたしたちを愛して
くださったからです。20「神を愛している」と言
いながら兄弟を憎む者がいれば、それは偽り者で
す。目に見える兄弟を愛さない者は、目に見えな
い神を愛することができません。21神を愛する人
は、兄弟をも愛すべきです。これが、神から受け
た掟です。

5

悪の世に打ち勝つ信仰

1イエスがメシアであると信じる人は皆、神
から生まれた者です。そして、生んでくださ
った方を愛する人は皆、その方から生まれた者を
も愛します。2このことから明らかなように、わ
たしたちが神を愛し、その掟を守るときはいつも、
神の子供たちを愛します。3神を愛するとは、神
の掟を守ることです。神の掟は難しいものではあ
りません。4神から生まれた人は皆、世に打ち勝
つからです。世に打ち勝つ勝利、それはわたした
ちの信仰です。5だれが世に打ち勝つか。イエス
が神の子であると信じる者ではありませんか。

イエス・キリストについての証し

6この方は、水と血を通って来られた方、イエ
ス・キリストです。水だけではなく、水と血とに
よって来られたのです。そして、〝霊〟はこのこ
とを証しする方です。〝霊〟は真理だからです。
7証しするのは三者で、8〝霊〟と水と血です。
この三者は一致しています。9わたしたちが人の
証しを受け入れるのであれば、神の証しは更にま
さっています。神が御子についてなさった証し、
これが神の証しだからです。10神の子を信じる人
は、自分の内にこの証しがあり、神を信じない人
は、神が御子についてなさった証しを信じていな
いため、神を偽り者にしてしまっています。11そ
の証しとは、神が永遠の命をわたしたちに与えら
れたこと、そして、この命が御子の内にあるとい
うことです。12御子と結ばれている人にはこの命
があり、神の子と結ばれていない人にはこの命が
ありません。

永遠の命

13神の子の名を信じているあなたがたに、これ
らのことを書き送るのは、永遠の命を得ているこ
とを悟らせたいからです。14何事でも神の御心に
適うことをわたしたちが願うなら、神は聞き入れ
てくださる。これが神に対するわたしたちの確信
です。15わたしたちは、願い事は何でも聞き入れ
てくださるということが分かるなら、神に願った
ことは既にかなえられていることも分かります。
16死に至らない罪を犯している兄弟を見たら、
その人のために神に願いなさい。そうすれば、神
はその人に命をお与えになります。これは、死に
至らない罪を犯している人々の場合です。死に至
る罪があります。これについては、神に願うよう
にとは言いません。17不義はすべて罪です。しか
し、死に至らない罪もあります。
18わたしたちは知っています。すべて神から生

まれた者は罪を犯しません。神からお生まれにな
った方が、その人を守ってくださり、悪い者は手
を触れることができません。19わたしたちは知っ
ています。わたしたちは神に属する者ですが、こ
の世全体が悪い者の支配下にあるのです。20わた
したちは知っています。神の子が来て、真実な方
を知る力を与えてくださいました。わたしたちは
真実な方の内に、その御子イエス・キリストの内
にいるのです。この方こそ、真実の神、永遠の命
です。21子たちよ、偶像を避けなさい。

ヨハネの手紙　二

挨拶

1長老のわたしから、選ばれた婦人とその子た
ちへ。わたしは、あなたがたを真に愛しています。
わたしばかりでなく、真理を知っている人はすべ
て、あなたがたを愛しています。2それは、いつ
もわたしたちの内にある真理によることで、真理
は永遠にわたしたちと共にあります。3父である
神と、その父の御子《みこ》イエス・キリストからの恵み
と憐《あわ》れみと平和は、真理と愛のうちにわたしたち
と共にあります。

真理と愛

4あなたの子供たちの中に、わたしたちが御父《おんちち》
から受けた掟どおりに、真理に歩んでいる人がい
るのを知って、大変うれしく思いました。5さて、
婦人よ、あなたにお願いしたいことがあります。
わたしが書くのは新しい掟ではなく、初めからわ
たしたちが持っていた掟、つまり互いに愛し合う
ということです。6愛とは、御父の掟に従って歩
むことであり、この掟とは、あなたがたが初めか
ら聞いていたように、愛に歩むことです。7この
ように書くのは、人を惑わす者が大勢世に出て来
たからです。彼らは、イエス・キリストが肉とな
って来られたことを公に言い表そうとしません。
こういう者は人を惑わす者、反キリストです。
8気をつけて、わたしたちが努力して得たものを
失うことなく、豊かな報いを受けるようにしなさ
い。9だれであろうと、キリストの教えを越えて、
これにとどまらない者は、神に結ばれていません。
その教えにとどまっている人にこそ、御父も御子
もおられます。10この教えを携えずにあなたがた
のところに来る者は、家に入れてはなりません。
挨拶してもなりません。11そのような者に挨拶す

る人は、その悪い行いに加わるのです。

結びの言葉

12あなたがたに書くことはまだいろいろありますが、紙とインクで書こうとは思いません。わたしたちの喜びが満ちあふれるように、あなたがたのところに行って親しく話し合いたいものです。

13あなたの姉妹、選ばれた婦人の子供たちが、あなたによろしくと言っています。

ヨハネの手紙　三

挨拶

1長老のわたしから、愛するガイオへ。わたし
は、あなたを真に愛しています。
2愛する者よ、あなたの魂が恵まれているよう
に、あなたがすべての面で恵まれ、健康であるよ
うにと祈っています。3兄弟たちが来ては、あな
たが真理に歩んでいることを証《あか》ししてくれるので、
わたしは非常に喜んでいます。実際、あなたは真
理に歩んでいるのです。4自分の子供たちが真理
に歩んでいると聞くほど、うれしいことはありま
せん。

善を行う者、悪を行う者

5愛する者よ、あなたは、兄弟たち、それも、
よそから来た人たちのために誠意をもって尽くし
ています。6彼らは教会であなたの愛を証ししま
した。どうか、神に喜ばれるように、彼らを送り
出してください。7この人たちは、御名《みな》のために
旅に出た人で、異邦人からは何ももらっていませ
ん。8だから、わたしたちはこのような人たちを
助けるべきです。そうすれば、真理のために共に
働く者となるのです。
9わたしは教会に少しばかり書き送りました。
ところが、指導者になりたがっているディオトレ
フェスは、わたしたちを受け入れません。10だか
ら、そちらに行ったとき、彼のしていることを指
摘しようと思います。彼は、悪意に満ちた言葉で
わたしたちをそしるばかりか、兄弟たちを受け入
れず、受け入れようとする人たちの邪魔をし、教
会から追い出しています。
11愛する者よ、悪いことではなく、善いことを
見倣ってください。善を行う者は神に属する人で
あり、悪を行う者は、神を見たことのない人です。

12デメトリオについては、あらゆる人と真理そのものの証しがあります。わたしたちもまた証しします。そして、あなたは、わたしたちの証しが真実であることを知っています。

結びの言葉

13あなたに書くことはまだいろいろありますが、インクとペンで書こうとは思いません。14それよりも、近いうちにお目にかかって親しく話し合いたいものです。15あなたに平和があるように。友人たちがよろしくと言っています。そちらの友人一人一人に、よろしく伝えてください。

ユダの手紙

挨拶

1イエス・キリストの僕《しもべ》で、ヤコブの兄弟であ
るユダから、父である神に愛され、イエス・キリ
ストに守られている召された人たちへ。2憐《あわ》れみ
と平和と愛が、あなたがたにますます豊かに与え
られるように。

偽教師についての警告（二ペト二1―17）

3愛する人たち、わたしたちが共にあずかる救
いについて書き送りたいと、ひたすら願っており
ました。あなたがたに手紙を書いて、聖なる者た
ちに一度伝えられた信仰のために戦うことを、勧
めなければならないと思ったからです。4なぜな
ら、ある者たち、つまり、次のような裁きを受け
ると昔から書かれている不信心な者たちが、ひそ
かに紛れ込んで来て、わたしたちの神の恵みをみ
だらな楽しみに変え、また、唯一の支配者であり、
わたしたちの主《しゅ》であるイエス・キリストを否定し
ているからです。

5あなたがたは万事心得ていますが、思い出し
てほしい。主は民を一度エジプトの地から救い出
し、その後、信じなかった者たちを滅ぼされたの
です。6一方、自分の領分を守らないで、その住
まいを見捨ててしまった天使たちを、大いなる日
の裁きのために、永遠の鎖で縛り、暗闇の中に閉
じ込められました。7ソドムやゴモラ、またその
周辺の町は、この天使たちと同じく、みだらな行
いにふけり、不自然な肉の欲の満足を追い求めた
ので、永遠の火の刑罰を受け、見せしめにされて
います。

8しかし、同じようにこの夢想家たちも、身を
汚《けが》し、権威を認めようとはせず、栄光ある者たち
をあざけるのです。9大天使ミカエルは、モーセ

の遺体のことで悪魔と言い争ったとき、あえての
のしって相手を裁こうとはせず、「主がお前を懲
らしめてくださるように」と言いました。10この
夢想家たちは、知らないことをののしり、分別の
ない動物のように、本能的に知っている事柄によ
って自滅します。11不幸な者たちです。彼らは
「カインの道」をたどり、金もうけのために「バ
ラムの迷い」に陥り、「コラの反逆」によって滅
んでしまうのです。12こういう者たちは、厚かま
しく食事に割り込み、わが身を養い、あなたがた
の親ぼくの食事を汚すしみ、風に追われて雨を降
らさぬ雲、実らず根こぎにされて枯れ果ててしま
った晩秋の木、13わが身の恥を泡に吹き出す海の
荒波、永遠に暗闇が待ちもうける迷い星です。
　14アダムから数えて七代目に当たるエノクも、
彼らについてこう預言しました。「見よ、主は数
知れない聖なる者たちを引き連れて来られる。
15それは、すべての人を裁くため、また不信心な
生き方をした者たちのすべての不信心な行い、お
よび、不信心な罪人《つみびと》が主に対して口にしたすべて
の暴言について皆を責めるためである。」16こう
いう者たちは、自分の運命について不平不満を鳴
らし、欲望のままにふるまい、大言壮語し、利益
のために人にこびへつらいます。

警告と励まし

17愛する人たち、わたしたちの主イエス・キリ
ストの使徒たちが前もって語った言葉を思い出し
なさい。18彼らはあなたがたにこう言いました。
「終わりの時には、あざける者どもが現れ、不信
心な欲望のままにふるまう。」19この者たちは、
分裂を引き起こし、この世の命のままに生き、霊
を持たない者です。20しかし、愛する人たち、あ
なたがたは最も聖なる信仰をよりどころとして生
活しなさい。聖霊の導きの下に祈りなさい。21神
の愛によって自分を守り、永遠の命へ導いてくだ

さる、わたしたちの主イエス・キリストの憐れみ
を待ち望みなさい。22疑いを抱いている人たちを
憐れみなさい。23ほかの人たちを火の中から引き
出して助けなさい。また、ほかの人たちを用心し
ながら憐れみなさい。肉によって汚れてしまった
彼らの下着さえも忌み嫌いなさい。

賛美の祈り

24あなたがたを罪に陥らないように守り、また、
喜びにあふれて非のうちどころのない者として、
栄光に輝く御前《みまえ》に立たせることができる方、25わ
たしたちの救い主である唯一の神に、わたしたち
の主イエス・キリストを通して、栄光、威厳、力、
権威が永遠の昔から、今も、永遠にいつまでもあ
りますように、アーメン。

二つの怪物、それは国家――「ヨハネの黙示録」案内

佐藤　優

黙示（ギリシア語のアポカリュプシス）とは、「隠されていた物事が、神によって明らかにされる」という意味だ。通常は啓示と訳される。新約聖書で黙示という訳語が用いられるのは、「ヨハネの黙示録」の冒頭〈イエス・キリストの黙示。この黙示は、すぐにも起こるはずのことを、神がその僕《しもべ》たちに示すためキリストにお与えになり、そして、キリストがその天使を送って僕ヨハネにお伝えになったものである〉（1・1）だけだ。旧約聖書には、黙示文学という伝統がある。預言者が幻の中で、神の啓示を見聞きしたという体裁で書かれた文学形態だ。「ヨハネの黙示録」もこの形態を踏襲している。

ところで、預言と予言は別の概念だ。

テレビや週刊誌で、占い師が行うのが予言である。すなわち、未来に起きることを予測することだ。これに対して預言は、神から預かったメッセージを人々に伝えることである。未来予測だけでなく、過去や現在に対する神の評価も含まれる。ちなみに預言には「事後預言」という裏技がある。

過去に起きたことを、あたかもこれから起きることを予測するという形態で記述するのである。たとえば、2010年9月の時点で、「1985年、私は京都御所で幻を見た。天から1991年12月にあのソ連帝国が崩壊するという声が聞こえた。2009年9月には、政権交代が起き民主党が政権をとるという言葉も聞こえた」というような文書を書くことだ。あまりに予測が正確である場合には、事後預言であると考えた方がよい。

黙示という形態をとっているので、「ヨハネの黙示録」は、人間の想像力を刺激する。実際、黙示録の物語が、現実の政治と社会に大きな影響を与えたことがある。1986年4月、ソ連のウクライナで発生したチェルノブィリ原子力発電所の事故だ。ロシア語で「にがよもぎ」のことをチェルノブィリと言う。以下の「ヨハネの黙示録」の記述を読んでほしい。

〈小羊が第七の封印を開いたとき、天は半時間ほど沈黙に包まれた。そして、わたしは七人の天使が神の御前《みまえ》に立っているのを見た。彼らには七つのラッパが与えられた。

また、別の天使が来て、手に金の香炉を持って祭壇のそばに立つと、この天使に多くの香が渡された。すべての聖なる者たちの祈りに添えて、玉座の前にある金の祭壇に献げるためである。香の煙は、天使の手から、聖なる者たちの祈りと共に神の御前へ立ち上った。それから、天使が香炉を取り、それに祭壇の火を満たして地上へ投げつけると、雷、さまざまな音、稲妻、地震が起こった。

さて、七つのラッパを持っている七人の天使たちが、ラッパを吹く用意をした。

第一の天使がラッパを吹いた。すると、血の混じった雹《ひょう》と火とが生じ、地上に投げ入れられた。地上の三分の一が焼け、木々の三分の一が焼け、すべての青草も焼けてしまった。

第二の天使がラッパを吹いた。すると、火で燃えている大きな山のようなものが、海に投げ入れられた。海の三分の一が血に変わり、また、被造物で海に住む生き物の三分の一は死に、船という船の三分の一が壊された。

第三の天使がラッパを吹いた。すると、松明《たいまつ》のように燃えている大きな星が、天から落ちて来て、川という川の三分の一と、その水源の上に落ちた。この星の名は「苦よもぎ」といい、水の三分の一が苦よもぎのように苦くなって、そのために多くの人が死んだ。

第四の天使がラッパを吹いた。すると、太陽の三分の一、月の三分の一、星という星の三分の一が損なわれたので、それぞれ三分の一が暗くなって、昼はその光の三分の一を失い、夜も同じようになった。

また、見ていると、一羽の鷲が空高く飛びながら、大声でこう言うのが聞こえた。「不幸だ、不幸だ、不幸だ、地上に住む者たち。なお三人の天使が吹こうとしているラッパの響きのゆえに。」〉

（「ヨハネの黙示録」8 1–13）

ロシア語の聖書では、「にがよもぎ」には、「ポルィヌィ」という単語があてられているが、ロシア人（ロシア語を解するウクライナ人、ベラルーシ人、ラトビア人なども含む）は、チェルノブィリという地名を聞けば、「ヨハネの黙示録」のこの箇所を思い浮かべる。

天から落ちてくる燃えるような星が、臨界事故と重なる。その星の名前はチェルノブイリで、付近の川が汚染され、多くの人が死ぬ。ソ連帝国が破滅に向かって進んでいくという終末論的雰囲気が社会に広がっていった。

私が「ヨハネの黙示録」で、繰り返し読む箇所がある。それは、海からでてきた怪物（獣）と、地中から出てきた怪物があらわれる部分だ。怪物は、悪の化身である竜によって派遣された。国家を象徴している。

〈わたしはまた、一匹の獣が海の中から上って来るのを見た。これには十本の角と七つの頭があった。それらの角には十の王冠があり、頭には神を冒瀆するさまざまの名が記されていた。わたしが見たこの獣は、豹に似ており、足は熊の足のようで、口は獅子の口のようであった。竜はこの獣に、自分の力と王座と大きな権威とを与えた。この獣の頭の一つが傷つけられて、死んだと思われたが、この致命的な傷も治ってしまった。そこで、全地は驚いてこの獣に服従した。竜が自分の権威をこの獣に与えたので、人々は竜を拝んだ。人々はまた、この獣をも拝んでこう言った。「だれが、この獣と肩を並べることができようか。だれが、この獣と戦うことができようか。」

この獣にはまた、大言と冒瀆の言葉を吐く口が与えられ、四十二か月の間、活動する権威が与えられた。そこで、獣は口を開いて神を冒瀆し、神の名と神の幕屋、天に住む者たちを冒瀆した。獣は聖なる者たちと戦い、これに勝つことが許され、また、あらゆる種族、民族、言葉の違う民、国民を支配する権威が与えられた。地上に住む者で、天地創造の時から、屠られた小羊の命の書にその名が記されていない者たちは皆、この獣を拝むであろう。
　耳ある者は、聞け。
　捕らわれるべき者は、
　捕らわれて行く。
　剣で殺されるべき者は、
　剣で殺される。
ここに、聖なる者たちの忍耐と信仰が必要である。〉（「ヨハネの黙示録」13 1－10）
　この第1の怪物は、ローマ帝国を象徴している。この国家は全てを支配する力をもっている。それだから、人間は無意識のうちに国家を崇拝するようになる。ただし、「屠られた小羊（イエス・キリスト）の命の書にその名が記されている者たち」、すなわちキリスト教徒は国家を崇拝しないのである。それは、キリスト教徒が崇拝するのは神だけで、それ以外のいかなる人や物も崇拝してはならないからである。ここで「どうして？」という質問は意味を持たない。「神以外崇拝してはいけないから、そうしろ」という理屈を超えた話なのだ。啓示とはこのような理屈を超えた要請なのである。従って、本質において知性に馴染まないのだ。

さらに「ヨハネの黙示録」では、第2の怪物が出てくる。第1の怪物は海から出てきた。これに対し第2の怪物は地中から出てくる。要するに2匹の怪物が、海と陸地の全体を支配していることを示している。第2の怪物も国家である。地上の国家はかならず複数存在する。そして、互いに戦いあう。しかし、それによって人間は不幸になるだけだ。第2の怪物の行状を見てみよう。

〈わたしはまた、もう一匹の獣が地中から上って来るのを見た。この獣は、小羊の角に似た二本の角があって、竜のようにものを言っていた。この獣は、先の獣が持っていたすべての権力をその獣の前で振るい、地とそこに住む人々に、致命的な傷が治ったあの先の獣を拝ませた。そして、大きなしるしを行って、人々の前で天から地上へ火を降らせた。更に、先の獣の前で行うことを許されたしるしによって、地上に住む人々を惑わせ、また、剣で傷を負ったがなお生きている先の獣の像を造るように、地上に住む人に命じた。第二の獣は、獣の像に息を吹き込むことを許されて、獣の像がものを言うことさえできるようにし、獣の像を拝もうとしない者があれば、皆殺しにさせた。また、小さな者にも大きな者にも、富める者にも貧しい者にも、自由な身分の者にも奴隷にも、すべての者にその右手か額に刻印を押させた。そこで、この刻印のある者でなければ、物を買うことも、売ることもできないようになった。この刻印とはあの獣の名、あるいはその名の数字である。ここに知恵が必要である。賢い人は、獣の数字にどのような意味があるかを考えるがよい。数字は人間を指している。そして、数字は六百六十六である。〉（「ヨハネの黙示録」**13** 11-18）

ヘブライ文字は一文字ごとに数値をもっている。「皇帝ネロ」をヘブライ語で書いて、その数値を合算すると666になる。

私自身は国家主義者である。外交官として、日本国家のために命を捧げたつもりだった。現在は、一民間人であるが、日本国家を守るために命を捧げる気持ちに変わりはない。外交官として、国際社会の現実に触れる中で、国家は本質的に利己的で、自国が生き残るために他国を食い物にするという本性をもっているという確信をもつに至った。ところで国家は抽象的存在ではなく、具体的な官僚によって担われている。官僚は、官僚以外の国民から税金を収奪して生きている。社会から収奪するというのは、官僚の本性なので、これをやめさせることはできない。社会が厳しく監視しないと、官僚の恣意性が増大し、国民に災いをもたらす。官僚を監視するということは、国家を監視することなのである。

私が、国家と官僚の二面性を理解できるようになったのは、「ヨハネの黙示録」のおかげである。キリスト教徒にとって重要なのは、人間の救済という「究極的なもの」である。救済に直接関わる信仰、希望、愛は究極的な価値だ。これに対して、国家は「究極以前のもの」なのである。「究極以前のもの」も人間が生きていくために不可欠だ。それだから、国家をたいせつにしなくてはならない。国家をたいせつにするということは、国家が人間によって作りだされた制度であるということを認識し、人間が作ったものを崇拝してはならないというキリスト教の原理原則を堅持することと考える。それによって、国家=官僚の暴走を防ぎ、よりよき国家を地上に実現することができるのである。

「ヨハネの黙示録」は90年代にエフェソの南西にあるパトモス島で書かれたと見られる。著者は、教会に対する影響力をもった預言者と想定される。

ヨハネの黙示録

序文と挨拶

1

1イエス・キリストの黙示。この黙示は、す
ぐにも起こるはずのことを、神がその僕《しもべ》たち
に示すためキリストにお与えになり、そして、キ
リストがその天使を送って僕ヨハネにお伝えにな
ったものである。2ヨハネは、神の言葉とイエ
ス・キリストの証《あか》し、すなわち、自分の見たすべ
てのことを証しした。3この預言の言葉を朗読す
る人と、これを聞いて、中に記されたことを守る
人たちとは幸いである。時が迫っているからであ
る。
4-5ヨハネからアジア州にある七つの教会へ。
今おられ、かつておられ、やがて来られる方から、
また、玉座の前におられる七つの霊から、更に、
証人、誠実な方、死者の中から最初に復活した方、
地上の王たちの支配者、イエス・キリストから恵
みと平和があなたがたにあるように。
わたしたちを愛し、御自分の血によって罪から
解放してくださった方に、6わたしたちを王とし、
御自身の父である神に仕える祭司としてくださっ
た方に、栄光と力が世々限りなくありますように、
アーメン。
7見よ、その方が雲に乗って来られる。
すべての人の目が彼を仰ぎ見る、
ことに、彼を突き刺した者どもは。
地上の諸民族は皆、彼のために嘆き悲しむ。
然り、アーメン。
8神である主《しゅ》、今おられ、かつておられ、やが
て来られる方、全能者がこう言われる。**「わたし
はアルファであり、オメガである。」**

天上におられるキリストの姿

9わたしは、あなたがたの兄弟であり、共にイ

エスと結ばれて、その苦難、支配、忍耐にあずか
っているヨハネである。わたしは、神の言葉とイ
エスの証しのゆえに、パトモスと呼ばれる島にい
た。10ある主の日のこと、わたしは〝霊〟に満た
されていたが、後ろの方でラッパのように響く大
声を聞いた。11その声はこう言った。**「あなたの**
見ていることを巻物に書いて、エフェソ、スミル
ナ、ペルガモン、ティアティラ、サルディス、フ
ィラデルフィア、ラオディキアの七つの教会に送
れ。」
12わたしは、語りかける声の主《ぬし》を見ようとして
振り向いた。振り向くと、七つの金の燭台が見え、
13燭台の中央には、人の子のような方がおり、足
まで届く衣を着て、胸には金の帯を締めておられ
た。14その頭、その髪の毛は、白い羊毛に似て、
雪のように白く、目はまるで燃え盛る炎、15足は
炉で精錬されたしんちゅうのように輝き、声は大
水のとどろきのようであった。16右の手に七つの
星を持ち、口からは鋭い両刃《もろは》の剣《つるぎ》が出て、顔は強
く照り輝く太陽のようであった。
17わたしは、その方を見ると、その足もとに倒
れて、死んだようになった。すると、その方は右
手をわたしの上に置いて言われた。**「恐れるな。**
わたしは最初の者にして最後の者、18**また生きて**
いる者である。一度は死んだが、見よ、世々限り
なく生きて、死と陰府《よみ》の鍵を持っている。19**さあ、**
見たことを、今あることを、今後起ころうとして
いることを書き留めよ。20**あなたは、わたしの右**
の手に七つの星と、七つの金の燭台とを見たが、
それらの秘められた意味はこうだ。七つの星は七
つの教会の天使たち、七つの燭台は七つの教会で
ある。

2

エフェソの教会にあてた手紙

1**エフェソにある教会の天使にこう書き送れ。**
『右の手に七つの星を持つ方、七つの金の燭

台の間を歩く方が、次のように言われる。[2]「わ
たしは、あなたの行いと労苦と忍耐を知っており、
また、あなたが悪者どもに我慢できず、自ら使徒
と称して実はそうでない者どもを調べ、彼らのう
そを見抜いたことも知っている。[3]あなたはよく
忍耐して、わたしの名のために我慢し、疲れ果て
ることがなかった。[4]しかし、あなたに言うべき
ことがある。あなたは初めのころの愛から離れて
しまった。[5]だから、どこから落ちたかを思い出
し、悔い改めて初めのころの行いに立ち戻れ。も
し悔い改めなければ、わたしはあなたのところへ
行って、あなたの燭台をその場所から取りのけて
しまおう。[6]だが、あなたには取り柄もある。ニ
コライ派の者たちの行いを憎んでいることだ。わ
たしもそれを憎んでいる。[7]耳ある者は、〝霊〟
が諸教会に告げることを聞くがよい。勝利を得る
者には、神の楽園にある命の木の実を食べさせよ
う。」』

スミルナの教会にあてた手紙

[8]スミルナにある教会の天使にこう書き送れ。
『最初の者にして、最後の者である方、一度死
んだが、また生きた方が、次のように言われる。
[9]「わたしは、あなたの苦難や貧しさを知ってい
る。だが、本当はあなたは豊かなのだ。自分はユ
ダヤ人であると言う者どもが、あなたを非難して
いることを、わたしは知っている。実は、彼らは
ユダヤ人ではなく、サタンの集いに属している者
どもである。[10]あなたは、受けようとしている苦
難を決して恐れてはいけない。見よ、悪魔が試み
るために、あなたがたの何人かを牢に投げ込もう
としている。あなたがたは、十日の間苦しめられ
るであろう。死に至るまで忠実であれ。そうすれ
ば、あなたに命の冠を授けよう。[11]耳ある者は、
〝霊〟が諸教会に告げることを聞くがよい。勝利
を得る者は、決して第二の死から害を受けること

はない。』』

ペルガモンの教会にあてた手紙

12ペルガモンにある教会の天使にこう書き送れ。
『鋭い両刃の剣を持っている方が、次のように
言われる。13「わたしは、あなたの住んでいる所
を知っている。そこにはサタンの王座がある。し
かし、あなたはわたしの名をしっかり守って、わ
たしの忠実な証人アンティパスが、サタンの住む
あなたがたの所で殺されたときでさえ、わたしに
対する信仰を捨てなかった。14しかし、あなたに
対して少しばかり言うべきことがある。あなたの
ところには、バラムの教えを奉ずる者がいる。バ
ラムは、イスラエルの子らの前につまずきとなる
ものを置くようにバラクに教えた。それは、彼ら
に偶像に献《ささ》げた肉を食べさせ、みだらなことをさ
せるためだった。15同じように、あなたのところ
にもニコライ派の教えを奉ずる者たちがいる。
16だから、悔い改めよ。さもなければ、すぐにあ
なたのところへ行って、わたしの口の剣でその者
どもと戦おう。17耳ある者は、〝霊〟が諸教会に
告げることを聞くがよい。勝利を得る者には隠さ
れていたマンナを与えよう。また、白い小石を与
えよう。その小石には、これを受ける者のほかに
はだれにも分からぬ新しい名が記されている。」』

ティアティラにある教会にあてた手紙

18ティアティラにある教会の天使にこう書き送
れ。
『目は燃え盛る炎のようで、足はしんちゅうの
ように輝いている神の子が、次のように言われる。
19「わたしは、あなたの行い、愛、信仰、奉仕、
忍耐を知っている。更に、あなたの近ごろの行い
が、最初のころの行いにまさっていることも知っ
ている。20しかし、あなたに対して言うべきこと
がある。あなたは、あのイゼベルという女のする

ことを大目に見ている。この女は、自ら預言者と
称して、わたしの僕たちを教え、また惑わして、
みだらなことをさせ、偶像に献げた肉を食べさせ
ている。21わたしは悔い改める機会を与えたが、
この女はみだらな行いを悔い改めようとしない。
22見よ、わたしはこの女を床に伏せさせよう。こ
の女と共にみだらなことをする者たちも、その行
いを悔い改めないなら、ひどい苦しみに遭わせよ
う。23また、この女の子供たちも打ち殺そう。こ
うして、全教会は、わたしが人の思いや判断を見
通す者だということを悟るようになる。わたしは、
あなたがたが行ったことに応じて、一人一人に報
いよう。24ティアティラの人たちの中にいて、こ
の女の教えを受け入れず、サタンのいわゆる奥深
い秘密を知らないあなたがたに言う。わたしは、
あなたがたに別の重荷を負わせない。25ただ、わ
たしが行くときまで、今持っているものを固く守
れ。26勝利を得る者に、わたしの業《わざ》を終わりまで
守り続ける者に、
　わたしは、諸国の民の上に立つ権威を授けよ
う。
27彼は鉄の杖をもって彼らを治める、
　土の器を打ち砕くように。
28同じように、わたしも父からその権威を受けた
のである。勝利を得る者に、わたしも明けの明星
を与える。29耳ある者は、〝霊〟が諸教会に告げ
ることを聞くがよい。』」

サルディスにある教会にあてた手紙

3
1「サルディスにある教会の天使にこう書き送
れ。
『神の七つの霊と七つの星とを持っている方が、
次のように言われる。「わたしはあなたの行いを
知っている。あなたが生きているとは名ばかりで、
実は死んでいる。2目を覚ませ。死にかけている
残りの者たちを強めよ。わたしは、あなたの行い

が、わたしの神の前に完全なものとは認めない。
[3]だから、どのように受け、また聞いたか思い起
こして、それを守り抜き、かつ悔い改めよ。もし、
目を覚ましていないなら、わたしは盗人《ぬすびと》のように
行くであろう。わたしがいつあなたのところへ行
くか、あなたには決して分からない。[4]しかし、
サルディスには、少数ながら衣を汚《けが》さなかった者
たちがいる。彼らは、白い衣を着てわたしと共に
歩くであろう。そうするにふさわしい者たちだか
らである。[5]勝利を得る者は、このように白い衣
を着せられる。わたしは、彼の名を決して命の書
から消すことはなく、彼の名を父の前と天使たち
の前で公に言い表す。[6]耳ある者は、〝霊〟が諸
教会に告げることを聞くがよい。」』

フィラデルフィアにある教会にあてた手紙

[7]フィラデルフィアにある教会の天使にこう書
き送れ。

『聖なる方、真実な方、
　ダビデの鍵を持つ方、
　この方が開けると、だれも閉じることなく、
　閉じると、だれも開けることがない。

その方が次のように言われる。[8]「わたしはあな
たの行いを知っている。見よ、わたしはあなたの
前に門を開いておいた。だれもこれを閉めること
はできない。あなたは力が弱かったが、わたしの
言葉を守り、わたしの名を知らないと言わなかっ
た。[9]見よ、サタンの集いに属して、自分はユダ
ヤ人であると言う者たちには、こうしよう。実は、
彼らはユダヤ人ではなく、偽っているのだ。見よ、
彼らがあなたの足もとに来てひれ伏すようにし、
わたしがあなたを愛していることを彼らに知らせ
よう。[10]あなたは忍耐についてのわたしの言葉を
守った。それゆえ、地上に住む人々を試すため全
世界に来ようとしている試練の時に、わたしもあ

なたを守ろう。11わたしは、すぐに来る。あなた
の栄冠をだれにも奪われないように、持っている
ものを固く守りなさい。12勝利を得る者を、わた
しの神の神殿の柱にしよう。彼はもう決して外へ
出ることはない。わたしはその者の上に、わたし
の神の名と、わたしの神の都、すなわち、神のも
とから出て天から下って来る新しいエルサレムの
名、そして、わたしの新しい名を書き記そう。
13耳ある者は、〝霊〟が諸教会に告げることを聞
くがよい。」』

ラオディキアにある教会にあてた手紙

14ラオディキアにある教会の天使にこう書き送
れ。
『アーメンである方、誠実で真実な証人、神に
創造された万物の源である方が、次のように言わ
れる。15「わたしはあなたの行いを知っている。
あなたは、冷たくもなく熱くもない。むしろ、冷
たいか熱いか、どちらかであってほしい。16熱く
も冷たくもなく、なまぬるいので、わたしはあな
たを口から吐き出そうとしている。17あなたは、
『わたしは金持ちだ。満ち足りている。何一つ必
要な物はない』と言っているが、自分が惨めな者、
哀れな者、貧しい者、目の見えない者、裸の者で
あることが分かっていない。18そこで、あなたに
勧める。裕福になるように、火で精錬された金を
わたしから買うがよい。裸の恥をさらさないよう
に、身に着ける白い衣を買い、また、見えるよう
になるために、目に塗る薬を買うがよい。19わた
しは愛する者を皆、叱ったり、鍛えたりする。だ
から、熱心に努めよ。悔い改めよ。20見よ、わた
しは戸口に立って、たたいている。だれかわたし
の声を聞いて戸を開ける者があれば、わたしは中
に入ってその者と共に食事をし、彼もまた、わた
しと共に食事をするであろう。21勝利を得る者を、
わたしは自分の座に共に座らせよう。わたしが勝

利を得て、わたしの父と共にその玉座に着いたの
と同じように。22耳ある者は、〝霊〟が諸教会に
告げることを聞くがよい。』」

4　天上の礼拝

1その後、わたしが見ていると、見よ、開か
れた門が天にあった。そして、ラッパが響く
ようにわたしに語りかけるのが聞こえた、あの最
初の声が言った。「ここへ上って来い。この後必
ず起こることをあなたに示そう。」2わたしは、
たちまち〝霊〟に満たされた。すると、見よ、天
に玉座が設けられていて、その玉座の上に座って
いる方がおられた。3その方は、碧玉《へきぎょく》や赤めのう
のようであり、玉座の周りにはエメラルドのよう
な虹が輝いていた。4また、玉座の周りに二十四
の座があって、それらの座の上には白い衣を着て、
頭に金の冠をかぶった二十四人の長老が座ってい
た。5玉座からは、稲妻、さまざまな音、雷が起
こった。また、玉座の前には、七つのともし火が
燃えていた。これは神の七つの霊である。6また、
玉座の前は、水晶に似たガラスの海のようであっ
た。
　この玉座の中央とその周りに四つの生き物がい
たが、前にも後ろにも一面に目があった。7第一
の生き物は獅子のようであり、第二の生き物は若
い雄牛のようで、第三の生き物は人間のような顔
を持ち、第四の生き物は空を飛ぶ鷲のようであっ
た。8この四つの生き物には、それぞれ六つの翼
があり、その周りにも内側にも、一面に目があっ
た。彼らは、昼も夜も絶え間なく言い続けた。

「聖なるかな、聖なるかな、聖なるかな、
　全能者である神、主、
　かつておられ、今おられ、やがて来られる方。」

9玉座に座っておられ、世々限りなく生きておら
れる方に、これらの生き物が、栄光と誉れをたた
えて感謝をささげると、10二十四人の長老は、玉

座に着いておられる方の前にひれ伏して、世々限
りなく生きておられる方を礼拝し、自分たちの冠
を玉座の前に投げ出して言った。
11「主よ、わたしたちの神よ、
あなたこそ、
　栄光と誉れと力とを受けるにふさわしい方。
あなたは万物を造られ、
御心《みこころ》によって万物は存在し、
　また創造されたからです。」

5

小羊こそ巻物を開くにふさわしい

1またわたしは、玉座に座っておられる方の
右の手に巻物があるのを見た。表にも裏にも
字が書いてあり、七つの封印で封じられていた。
2また、一人の力強い天使が、「封印を解いて、
この巻物を開くのにふさわしい者はだれか」と大
声で告げるのを見た。3しかし、天にも地にも地
の下にも、この巻物を開くことのできる者、見る
ことのできる者は、だれもいなかった。4この巻
物を開くにも、見るにも、ふさわしい者がだれも
見当たらなかったので、わたしは激しく泣いてい
た。5すると、長老の一人がわたしに言った。
「泣くな。見よ。ユダ族から出た獅子、ダビデの
ひこばえが勝利を得たので、七つの封印を開いて、
その巻物を開くことができる。」
6わたしはまた、玉座と四つの生き物の間、長
老たちの間に、屠《ほふ》られたような小羊が立っている
のを見た。小羊には七つの角と七つの目があった。
この七つの目は、全地に遣わされている神の七つ
の霊である。7小羊は進み出て、玉座に座ってお
られる方の右の手から、巻物を受け取った。8巻
物を受け取ったとき、四つの生き物と二十四人の
長老は、おのおの、竪琴と、香のいっぱい入った
金の鉢とを手に持って、小羊の前にひれ伏した。
この香は聖なる者たちの祈りである。9そして、
彼らは新しい歌をうたった。

「あなたは、巻物を受け取り、
その封印を開くのにふさわしい方です。
あなたは、屠られて、
あらゆる種族と言葉の違う民、
あらゆる民族と国民の中から、
御自分の血で、神のために人々を贖《あがな》われ、
10彼らをわたしたちの神に仕える王、
また、祭司となさったからです。
彼らは地上を統治します。」
11また、わたしは見た。そして、玉座と生き物
と長老たちとの周りに、多くの天使の声を聞いた。
その数は万の数万倍、千の数千倍であった。12天
使たちは大声でこう言った。
「屠られた小羊は、
力、富、知恵、威力、
誉れ、栄光、そして賛美を
受けるにふさわしい方です。」
13また、わたしは、天と地と地の下と海にいるす
べての被造物、そして、そこにいるあらゆるもの
がこう言うのを聞いた。
「玉座に座っておられる方と小羊とに、
賛美、誉れ、栄光、そして権力が、
世々限りなくありますように。」
14四つの生き物は「アーメン」と言い、長老たち
はひれ伏して礼拝した。

6

六つの封印が開かれる

1また、わたしが見ていると、小羊が七つの
封印の一つを開いた。すると、四つの生き物
の一つが、雷のような声で「出て来い」と言うの
を、わたしは聞いた。2そして見ていると、見よ、
白い馬が現れ、乗っている者は、弓を持っていた。
彼は冠を与えられ、勝利の上に更に勝利を得よう
と出て行った。
3小羊が第二の封印を開いたとき、第二の生き
物が「出て来い」と言うのを、わたしは聞いた。

4するると、火のように赤い別の馬が現れた。その
馬に乗っている者には、地上から平和を奪い取っ
て、殺し合いをさせる力が与えられた。また、こ
の者には大きな剣が与えられた。
5小羊が第三の封印を開いたとき、第三の生き
物が「出て来い」と言うのを、わたしは聞いた。
そして見ていると、見よ、黒い馬が現れ、乗って
いる者は、手に秤《はかり》を持っていた。6わたしは、四
つの生き物の間から出る声のようなものが、こう
言うのを聞いた。「小麦は一コイニクスで一デナ
リオン。大麦は三コイニクスで一デナリオン。オ
リーブ油とぶどう酒とを損なうな。」
7小羊が第四の封印を開いたとき、「出て来い」
と言う第四の生き物の声を、わたしは聞いた。
8そして見ていると、見よ、青白い馬が現れ、乗
っている者の名は「死」といい、これに陰府が従
っていた。彼らには、地上の四分の一を支配し、
剣と飢饉と死をもって、更に地上の野獣で人を滅
ぼす権威が与えられた。
9小羊が第五の封印を開いたとき、神の言葉と
自分たちがたてた証しのために殺された人々の魂
を、わたしは祭壇の下に見た。10彼らは大声でこ
う叫んだ。「真実で聖なる主よ、いつまで裁きを
行わず、地に住む者にわたしたちの血の復讐をな
さらないのですか。」11すると、その一人一人に、
白い衣が与えられ、また、自分たちと同じように
殺されようとしている兄弟であり、仲間の僕であ
る者たちの数が満ちるまで、なお、しばらく静か
に待つようにと告げられた。
12また、見ていると、小羊が第六の封印を開い
た。そのとき、大地震が起きて、太陽は毛の粗い
布地のように暗くなり、月は全体が血のようにな
って、13天の星は地上に落ちた。まるで、いちじ
くの青い実が、大風に揺さぶられて振り落とされ
るようだった。14天は巻物が巻き取られるように
消え去り、山も島も、みなその場所から移された。

15地上の王、高官、千人隊長、富める者、力ある
者、また、奴隷も自由な身分の者もことごとく、
洞穴や山の岩間に隠れ、16山と岩に向かって、
「わたしたちの上に覆いかぶさって、玉座に座っ
ておられる方の顔と小羊の怒りから、わたしたち
をかくまってくれ」と言った。17神と小羊の怒り
の大いなる日が来たからである。だれがそれに耐
えられるであろうか。

7

刻印を押されたイスラエルの子ら

1この後、わたしは大地の四隅に四人の天使
が立っているのを見た。彼らは、大地の四隅
から吹く風をしっかり押さえて、大地にも海にも、
どんな木にも吹きつけないようにしていた。2わ
たしはまた、もう一人の天使が生ける神の刻印を
持って、太陽の出る方角から上って来るのを見た。
この天使は、大地と海とを損なうことを許されて
いる四人の天使に、大声で呼びかけて、3こう言
った。「我々が、神の僕たちの額に刻印を押して
しまうまでは、大地も海も木も損なってはならな
い。」4わたしは、刻印を押された人々の数を聞
いた。それは十四万四千人で、イスラエルの子ら
の全部族の中から、刻印を押されていた。
5ユダ族の中から一万二千人が刻印を押され、
ルベン族の中から一万二千人、
ガド族の中から一万二千人、
6アシェル族の中から一万二千人、
ナフタリ族の中から一万二千人、
マナセ族の中から一万二千人、
7シメオン族の中から一万二千人、
レビ族の中から一万二千人、
イサカル族の中から一万二千人、
8ゼブルン族の中から一万二千人、
ヨセフ族の中から一万二千人、
ベニヤミン族の中から一万二千人が
刻印を押された。

白い衣を着た大群衆

9この後、わたしが見ていると、見よ、あらゆ
る国民、種族、民族、言葉の違う民の中から集ま
った、だれにも数えきれないほどの大群衆が、白
い衣を身に着け、手になつめやしの枝を持ち、玉
座の前と小羊の前に立って、10大声でこう叫んだ。
「救いは、玉座に座っておられるわたしたちの
神と、
　小羊とのものである。」
11また、天使たちは皆、玉座、長老たち、そして
四つの生き物を囲んで立っていたが、玉座の前に
ひれ伏し、神を礼拝して、12こう言った。
「アーメン。賛美、栄光、知恵、感謝、
誉れ、力、威力が、
世々限りなくわたしたちの神にありますように、
アーメン。」
13すると、長老の一人がわたしに問いかけた。
「この白い衣を着た者たちは、だれか。また、ど
こから来たのか。」14そこで、わたしが、「わたし
の主よ、それはあなたの方がご存じです」と答え
ると、長老はまた、わたしに言った。「彼らは大
きな苦難を通って来た者で、その衣を小羊の血で
洗って白くしたのである。
15それゆえ、彼らは神の玉座の前にいて、
昼も夜もその神殿で神に仕える。
玉座に座っておられる方が、
この者たちの上に幕屋を張る。
16彼らは、もはや飢えることも渇くこともなく、
太陽も、どのような暑さも、
彼らを襲うことはない。
17玉座の中央におられる小羊が彼らの牧者《ぼくしゃ》となり、
命の水の泉へ導き、
神が彼らの目から涙をことごとく
　ぬぐわれるからである。」

第七の封印が開かれる

8
1小羊が第七の封印を開いたとき、天は半時
間ほど沈黙に包まれた。2そして、わたしは
七人の天使が神の御前《みまえ》に立っているのを見た。彼
らには七つのラッパが与えられた。
3また、別の天使が来て、手に金の香炉を持っ
て祭壇のそばに立つと、この天使に多くの香が渡
された。すべての聖なる者たちの祈りに添えて、
玉座の前にある金の祭壇に献げるためである。
4香の煙は、天使の手から、聖なる者たちの祈り
と共に神の御前へ立ち上った。5それから、天使
が香炉を取り、それに祭壇の火を満たして地上へ
投げつけると、雷、さまざまな音、稲妻、地震が
起こった。

天使のラッパと災い

6さて、七つのラッパを持っている七人の天使
たちが、ラッパを吹く用意をした。
7第一の天使がラッパを吹いた。すると、血の
混じった雹《ひょう》と火とが生じ、地上に投げ入れられた。
地上の三分の一が焼け、木々の三分の一が焼け、
すべての青草も焼けてしまった。
8第二の天使がラッパを吹いた。すると、火で
燃えている大きな山のようなものが、海に投げ入
れられた。海の三分の一が血に変わり、9また、
被造物で海に住む生き物の三分の一は死に、船と
いう船の三分の一が壊された。
10第三の天使がラッパを吹いた。すると、松明《たいまつ》
のように燃えている大きな星が、天から落ちて来
て、川という川の三分の一と、その水源の上に落
ちた。11この星の名は「苦よもぎ」といい、水の
三分の一が苦よもぎのように苦くなって、そのた
めに多くの人が死んだ。
12第四の天使がラッパを吹いた。すると、太陽
の三分の一、月の三分の一、星という星の三分の
一が損なわれたので、それぞれ三分の一が暗くな

って、昼はその光の三分の一を失い、夜も同じよ
うになった。
13また、見ていると、一羽の鷲が空高く飛びな
がら、大声でこう言うのが聞こえた。「不幸だ、
不幸だ、不幸だ、地上に住む者たち。なお三人の
天使が吹こうとしているラッパの響きのゆえに。」

9

1第五の天使がラッパを吹いた。すると、一
つの星が天から地上へ落ちて来るのが見えた。
この星に、底なしの淵に通じる穴を開く鍵が与え
られ、2それが底なしの淵の穴を開くと、大きな
かまどから出るような煙が穴から立ち上り、太陽
も空も穴からの煙のために暗くなった。3そして、
煙の中から、いなごの群れが地上へ出て来た。こ
のいなごには、地に住むさそりが持っているよう
な力が与えられた。4いなごは、地の草やどんな
青物も、またどんな木も損なってはならないが、
ただ、額に神の刻印を押されていない人には害を
加えてもよい、と言い渡された。5殺してはいけ
ないが、五か月の間、苦しめることは許されたの
である。いなごが与える苦痛は、さそりが人を刺
したときの苦痛のようであった。6この人々は、
その期間、死にたいと思っても死ぬことができず、
切に死を望んでも、死の方が逃げて行く。
7さて、いなごの姿は、出陣の用意を整えた馬
に似て、頭には金の冠に似たものを着け、顔は人
間の顔のようであった。8また、髪は女の髪のよ
うで、歯は獅子の歯のようであった。9また、胸
には鉄の胸当てのようなものを着け、その羽の音
は、多くの馬に引かれて戦場に急ぐ戦車の響きの
ようであった。10更に、さそりのように、尾と針
があって、この尾には、五か月の間、人に害を加
える力があった。11いなごは、底なしの淵の使い
を王としていただいている。その名は、ヘブライ
語でアバドンといい、ギリシア語の名はアポリオ
ンという。
12第一の災いが過ぎ去った。見よ、この後、更

に二つの災いがやって来る。
13第六の天使がラッパを吹いた。すると、神の
御前にある金の祭壇の四本の角《つの》から一つの声が聞
こえた。14その声は、ラッパを持っている第六の
天使に向かってこう言った。「大きな川、ユーフ
ラテスのほとりにつながれている四人の天使を放
してやれ。」15四人の天使は、人間の三分の一を
殺すために解き放された。この天使たちは、その
年、その月、その日、その時間のために用意され
ていたのである。16その騎兵の数は二億、わたし
はその数を聞いた。17わたしは幻の中で馬とそれ
に乗っている者たちを見たが、その様子はこうで
あった。彼らは、炎、紫、および硫黄《いおう》の色の胸当
てを着けており、馬の頭は獅子の頭のようで、口
からは火と煙と硫黄とを吐いていた。18その口か
ら吐く火と煙と硫黄、この三つの災いで人間の三
分の一が殺された。19馬の力は口と尾にあって、
尾は蛇に似て頭があり、この頭で害を加えるので
ある。
20これらの災いに遭っても殺されずに残った人
間は、自分の手で造ったものについて悔い改めず、
なおも、悪霊《あくれい》どもや、金、銀、銅、石、木それぞ
れで造った偶像を礼拝することをやめなかった。
このような偶像は、見ることも、聞くことも、歩
くこともできないものである。21また彼らは人を
殺すこと、まじない、みだらな行い、盗みを悔い
改めなかった。

10

天使が小さな巻物を渡す

1わたしはまた、もう一人の力強い天使が、
雲を身にまとい、天から降《くだ》って来るのを見た。
頭には虹をいただき、顔は太陽のようで、足は火
の柱のようであり、2手には開いた小さな巻物を
持っていた。そして、右足で海を、左足で地を踏
まえて、3獅子がほえるような大声で叫んだ。天
使が叫んだとき、七つの雷がそれぞれの声で語っ

た。4七つの雷が語ったとき、わたしは書き留め
ようとした。すると、天から声があって、「七つ
の雷が語ったことは秘めておけ。それを書き留め
てはいけない」と言うのが聞こえた。5すると、
海と地の上に立つのをわたしが見たあの天使が、
　右手を天に上げ、
6世々限りなく生きておられる方にかけて誓った。
すなわち、天とその中にあるもの、地とその中に
あるもの、海とその中にあるものを創造された方
にかけてこう誓った。「もはや時がない。7第七
の天使がラッパを吹くとき、神の秘められた計画
が成就する。それは、神が御自分の僕である預言
者たちに良い知らせとして告げられたとおりであ
る。」
　8すると、天から聞こえたあの声が、再びわた
しに語りかけて、こう言った。「さあ行って、海
と地の上に立っている天使の手にある、開かれた
巻物を受け取れ。」9そこで、天使のところへ行
き、「その小さな巻物をください」と言った。す
ると、天使はわたしに言った。「受け取って、食
べてしまえ。それは、あなたの腹には苦いが、口
には蜜のように甘い。」10わたしは、その小さな
巻物を天使の手から受け取って、食べてしまった。
それは、口には蜜のように甘かったが、食べると、
わたしの腹は苦くなった。11すると、わたしにこ
う語りかける声が聞こえた。「あなたは、多くの
民族、国民、言葉の違う民、また、王たちについ
て、再び預言しなければならない。」

二人の証人

11

1それから、わたしは杖のような物差しを与
えられて、こう告げられた。「立って神の神
殿と祭壇とを測り、また、そこで礼拝している者
たちを数えよ。2しかし、神殿の外の庭はそのま
まにしておけ。測ってはいけない。そこは異邦人
に与えられたからである。彼らは、四十二か月の

間、この聖なる都を踏みにじるであろう。3わた
しは、自分の二人の証人に粗布《あらぬの》をまとわせ、千二
百六十日の間、預言させよう。」4この二人の証
人とは、地上の主の御前に立つ二本のオリーブの
木、また二つの燭台である。5この二人に害を加
えようとする者があれば、彼らの口から火が出て、
その敵を滅ぼすであろう。この二人に害を加えよ
うとする者があれば、必ずこのように殺される。
6彼らには、預言をしている間ずっと雨が降らな
いように天を閉じる力がある。また、水を血に変
える力があって、望みのままに何度でも、あらゆ
る災いを地に及ぼすことができる。7二人がその
証しを終えると、一匹の獣が、底なしの淵から上
って来て彼らと戦って勝ち、二人を殺してしまう。
8彼らの死体は、たとえてソドムとかエジプトと
か呼ばれる大きな都の大通りに取り残される。こ
の二人の証人の主も、その都で十字架につけられ
たのである。9さまざまの民族、種族、言葉の違
う民、国民に属する人々は、三日半の間、彼らの
死体を眺め、それを墓に葬ることは許さないであ
ろう。10地上の人々は、彼らのことで大いに喜び、
贈り物をやり取りするであろう。この二人の預言
者は、地上の人々を苦しめたからである。11三日
半たって、命の息が神から出て、この二人に入っ
た。彼らが立ち上がると、これを見た人々は大い
に恐れた。12二人は、天から大きな声があって、
「ここに上って来い」と言うのを聞いた。そして
雲に乗って天に上った。彼らの敵もそれを見た。
13そのとき、大地震が起こり、都の十分の一が倒
れ、この地震のために七千人が死に、残った人々
は恐れを抱いて天の神の栄光をたたえた。
14第二の災いが過ぎ去った。見よ、第三の災い
が速やかにやって来る。

第七の天使がラッパを吹く

15さて、第七の天使がラッパを吹いた。すると、

天にさまざまな大声があって、こう言った。
「この世の国は、我らの主と、
そのメシアのものとなった。
主は世々限りなく統治される。」
16神の御前で、座に着いていた二十四人の長老
は、ひれ伏して神を礼拝し、17こう言った。
「今おられ、かつておられた方、
全能者である神、主よ、感謝いたします。
大いなる力を振るって統治されたからです。
18異邦人たちは怒り狂い、
あなたも怒りを現された。
死者の裁かれる時が来ました。
あなたの僕、預言者、聖なる者、
御名《みな》を畏れる者には、
小さな者にも大きな者にも
報いをお与えになり、
地を滅ぼす者どもを
滅ぼされる時が来ました。」

19そして、天にある神の神殿が開かれて、その神
殿の中にある契約の箱が見え、稲妻、さまざまな
音、雷、地震が起こり、大粒の雹が降った。

12

女と竜

1また、天に大きなしるしが現れた。一人の
女が身に太陽をまとい、月を足の下にし、頭
には十二の星の冠をかぶっていた。2女は身ごも
っていたが、子を産む痛みと苦しみのため叫んで
いた。3また、もう一つのしるしが天に現れた。
見よ、火のように赤い大きな竜である。これには
七つの頭と十本の角があって、その頭に七つの冠
をかぶっていた。4竜の尾は、天の星の三分の一
を掃き寄せて、地上に投げつけた。そして、竜は
子を産もうとしている女の前に立ちはだかり、産
んだら、その子を食べてしまおうとしていた。
5女は男の子を産んだ。この子は、鉄の杖ですべ
ての国民を治めることになっていた。子は神のも

とへ、その玉座へ引き上げられた。6女は荒れ野
へ逃げ込んだ。そこには、この女が千二百六十日
の間養われるように、神の用意された場所があっ
た。
7さて、天で戦いが起こった。ミカエルとその
使いたちが、竜に戦いを挑んだのである。竜とそ
の使いたちも応戦したが、8勝てなかった。そし
て、もはや天には彼らの居場所がなくなった。
9この巨大な竜、年を経た蛇、悪魔とかサタンと
か呼ばれるもの、全人類を惑わす者は、投げ落と
された。地上に投げ落とされたのである。その使
いたちも、もろともに投げ落とされた。10わたし
は、天で大きな声が次のように言うのを、聞いた。
「今や、我々の神の救いと力と支配が現れた。
神のメシアの権威が現れた。
我々の兄弟たちを告発する者、
昼も夜も我々の神の御前で彼らを告発する者が、
投げ落とされたからである。
11兄弟たちは、小羊の血と
自分たちの証しの言葉とで、
彼に打ち勝った。
彼らは、死に至るまで命を惜しまなかった。
12このゆえに、もろもろの天と、
その中に住む者たちよ、喜べ。
地と海とは不幸である。
悪魔は怒りに燃えて、
お前たちのところへ降って行った。
残された時が少ないのを知ったからである。」
13竜は、自分が地上へ投げ落とされたと分かる
と、男の子を産んだ女の後を追った。14しかし、
女には大きな鷲の翼が二つ与えられた。荒れ野に
ある自分の場所へ飛んで行くためである。女はこ
こで、蛇から逃れて、一年、その後二年、またそ
の後半年の間、養われることになっていた。15蛇
は、口から川のように水を女の後ろに吐き出して、
女を押し流そうとした。16しかし、大地は女を助

け、口を開けて、竜が口から吐き出した川を飲み
干した。17竜は女に対して激しく怒り、その子孫
の残りの者たち、すなわち、神の掟を守り、イエ
スの証しを守りとおしている者たちと戦おうとし
て出て行った。18そして、竜は海辺の砂の上に立
った。

13

二匹の獣

1わたしはまた、一匹の獣が海の中から上っ
て来るのを見た。これには十本の角と七つの
頭があった。それらの角には十の王冠があり、頭
には神を冒瀆するさまざまの名が記されていた。
2わたしが見たこの獣は、豹に似ており、足は熊
の足のようで、口は獅子の口のようであった。竜
はこの獣に、自分の力と王座と大きな権威とを与
えた。3この獣の頭の一つが傷つけられて、死ん
だと思われたが、この致命的な傷も治ってしまっ
た。そこで、全地は驚いてこの獣に服従した。
4竜が自分の権威をこの獣に与えたので、人々は
竜を拝んだ。人々はまた、この獣をも拝んでこう
言った。「だれが、この獣と肩を並べることがで
きようか。だれが、この獣と戦うことができよう
か。」
5この獣にはまた、大言と冒瀆の言葉を吐く口
が与えられ、四十二か月の間、活動する権威が与
えられた。6そこで、獣は口を開いて神を冒瀆し、
神の名と神の幕屋、天に住む者たちを冒瀆した。
7獣は聖なる者たちと戦い、これに勝つことが許
され、また、あらゆる種族、民族、言葉の違う民、
国民を支配する権威が与えられた。8地上に住む
者で、天地創造の時から、屠られた小羊の命の書
にその名が記されていない者たちは皆、この獣を
拝むであろう。
9耳ある者は、聞け。
10捕らわれるべき者は、
捕らわれて行く。

剣で殺されるべき者は、
　剣で殺される。
ここに、聖なる者たちの忍耐と信仰が必要である。
11わたしはまた、もう一匹の獣が地中から上っ
て来るのを見た。この獣は、小羊の角に似た二本
の角があって、竜のようにものを言っていた。
12この獣は、先の獣が持っていたすべての権力を
その獣の前で振るい、地とそこに住む人々に、致
命的な傷が治ったあの先の獣を拝ませた。13そし
て、大きなしるしを行って、人々の前で天から地
上へ火を降らせた。14更に、先の獣の前で行うこ
とを許されたしるしによって、地上に住む人々を
惑わせ、また、剣で傷を負ったがなお生きている
先の獣の像を造るように、地上に住む人に命じた。
15第二の獣は、獣の像に息を吹き込むことを許さ
れて、獣の像がものを言うことさえできるように
し、獣の像を拝もうとしない者があれば、皆殺し
にさせた。16また、小さな者にも大きな者にも、
富める者にも貧しい者にも、自由な身分の者にも
奴隷にも、すべての者にその右手か額に刻印を押
させた。17そこで、この刻印のある者でなければ、
物を買うことも、売ることもできないようになっ
た。この刻印とはあの獣の名、あるいはその名の
数字である。18ここに知恵が必要である。賢い人
は、獣の数字にどのような意味があるかを考える
がよい。数字は人間を指している。そして、数字
は六百六十六である。

十四万四千人の歌

14

1また、わたしが見ていると、見よ、小羊が
シオンの山に立っており、小羊と共に十四万
四千人の者たちがいて、その額には小羊の名と、
小羊の父の名とが記されていた。2わたしは、大
水のとどろくような音、また激しい雷のような音
が天から響くのを聞いた。わたしが聞いたその音
は、琴を弾く者たちが竪琴を弾いているようであ

った。3彼らは、玉座の前、また四つの生き物と
長老たちの前で、新しい歌のたぐいをうたった。
この歌は、地上から贖われた十四万四千人の者た
ちのほかは、覚えることができなかった。4彼ら
は、女に触れて身を汚したことのない者である。
彼らは童貞だからである。この者たちは、小羊の
行くところへは、どこへでも従って行く。この者
たちは、神と小羊に献げられる初穂として、人々
の中から贖われた者たちで、5その口には偽りが
なく、とがめられるところのない者たちである。

三人の天使の言葉

6わたしはまた、別の天使が空高く飛ぶのを見
た。この天使は、地上に住む人々、あらゆる国民、
種族、言葉の違う民、民族に告げ知らせるために、
永遠の福音を携えて来て、7大声で言った。「神
を畏れ、その栄光をたたえなさい。神の裁きの時
が来たからである。天と地、海と水の源を創造し
た方を礼拝しなさい。」
8また、別の第二の天使が続いて来て、こう言
った。「倒れた。大バビロンが倒れた。怒りを招
くみだらな行いのぶどう酒を、諸国の民に飲ませ
たこの都が。」
9また、別の第三の天使も続いて来て、大声で
こう言った。「だれでも、獣とその像を拝み、額
や手にこの獣の刻印を受ける者があれば、10その
者自身も、神の怒りの杯に混ぜものなしに注がれ
た、神の怒りのぶどう酒を飲むことになり、また、
聖なる天使たちと小羊の前で、火と硫黄で苦しめ
られることになる。11その苦しみの煙は、世々限
りなく立ち上り、獣とその像を拝む者たち、また、
だれでも獣の名の刻印を受ける者は、昼も夜も安
らぐことはない。」12ここに、神の掟を守り、イ
エスに対する信仰を守り続ける聖なる者たちの忍
耐が必要である。
13また、わたしは天からこう告げる声を聞いた。

「書き記せ。『今から後、主に結ばれて死ぬ人は幸
いである』と。」〝霊〟も言う。「然り。彼らは労
苦を解かれて、安らぎを得る。その行いが報われ
るからである。」

鎌が地に投げ入れられる

14また、わたしが見ていると、見よ、白い雲が
現れて、人の子のような方がその雲の上に座って
おり、頭には金の冠をかぶり、手には鋭い鎌を持
っておられた。15すると、別の天使が神殿から出
て来て、雲の上に座っておられる方に向かって大
声で叫んだ。「鎌を入れて、刈り取ってください。
刈り入れの時が来ました。地上の穀物は実ってい
ます。」16そこで、雲の上に座っておられる方が、
地に鎌を投げると、地上では刈り入れが行われた。
17また、別の天使が天にある神殿から出て来た
が、この天使も手に鋭い鎌を持っていた。18する
と、祭壇のところから、火をつかさどる権威を持
つ別の天使が出て来て、鋭い鎌を持つ天使に大声
でこう言った。「その鋭い鎌を入れて、地上のぶ
どうの房を取り入れよ。ぶどうの実は既に熟して
いる。」19そこで、その天使は、地に鎌を投げ入
れて地上のぶどうを取り入れ、これを神の怒りの
大きな搾り桶に投げ入れた。20搾り桶は、都の外
で踏まれた。すると、血が搾り桶から流れ出て、
馬のくつわに届くほどになり、千六百スタディオ
ンにわたって広がった。

最後の七つの災い

15

1わたしはまた、天にもう一つの大きな驚く
べきしるしを見た。七人の天使が最後の七つ
の災いを携えていた。これらの災いで、神の怒り
がその極みに達するのである。
2わたしはまた、火が混じったガラスの海のよ
うなものを見た。更に、獣に勝ち、その像に勝ち、
またその名の数字に勝った者たちを見た。彼らは

神の竪琴を手にして、このガラスの海の岸に立っ
ていた。3彼らは、神の僕モーセの歌と小羊の歌
とをうたった。
「全能者である神、主よ、
あなたの業は偉大で、
驚くべきもの。
諸国の民の王よ、
あなたの道は正しく、また、真実なもの。
4主よ、だれがあなたの名を畏れず、
たたえずにおられましょうか。
聖なる方は、あなただけ。
すべての国民が、来て、
　あなたの前にひれ伏すでしょう。
あなたの正しい裁きが、
明らかになったからです。」
5この後、わたしが見ていると、天にある証し
の幕屋の神殿が開かれた。6そして、この神殿か
ら、七つの災いを携えた七人の天使が出て来た。
天使たちは、輝く清い亜麻布《あまぬの》の衣を着て、胸に金
の帯を締めていた。7そして、四つの生き物の中
の一つが、世々限りなく生きておられる神の怒り
が盛られた七つの金の鉢を、この七人の天使に渡
した。8この神殿は、神の栄光とその力とから立
ち上る煙で満たされ、七人の天使の七つの災いが
終わるまでは、だれも神殿の中に入ることができ
なかった。

神の怒りを盛った七つの鉢

16

1また、わたしは大きな声が神殿から出て、
七人の天使にこう言うのを聞いた。「行って、
七つの鉢に盛られた神の怒りを地上に注ぎなさ
い。」
2そこで、第一の天使が出て行って、その鉢の
中身を地上に注ぐと、獣の刻印を押されている人
間たち、また、獣の像を礼拝する者たちに悪性の
はれ物ができた。

3第二の天使が、その鉢の中身を海に注ぐと、
海は死人の血のようになって、その中の生き物は
すべて死んでしまった。
4第三の天使が、その鉢の中身を川と水の源に
注ぐと、水は血になった。5そのとき、わたしは
水をつかさどる天使がこう言うのを聞いた。
「今おられ、かつておられた聖なる方、
あなたは正しい方です。
このような裁きをしてくださったからです。
6この者どもは、聖なる者たちと
　　預言者たちとの血を流しましたが、
あなたは彼らに血をお飲ませになりました。
それは当然なことです。」
7わたしはまた、祭壇がこう言うのを聞いた。
「然り、全能者である神、主よ、
あなたの裁きは真実で正しい。」
8第四の天使が、その鉢の中身を太陽に注ぐと、
太陽は人間を火で焼くことを許された。9人間は、
激しい熱で焼かれ、この災いを支配する権威を持
つ神の名を冒瀆した。そして、悔い改めて神の栄
光をたたえることをしなかった。
10第五の天使が、その鉢の中身を獣の王座に注
ぐと、獣が支配する国は闇に覆われた。人々は苦
しみもだえて自分の舌をかみ、11苦痛とはれ物の
ゆえに天の神を冒瀆し、その行いを悔い改めよう
とはしなかった。
12第六の天使が、その鉢の中身を大きな川、ユ
ーフラテスに注ぐと、川の水がかれて、日の出る
方角から来る王たちの道ができた。13わたしはま
た、竜の口から、獣の口から、そして、偽《にせ》預言者
の口から、蛙のような汚れた三つの霊が出て来る
のを見た。14これはしるしを行う悪霊どもの霊で
あって、全世界の王たちのところへ出て行った。
それは、全能者である神の大いなる日の戦いに備
えて、彼らを集めるためである。15――**見よ、わ**
たしは盗人のように来る。裸で歩くのを見られて

恥をかかないように、目を覚まし、衣を身に着け
ている人は幸いである。——16汚れた霊どもは、
ヘブライ語で「ハルマゲドン」と呼ばれる所に、
王たちを集めた。
17第七の天使が、その鉢の中身を空中に注ぐと、
神殿の玉座から大声が聞こえ、「事は成就した」
と言った。18そして、稲妻、さまざまな音、雷が
起こり、また、大きな地震が起きた。それは、人
間が地上に現れて以来、いまだかつてなかったほ
どの大地震であった。19あの大きな都が三つに引
き裂かれ、諸国の民の方々の町が倒れた。神は大
バビロンを思い出して、御自分の激しい怒りのぶ
どう酒の杯をこれにお与えになった。20すべての
島は逃げ去り、山々も消えうせた。21一タラント
ンの重さほどの大粒の雹が、天から人々の上に降
った。人々は雹の害を受けたので、神を冒瀆した。
その被害があまりにも甚だしかったからである。

大淫婦が裁かれる

17

1さて、七つの鉢を持つ七人の天使の一人が
来て、わたしに語りかけた。「ここへ来なさ
い。多くの水の上に座っている大淫婦に対する裁
きを見せよう。2地上の王たちは、この女とみだ
らなことをし、地上に住む人々は、この女のみだ
らな行いのぶどう酒に酔ってしまった。」3そし
て、この天使は〝霊〟に満たされたわたしを荒れ
野に連れて行った。わたしは、赤い獣にまたがっ
ている一人の女を見た。この獣は、全身至るとこ
ろ神を冒瀆する数々の名で覆われており、七つの
頭と十本の角があった。4女は紫と赤の衣を着て、
金と宝石と真珠で身を飾り、忌まわしいものや、
自分のみだらな行いの汚れで満ちた金の杯を手に
持っていた。5その額には、秘められた意味の名
が記されていたが、それは、「大バビロン、みだ
らな女たちや、地上の忌まわしい者たちの母」と
いう名である。6わたしは、この女が聖なる者た

ちの血と、イエスの証人たちの血に酔いしれてい
るのを見た。
　この女を見て、わたしは大いに驚いた。7する
と、天使がわたしにこう言った。「なぜ驚くのか。
わたしは、この女の秘められた意味と、女を乗せ
た獣、七つの頭と十本の角がある獣の秘められた
意味とを知らせよう。8あなたが見た獣は以前は
いたが、今はいない。やがて底なしの淵から上っ
て来るが、ついには滅びてしまう。地上に住む者
で、天地創造の時から命の書にその名が記されて
いない者たちは、以前いて今はいないこの獣が、
やがて来るのを見て驚くであろう。9ここに、知
恵のある考えが必要である。七つの頭とは、この
女が座っている七つの丘のことである。そして、
ここに七人の王がいる。10五人は既に倒れたが、
一人は今王の位についている。他の一人は、まだ
現れていないが、この王が現れても、位にとどま
るのはごく短い期間だけである。11以前いて、今
はいない獣は、第八の者で、またそれは先の七人
の中の一人なのだが、やがて滅びる。12また、あ
なたが見た十本の角は、十人の王である。彼らは
まだ国を治めていないが、ひとときの間、獣と共
に王の権威を受けるであろう。13この者どもは、
心を一つにしており、自分たちの力と権威を獣に
ゆだねる。14この者どもは小羊と戦うが、小羊は
主の主、王の王だから、彼らに打ち勝つ。小羊と
共にいる者、召された者、選ばれた者、忠実な者
たちもまた、勝利を収める。」
　15天使はまた、わたしに言った。「あなたが見
た水、あの淫婦が座っている所は、さまざまの民
族、群衆、国民、言葉の違う民である。16また、
あなたが見た十本の角とあの獣は、この淫婦を憎
み、身に着けた物をはぎ取って裸にし、その肉を
食い、火で焼き尽くすであろう。17神の言葉が成
就するときまで、神は彼らの心を動かして御心を
行わせ、彼らが心を一つにして、自分たちの支配

権を獣に与えるようにされたからである。18あな
たが見た女とは、地上の王たちを支配しているあ
の大きな都のことである。」

バビロンの滅亡

18

1その後、わたしは、大きな権威を持ってい
る別の天使が、天から降って来るのを見た。
地上はその栄光によって輝いた。2天使は力強い
声で叫んだ。
「倒れた。大バビロンが倒れた。
そして、そこは悪霊どもの住みか、
あらゆる汚れた霊の巣窟、
あらゆる汚れた鳥の巣窟、
あらゆる汚れた忌まわしい獣の巣窟となった。
3すべての国の民は、
怒りを招く彼女のみだらな行いのぶどう酒を飲
み、
地上の王たちは、彼女とみだらなことをし、
地上の商人たちは、
彼女の豪勢なぜいたくによって
富を築いたからである。」
4わたしはまた、天から別の声がこう言うのを
聞いた。
「わたしの民よ、彼女から離れ去れ。
その罪に加わったり、
その災いに巻き込まれたりしないようにせよ。
5彼女の罪は積み重なって天にまで届き、
神はその不義を覚えておられるからである。
6彼女がしたとおりに、
彼女に仕返しせよ、
彼女の仕業に応じ、倍にして返せ。
彼女が注いだ杯に、
その倍も注いでやれ。
7彼女がおごり高ぶって、
ぜいたくに暮らしていたのと、
同じだけの苦しみと悲しみを、

彼女に与えよ。
彼女は心の中でこう言っているからである。
『わたしは、女王の座に着いており、
やもめなどではない。
決して悲しい目に遭いはしない。』
8それゆえ、一日のうちに、さまざまの災いが、
死と悲しみと飢えとが彼女を襲う。
また、彼女は火で焼かれる。
彼女を裁く神は、
力ある主だからである。」
9彼女とみだらなことをし、ぜいたくに暮らし
た地上の王たちは、彼女が焼かれる煙を見て、そ
のために泣き悲しみ、10彼女の苦しみを見て恐れ、
遠くに立ってこう言う。
「不幸だ、不幸だ、大いなる都、
強大な都バビロン、
お前は、ひとときの間に裁かれた。」
11地上の商人たちは、彼女のために泣き悲しむ。
もはやだれも彼らの商品を買う者がないからであ
る。12その商品とは、金、銀、宝石、真珠、麻の
布、紫の布、絹地、赤い布、あらゆる香ばしい木
と象牙細工、そして、高価な木材や、青銅、鉄、
大理石などでできたあらゆる器、13肉桂《にっけい》、香料、
香、香油、乳香《にゅうこう》、ぶどう酒、オリーブ油、麦粉、
小麦、家畜、羊、馬、馬車、奴隷、人間である。
14お前の望んでやまない果物は、
お前から遠のいて行き、
華美な物、きらびやかな物はみな、
お前のところから消えうせて、
もはや決して見られない。
15このような商品を扱って、彼女から富を得てい
た商人たちは、彼女の苦しみを見て恐れ、遠くに
立って、泣き悲しんで、16こう言う。
「不幸だ、不幸だ、大いなる都、
麻の布、また、紫の布や赤い布をまとい、
金と宝石と真珠の飾りを着けた都。

17あれほどの富が、ひとときの間に、
みな荒れ果ててしまうとは。」
また、すべての船長、沿岸を航海するすべての
者、船乗りたち、海で働いているすべての者たち
は、遠くに立ち、18彼女が焼かれる煙を見て、
「これほど大きい都がほかにあっただろうか」と
叫んだ。19彼らは頭に塵をかぶり、泣き悲しんで、
こう叫んだ。
「不幸だ、不幸だ、大いなる都、
海に船を持つ者が皆、
この都で、高価な物を取り引きし、
豊かになったのに、
ひとときの間に荒れ果ててしまうとは。」
20天よ、この都のゆえに喜べ。
聖なる者たち、使徒たち、預言者たちよ、喜べ。
神は、あなたがたのために
この都を裁かれたからである。
21すると、ある力強い天使が、大きいひき臼の
ような石を取り上げ、それを海に投げ込んで、こ
う言った。
「大いなる都、バビロンは、
このように荒々しく投げ出され、
もはや決して見られない。
22竪琴を弾く者の奏でる音、歌をうたう者の声、
笛を吹く者やラッパを鳴らす者の楽の音は、
もはや決してお前のうちには聞かれない。
あらゆる技術を身に着けた者たちもだれ一人、
もはや決してお前のうちには見られない。
ひき臼の音もまた、
もはや決してお前のうちには聞かれない。
23ともし火の明かりも、
もはや決してお前のうちには輝かない。
花婿や花嫁の声も、
もはや決してお前のうちには聞かれない。
なぜなら、お前の商人たちが
地上の権力者となったからであり、

また、お前の魔術によって
　すべての国の民が惑わされ、
24預言者たちと聖なる者たちの血、
地上で殺されたすべての者の血が、
この都で流されたからである。」

19

1その後、わたしは、大群衆の大声のような
ものが、天でこう言うのを聞いた。
「ハレルヤ。
救いと栄光と力とは、わたしたちの神のもの。
2その裁きは真実で正しいからである。
みだらな行いで
地上を堕落させたあの大淫婦を裁き、
御自分の僕たちの流した血の復讐を、
彼女になさったからである。」
3また、こうも言った。
「ハレルヤ。
大淫婦が焼かれる煙は、世々限りなく立ち上
る。」
4そこで、二十四人の長老と四つの生き物とはひ
れ伏して、玉座に座っておられる神を礼拝して言
った。
「アーメン、ハレルヤ。」

小羊の婚宴

5また、玉座から声がして、こう言った。
「すべて神の僕たちよ、
神を畏れる者たちよ、
小さな者も大きな者も、
わたしたちの神をたたえよ。」
6わたしはまた、大群衆の声のようなもの、多く
の水のとどろきや、激しい雷のようなものが、こ
う言うのを聞いた。
「ハレルヤ、
全能者であり、
わたしたちの神である主が王となられた。

7わたしたちは喜び、大いに喜び、
神の栄光をたたえよう。
小羊の婚礼の日が来て、
花嫁は用意を整えた。
8花嫁は、輝く清い麻の衣を着せられた。
この麻の衣とは、
聖なる者たちの正しい行いである。」
9それから天使はわたしに、「書き記せ。小羊
の婚宴に招かれている者たちは幸いだ」と言い、
また、「これは、神の真実の言葉である」とも言
った。10わたしは天使を拝もうとしてその足もと
にひれ伏した。すると、天使はわたしにこう言っ
た。「やめよ。わたしは、あなたやイエスの証し
を守っているあなたの兄弟たちと共に、仕える者
である。神を礼拝せよ。イエスの証しは預言の霊
なのだ。」

白馬の騎手

11そして、わたしは天が開かれているのを見た。
すると、見よ、白い馬が現れた。それに乗ってい
る方は、「誠実」および「真実」と呼ばれて、正
義をもって裁き、また戦われる。12その目は燃え
盛る炎のようで、頭には多くの王冠があった。こ
の方には、自分のほかはだれも知らない名が記さ
れていた。13また、血に染まった衣を身にまとっ
ており、その名は「神の言葉」と呼ばれた。14そ
して、天の軍勢が白い馬に乗り、白く清い麻の布
をまとってこの方に従っていた。15この方の口か
らは、鋭い剣が出ている。諸国の民をそれで打ち
倒すのである。また、自ら鉄の杖で彼らを治める。
この方はぶどう酒の搾り桶を踏むが、これには全
能者である神の激しい怒りが込められている。
16この方の衣と腿のあたりには、「王の王、主の
主」という名が記されていた。
17わたしはまた、一人の天使が太陽の中に立っ

ているのを見た。この天使は、大声で叫び、空高
く飛んでいるすべての鳥にこう言った。「さあ、
神の大宴会に集まれ。18王の肉、千人隊長の肉、
権力者の肉を食べよ。また、馬とそれに乗る者の
肉、あらゆる自由な身分の者、奴隷、小さな者や
大きな者たちの肉を食べよ。」19わたしはまた、
あの獣と、地上の王たちとその軍勢とが、馬に乗
っている方とその軍勢に対して戦うために、集ま
っているのを見た。20しかし、獣は捕らえられ、
また、獣の前でしるしを行った偽預言者も、一緒
に捕らえられた。このしるしによって、獣の刻印
を受けた者や、獣の像を拝んでいた者どもは、惑
わされていたのであった。獣と偽預言者の両者は、
生きたまま硫黄の燃えている火の池に投げ込まれ
た。21残りの者どもは、馬に乗っている方の口か
ら出ている剣で殺され、すべての鳥は、彼らの肉
を飽きるほど食べた。

20

千年間の支配

1わたしはまた、一人の天使が、底なしの淵
の鍵と大きな鎖とを手にして、天から降って
来るのを見た。2この天使は、悪魔でもサタンで
もある、年を経たあの蛇、つまり竜を取り押さえ、
千年の間縛っておき、3底なしの淵に投げ入れ、
鍵をかけ、その上に封印を施して、千年が終わる
まで、もうそれ以上、諸国の民を惑わさないよう
にした。その後で、竜はしばらくの間、解放され
るはずである。

4わたしはまた、多くの座を見た。その上には
座っている者たちがおり、彼らには裁くことが許
されていた。わたしはまた、イエスの証しと神の
言葉のために、首をはねられた者たちの魂を見た。
この者たちは、あの獣もその像も拝まず、額や手
に獣の刻印を受けなかった。彼らは生き返って、
キリストと共に千年の間統治した。5その他の死
者は、千年たつまで生き返らなかった。これが第

一の復活である。6第一の復活にあずかる者は、
幸いな者、聖なる者である。この者たちに対して、
第二の死は何の力もない。彼らは神とキリストの
祭司となって、千年の間キリストと共に統治する。

サタンの敗北

7この千年が終わると、サタンはその牢から解
放され、8地上の四方にいる諸国の民、ゴグとマ
ゴグを惑わそうとして出て行き、彼らを集めて戦
わせようとする。その数は海の砂のように多い。
9彼らは地上の広い場所に攻め上って行って、聖
なる者たちの陣営と、愛された都とを囲んだ。す
ると、天から火が下って来て、彼らを焼き尽くし
た。10そして彼らを惑わした悪魔は、火と硫黄の
池に投げ込まれた。そこにはあの獣と偽預言者が
いる。そして、この者どもは昼も夜も世々限りな
く責めさいなまれる。

最後の裁き

11わたしはまた、大きな白い玉座と、そこに座
っておられる方とを見た。天も地も、その御前か
ら逃げて行き、行方が分からなくなった。12わた
しはまた、死者たちが、大きな者も小さな者も、
玉座の前に立っているのを見た。幾つかの書物が
開かれたが、もう一つの書物も開かれた。それは
命の書である。死者たちは、これらの書物に書か
れていることに基づき、彼らの行いに応じて裁か
れた。13海は、その中にいた死者を外に出した。
死と陰府も、その中にいた死者を出し、彼らはそ
れぞれ自分の行いに応じて裁かれた。14死も陰府
も火の池に投げ込まれた。この火の池が第二の死
である。15その名が命の書に記されていない者は、
火の池に投げ込まれた。

新しい天と新しい地

21
1わたしはまた、新しい天と新しい地を見た。
最初の天と最初の地は去って行き、もはや海
もなくなった。2更にわたしは、聖なる都、新し
いエルサレムが、夫のために着飾った花嫁のよう
に用意を整えて、神のもとを離れ、天から下って
来るのを見た。3そのとき、わたしは玉座から語
りかける大きな声を聞いた。「見よ、神の幕屋が
人の間にあって、神が人と共に住み、人は神の民
となる。神は自ら人と共にいて、その神となり、
4彼らの目の涙をことごとくぬぐい取ってくださ
る。もはや死はなく、もはや悲しみも嘆きも労苦
もない。最初のものは過ぎ去ったからである。」
5すると、玉座に座っておられる方が、「見よ、
わたしは万物を新しくする」と言い、また、「書
き記せ。これらの言葉は信頼でき、また真実であ
る」と言われた。6また、わたしに言われた。
「事は成就した。わたしはアルファであり、オメ
ガである。初めであり、終わりである。渇いてい
る者には、命の水の泉から価《あたい》なしに飲ませよう。
7勝利を得る者は、これらのものを受け継ぐ。わ
たしはその者の神になり、その者はわたしの子と
なる。8しかし、おくびょうな者、不信仰な者、
忌まわしい者、人を殺す者、みだらな行いをする
者、魔術を使う者、偶像を拝む者、すべてうそを
言う者、このような者たちに対する報いは、火と
硫黄の燃える池である。それが、第二の死であ
る。」

新しいエルサレム

9さて、最後の七つの災いの満ちた七つの鉢を
持つ七人の天使がいたが、その中の一人が来て、
わたしに語りかけてこう言った。「ここへ来なさ
い。小羊の妻である花嫁を見せてあげよう。」
10この天使が、〝霊〟に満たされたわたしを大き
な高い山に連れて行き、聖なる都エルサレムが神

のもとを離れて、天から下って来るのを見せた。
11都は神の栄光に輝いていた。その輝きは、最高
の宝石のようであり、透き通った碧玉のようであ
った。12都には、高い大きな城壁と十二の門があ
り、それらの門には十二人の天使がいて、名が刻
みつけてあった。イスラエルの子らの十二部族の
名であった。13東に三つの門、北に三つの門、南
に三つの門、西に三つの門があった。14都の城壁
には十二の土台があって、それには小羊の十二使
徒の十二の名が刻みつけてあった。
15わたしに語りかけた天使は、都とその門と城
壁とを測るために、金の物差しを持っていた。
16この都は四角い形で、長さと幅が同じであった。
天使が物差しで都を測ると、一万二千スタディオ
ンあった。長さも幅も高さも同じである。17また、
城壁を測ると、百四十四ペキスであった。これは
人間の物差しによって測ったもので、天使が用い
たものもこれである。18都の城壁は碧玉で築かれ、
都は透き通ったガラスのような純金であった。
19都の城壁の土台石は、あらゆる宝石で飾られて
いた。第一の土台石は碧玉、第二はサファイア、
第三はめのう、第四はエメラルド、20第五は赤縞《あかしま》
めのう、第六は赤めのう、第七はかんらん石《せき》、第
八は緑柱石《りょくちゅうせき》、第九は黄玉《おうぎょく》、第十はひすい、第十一
は青玉《せいぎょく》、第十二は紫水晶であった。21また、十二
の門は十二の真珠であって、どの門もそれぞれ一
個の真珠でできていた。都の大通りは、透き通っ
たガラスのような純金であった。
22わたしは、都の中に神殿を見なかった。全能
者である神、主と小羊とが都の神殿だからである。
23この都には、それを照らす太陽も月も、必要で
ない。神の栄光が都を照らしており、小羊が都の
明かりだからである。24諸国の民は、都の光の中
を歩き、地上の王たちは、自分たちの栄光を携え
て、都に来る。25都の門は、一日中決して閉ざさ
れない。そこには夜がないからである。26人々は、

諸国の民の栄光と誉れとを携えて都に来る。27し
かし、汚れた者、忌まわしいことと偽りを行う者
はだれ一人、決して都に入れない。小羊の命の書
に名が書いてある者だけが入れる。

22 1天使はまた、神と小羊の玉座から流れ出て、
水晶のように輝く命の水の川をわたしに見せ
た。2川は、都の大通りの中央を流れ、その両岸
には命の木があって、年に十二回実を結び、毎月
実をみのらせる。そして、その木の葉は諸国の民
の病を治す。3もはや、呪われるものは何一つな
い。神と小羊の玉座が都にあって、神の僕たちは
神を礼拝し、4御顔《みかお》を仰ぎ見る。彼らの額には、
神の名が記されている。5もはや、夜はなく、と
もし火の光も太陽の光も要らない。神である主が
僕たちを照らし、彼らは世々限りなく統治するか
らである。

キリストの再臨

6そして、天使はわたしにこう言った。「これ
らの言葉は、信頼でき、また真実である。預言者
たちの霊感の神、主が、その天使を送って、すぐ
にも起こるはずのことを、御自分の僕たちに示さ
れたのである。7**見よ、わたしはすぐに来る。こ**
の書物の預言の言葉を守る者は、幸いである。」
8わたしは、これらのことを聞き、また見たヨ
ハネである。聞き、また見たとき、わたしは、こ
のことを示してくれた天使の足もとにひれ伏して、
拝もうとした。9すると、天使はわたしに言った。
「やめよ。わたしは、あなたや、あなたの兄弟で
ある預言者たちや、この書物の言葉を守っている
人たちと共に、仕える者である。神を礼拝せよ。」
10また、わたしにこう言った。「この書物の預言
の言葉を、秘密にしておいてはいけない。時が迫
っているからである。11不正を行う者には、なお
不正を行わせ、汚れた者は、なお汚れるままにし

ておけ。正しい者には、なお正しいことを行わせ、
聖なる者は、なお聖なる者とならせよ。
12**見よ、わたしはすぐに来る。わたしは、報い**
を携えて来て、それぞれの行いに応じて報いる。
13**わたしはアルファであり、オメガである。最初**
の者にして、最後の者。初めであり、終わりであ
る。
14命の木に対する権利を与えられ、門を通って
都に入れるように、自分の衣を洗い清める者は幸
いである。15犬のような者、魔術を使う者、みだ
らなことをする者、人を殺す者、偶像を拝む者、
すべて偽りを好み、また行う者は都の外にいる。
16**わたし、イエスは使いを遣わし、諸教会のた**
めに以上のことをあなたがたに証しした。わたし
は、ダビデのひこばえ、その一族、輝く明けの明
星である。」17〝霊〟と花嫁とが言う。「来てくだ
さい。」これを聞く者も言うがよい、「来てくださ
い」と。渇いている者は来るがよい。命の水が欲
しい者は、価なしに飲むがよい。
18この書物の預言の言葉を聞くすべての者に、
わたしは証しする。これに付け加える者があれば、
神はこの書物に書いてある災いをその者に加えら
れる。19また、この預言の書の言葉から何か取り
去る者があれば、神は、この書物に書いてある命
の木と聖なる都から、その者が受ける分を取り除
かれる。
20以上すべてを証しする方が、言われる。**「然**
り、わたしはすぐに来る。」アーメン、主イエス
よ、来てください。
21主イエスの恵みが、すべての者と共にあるよ
うに。

わたしは如何にしてキリスト教徒になったか——私の聖書論Ⅱ

佐藤　優

聖書をいちばんはじめに読んだのがいつかという記憶が私にはない。キリスト教に関するいちばん古い記憶は、私が幼稚園児の頃、2歳下の妹とともに、母の手に引かれ、大宮氷川神社のそばの木村家に連れて行かれたときの記憶だ。木村家はクリスチャンファミリーで、毎年、クリスマスパーティーを行っていた。そこで、牧師からイエス様の話を聞いたことを覚えている。牧師の説教がどういう内容だったかは、まったく記憶していない。ただ、木村家のお母さんとお祖母さんが焼いてくれたケーキがとてもおいしかった。木村家は、氷川神社の裏参道に面していて、大きな赤い鳥居をくぐった記憶が鮮明に残っている。私の心の中では、クリスマスと氷川神社の赤い鳥居が結びついている。

母は、自分がキリスト教の洗礼を受けていることを長い間、話さなかった。14歳で沖縄戦を体験した後、コザ（現沖縄市）の看護学校に通っている時期にプロテスタント教会の牧師から洗礼を受けた。その頃は、保健婦になって、独身のままで沖縄の離島の衛生状態を改善することに一生を捧げることを考えていたようだ。母は、姉や親族、そして多くの友人が、あの戦争で死んでいった様子を目の当たりにして、自分だけが家庭を持ち、幸せになることに後ろめたさを感じていたのだと思う。キリスト教の洗礼を受けたことと、保健婦になり一生独身でいると誓ったことは、母の心の中で、分かちがたく結びついていたようだ。それだから、キリスト教徒になったことを告白するのに心理的抵抗があったのだと思う。

母の影響で、私は小学校高学年の頃から、毎日曜日に教会に通うようになった。受験勉強に専心しなくてはならない期間を除き、高校2年の夏まで教会に通った。中学2年生のときのことだ。牧師が、「佐藤君は、日本語で聖書をすでに何回か通読しているのでこれからは英語で聖書を読みましょう」と言って、日曜日に行われる教会学校で高校生たちと一緒に読むようになった。「ルカによる福音書」を読んだが、中学2年生の文法と語彙の知識では歯が立たなかった。学校で英語は得意科目だったのでひどくショックを受けた。そして、「いつかこの英語を理解できるようになる」と決意した。その後、英語を含むいくつかの外国語に真剣に取り組むことになったが、その原点は英語の聖書を読めなかったあの悔しい思いだ。ちなみにそのとき牧師と一緒に読んだ英国聖書協会版の緑色の聖書（The New English Bible）は、箱根仙石原の仕事場の本棚に並んでいる。「ルカによる福音書」の頁をめくると37年前に、暗号解読のように何百回も辞書を引き、それでも正確に日本語に訳すことができなかったことを思い出す。

天国には神様のノートがある

高校2年生の秋から、私は教会に行かなくなった。理由は2つある。

第1は、牧師が病死したことだ。この牧師は元厚生省のノンキャリア官僚だった。40歳を超え、役人生活に見切りをつけ、神学校に通い、牧師になった。当時も今も官僚から牧師に転身する例はあまりない。あるとき私は牧師に「なんで役所をやめたのですか」と尋ねると、牧師は「いろいろなことがありましたよ」と笑って答えなかった。すると牧師夫人が、「この人は仕事にのめり込みすぎて、身体を壊したんです。あるとき家に帰ってくると同時に倒れ、仮死状態になったことがある。そのとき、こんな人生でいいのかと悩み始めた。そのとき、キリスト教と出会ったんですよ」と答えた。当時、私は官僚になるということをまったく考えていなかった。それだから、この牧師の話を聞き流してしまった。

今になって振り返ると、私はこの牧師からキリスト教の基本を刷り込まれた。牧師は、「天国には神様のノートがある。そこに選ばれて救われる人の名前は、その人が生まれるずっと前から書かれている。私たちはこのノートに何が書いてあるかを知ることはできない。ただ、自分が選ばれているということを信じ、一生懸命に生きていくことだ。私たちの命は神様からいただいたので、私たちはそのことを感謝して神様の栄光のために生きなくてはならない。自分の能力を自分のために使うという考え方は間違っている。自分の能力は他人のために使う。そうすると神様が喜ぶ。お金は浪費しないで、社会の役に立つように使うことだ」というような話をいつもしていた。この教会は、日本キリスト教会という長老派（カルバン派）の教会だったので、私にはカルバン派的キリスト教の刷り込みがなされている。その後、同志社大学神学部ではカルバンについてずいぶん勉強した。カルバンの息が詰まるような道徳的厳格主義や「神の栄光のためにひたすら走り続けろ」と一切の見返りを求めない努力を強要することがどうしても好きになれない。しかし、私の発想の根本には、カルバン派の鋳型が明らかに存在している。

第2は、牧師の死と前後して、私がマルクス主義に惹きつけられたことだ。細かい事情については、拙著『私のマルクス』（文春文庫、２０１０年）に記したので、ここでは繰り返さない。私は、マルクスの知力、特にその論理の力に魅せられた。私の場合、『共産党宣言』、『経済学哲学手稿』などの政治的、哲学的な著作よりも『資本論』に惹きつけられた。もちろん、高校生の理解力には限界がある。しかし、私は聖書を読むくらいの熱意で『資本論』を読んだ。マルクスの著作を読むうちに、唯物論者にならなくてはいけないと思った。自らのキリスト教的残滓を克服するために大学では本格的に無神論を勉強したいと思った。そして、無神論を本格的に勉強することができる場として同志社大学神学部を受験することにした。当時、同志社以外の神学部は、キリスト教の洗礼を受け、牧師（もしくは神父）の推薦状があることが受験の条件だった。同志社大学神学部だけは、キリスト教に関心がある者ならば、誰でも受験することができた。

無神論を学びに神学部へ

神学部の入学試験の日は、今でもよく覚えてる。1979年2月14日で、雪が降っていた。京都御所裏の同志社大学今出川キャンパスの赤煉瓦の建物に降り積もる白い雪が印象に強く残っている。神学部の入学試験は、学科試験の他に面接があった。面接は神学館3階の小さな教室で行われた。

小太りで眼鏡をかけた教授が面接を担当していた。「埼玉県の浦和高校は進学校ですね。どうして神学部を受験しましたか」と尋ねられたので、私は「高校3年生の倫理社会の授業で、ラインホルド・ニーバーの『光の子と闇の子』という神学書を読みました。それで神学に興味を持ちました」と答えた。するとこの教授は、「高校生のときにニーバーを読んだんですか」と言って、身を乗り出してきた。これまでに読んだ哲学書や神学書について尋ねられたので、私は「マルクス主義に関心をもっていて、フォイエルバッハやマルクスの無神論を勉強したい」と希望を素直に述べた。一瞬、この教授が黙ったので、私は余計なことを話したのではないかと心配になった。教授は、「あなたは教会に通ったことがありますか」と尋ねた。私が「日本キリスト教会の大宮東伝道教会に通っていました」と答えると、教授は「長老派ですね。それでは面接は以上です」と言った。部屋から出ようとしたところで、「ちょっと」と教授が私を呼び止め、こう言った。

「他の大学に合格しても、是非、神学部に来て下さい」

正直に言うと、神学部に進学することには不安があった。しかし、「是非、神学部に来て下さい」という この教授の一言で、私はこの学校に他の大学にはない暖かさを感じた。

入学して知ったのだが、この教授は神学部長の樋口和彦先生で、ユング心理学の国際的権威だった。

後に樋口先生から、「マルクス主義や無神論をやりたいと言って、ちょっと突っかかってくるような学生の方が面白いのです。こういう学生の方が熱心なキリスト教徒になります」と言われた。樋口先生の見立ては正しかった。神学部に入った後、無神論について半年くらい勉強したところで、フォイエルバッハやマルクスが批判する神は、キリスト教の神ではなく、人間の願望を投影した、キリスト教が排斥する偶像であることに気づいたからだ。そして、フォイエルバッハやマルクスよりもずっと徹底的に20世紀プロテスタント神学の父と呼ばれるカール・バルトの方が宗教を批判しているということを知った。バルトが説く「人間が神について語ることではなく、神が人間について語ることに耳を傾けるのだ」という言葉が腹に入った。それで私は、大学1回生のクリスマスに洗礼を受けた。

神学部の教師たちは、学者として優秀で、外国語も抜群にできた。しかし、何よりも牧師として優れていた。そして、どの教師たちも本気で聖書を読んでいた。

神学部に入って第1回目の神学概論の授業で、野本真也教授から、「神学部の学生は、普通の聖書ではなく、引照付聖書を買うように」という指導を受けた。聖書の下欄に、この語句は聖書の他のどの部分と関連しているかという註がつけられているのが引照付聖書だ。この聖書の使い方を覚えると、聖書を立体的に読むことができるようになる。

神学生たちと勉強会をつくって、コイネー・ギリシア語で新約聖書を読んだ。コイネーとはギリシア語で「共通の」という意味で、1世紀に日常的に話し、書かれていたギリシア語だ。プラトンやアリストテレス時代の古典ギリシア語と比較すると、文法構造が簡単になり、また単語の意味が古典ギリシア語と異なることがある。キリスト教の時間、霊、魂などについては、どうしてもコイネー・ギリシア語の知識がないと理解できないところがある。

大学院への進学を希望する神学生は、3回生の頃からドイツ語で聖書を勉強する。当時、大学院の入学試験は、英語、ドイツ語と神学論文だった。ドイツ語は2題出題されるが、そのうち1題は、かならず「チューリヒ聖書」から出された。1531年に初版が刊行されたフルドリッヒ・ツビングリによるドイツ語訳聖書だ。現代ドイツ語とは異なる古い言い回しがあるので、特別の勉強をしなくてはならなかった。しかも、誰もが知っている聖書の有名箇所から出題されることはない。しかし、チューリヒ聖書を通読しておけば、大学院試験には確実に合格する。神学部の教授陣は、こういう出題をすることで、神学生にドイツ語で聖書を通読する環境を作っていたのだ。神学部で外国語学習の厳しい訓練を受けたことが、外交官になってからも役に立った。

神学から交渉術を学ぶ

プロテスタント神学には、聖書神学、歴史神学、組織神学、実践神学の4分野がある。聖書神学は、旧約聖書神学と新約聖書神学に分かれる。神学者でも専攻によって聖書の読み方が異なってくる。新約聖書神学を専攻する神学生は、コイネー・ギリシア語を徹底的に勉強するとともに、徹底的なテキストクリティーク（本文批判）をしながら聖書を読んでいく。新約聖書を宗教教典としてではなく、プラトンやアリストテレス、あるいは四書五経のような古典テキストとして読み解く。旧約聖書神学においても基本的アプローチは同じだ。

私は組織神学を専攻した。組織神学という業界用語は一般になじみがないが、ドイツ語ではsystematische Theologie、英語ではsystematic theologyというので、「体系的神学」と訳した方がわかりやすい。平たく言うと護教学である。例えば、他の宗教や哲学との関係で、キリスト教が正しいことを「証明」する。これを業界用語で弁証学という。これに対して、キリスト教の内部において、自分の教派の解釈が他教派の解釈よりも正しいことを「証明」することを神学の業界用語では論争学という。異端審問は、論争学に含まれる。ここで私が「証明」にカギ括弧をつけたのは、ここでいう「証明」は、理性に基づいて結論を導くという普通の証明と異なり、初めから結論が決まっているからだ。その結論に向けて、合理的な論理だけでなく、詭弁、感情的な揺さぶり、威圧、ときには物理的強制力を用いて、強引に話を進めるからだ。ちなみにこういう「証明」の訓練を学生時代に積んだことは、外交官になってからとても役に立った。外交交渉や、霞が関（中央官庁）の省庁間相議《あいぎ》も、誠実に議論して真理を追求するという精神とは無縁だ。こちらの立場をどうやって相手に飲み込ませるかというのが官僚の交渉術だからである。

組織神学は、教義学と倫理学に分かれる。私の指導教授は、教義学を担当する緒方純雄教授だった。ただし、緒方先生は教義学という言葉を嫌った。「教義というのは、唯一の正しい教えを指します。カトリック教会においては、教会が認定した教義があります。これに対して、プロテスタンティズムに教義はありません。神学も人間による作業です。私がこの考え方は正しいと思っても、他の人は違うと考えることはよくあります。そのとき絶対に私の考えが正しいということを言ってはいけないのです。ドイツ語のドグマ（教義）は単数形です。これを複数形にしたドグメン（教理）という考え方に立つのがプロテスタンティズムです」と緒方先生はいつも強調していた。

外交官としてモスクワに勤務し、イデオロギー国家・ソ連の崩壊を目の当たりにした。仕事で民族問題を担当した。その中で、神学生時代に緒方先生が強調していたことの意味がよくわかった。確かに人間にとって、「絶対に正しい」と思われる物事が存在する。ただし、それは複数存在するのである。複数の「絶対に正しい」物事が並存していく知恵が、あえて複数形を用いる教理というアプローチにあるのだ。

ギリシア語の聖書と向き合い、正しいテキストの解釈ができないかと努力している私に、緒方先生は、「あなたは組織神学を専攻しているのだから、もっとゆったりした聖書の読み方をした方がいい。(19世紀プロテスタント神学の父と呼ばれる)シュライエルマッハーは、『宗教の本質は直感と感情である』と言った。佐藤君も直感と感情で聖書を読んでみるといい」と指導した。この指導のほんとうの意味がわかったのは、外交官になって数年の実務経験を積んだときだ。仕事で悩んでいるときに「直感と感情」で聖書を読むと、そこから何らかの問題解決に向けたヒントが得られるのである。

私が手にした数々の聖書

外交官になって最初に赴任したのが英国だった。神学書を抱えていくと、語学研修の障害になると思い、日本聖書協会の口語訳新約聖書(引照付き)、ドイツ語のチューリヒ聖書だけを持って行った。しかし、ロンドンやオックスフォードの古書店に、学生時代に欲しかったが高いのであきらめた神学書が、日本での価格の5分の1から10分の1くらいの値段で出ているので、相当買いあさった。結局、英国にいた1年2カ月の間に合計2000冊くらいの英語、ドイツ語、ギリシア語、ラテン語、チェコ語、ロシア語で書かれた神学書や哲学書を買った。外交官時代には、ゆっくり読み解く暇がなかったが、それでもモスクワ国立大学哲学部で、プロテスタント神学を講義したときには、英国で買ったこれらの本を活用した。職業作家になってからも英国で手に入れた本が役に立っている。

英国でロシア語の聖書を手に入れた。当時、ソ連でも聖書が刊行されていたが、部数も少なく、入手は至難の業だった。それでもロシア正教会が出版した聖書ならば闇市場で買うことができた。しかし、プロテスタント教会が用いる聖書を入手することは至難の業だった。私がロンドンで買った聖書は、モスクワの「福音主義キリスト教徒・バプテスト教徒の全連邦評議会」が1968年に出版した聖書のリプリント版だった。この聖書はいまも私の本棚に並んでいる。10回以上読んだので、ぼろぼろになっている。1992年から95年まで、モスクワ国立大学で講義をしたときも、いつもこの聖書を持って行ったことを懐かしく思い出す。この聖書はロシア正教会が刊行した1876年のシノード（宗務院）版聖書の翻訳を踏襲している。近代の文献学の成果をほとんど取り入れず、教会スラブ語聖書の翻訳を踏襲しているので、特に旧約聖書の翻訳が、日本語訳や英語訳の聖書とかなりずれがある。読んでいてこのずれが面白い。新約聖書でも、「使徒言行録」の後は、「ローマの信徒への手紙」が続くのが、カトリック教会、プロテスタント教会を問わず国際基準であるが、ロシア語聖書の場合、「ヤコブの手紙」になる。ロシア語聖書は、「公同書簡」「パウロ書簡」「ヘブライ人への手紙」「ヨハネの黙示録」の順番で収録している。

同じ新約聖書でも、収録の順番を変えると印象が異なってくる。「使徒言行録」の末尾はこうなっている。〈パウロは、自費で借りた家に丸二年間住んで、訪問する者はだれかれとなく歓迎し、全く自由に何の妨げもなく、神の国を宣べ伝え、主イエス・キリストについて教え続けた。〉(「使徒言行録」**28** 30－31)

そして、「ローマの信徒への手紙」の冒頭は次の通りだ。

〈キリスト・イエスの僕、神の福音のために選び出され、召されて使徒となったパウロから、――この福音は、神が既に聖書の中で預言者を通して約束されたもので、御子に関するものです。御子は、肉によればダビデの子孫から生まれ、聖なる霊によれば、死者の中からの復活によって力ある神の子と定められたのです。この方が、わたしたちの主イエス・キリストです。わたしたちはこの方により、その御名を広めてすべての異邦人を信仰による従順へと導くために、恵みを受けて使徒とされました。この異邦人の中に、イエス・キリストのものとなるように召されたあなたがたもいるのです。――神に愛され、召されて聖なる者となったローマの人たち一同へ。わたしたちの父である神と主イエス・キリストからの恵みと平和が、あなたがたにあるように。〉(「ローマの信徒への手紙」**1** 1－7)

このつながりで読むと、パウロはローマを拠点として活動していたのみならず、〈神に愛され、召されて聖なる者となったローマの人たち一同へ。〉とローマに特に高い地位を与えているという印象がでる。ロシア正教会の立場では、ローマもモスクワも対等である。「使徒言行録」から「ヤコブの手紙」へのつながりだとローマの重要性に関する印象が薄れる。こういう小さな差異が、それぞれの教派の教会観に大きな影響を与えるのだ。

日本のプロテスタント教会とカトリック教会による新共同訳聖書は1987年に刊行された。このとき既に私は日本を離れていたので、この聖書を入手したのは1991年3月に一時帰国したときだった。ただし、常用したのは学生時代から使っていた口語訳聖書だった。新共同訳聖書を通読したのは、鈴木宗男疑惑で逮捕され、東京拘置所独房に閉じ込められていた2002年のことだ。聖書が差し入れられたときの事情は次の通りだ。

〈大室弁護士は、（中略）「差し入れは何が欲しいですか。ただし、最初の三日間は何も入りません」と尋ねた。

「食事は思ったよりもおいしいので、特に差し入れは要りません。本は入りますか」

「接禁が付されるので、一般からは入りませんが弁護人からならば大丈夫です」

接禁とは接見等禁止措置の略で、罪証隠滅の可能性がある被疑者・被告人に関しては、弁護人以外との面会、手紙、文書（新聞・雑誌・書籍を含む）のやりとりを禁止する措置である。結局、私は五百十二日間の全勾留期間中、接禁措置が解除されなかった。

「聖書を入れてください。プロの牧師が使う聖書で、日本聖書協会が発行している共同訳聖書の旧約続編・引照付き聖書をお願いします。銀座の教文館で売っています」
三十分の面会制限時間はあっという間に過ぎた。
余談だが、この聖書にも暗号が仕組まれているのではないかという疑いがかかり、全頁検査、レントゲン検査などで私の手許に届くのに二週間かかった。〉（佐藤優『国家の罠　外務省のラスプーチンと呼ばれて』新潮文庫、２００７年、２７４頁）
聖書を読み、イエスが犯罪者として処刑されたという現実が胸に迫ってきた。イエスも逮捕、裁判、処刑の時点ではほとんどの人から理解されなかった。もっとも信頼していた弟子たちも離れてしまった。しかし、一定の時間を経た後に弟子たちが戻り、理解者も増えた。イエスをめぐる物語の構造は必ず反復する。かび臭い独房の中で、聖書を読みながら、信仰・希望・愛は滅びることがないので、この状況に絶望せずに前を見ようと思った。
ちなみにこのとき読んだ聖書は、仕事場（箱根仙石原）の机の上にある。この聖書の裏扉には、
〈私本閲読許可書
書名　聖書
居房　シホ（新北舎の略称）２階
氏名　佐藤優
閲読期間　無期限〉

というシールが貼られ、その上に検閲済という紺色の判が押されている。
獄から出た後は、新共同訳聖書を常用するようになった。

もっとキリスト教を知りたい人のために——あとがき

佐藤　優

聖書はどこでも簡単に手に入る。しかし、通勤や通学の途上、電車、地下鉄、バスの中で手軽に読むことができる聖書がない。これまで、文庫版聖書や小型聖書はいくつも刊行されたが、新書版の聖書を作ったら、非キリスト教徒の日本人が聖書を読む機会が増えるのではないかという思いつきからこの本が生まれた。

キリスト教は、実にいいかげんな宗教だ。まず、神様は1人のはずなのに、父なる神、子なる神、聖霊なる神という3つの神がでてくる。1であり、3である神をどう理解するかということについて、過去1700年くらい議論が続いているが、結論はでていない。また、キリスト教の教祖であるイエス・キリストは、真の神で真の人である。いったいこの男は神なのか人なのかということについても1600年くらい議論が続いているが、これも結論がでていない。もっともこういういい加減な宗教なので、キリスト教は強いのだ。

新約聖書を読んでいても、古代人の世界像に基づいて書かれているので、われわれにはよくわからないところが多い。さらにイエスの生涯にしても、4福音書の記述には矛盾がたくさんある。書簡集を読んでも、断片的で、わけがわからない話ばかりだ。しかし、それぞれのテキストに魂をつかむ「何か」がある。この「何か」が人間の救済と関係している。

人生は苦しい。世の中には、悪が強い力をもっている。私たち一人一人の心を見つめてみれば、そこには邪悪な要素が潜んでいることに気づく。この邪悪な要素をキリスト教は罪と考える。約2000年前、パレスチナでイエスという青年が、自らの罪を認め、悔い改めれば、人間は救われると説いた。キリスト教の本質は救済宗教である。人間が自らの力で、救済を実現することはできない。救済する力は外部からくる。外部から来る超越的な力だからこそ、それを信頼することができるのである。

日本社会が行き詰っていることは明白だ。このような状況から抜け出すヒントが新約聖書に書かれている。人間の力で理想的な状態を作ることが出来るという幻想から離れ、外部の力、超越性に目を向けることだ。その方法は、キリスト教を受け容れる以外にもたくさんある。座禅を組むこと、南無阿弥陀仏という御念仏、あるいは南無妙法蓮華経という御題目を唱えることでもいい。あるいは、カントの『純粋理性批判』や柄谷行人氏の『世界史の構造』を読んで、実現できそうにはないけれども、人間が追いかけていかなくてはならない統整的理念について考えてみてもいい。もっと平たい言葉で言うと、自分の考えや立場にだけ固執するのではなく、他者の気持ち、立場になって考えてみることだ。イエスという男は、他者のために生きるということを徹底的に貫き、その結果、国家によっても社会によっても受け容れられず、処刑された。新約聖書に記されたイエスに関する記録を読むことによって、私たち一人一人の心の底に確実に存在する超越性を察知する力が呼び起こされるのである。

巻IIに収録された新約聖書の内容について、より深く知りたいと考える読者に、巻Iで紹介した3冊（山内眞監修『新共同訳　新約聖書略解』日本基督教団出版局　2000年／ギュンター・ボルンカム［佐竹明訳］『新約聖書』新教出版社　1972年／W・G・キュンメル［山内眞訳］『新約聖書神学　イエス・パウロ・ヨハネ』日本基督教団出版局　1981年）に加え、以下の2冊をお勧めする。

1　ルードルフ・ブルトマン（中川秀恭訳）『歴史と終末論』（岩波書店　1959年）

キリスト教の時間理解、歴史観をわかりやすく説明している。

2　佐竹明『黙示録の世界』（新地書房　1987年）

「ヨハネの黙示録」の1～3章までの解説。ユダヤ教の黙示文学の伝統を踏まえたわかりやすい内容になっている。

「使徒言行録」「書簡集」「ヨハネの黙示録」の著者、成立時期、場所についてはさまざまな説があるが、本書では山内眞監修『新共同訳　新約聖書略解』と木田献一・山内眞監修『新共同訳　聖書事典』（日本基督教団出版局　２００４年）の記述に基づいた。
巻IIも巻I同様に文春新書の飯窪成幸局長、衣川理花氏の協力によるところが大きいです。感謝申し上げます。『新共同訳　新約聖書』の転載を許可して下さった財団法人日本聖書協会にも感謝申し上げます。

２０１０年10月

佐藤　優

佐藤　優（さとう まさる）

1960年東京都生まれ。作家・元外務省主任分析官。同志社大学大学院神学研究科修了。著書に『国家の罠』（新潮社、毎日出版文化賞特別賞）、『自壊する帝国』（新潮社、新潮ドキュメント賞と大宅壮一ノンフィクション賞）、『功利主義者の読書術』（新潮社）、『はじめての宗教論』（生活人新書）、『私のマルクス』『甦る怪物』『交渉術』（文藝春秋）、『人間の叡智』（文春新書）など。

文春新書

782

新約聖書《しんやくせいしょ》Ⅱ

2010年11月20日　第1刷発行
2023年9月1日　第5刷発行

訳　者　共同訳聖書実行委員会／日本聖書協会
解　説　佐藤　優
発行者　飯窪成幸
発行所　株式会社 文藝春秋

〒102-8008　東京都千代田区紀尾井町3-23
電話（03）3265-1211（代表）

印刷所　理想社
付物印刷　大日本印刷
製本所　大口製本

定価はカバーに表示してあります。
万一、落丁・乱丁の場合は小社製作部宛お送り下さい。
送料小社負担でお取替え致します。

ISBN978-4-16-660782-2　Printed in Japan

◆文学・ことば

- 翻訳夜話　村上春樹　柴田元幸
- 翻訳夜話2　サリンジャー戦記　村上春樹　柴田元幸
- 漢字と日本人　高島俊男
- 語源でわかった！英単語記憶術　山並陞一
- 外交官の「うな重方式」英語勉強法　多賀敏行
- 名文どろぼう　竹内政明
- 「編集手帳」の文章術　竹内政明
- 弔辞　劇的な人生を送る言葉　文藝春秋編
- ビブリオバトル　谷口忠大
- 新・百人一首　岡井 隆・馬場あき子・永田和宏・穂村 弘選
- 劇団四季メソッド「美しい日本語の話し方」　浅利慶太
- 芥川賞の謎を解く　鵜飼哲夫
- ビジネスエリートの新論語　司馬遼太郎
- 世界はジョークで出来ている　早坂 隆
- 一切なりゆき　樹木希林
- 天才の思考　鈴木敏夫
- いま、幸せかい？　滝口悠生選
- 英語で味わう万葉集　ピーター・J・マクミラン
- 歎異抄 救いのことば　釈 徹宗
- 最後の人声天語　坪内祐三
- 三国志入門　宮城谷昌光
- 教養脳　福田和也
- 明日あるまじく候　細川護熙
- 伊賀の人・松尾芭蕉　北村純一
- ちょっと方向を変えてみる　辻 仁成
- 歴史・時代小説教室　安部龍太郎・門井慶喜・畠中 恵
- 柄谷行人『力と交換様式』を読む　柄谷行人ほか

◆ネットと情報

- 「社会調査」のウソ　谷岡一郎
- インターネット・ゲーム依存症　岡田尊司
- 闇《ダーク》ウェブ　セキュリティ集団スプラウト
- フェイクウェブ　高野聖玄　セキュリティ集団スプラウト
- スマホ廃人　石川結貴
- スマホ危機 親子の克服術　石川結貴
- 超空気支配社会　辻田真佐憲
- ソーシャルジャスティス　内田 舞

◆経済と企業

リープフロッグ　野口悠紀雄
臆病者のための株入門　橘　玲
臆病者のための億万長者入門　橘　玲
熱湯経営　樋口武男
先の先を読め　樋口武男
ビジネスパーソンのための契約の教科書　福井健策
ブラック企業　今野晴貴
ブラック企業2　今野晴貴
売る力　鈴木敏文
日本型モノづくりの敗北　湯之上隆
半導体有事　湯之上隆
詐欺の帝王　溝口　敦
さらば！　サラリーマン　溝口　敦
トヨタ生産方式の逆襲　鈴村尚久
グローバリズムが世界を滅ぼす　エマニュエル・トッド　ハジュン・チャン　柴山桂太・中野剛志・藤井聡・堀茂樹
税金を払わない巨大企業　富岡幸雄

消費税が国を滅ぼす　富岡幸雄
安売り王一代　安田隆夫
働く女子の運命　濱口桂一郎
人工知能と経済の未来　井上智洋
メタバースと経済の未来　井上智洋
「公益」資本主義　原　丈人
お祈りメール来た、日本死ね　海老原嗣生
自動車会社が消える日　井上久男
日産vs.ゴーン　井上久男
新貿易立国論　大泉啓一郎
世界史を変えた詐欺師たち　東谷　暁
日銀バブルが日本を蝕む　藤田知也
AIが変えるお金の未来　坂井隆之・宮川裕章＋毎日新聞フィンテック取材班
なぜ日本の会社は生産性が低いのか？　熊野英生
会社員が消える　大内伸哉
キャッシュレス国家　西村友作
農業新時代　川内イオ
農業フロンティア　川内イオ

総会屋とバブル　尾島正洋
最強の相続　荻原博子
吉本興業の約束　大﨑　洋　坪田信貴
日本企業の復活力　伊丹敬之
グリーン・ジャイアント　森川　潤
国税OBだけが知っている失敗しない相続　坂田拓也
AI新世　人工知能と人類の行方　小林亮太　篠本　滋　甘利俊一　監修
スパコン富岳の挑戦　松岡　聡
男性中心企業の終焉　浜田敬子
ルポ　食が壊れる　堤　未果
負動産地獄　牧野知弘
地銀と中小企業の運命　橋本卓典
逆境経営　樽谷哲也

文春新書

◆世界の国と歴史

- 完全版 ローマ人への質問　塩野七生
- 歴史とはなにか　岡田英弘
- 常識の世界地図　21世紀研究会編
- 食の世界地図　21世紀研究会編
- 新・民族の世界地図　21世紀研究会編
- カラー新版 地名の世界地図　21世紀研究会編
- カラー新版 人名の世界地図　21世紀研究会編
- フランス7つの謎　小田中直樹
- 一杯の紅茶の世界史　磯淵 猛
- 新約聖書Ⅰ　新共同訳 佐藤 優解説
- 新約聖書Ⅱ　新共同訳 佐藤 優解説
- 佐藤優の集中講義 民族問題　佐藤 優
- 池上彰の宗教がわかれば世界が見える　池上 彰
- 新・戦争論　池上 彰 佐藤 優
- 大世界史　池上 彰 佐藤 優
- 新・リーダー論　池上 彰 佐藤 優

- 独裁者プーチン　名越健郎
- 韓国併合への道 完全版　呉 善花
- 侮日論　呉 善花
- 韓国「反日民族主義」の奈落　呉 善花
- イスラーム国の衝撃　池内 恵
- グローバリズムが世界を滅ぼす　エマニュエル・トッド ハジュン・チャン 柴山桂太・中野剛志・藤井聡・堀 茂樹
- 「ドイツ帝国」が世界を破滅させる　エマニュエル・トッド 堀 茂樹訳
- シャルリとは誰か？　エマニュエル・トッド 堀 茂樹訳
- 問題は英国ではない、EUなのだ　エマニュエル・トッド 堀 茂樹訳
- 老人支配国家 日本の危機　エマニュエル・トッド
- 第三次世界大戦はもう始まっている　エマニュエル・トッド 大野 舞訳
- トッド人類史入門 西洋の没落　エマニュエル・トッド 片山杜秀・佐藤 優
- 中国4・0　エドワード・ルトワック 奥山真司訳
- 戦争にチャンスを与えよ　エドワード・ルトワック 奥山真司訳
- 日本4・0　エドワード・ルトワック 奥山真司訳
- ラストエンペラー習近平　エドワード・ルトワック 奥山真司訳
- 地経学とは何か　船橋洋一
- 大学入試問題で読み解く「超」世界史・日本史　片山杜秀

- ベートーヴェンを聴けば世界史がわかる　片山杜秀
- 戦争を始めるのは誰か　渡辺惣樹
- 第二次世界大戦アメリカの敗北　渡辺惣樹
- 韓国を支配する「空気」の研究　牧野愛博
- 金正恩と金与正　牧野愛博
- 知立国家 イスラエル　米山伸郎
- 「中国」という神話　楊 海英
- 独裁の中国現代史　楊 海英
- ジェノサイド国家中国の真実　于田ケリム 楊 海英
- 人に話したくなる世界史　玉木俊明
- 16世紀「世界史」のはじまり　玉木俊明
- トランプ ロシアゲートの虚実　小川 聡 東 秀敏
- 世界史の新常識　文藝春秋編
- ヘンリー王子とメーガン妃　亀甲博行
- コロナ後の世界　ジャレド・ダイアモンド ポール・クルーグマン リンダ・グラットン マックス・テグマーク スティーブン・ピンカー スコット・ギャロウェイ 大野和基編
- コロナ後の未来　ポール・ナース ユヴァル・ノア・ハラリ リンダ・グラットン カタリン・カリコ スコット・ギャロウェイ リチャード・フロリダ イアン・ブレマー 大野和基編
- パンデミックの文明論　ヤマザキマリ 中野信子
- 盗まれたエジプト文明　篠田航一

歴史を活かす力　出口治明
世界一ポップな国際ニュースの授業　藤原帰一・石田衣良
三国志入門　宮城谷昌光
悲劇の世界遺産　井出　明
シルクロードとローマ帝国の興亡　井上文則
いまさら聞けないキリスト教のおバカ質問　橋爪大三郎
プーチンと習近平　独裁者のサイバー戦争　山田敏弘
ウクライナ戦争の200日　小泉　悠
大人の学参　まるわかり世界史　津野田興一
大人の学参　まるわかり近現代史　津野田興一
ウクライナ戦争はなぜ終わらないのか　高橋杉雄編著

◆政治の世界

民主主義とは何なのか　長谷川三千子
司馬遼太郎　リーダーの条件　半藤一利・磯田道史・鴨下信一他
自滅するアメリカ帝国　伊藤　貫
新しい国へ　安倍晋三
日本に絶望している人のための政治入門　三浦瑠麗
あなたに伝えたい政治の話　三浦瑠麗
政治を選ぶ力　橋下　徹・三浦瑠麗
日本の分断　三浦瑠麗
国のために死ねるか　伊藤祐靖
最後のインタビュー　田中角栄　佐藤　修
日本よ、完全自立を　石原慎太郎
内閣調査室秘録　志垣民郎・岸　俊光編
軍事と政治　日本の選択　細谷雄一編
兵器を買わされる日本　東京新聞社会部
県警VS暴力団　藪　正孝
地方議員は必要か　NHKスペシャル取材班
知事の真贋　片山善博
政治家の覚悟　菅　義偉
小林秀雄の政治学　中野剛志
枝野ビジョン　支え合う日本　枝野幸男
検証　安倍政権　アジア・パシフィック・イニシアティブ
安倍総理のスピーチ　谷口智彦
統一教会　何が問題なのか　文藝春秋編
シン・日本共産党宣言　松竹伸幸

(2023. 06) C

◆考えるヒント

- 民主主義とは何なのか　長谷川三千子
- 寝ながら学べる構造主義　内田　樹
- 私家版・ユダヤ文化論　内田　樹
- 勝つための論文の書き方　鹿島　茂
- 成功術　時間の戦略　鎌田浩毅
- 世界がわかる理系の名著　鎌田浩毅
- ぼくらの頭脳の鍛え方　立花　隆　佐藤　優
- 知的ヒントの見つけ方　立花　隆
- 立花隆の最終講義　立花　隆
- 日本人へ　リーダー篇　塩野七生
- 日本人へ　国家と歴史篇　塩野七生
- 日本人へ　危機からの脱出篇　塩野七生
- 逆襲される文明　日本人へⅣ　塩野七生
- 誰が国家を殺すのか　日本人へⅤ　塩野七生
- 完全版　ローマ人への質問　塩野七生
- イエスの言葉　ケセン語訳　山浦玄嗣
- 聞く力　阿川佐和子
- 叱られる力　阿川佐和子
- 看る力　阿川佐和子　大塚宣夫
- 臆病者のための裁判入門　橘　玲
- 女と男　なぜわかりあえないのか　橘　玲
- 「強さ」とは何か。　宗　由貴監修　鈴木義孝構成
- 何のために働くのか　寺島実郎
- 女たちのサバイバル作戦　上野千鶴子
- 在宅ひとり死のススメ　上野千鶴子
- サバイバル宗教論　佐藤　優
- サバイバル組織術　佐藤　優
- 無名の人生　渡辺京二
- 生きる哲学　若松英輔
- 危機の神学　若松英輔　山本芳久
- 脳・戦争・ナショナリズム　中野剛志・中野信子・適菜　収
- 歎異抄　救いのことば　釈　徹宗
- プロトコールとは何か　寺西千代子
- それでもこの世は悪くなかった　佐藤愛子
- 知らなきゃよかった　池上　彰　佐藤　優
- 知的再武装　60のヒント　池上　彰　佐藤　優
- 無敵の読解力　池上　彰　佐藤　優
- 死ねない時代の哲学　村上陽一郎
- コロナ後の世界　ジャレド・ダイアモンド　ポール・クルーグマン　リンダ・グラットン　マックス・テグマーク　スティーブン・ピンカー　スコット・ギャロウェイ　大野和基編
- コロナ後の未来　ユヴァル・ノア・ハラリ　カタリン・カリコ　ポール・ナース　リンダ・グラットン　リチャード・フロリダ　スコット・ギャロウェイ　イアン・ブレマー　大野和基編
- スタンフォード式　お金と人材が集まる仕事術　西野精治
- なんで家族を続けるの？　内田也哉子　中野信子
- 教養脳　福田和也
- コロナ後を生きる逆転戦略　河合雅司
- 超空気支配社会　辻田真佐憲
- 明日あるまじく候　細川護熙
- 百歳以前　徳岡孝夫　土井荘平
- 老人支配国家　日本の危機　エマニュエル・トッド
- 迷わない。完全版　櫻井よしこ
- いまさら聞けない　キリスト教のおバカ質問　橋爪大三郎
- ちょっと方向を変えてみる　辻　仁成
- フェミニズムってなんですか？　清水晶子

◆サイエンスとテクノロジー

文春新書好評既刊

佐藤 優
人間の叡智《えいち》
世界はすでに「新・帝国主義」で再編中だ！ＴＰＰでの日本の巻き返し策から、就職活動で目指すべき分野まで、役に立つ世界情勢論
869

新共同訳 解説・佐藤 優
新約聖書Ⅰ
一度は読んでみたいと思っていた人。途中で挫折した人。この新書版なら、佐藤優氏のガイドによってキリスト教のすべてが分かる
774

亀山郁夫・佐藤 優
ロシア 闇と魂の国家
ドストエフスキーからスターリン、プーチン、メドヴェージェフまで、ロシアをロシアたらしめる「独裁」「大地」「魂」の謎を徹底議論
623

立花 隆・佐藤 優
ぼくらの頭脳の鍛え方
必読の教養書４００冊
博覧強記のふたりが４００冊もの膨大な愛読書を持ち寄り、〝総合知〟をテーマに古典、歴史、政治、宗教、科学について縦横無尽に語った
719

内田 樹《たつる》
私家版・ユダヤ文化論
ユダヤ人はどうして知性的なのか？ なぜ、ユダヤ人は迫害されるのか？ レヴィナスらの思想を検討し難問に挑む。小林秀雄賞受賞
519

文藝春秋刊